毛澤東私人醫生回憶錄

THE PRIVATE LIFE OF CHAIRMAN MAO

李志綏
Li Zhi-Sui

前言——黎安友 Andrew J. Nathan
英譯——戴鴻超
助編——石文安 Anne F. Thurston
中文版助編——廖書珊

◀ 李志綏醫生 1954 年夏攝於中南海毛澤東的內住地外。此照片由汪東興所攝。

▶ 1956 年夏，李醫生在武漢附近的長江游水。（毛澤東游在前頭，不在照片內。）

▶ 1957 年 11 月於莫斯科克里姆林宮。毛澤東當時前往克宮，是要向赫魯雪夫、米高揚、布爾加寧辭行。右起：李醫生、毛與衛士長李銀橋。

▲1957年11月，莫斯科克里姆林宮。右起第二為護士長吳旭君，第三為毛澤東，後排左二為閻明復（俄語翻譯）；左一為李醫生。

▶ 1961 年初夏，毛澤東接見外賓後，攝於杭州汪莊招待所。前排右起：毛、汪東興、李醫生。毛身後為浙江公安廳長王芳。

▼ 1961 年夏於廬山。二排左起第二位是江青，其右依序為毛澤東、不知名人士、李醫生和汪東興。三排左起第七和第八位分別為政治祕書林克以及警衛沈同。其餘為護士、衛士及地方公安廳長。

◀1961 年夏，李醫生。
（江青所攝）

▶ 1961 年夏，在廬山新建的招待所。毛澤東當時於此地會見他的第三任妻子賀子珍。左起：江西省公安人員老魯、汪東興、機要祕書徐業夫、機要員李元慧、李醫生、護士長吳旭君、毛澤東、護士小鍾及兩名衛士。

▶ 1964 年 12 月 26 日，毛澤東七十一歲生日，攝於人民大會堂一一八廳前。右起：衛士小張、警衛王宇清、中央警衛團團長張耀祠、毛、護士長吳旭君、李醫生、政治祕書林克、衛士周福明。

▲1963年12月26日，於毛澤東七十大壽。李醫生與毛攝於人民大會堂一一八廳前。

▶ 1965 年 5 月井岡山。李醫生、毛澤東、護士長吳旭君攝於招待所前。

◀1965年5月，井岡山地方人民歡迎毛澤東。毛右後側為李醫生和地方首長。

▶ 1966年7月3日，李醫生與毛澤東攝於武漢梅園招待所。李醫生隨後旋即返回北京，了解文化大革命情況。

◀1966年8月，天安門城樓上。毛澤東接見紅衛兵。毛身後即為李醫生。

◀1966年11月，毛澤東乘敞篷吉普車檢閱紅衛兵。前排：汪東興與司機。後排：公安部部長謝富治、毛、李醫生及衛士周福明。

▶ 1966 年 10 月 1 日，於天安門廣場慶祝中華人民共和國建國十七週年。毛澤東與周恩來離開天安門城樓，走進廣場上紅衛兵群中。前排：毛與周。二排左起第三位為汪東興，李醫生在周身後，護士長吳旭君在李旁邊。汪東興身後站立者為衛士孫勇和中央警衛團團長張耀祠。其他均為警衛。

▲ 1967 年 12 月 26 日，毛澤東七十四歲生日，於室內游泳池前與中央警衛團第一中隊合影。毛左側為汪東興、右側為李醫生，護士長吳旭君立於李醫生前側，中央警衛團團團長張耀祠在最右首。

▲1969 年秋，天津，於毛澤東專列前。前排中坐者為機要員孫玉蘭（戴眼鏡者）及護士小馬（紮馬尾者）。二排右起：李醫生、中央警衛團團長張耀祠、護士長吳旭君，以及汪東興。毛為左起第八位。其餘為服務員、護士、廚師和祕書。

◀1972 年初，春節，於室內游泳池值班室內。左起：胡旭東醫生、中央警衛團團長張耀祠、周恩來總理、李醫生及吳潔醫生。

▶ 1976年9月，毛澤東追悼大會。三排左起第二位為李醫生。其他為醫生、護士和警衛官員。

▼ 1977年12月26日，毛澤東遺體工作組。前排右坐者為李醫生，李右側為黃樹則。

▲ 1984 年初夏於中南海南船塢，李醫生及其愛妻慎嫻合影留念。李醫生之宿舍位於湖畔此建築物中面向南海的第三層。

獻詞

本書不是毛澤東的傳略。這只不過是著者作為毛澤東的醫生二十二年間的個人經歷。謹以此獻給亡故的愛妻——吳慎嫻。在這些年中，她與我共歷患難，鼓勵並支持我，使我得以度過那些恐懼憂抑的日子，並最後完成這本書的寫作。

目次

前言

黎安友
哥倫比亞大學政治系教授

像毛澤東這樣長期統治眾多子民，並帶給他的國家巨大浩劫的領袖，在歷史上可謂絕無僅有。駕御的慾望和害怕背叛的恐懼，驅使毛持續陷其宮廷和子民於動盪之中。他的理想和權謀，驅使中國邁向大躍進及其可怕後果，即奪去千萬生靈的大饑荒和文化大革命。

在這本由曾任毛二十二年專任醫生的作者所著的回憶錄中，毛也是第一個如此被近身觀察的專制暴君。索多留（Seutonius）所著的《十二凱撒生活錄》，歷歷描繪了提比略、卡利古拉及尼祿的絕對權力令人悚懼的表現：聲色犬馬、貪婪、虐待狂、亂倫、酷刑和殺人如麻。但作者本人並不認識這些君主。普羅科匹厄斯（Procopius）在《祕史》一書中，無情地撻伐羅馬皇帝查士丁尼和其后提奧多拉，卻缺乏對主人翁的真正了解。施佩爾（Albert Speer）熟識希特勒，但他倆的共同興趣局限在公務和戰爭。史達林的女兒很少和她父親見面。拿破崙和希特勒的私人醫生的日記僅為臨床資料。

莫蘭（Moran）的《邱吉爾傳》和荷頓（Herndon）的《林肯》這類關於偉大民主領袖的私人回憶錄，在歷史方面的著墨，並不多於暴君的傳記，這是因為民主領袖較無將其個性強加於歷史事件上的伸展空間。而中國傳統中，每個朝代的「起居注」也只記載了每位帝王在儀式、異兆、結盟、封地采邑上所扮演的角色，甚少揭露黃袍下的個人。即使是在《三國演義》

此類中國歷史人物的虛構小說中，處理的也是人物類型而非個性。

相對之下，李志綏醫生的這本回憶錄顯得格外獨特：既提供第一手觀察記錄，又呈現知人論事的洞見。

現今在中國境內流通的官方回憶錄和毛的肖像，皆一成不變地呈現出一位英明愛民的帝王。真相卻迥然大異。毛在初次會晤的場合中，散發著魅力、同情心，又不擺架子，使他的訪客輕鬆而暢所欲言。但他擅長操縱自身的情緒起伏，巧妙運用憤怒和輕蔑來控制隨身人員，達到駭人的效果。他仗恃著身邊臣子不願犯上的儒家謙卑，來羞辱其屬下和敵手。他作勢自我批評，旁人便群起大加奉承。他在周遭創造了一種卑躬屈膝的文化。

毛仿效唐太宗，挖掘人們的弱點，使他們誓死效忠。李志綏醫生出身於富裕家庭，在上海的美國人學校接受醫學教育，早期曾和國民黨略有牽連。這些潛在的危險因素使他完全受控於毛。毛深知其警衛行徑腐敗，但他需要這些人替他出面辦事。毛愛說，水至清則無魚。他能毫無懼色地在濁流中浮游，或在黑夜中行過泥地。

無論出身，毛的追隨者永遠如履薄冰。毛的老同志被流放內地，有些因而死去，雖然毛未必直接一手促成這些悲劇。我們在書中一景看見毛隱身坐在幕後，他兩位最親密的戰友正在群眾大會上接受攻訐。毛控制高級領導的醫療保健，拒絕准許一些人接受癌症治療，因為他認為手術會耗盡他們餘生的工作精力。他對愛人、子女及老友的痛苦，無動於衷。他也無視於為其經濟和政治計畫所賠上的抽象人命數字。他了解痛苦只為了控制其臣子。在政治和私人生活中，他對臣子呼之即去，招之即來——如果他們還活著的話。

李醫生常瞧見毛手上捧著中國史書。毛愛讀傳統故事中的權術傾軋和欺騙伎倆，他更是熟諳伺機而動，聲東擊西，迂迴攻退之法。他善用「引蛇出洞」法，鼓勵旁人表明立場再突而擒之。即使是他最親密的盟友也分不清他是站在同一立場，還是正伺機反噬。毛帶著如此溫煦的微笑，判其侍從流放，而那位受害者竟一路鞠躬謝恩離去。

帝王權勢讓帝王享有最大的奢侈——生活簡單。毛大部分的時間要不在床上，要不在私人游泳池旁休憩。他吃油膩食物，以茶漱口，和女子尋歡作樂。毛一九五八年出巡河南時，隨車帶著一卡車的西瓜。毛喜歡穿布製的鞋；如果迫於外交禮數得穿皮鞋，他命人先把鞋子穿合腳。他不洗澡，偏愛用熱毛巾擦身，使得李醫生難以遏止滴蟲病在毛的女友間蔓延。他睡特製的木床，由專列一路運載到各招待所，甚至空運至莫斯科。

他統治時間和歲月。內宮隨著毛的節奏運轉，日出而息，日落而出。國家領導同志隨其行蹤落腳，四處開會。他希冀以道家御女房術來戰勝死亡。除了五一勞動節、國慶日，和偶爾接見外賓之外，他不遵循任何日程表——只有在這類重要場合，毛穿戴整齊，並用鎮定劑控制焦慮。

女人像上菜般輪番貢入。在以毛之名推行禁慾主義的同時，毛的性生活成為內宮的中心事務。人民大會堂特別闢出一個廳，讓毛在高級領導會議中尋歡休憩。捍衛全國道德操守的黨軍政治處，徵召大批無產階級背景，可靠而又美麗的年輕女孩；表面上是為了在舞廳中和領袖翩翩起舞，其實是獻作他的床伴。有些女孩備感榮耀，引介其親姊妹共沾雨露。

每位省黨委書記都為毛興建一座招待所。他行蹤不定部分是出於安全上的顧慮，部分是被迫害妄想狂的驅使。他曾跟李醫生說：「在一個地方待久了不好。」他專列行駛之處，交通管制，車站封閉。公安打扮成小販，好給毛一切如常的感受。大躍進時期，農民被動員到火車沿線耕作擠插的稻田，演出大豐收的荒謬劇，但事實上那場秋收是個災難。毛最喜愛的住所是珠江上的小島招待所，在廣州喧擾的市囂中，他能獨享一片天地。北京勞改農場中特別栽種的食品空運至此，並有試嘗員先試吃。警衛用冰桶為他的房間降溫。

絕對權力影響毛的心理、生理健康，以及人際關係，並透過這些波及他的國家和世界。他蟄居床頭數月，抑鬱寡歡。一旦政治鬥爭有利於他，立即轉為精力充沛，無法成眠，以至於李醫生不得不加大安眠藥藥量。政治壓力不是使他陽萎，便是使他縱情聲色犬馬。在千萬人餓死的大躍進期間，毛雖暫時放棄吃肉，卻需要更多女人的慰藉。一位年輕女孩曾對李醫生說：「主席真偉大，樣樣都偉大，真使人陶醉。」

專制政治與專制者的個性息息相關。毛建立了一個特異的政權——他努力整合政治社會整體制度，以求從一個貧窮、落後和百般凋零的國家中，創造出一種前所未有的社會主義。

面對西方的敵意，毛轉而與莫斯科結盟。但他對西方的欣賞是他選擇受美國訓練的李醫生的原因之一，也是他倆無數次徹夜長談的話題。毛告訴李醫生，美國對中國的企圖一向具有正面意義。毛則對蘇聯友邦，深懷輕蔑心理。毛立志要以中國式的社會主義超越原始蘇聯模式，並將中國提升到先進西方國家水準。這項成就將使他跨入馬列主義創始先驅的殿堂。大躍進即是毛試圖創造出比北方鄰國更優秀的社會主義模式的努力，而文化大革命則是在面臨此次失敗之下，頑固的試驗。

在一個擁有眾多貧窮人口，幅員遼闊的大陸國家，毛運用群眾力量來追求經濟成長，嘗試以意識形態的狂熱取代物質生活。他將人民生活凍結在最基本的需求，以此建立一個龐大、虛耗財源的工業結構。因此，毛無視於那些與理想相左的現實。儘管他是農民子弟，他仍相信大躍進初期所見的那一片片匪夷所思的稻田。就如李醫生所言，毛為何要懷疑共產主義天堂是否真正來臨——因為他自己就身處其中？毛認為他從中國史書中可學到的領導權術遠多於現代工程教本。等到後院煉鋼運動為害匪淺之後，毛才費神了解鋼鐵的製造過程。餓殍遍野之際，他幻想人民的稻穀多得吃不完。

毛思想推崇自我否定，以政治操守界定人性價值，並羞辱階級敵人。一個由工作組、階級標籤、戶口管理和群眾運動組合而成的體制，將每位公民囚禁在組織的樊籠中。沒有任何極權制度能將人類彼此相殘的政治恐怖發揮到此極致。這個官僚體制滲透入經濟、政治、意識形態、文化、人民私生活，甚至許多人的思想層面。此機制更領導人民頌揚這個對他們予取予求的政權。在黨機器無法充分迎合毛之幻想的步伐和努力時，他不惜動搖其根本，大舉清算批鬥。等群眾陷入派系暴力，才又將之重建統合。

最高領導階層中，由三十到四十人共同擬定重大決策。他們的個人權力極不穩定，完全仰賴與毛的關係。李醫生栩栩描繪了那些服務領導同志的中央辦公廳體系、政治及機要祕書、警衛、廚房、停車間和門診部的眾生百態。領導人可經由北京的地下工程祕密穿梭於中南海和市內其他建築物之間。毛的貼身家臣曾在其居所裝設竊聽設備，無非是想保有更完全的決策記錄，東窗事發後，他們因監視毛而被撤職。

權力結構在服務和保護領導的同時，也孤立他們，毛尤為甚。毛的戰友逐漸將中南海室內游泳池、舞會和北戴河海濱退讓於毛。毛不顧警衛反對，執意在三江游泳的壯舉，象徵他與官僚體制的孤獨奮鬥，對革命走向末路的恐懼，以及對戰友背叛其狂熱信念的疑懼。

一九五六年八大會議中，毛的同袍藉蘇聯反史達林運動之勢，將毛澤東思想排除於黨章之外，促使黨反對個人崇拜，並批評毛大力催生共產主義的努力。毛向李醫生謊稱這些政策未曾經其首肯。國外勢力亦威脅毛的統治。新蘇聯領袖赫魯雪夫希求與西方和解。李醫生描寫了毛、赫兩人在游泳池旁不歡的會晤。這次祕密會晤揭示中蘇公開決裂與中國長期孤立的開端。

毛緊握三種權力工具：意識形態、軍隊，及其在黨派系網絡中的樞紐地位。毛主席走遍全國的巡迴運動吹起大躍進的號角，一時上至經濟計畫領導，下至基層幹部，紛紛群起響應。一九五九年廬山會議，其他領導人試圖箝制毛的腳步，毛即恫嚇要上山另組紅軍。其他領導人只好俯首聽命。

大饑荒開始後，毛退居權力二線。其他領導恢復經濟的同時，他斥責彼等為「行屍走肉」，並私下抱怨他們不再徵詢他的意見。但他按兵不動，直到京劇論戰時才一一將以誘陷，同時用農村腐敗問題，使敵手暈頭轉向。他待一切布置妥當，便發動文化大革命。

一九六九年，於百萬人犧牲之後，毛在九大會議中贏得全面勝利。彼時他的政敵不是已被凌虐至死，便是放逐內地，全國在他無所不在的肖像前歌功頌德，揮舞著小紅書。他身側站著另有所圖的林彪——舊統治團體中唯一的倖免者。毛發展的理想失敗了。但在這個他所毀滅的國家中，他握有絕對權力。兩年後林彪政變使毛深受打擊，李醫生相信它加速了毛的死亡。毛用餘生精力推動開往西方的大門，為往後鄧小平的改革鋪路。

病態心理在宮廷政治中蓬勃瀰漫。毛的控制越徹底，他越恐懼他人的箝制。手下爭相邀寵反而使毛更覺疑雲重重。毛認為招待所被下了毒，他因聽到野獸在屋頂的遊走聲響而驚嚇萬分。毛透過黨組織來操縱其他領導，監視他的同袍。他的政敵全被他的手下包圍，難怪他永遠無法確定，對方是否也透過女人來偵伺他。

毛夫人江青深為神經衰弱所苦，她怕聲音、光、冷、熱，並且總是無法自制地與人爭吵。生活無聊，依賴，和被迫無所事事，在在使她極度沮喪。因此毛在拈花惹草之際，總試圖避其耳目。但當毛需要她作為政治上的代理人時，他便領她進入內宮政圈。江青跟同樣病懨懨的林彪一樣，握權後立即生氣百倍，並與毛最寵愛的女友友善，期能更接近權力的源頭。

李醫生呈現了下列場景：林彪在其夫人懷中，為腎結石的病痛嗚咽不已；華國鋒在大廳中靜坐數小時未能見毛，只因毛當時的看門人張玉鳳正在午睡；周恩來跪在毛腳跟旁指示吉普車遊行的路線；病重的毛將全國大權交給周恩來，只為及早康復和活得比周長久，以及江青對此的憤怒等。

在所有毛的追隨者中，只有周恩來與內宮詭譎繁瑣的脈絡保持某種程度的距離。反諷的是，李醫生和他的同事由此認為周為不守信義的危險人物。周按領導階級向上匯報之舉，令其他家臣疑心大起，視其為軟弱無能。

最後，全中國最受愛戴的人眾叛親離。在毛長期病情惡化期間，家臣念茲在茲的主要念頭是避免因他的去世而惹禍上身。只有他的女友張玉鳳仍待他如常人，爭吵不休，旁人指責她會氣死毛時，她也悍然無懼。毛越形衰弱後，她成為不可或缺的一分子，只因為只有她才能解讀毛含糊不清的語言。

李醫生那張坦蕩而帶著微笑的圓臉，在毛眾多家臣的團體照中，特別突出。他率直的表情、柔和的笑容，和整潔的打扮，在在都掩不住他所受的西方訓練。李醫生的外國氣質和西方儀態似乎既說明了他的才幹，又說明了他的弱點，因此使他顯得特別不可多得。李醫生的不安全，恰可保證毛的安全，兩者息息相關。於是他在毛的保護羽翼之下生存，埋首於醫療事務——即維持那位一舉一動便足以賠上百萬人性命的人的健康。

對邪惡能有某種程度視而不見的人，才能成為暴君生命的守護天使。李醫生身為歷史旁觀者的局限是其工作的要求之一。但有時政治不免壓頂而來。毛時常堅持討論時事，或派遣李醫生離開內宮，四出觀察，提出報告。陷於內宮中，李醫生不得不區分敵友。除了毛主席外，他的保護者是中央警衛局長汪東興。李汪的聯盟使此書有若干偏頗，但同時也提供了了解宮廷政治的許多洞見。

自李醫生離開中國後，他便幾乎完全被官方歷史抹消。中國出版界發行的大量描述毛個人生活的書籍中，只有一、二本提及他。很明顯地，中央曾下達指令——李彷彿未曾存在過。但他的身影牢牢嵌在無法修改的紀錄影片和照片中，而某些可靠來源也確定他的身分。比照官方和半官方的著作，可證實他書中的許多細節，但不同於此書的是，它們都大筆略掉會使這仍仰仗毛的光明形象來行使統治的政權感到難堪的那些層面。沒有任何一本官方傳記呈現了一幅比李醫生此書更真實的毛畫像。此書是有關毛——或許也是有關歷史上任何一位專制者——的著作中，最深刻入微的一本。

毛去世五年後，也就是一九八一年，中國共產黨中央委員會為毛蓋棺論定，發表一篇官方的〈關於建國以來黨的若干歷史問題的決議〉。文中結論毛是偉大的革命家，功大於過，瑕不掩瑜。此書給我們另一種教訓。它描述過度膨脹的權力，如何驅策其擁有者進入一種黑暗的深淵；在深淵中，偉大的夢想只能導致滔天罪行。

自序

一九六〇年中國青年雜誌社通過毛澤東的祕書田家英，向我徵求稿件。田在中南海南樓的宿舍，和我貼鄰。他平時知道我喜歡作點雜記，其中個別篇章，他還看過，這時他勸我選出一、二篇刊登出去。

自從一九五四年，我被任命為毛澤東的保健醫生以後，空下來我將平日的所見所聞記錄下來，一者為了消磨時間，二者有時拿出來翻翻，作為流逝的年華的紀念，完全沒有想發表的意思。因此，我拒絕了《中國青年雜誌》的徵稿要求。

開始只是記錄一些趣聞趣事。時間一久，成為習慣，於是寫成無所不容的日記了。到一九六六年時，已經積累了四十幾本。

一九六六年下半年，紅衛兵興起了抄家風。這時我已遷到弓弦胡同中央保健局宿舍。前後院住了三位衛生部副部長。我自己住在中南海內，很少回家。可是一回來，嫻就同我說，幾乎天天晚上，來人抄這三位副部長的家。時常敲錯門，敲打我家。嫻很害怕，萬一抄錯了，進來將這四十幾本雜記抄走，豈不是有了十惡不赦的罪狀了，應該趕緊燒掉。

我抱著這四十幾本雜記發愁，不敢在家裡燒，怕鄰居懷疑而揭發，又沒有地方可藏。於是我將這些雜記帶到中南海內一組，即毛澤東的住地。靠南牆的小院內，有一個焚化爐，是為了毛澤東和江青不需保存的文件、信件，加以銷毀之用。我就用這個爐子焚燒。燒到還剩下十多本的時候，汪東興打電話叫我到他那裡。他問我，現在正是抄家的時候，江青的廚師告發我，在一組燒毀文件。我告訴汪，我燒的不是文件，是我的筆記。汪說，筆記有什麼要緊，何必燒。我說，這些筆記都同毛有關係，留下怕惹禍。汪說，你一燒，更惹禍，這個廚子如果告訴了江青，就完了。

我回到一組，看到剩下的十幾本日記，心想這些留下來是禍害，反正已經燒了，再燒一次吧。

第二天汪東興又將我叫去。這回他急了，對我嚷：「叫你不要燒，你還燒。主席的廚子來告你的狀了。這事要鬧出去，就成了大問題。你再不聽話，我把你關起來。」

我向汪說，已經燒完了，再也沒有可以燒的了。

這就是我積累了十幾年下來的日記的下場。

文化大革命中間，我一天到晚提心吊膽，片紙隻字都沒有保存下來。

一九七六年四人幫被捕以後，嫻常常惋惜地說：「太可惜了，那四十幾本日記。如果能保存下來，也沒有事。天下本無事，庸人自擾之。」為此她常催促我，寫出這一段的經歷。

一九七七年夏，葉劍英到三〇五醫院檢查身體。檢查間隙，葉同我談到往事。他說：「你給毛主席工作了二十二年，時間可不短了。你應該將你知道的事，寫了出來，這也是歷史啊。」他並且說，他要向一些報刊代我宣傳。

此後多種報刊雜誌都找我，要我投稿。他們願意優先刊登。但是我不願投稿。因為經過這麼多年的觀察，凡是講真心話的文章，作者不被封為右派，即冠以反動文人的稱號，沒有一個可以倖免。我又不想寫歌功頌德，粉飾太平的文章。

但是我又不願意讓我的這些年的經歷，湮沒無存。於是我重新拾起舊憶，撰寫回憶錄。從一九七七年開始執筆，斷斷續續，又寫了二十多本。我並沒有想整理發表，因為根本沒有公開發表的可能性，何況我不想因之取禍。這只不過作為我和嫻逝去的年華的雪泥鴻爪，留作紀念吧。

一九八八年二月，嫻發現患有慢性腎功能衰竭。五月住院，到七月下旬，病勢日趨嚴重。兩個孩子、兩個兒媳，都十分焦急。他們一再催促我攜嫻來美國求醫。

八月中旬我與嫻帶著孫女到了美國。嫻繼續求治。我每天要照管嫻的飲食和治療，雖然嫻多次提到，將舊作整理出來，但是我哪裡有這種心境和時間呢。

十二月中旬，嫻因感冒，病勢急轉直下，送入醫院，住院治療。經過多方搶救，終於因為腎功能衰竭，一九八九年一月十二日去世。她陷入昏迷前，還一再叮囑我，要將一九四九年以來，這三十九年中的遭遇寫出來。她說：「一定寫出來，為了你，為了我，也為了我們的後代。可惜我不能再幫助你了。」

一九八九年三月，我點檢行篋，取出了舊記和帶來的全部資料，開始了寫作生活。這一方面是對嫻的永久的紀念。另一方面，身在美國，就可以將這些年的所見所聞，秉筆直書，無需避諱，加以發表。

如果讀過本書以後，讀者能夠更加珍惜自己的理想和所嚮往的幸福的話，那將是我和嫻多年來的最大願望。

＊

經過了二十二年的血腥戰爭，一九四九年中國共產黨終於取代國民黨，統治了中國大陸，建立了中華人民共和國。

當年夏天，我正在澳大利亞。由我大哥的從中介紹，中國共產黨中央軍事委員會衛生部副部長傅連暲來信，希望我回去工作。於是我返回香港，同我的妻子嫻一道回到北平。

傅安排我到了中共中央辦公廳行政處香山門診部，後遷入中南海，成立中南海門診部。我工作勤奮，受到中共中央一些高級幹部和一般工作人員的讚譽，被選為中共中央辦公廳和中共中央直屬機關的甲等工作模範，吸收入黨，並被任命為中南海門診部主任，後為中南海保健辦公室主任、中央衛生部醫學科學委員會副祕書長及中共中央辦公廳警衛局三〇五醫院院長。

一九五四年，經警衛局局長汪東興推薦，通過中共中央辦公廳主任楊尚昆和中央公安部部長羅瑞卿同意，由周恩來批准，我被任命為毛澤東的保健醫生，以後並兼任毛的醫療組組長。從此，直到一九七六年毛去世為止，我作為毛的專職健康保護人和監護人，無論在北京或去外地，都跟隨在他身邊，為時二十二年。

我初到毛處工作，即驚異於他的生活習慣與眾不同：飲食睡眠都沒有一定的時間，正是「起居無時，飲食無常」。對他說來，一天二十四小時之分，晝夜之分，毫無意義。他的一切公私活動，甚至接見外國元首，都以他的意願為主，都不事先通知，而採取突然行動。即使在身邊工作的人員，也摸不清他下一個行動是什麼。加上共產黨內部控制嚴密，強化保密制度，毛本人親自規定：「不要說這裡的情況」，所以他的真實狀況，從政治行動到私人生活，都籠罩在一層迷霧之中，更形增加了他的神化感和權威感。

一九五九年以前，我崇拜他，仰望他如泰山北斗。但是我雖在他身邊，在他的周圍似乎有一重神祕而不可逾越的障隔，使我不能真正進入他的生活。

一九五九年以後，我逐漸穿過這層密障，進入了他的生活實際。原來他正如演員一樣，除去前台的經過種種化妝的他以外，還有一個後台的真實的他在。

五〇年代初期，人們只看到他與蘇聯訂立了「中蘇友好互助同盟條約」，號召「一邊倒」，但不知早在三〇年代，他就被蘇聯共產黨和史達林目為「異端分子」，是「白心的紅皮蘿蔔」。一九四九年冬他去蘇聯，受到極大的冷淡待遇，住了兩個月，在他最後憤然要回國時，史達林才見了他，簽了這個條約。他認為蘇聯是中國的最大威脅，最終目的是吞併中國。只是到六〇年代初，中蘇關係的破裂才公開化。

自從斯諾等人訪問陝北中國共產黨的根據地，向全世界介紹了中國共產黨的生存奇蹟以來，他對美國，特別是美國人，有很大好感。當他號召「學習蘇聯」，大家學俄語的時候，他不學俄文，而學英文。他自嘲說：「我是言行不符。」他身邊所用的知識分子，包括我在內，都是受英美教育出來的人。他決不將蘇聯培養出來的人放在身邊。至於韓戰及越戰是由許多因素，也包括美國一些不了解毛的內心世界和對當時中國共產黨有歧見的人士造成的歷史大不幸。從六〇年代末期，毛即致力於恢復中美友好關係，而這一歷史使命的完成，是他去世前實現的。

毛對蔣介石，雖然終生為敵，但並不持完全否定的態度。他認為蔣有強烈的民族自尊心，不俯首貼耳聽命於美國。他說：「蔣介石和我都主張只有一個中國，在這點上我們志同道合。」

共產黨核心領導層中的鬥爭，既複雜又曲折。自一九五七年的所謂「反右派鬥爭」，一九五九年廬山會議批鬥彭德懷（當時的中共中央政治局委員、國防部部長），演變到一九六六年開始的文化大革命，在表面上有著這樣或那樣的原因，但實際上卻存在一個根本的因素。一九五六年蘇聯共產黨二十次代表大會上「反史達林」、「反對個人崇拜」的運動，在中國共產黨內引起一連串反應。毛從種種跡象感到，他作為全黨的最高領導地位受到動搖，因而做出一系列相應的反應。正如中央警衛局局長汪東興所說：「毛認為，全黨沒有誰都可以，可是不能沒有他。」

毛的私生活駭人聽聞。外表上，他凝重端莊，而又和藹可親，儼然是一位忠厚長者。但是他一貫將女人作為玩物；特別到晚年，過的是糜爛透頂的生活。他沒有別的娛樂，玩弄女人成了他唯一的樂趣。汪東興說：「他是不是覺著要死了，所以要大撈一把。要不然怎麼會有這麼大的興趣，這麼大的勁？」江青說過：「在政治上，不論蘇聯和中國黨的領導人，沒有哪一個能鬥過他（毛澤東）的縱橫捭闔的手段。在生活問題上，也沒有誰能鬥得過他，管得住他。」

我不是給毛寫傳記，只不過作為毛的保健醫生，在二十二年的風風雨雨中，將我的親身經歷，及所見所聞，筆之於書，用以紀念與我患難與共的愛妻嫻，沒有她生前對我的支持和一再鼓勵，我不會寫成這本書。

時間間隔太久，又沒有讀些參考文獻，疏漏之處在所難免，亟盼讀者方家斧正。

致謝

著者在此特向廖書珊小姐致謝，她在本書的中譯過程中，無論協譯、剪裁、補譯、貫串、拼貼、校對，都付出極大的精力和時間。感謝夏元瑜教授贈一中南海示意圖，使本書生色不少。

本書中每章後的注釋為英文版助編石文安女士所注；中共中央組織結構圖、中共中央辦公廳組織結構圖、人物簡介及年表，亦均為英文版編者撰製，在此一併致謝。

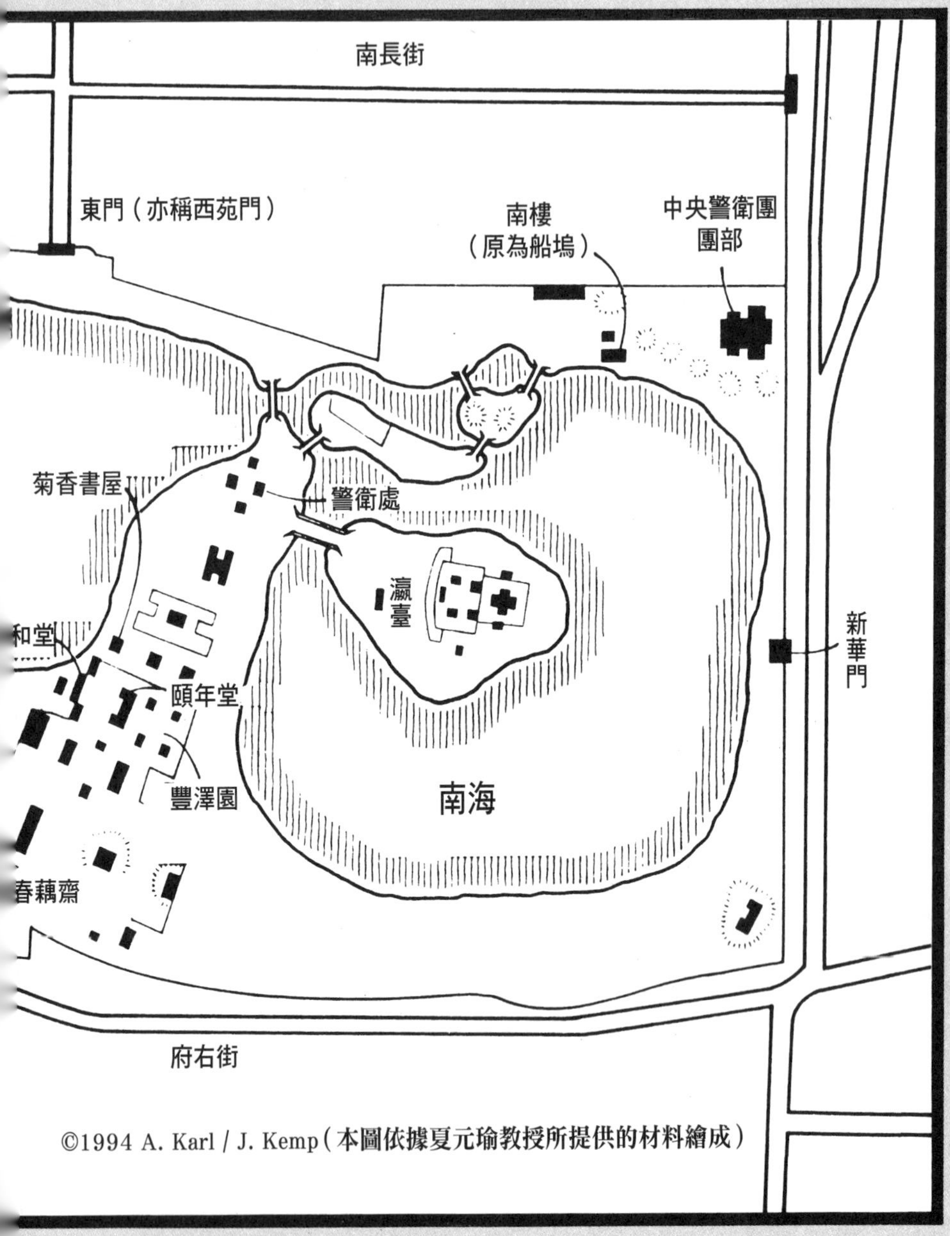

©1994 A. Karl / J. Kemp（本圖依據夏元瑜教授所提供的材料繪成）

1970年代初作者所認識的中南海

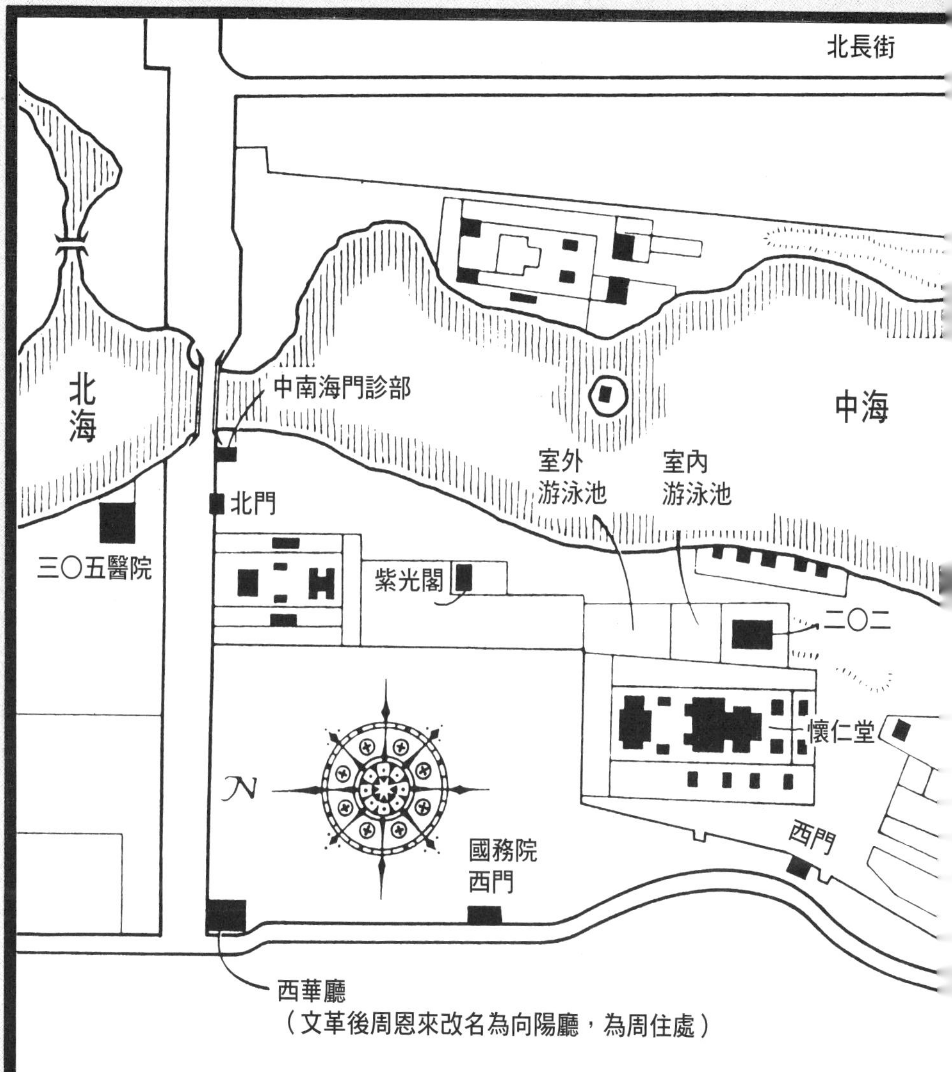

50年代中國共產黨組織結構

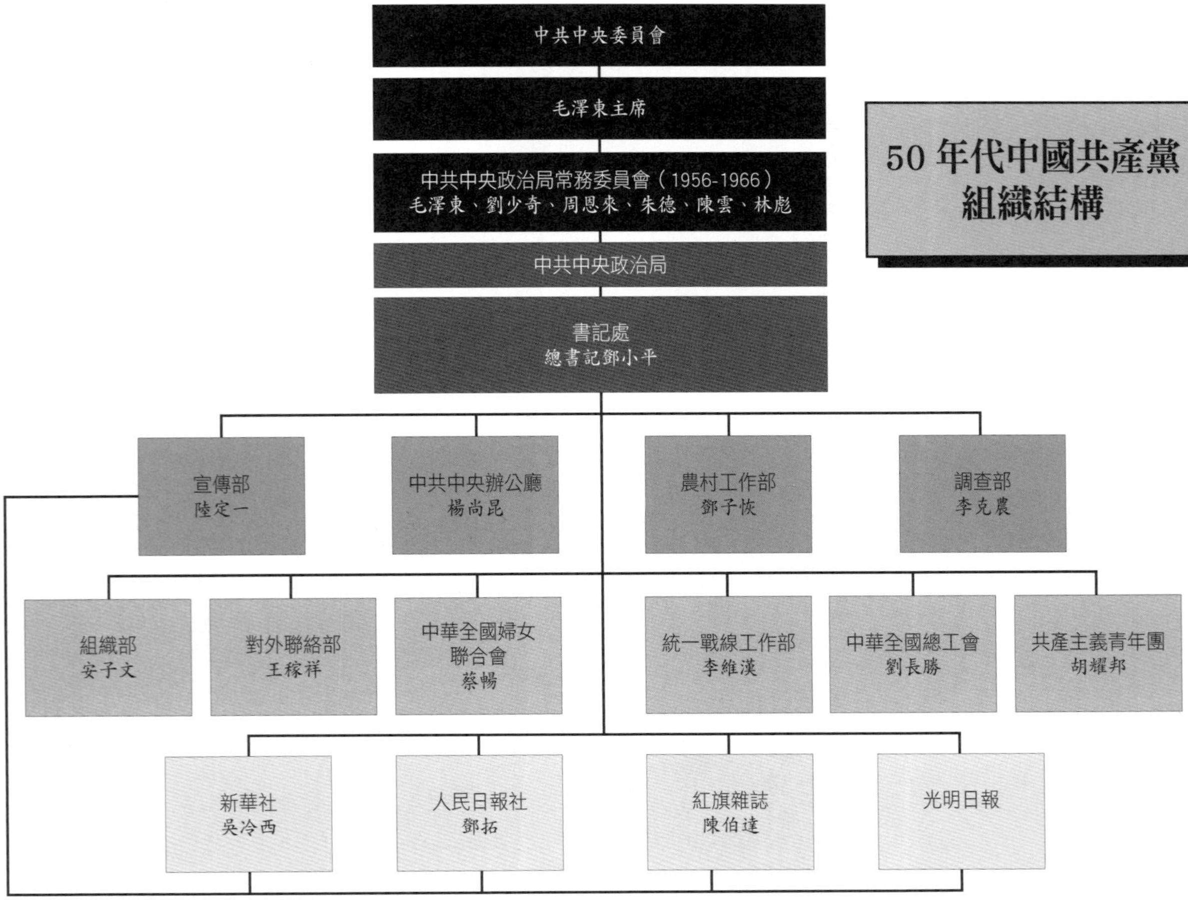

中共中央委員會
毛澤東主席
中共中央政治局常務委員會（1956-1966）
毛澤東、劉少奇、周恩來、朱德、陳雲、林彪
中共中央政治局
書記處
總書記鄧小平
宣傳部
陸定一
中共中央辦公廳
楊尚昆
農村工作部
鄧子恢
調查部
李克農
組織部
安子文
對外聯絡部
王稼祥
中華全國婦女聯合會
蔡暢
統一戰線工作部
李維漢
中華全國總工會
劉長勝
共產主義青年團
胡耀邦
新華社
吳冷西
人民日報社
鄧拓
紅旗雜誌
陳伯達
光明日報

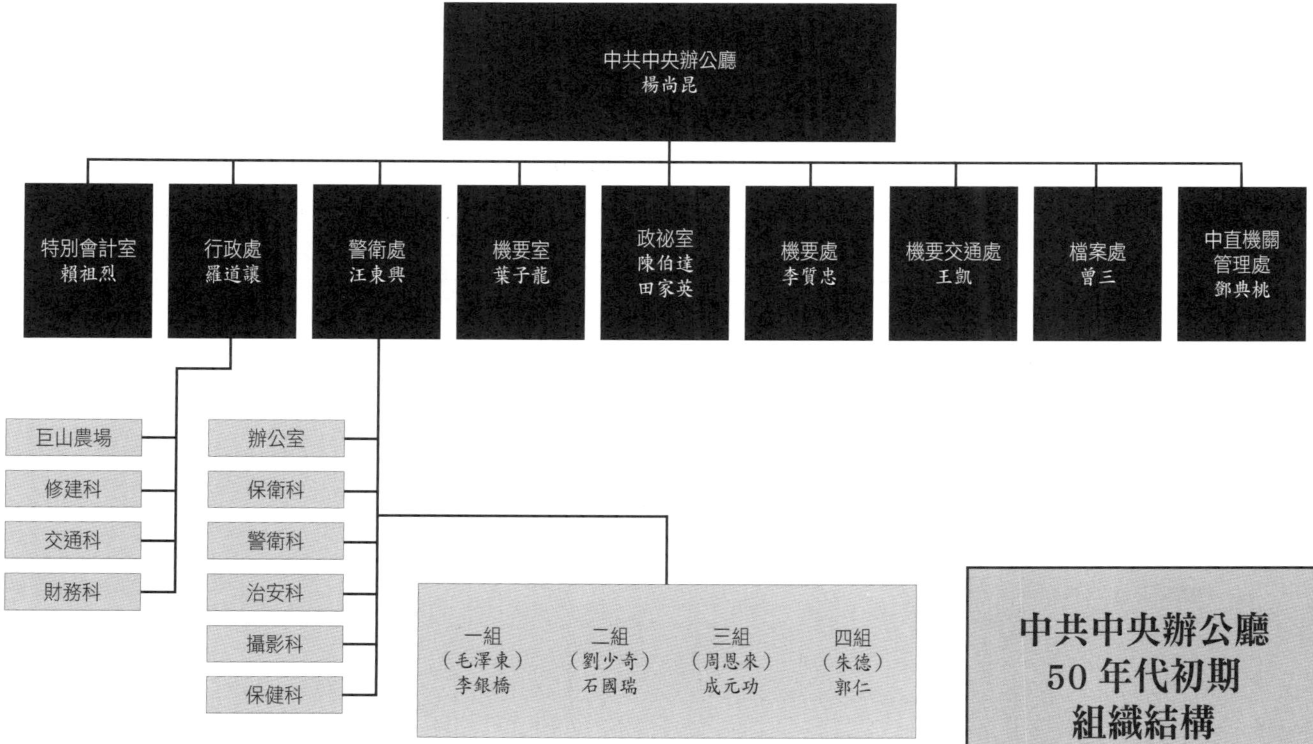

中共中央辦公廳 50 年代初期 組織結構

序幕　毛澤東之死

「主席，你叫我？」

毛澤東盡力抬起眼睛，嘴唇囁囁地動著。呼吸機的面罩放在他的口鼻旁。毛在吃力地喘息著。我俯下頭，但除了「啊、啊……」外，聽不清他說些什麼。毛的頭腦仍然很清醒，但聲調中已失去希望。

我是毛澤東的專任醫生，也是他的醫療組組長。自從一九七六年六月二十六日，大廳內的心電監護器顯示心肌梗死之後，兩個多月以來，我們二十四小時照顧著他。護士人手原本不足，從醫院又調來一批，一共有了二十四名護士，分成三班輪換。從二十六日夜間開始，我將醫生們分成三班，每班三個人，另有兩名醫生做心電圖監護。我晝夜二十四小時待命，一個晚上只斷斷續續睡上三、四個小時左右。我的睡榻房就在毛的病房外一個桌子下面。

毛澤東已成不死之軀。對成千上億的中國人來說，毛不是凡人，甚至不是帝王，他是個神祇。將近二十年來，「毛主席萬歲」的口號已與日常生活緊密地連接在一起。對許多中國人來說，這已儼然成為事實。全國各地的街道、工廠、學校、醫院、餐廳、戲院和家庭中，充斥著毛的肖像——還有這句口號。甚至那些懷疑毛不朽的人，也相信毛會活得較一般人長久。

一九六六年五月，文化大革命的前夕，當時即將被選為毛的接班人的軍事委員會副主席林彪聲稱，毛一定可以活到一百或一百五十歲。誰敢暗示毛是凡人，就得冒著被打成「反革命」的危險。

中國人民此時仍被蒙在鼓裡，不知道毛病倒了。他們只能從毛與國外顯貴會晤的幾張應景照片中，略窺毛衰老的情況。毛的最後一張照片，是在一九七六年五月與寮國領袖凱山的合照①。

雖然那張照片顯示他們的領袖已垂垂老矣，新聞媒體仍堅稱毛紅光滿面、神采奕奕。直到一九七六年九月八日早晨，數以億計的中國人民仍高喊著「毛主席萬歲」。

但在那天晚上，我們這些隨時在毛身邊的人心裡都很清楚，毛的死期近了。

中國共產黨中央委員會的兩名副主席華國鋒和王洪文，中共中央政治局的兩名委員張春橋和汪東興，這四個人自從六月二十六日毛發生第二次心肌梗死以後，也一直分成二組；輪流晝夜值班。

負責拯救主席生命的華國鋒對毛忠心耿耿；他誠摯地關心毛的健康和舒適，試著了解醫生的解釋，並相信醫療組已竭盡所能。我們建議從毛的鼻孔插胃管入胃飼食時，只有華國鋒願意先親身試試這種新醫療方法。我喜歡華國鋒。他的正直和誠懇，在腐敗的黨領導階層中十分罕見。

我是在一九五九年大躍進時期，陪毛去巡行湖南的韶山老家時，認識華國鋒的。華國鋒當時是韶山所屬的湘潭地區黨委書記，毛非常讚賞他。兩年後，在大躍進使全國經濟衰退之際，許多地方領導仍在謊報糧食產量節節高升，只有華國鋒有勇氣直言。他說：「經過了大躍進和人民公社一折騰，人瘦了，地瘦了，牛也瘦了。在三瘦之下，再講什麼高產糧食，是不可能的。」毛對我說：「他的話，我看是大實話。」

華在一九七六年四月被任命為中央委員會副主席。這是毛死前權力鬥爭的一大勝利。在此之前（二月初），毛已指派華出任國務院代總理，接替甫去世的周恩來，主持中央日常工作。到了四月上旬，數以萬計的民眾在天安門廣場哀悼周恩來，並抗議造反派江青、張春橋、姚文元、王洪文四人幫。這個遊行被打成「反革命暴動」。毛為了安撫造反派，以煽動不安罪名整肅鄧小平。毛為了搞調和，不選造反派，而選華作為中共中央第一副主席。華國鋒因此成為毛確認的接班人，得以主持中央政府和掌理日常黨務，造反派轉而指控華右傾。

華決定他無法再等下去。一九七六年四月三十日他告訴毛主席造反派的攻擊及他的地位時，我也在室內游泳池內毛的住地。會後華與我透露他們的談話內容，並把毛手寫的紙條給我看。毛蜷曲的字體寫著：「你辦事，我放心」、「照過去的決定辦」、「慢慢來、不要著急」。那時毛已口齒不清，他發現用筆比較容易溝通。華國鋒將紙條拿給政治局看，毛的紙條是他接班合法化的唯一文件。

一九七六年九月九日午夜零點，毛澤東的呼吸越來越微弱。為了急救，剛剛給毛從靜脈的輸液管道內注入了升脈散，血壓由已降到86／66毫米汞柱升至104／72毫米汞柱，心跳也稍微增強了一些。華國鋒殷切的眼睛望著我，他低聲急促地問我：「李院長，還有沒有別的辦法了？」王洪文、張春橋和汪東興都湊了過來。

我沉默地凝望著華國鋒。室內除了呼吸機的嘶嘶聲以外，空氣好像凝結了。我小聲說：「我們已經用盡了各種方法……」大家又沉默下來。

華低下頭沉思了一下，然後對汪東興說：「立刻通知江青同志和在北京的政治局委員。也要通知外地的政治局委員，要他們即刻來北京。」汪起身出去時，內室中的一位值班護士跑過來，匆匆對我說：「李院長，張玉鳳說毛主席在叫您。」我繞過屏風，走到毛的床邊。

張玉鳳是毛十四年來最親近的隨員。張玉鳳曾為毛出巡全國時私人專列上的服務員，現在則是他的機要祕書。張玉鳳與毛初次相遇於毛在長沙舉辦的晚會上。那是一九六二年冬，她那時年方十八，天真無邪，有著大大圓圓的眼睛和白皙的皮膚，她主動請主席跳舞。就在這次晚會上，毛與張連續跳了幾場舞，等到舞會結束，我親眼看見毛攙了張玉鳳的手回到他的住室。

毛與張的關係十分親密，毛也有其他幾位女友。現在仍有兩位原空軍政治部文工團的孟錦雲和李玲詩在做毛的護士，替他擦身和餵食。但張玉鳳待在毛身邊最久。雖然在歲月摧折下，她也開始飲酒，但她一直深受毛的信任。一九七四年，毛的機要祕書徐業夫因肺癌住院，張便接管毛每日批閱公文的收發。在毛視力衰退以後，她便負責將那些公文讀給毛澤東聽。張於同年年底由汪東興正式任命為毛的機要祕書。

我是毛的私人醫生，給毛檢查身體時，還可以見到毛，談幾句。別的任何人，要見到毛，首先要經過張玉鳳的同意。一九七六年六月中旬，華國鋒（當時是國務院代總理）到游泳池來，要向毛報告工作。叫張玉鳳三次，張睡覺不起，另外兩個值班的是孟錦雲和李玲詩，不敢向毛說華要談工作。她們說，不經過張，直接同毛講了，就不得了。華等了兩個多小時，張仍然不起床，華只好走了。孟錦雲告訴我，一九七六年初「批鄧（小平）整風」後，鄧的女兒給毛寫了一封信，說批鄧以後，撤走了工作人員，鄧有病，她要求自己留下，照顧父母。這封信張是否交給了毛，很值得懷疑。因為結果鄧的女兒仍沒能夠去照顧她父親。

張玉鳳能爬到這個位子，完全是因為只有她聽得懂毛的話。連我都要透過她翻譯。

張玉鳳對我說：「李院長，主席問您還有救嗎？」

毛用力點點頭，同時慢慢伸出右手抓住我的手。我握住他枯槁的手，橈動脈的搏動很弱，幾乎觸摸不到。兩側面頰深陷，早已失去了他以往豐滿的面容。兩眼暗淡無神，面色灰青。心電圖示波器上顯示的心電波，波幅低而不規律。

我們六週前將毛從中南海游泳池搬到代號為「二〇二」這座大廈內的一個房間。一九七六年七月二十八日北京附近發生了強烈地震。北京東北一百里外的唐山市全被摧毀。二十五萬餘人當場死亡。北京市雖沒什麼傷亡，但房屋倒塌多處。數以百萬的市民唯恐再發生一次強烈餘震，在街上搭的防震棚裡住了好幾個禮拜。自文化大革命初期，毛便住進了中南海的室內游泳池。他的病床就在室內游泳池內一個房間裡。地震時游泳池也受到強烈震搖。我們決定將他遷往更安全的地方。

二〇二似乎是唯一的選擇。一九七四年游泳池以南的舊平房被拆掉，蓋了一座抗地震的大廈，旁邊又修了隨從人員的住房。大廈有走廊連接游泳池。這座大廈就稱為「二〇二」。唐山大地震當天傍晚下了大雨，又有一次地震。在二〇二這棟屋內，幾乎沒有任何感覺，其實那時即使山崩地裂我都不會有什麼感覺。我全心全意在救助毛澤東奄奄一息的生命。

華國鋒、張春橋、王洪文和汪東興此時靜靜地走到毛床前。我聽見另一批人從屏風後面悄悄進房的聲音。房裡都是人，大家正準備著換班。

我站在那，握著毛的手，感覺他微弱的脈搏時，江青從她居住的春藕齋趕到。她一進門就大聲嚷道：「你們誰來報告情況？」

如果將毛十四歲時，他父母替他安排，他卻拒絕圓房的那樁婚姻也算在內②，江青是毛的第四任妻子。毛於一九三八年不顧共產黨政治局的激烈反對，與江青在延安結婚。傳說江青在延安時期對人溫和有禮。但在一九四九年後，這位國家最高領導人的妻子，卻因無法掌握實權而對人生厭煩，並變得不可理喻，難以伺候。直到文化大革命後第九次黨代表大會上被選為政治局委員，才得以運用她的權勢藉機消除舊隙。毛和江青長年來各過各的生活，但毛並不想和她離婚。毛恢復自由之身後大可以和別人結婚，但他不願意這樣做。文化大革命爆發後，江青搬去釣魚台國賓館。直到毛六月發生第二次心肌梗死，江青才搬回中南海的春藕齋旁新建的一所華麗的大房子。

華國鋒搖搖手說：「江青同志，主席正在同李院長講話。」

雖然我心裡清楚毛毫無希望，我仍試圖安慰他。這幾年來他的健康情形每況愈下。在一九七一年九月後不久，當時身為黨副主席、軍事委員會副主席、毛欽定接班人，全中國公認為毛最親密的戰友林彪背叛毛，並策劃暗殺他。林彪在他的計畫暴露之後，與他夫人葉群和兒子林立果一起搭機準備潛逃到蘇聯。飛機因燃料用盡，在外蒙古的溫都爾汗墜毀，機上人員全部死亡。林彪事件後，毛更形沮喪，無精打采，且持續失眠，最後他終於病倒了。

在美國總統尼克森一九七二年二月第一次來中國訪問的幾個禮拜前，毛仍抗拒著醫生所給他的任何醫療措施。直到尼克森預定抵達的三個禮拜前，毛醒悟到如果他的健康狀況再不改善，他便無法親臨這場歷史性的外交會晤。他叫我給他治療。

當時他的病況過於嚴重，完全恢復是不可能的。經過不斷的治療，肺部感染得到控制，心臟功能明顯好轉，水腫在消褪，但是直到會見尼克森的時候，露在衣服外面的頸部和雙手水腫還沒有全消，兩足更是明顯，原來的布鞋穿不下去，特地做了一雙大鞋，他此時行走仍很困難。我在中南海室內游泳池門口迎見尼克森總統的座車，領他到毛的書房後，就在接待室外的走廊上將急救設備準備好，以防萬一。也因此我聽到了他們的談話。

現年八十三歲的毛百病纏身。他長年嗜菸的習慣毀了他的肺，並有慢性支氣管炎，肺氣腫，有時肺炎發作。他的左肺中有三個大的空泡，所以只能向左側斜臥，這樣右肺才能夠充分膨脹吸入足夠的空氣。他常常只能借助氧氣機呼吸。在幾次急救中，我們使用季辛吉在一九七一年祕密訪問中國時送的美國製呼吸器。

一九七四年經診斷確定，毛的病非西方所猜測的帕金森氏綜合症（另稱震顫性麻痺），而是一種罕見而無藥可救的運動神經元病（另稱內側縱索硬化症）。也就是在腦延髓和脊髓內，主宰喉、咽、舌、右手、右腿運動的神經細胞逐漸變質死亡。在國外文獻報告上的統計，這種病如已侵犯到喉、咽、舌的運動神經細胞，最多只能活兩年。因為，喉、咽、舌癱瘓，會引起肺部反覆感染，不能吞嚥，不能正常飲食，勢必更形衰弱。必須經鼻道裝胃管飼食。受影響的肌肉組織失去功用，呼吸困難。現今仍未有有效的治療方法。

毛的病情如專家所料的惡化。但真正使毛致命的，是他的心臟——那老邁而被慢性肺炎折磨的心臟。毛在一九七六年五月中旬和張玉鳳一次劇烈爭吵中，爆發第一次心肌梗死，六月二十六日則是第二次。第三次發生於九月二日。醫生們全都知道死神就要降臨，但沒有人敢明言。

毛主席仍在和死神掙扎。

我彎了腰對他說：「主席放心，我們有辦法。」這時有一痕紅暈在毛的兩頰出現，兩眼頓時露出了剎那的喜悅光彩。接著長長地出了一口氣，兩眼合下來，右手無力地從我的手中脫落，心電圖示波器上呈現的是一條毫無起伏的平平的橫線。我看看腕上的手錶，正是九月九日零時十分。

毛的逝世並未使我感到難過。二十二年來我每天都隨侍在毛的左右，陪他出席每個會議，出巡任何地方。在那些年裡我不只是毛的醫生，我還是他閒聊的對手，我幾乎熟知他人生中所有細枝末節。除了汪東興之外，我可能是隨侍在他身邊最久的人。

我剛開始時崇拜毛，望他如泰山北斗。他是中國的救星，國家的彌賽亞。但在一九七六年此時，這崇敬早成往日雲煙。好多年前，我那個全民平等，剝削終止的新中國夢想就已破滅。我那時仍是共產黨員，但我對它毫無信心。「一個時代結束了，」當我盯著心電圖那條平直的線時，閃過這個念頭。「毛的朝代過去了。」

這念頭瞬間即逝，緊接著我心中充滿恐懼。我會有什麼下場？作為毛的專任醫生，這問題長年在我心中盤旋。

我抬起頭，茫然環顧四周。從每一個人的神色舉止和語言裡，可以清楚看出他們對於這位叱咤一時的風雲人物的死亡，有著多麼不同而複雜的心情。江青轉過身，惡狠狠地對我說：「你們這是怎麼治的？你們要負責任。」

江青的指控早在我意料之中。江青在最天真的舉動中都能嗅出陰謀。二十年前我們就處得不好。四年前，也就是一九七二年，她指控我是特務集團中的一員。

華國鋒慢慢走到江的身旁說：「我們一直都在這裡值班，醫療組的同志們都盡到職責了。」

王洪文漲紅了臉急忙說：「我們四個人一直在這裡值班。」

王洪文才四十二歲，是政治局裡最年輕的委員。他從原本是上海一家紡織工廠安全幹部，竄升到最高政治權力階層的速度之快，使得外界給他取了個「火箭式幹部」的綽號。沒有人知道毛為何喜歡這年輕人，並如此迅速的提拔他。王長得高大英俊，可他是個金箍馬桶，只有中學程度，不學無術，只會賣弄小聰明。他對中國的領導階層沒有任何貢獻。那年五月，毛的健康重大惡化時，王還建議我給毛服用珍珠粉，但我拒絕了。為此汪東興還批評我不尊重黨的領導人。毛也從未服用珍珠粉。

毛垂危病榻時，王原本該負起看守的責任。但他卻常跑去國家高層領導專用的西苑軍用機場獵兔子。大部分的時間他都在觀看香港進口的電影，我想王原先就不是有品德的人，權力只是使他越加腐化。

王洪文又說：「醫療組的每項工作都報告了我們，我們都清楚，也……」沒等王說完，江青搶著說：「為什麼不早通知我？」

但我們早跟江青報告過好幾次毛的病情。江青指控我們醫生從來將病情說得嚴重，是謊報軍情。她怒斥我們是資產階級老爺，還說醫生的話最多只能聽三分之一。八月二十八日，在聽過我們對毛病情惡化的正式報告後，她氣沖沖趕往大寨「巡查」。九月五日，華國鋒打電話將江青從大寨催回北京。當晚江來了一下，說太疲勞了，就回了她自己的住處，並沒有詢問毛的情況。

九月七日，毛已進入垂危狀態，江青下午來到二〇二，與每一個醫生和護士握手，連聲說：「你們應當高興。」她似乎以為毛死後她會當然接管權力，我們也會期盼她的領導。

醫療組的人都感覺很奇怪，為什麼江會這樣對待毛呢？我將這些告訴了汪東興。汪說：「這不奇怪。江青認為阻礙她取得最高權力的人，就是主席。」

這時張春橋背著雙手，踱著八字步，兩眼看著地上。

一旁的毛遠新則臉色鐵青，走來走去，似乎在找什麼東西。

毛遠新是毛澤東二弟毛澤民的兒子。毛澤民在抗日戰爭期間被新疆省省長判處死刑。原本親蘇聯和中國共產黨的省長盛世才，曾熱烈歡迎毛澤民前往他的轄區。但在德國入侵蘇聯之後，他便轉而投靠蔣介石和國民黨。毛澤民的夫人也一起被捕，在牢裡產下毛遠新。他母親再婚後，毛澤東便負起養育姪子的責任。毛在一九四九年把毛遠新接入中南海，但很少和他見面。

我是看著遠新長大的。遠新小時和江青處得不好。一九六六年文化大革命開始時他才二十多歲。他寫信給毛為自己與江青不睦的事道歉。現年只有三十多歲的毛遠新是瀋陽軍區政委。一九七五年尾，毛因病重而不能出席政治局常委會議，毛遠新便代表他出席，成了毛的聯絡員。江青信任毛遠新。

其他人和醫生護士都低眉垂目，像是等待判決，汪東興在向張耀祠說些什麼。張耀祠當時任中共中央辦公廳副主任、警衛局副局長、中央警衛團團長。汪東興與江青素有嫌隙。汪當時擁有相當大的權力並身兼數個要職。他不但是中共中央辦公廳主任，還是警衛局局長兼黨書記，以及中央警衛團黨委書記。想發動政治局政變一定得有他的鼎力相助。

突然江青的臉色變得緩和起來。也許她以為阻礙她取得最高權力的障礙已經消失，她馬上就可以統治中國。她轉身向我們說：「你們大家辛苦了，謝謝你們。」然後回頭叫她的護士說：「給我準備好的那套黑色衣服和黑頭紗呢？你們熨好，我要換上。」

華國鋒向汪東興說：「你立刻通知開政治局會。」

大家從室內走到外面的大走廊，這時張玉鳳突然放聲嚎哭，嘴裡叨叨著：「主席你走了，我可怎麼辦哪？」江青走過來，用左手抱住張的肩膀，笑著對張說：「小張，不要哭，不要緊，有我哪，以後我用你。」張立刻停止了嚎哭，滿臉笑容對江說：「江青同志，謝謝您。」

我聽到江青悄悄對張玉鳳說：「從現在起，主席的睡房和休息室，除你之外，誰也不許進去。你把留下來的所有文件都整理好，清點好，交給我。」一邊說一邊向會議室走去，張跟在江的後面說：「好的，江青同志。」

此時張耀祠氣急敗壞從室內走出來，向我說：「李院長，你問問值班的人和別的人，有沒有看見床旁桌子上的那塊手錶？」

我說：「什麼錶？」

「就是郭老在重慶談判時，送給主席的那塊手錶。」毛沒有戴錶的習慣——他起居無常——那隻瑞士亞美加錶是多才多藝的文人兼學者郭沫若在一九四五年八月送給毛的。郭後來出任中國科學院院長，直到一九七八年去世。他終生是毛的好友，因此那隻錶極具歷史價值。

我說：「剛才大家都忙著搶救，誰也沒有注意那隻錶，你問問張玉鳳。」張說：「我看見毛遠新走來走去，東摸西摸，一定是他拿了。」我說：「我沒有看見，醫療組的人沒有誰有膽量拿。」張又急忙走回內室。

汪東興從會議室那邊走過來，叫我到旁邊的房間內說：「剛才同華總理商量過了，你趕快去想辦法，要將主席的遺體保存半個月，準備弔唁和瞻仰遺容。一定要保住，天氣太熱，不要壞了。」我說：「保存半個月容易做到。」汪說：「你快去辦，我還在開會，你回來後立刻告訴我。」

我又走到大走廊，中央警衛團一大隊一中隊值班的警衛隊員都在這裡，一中隊的教導員坐在地毯上，他對我說：「李院長，你可要準備好，政治局開會，好事攤不到你的頭上，出了事都是你的責任，你跑不了。」我想，我跑到哪裡去呢？無處可跑。

我早料到了我會被控謀殺毛澤東。

我家五代都做醫生。

我的大曾祖李德立，是滿清同治年間太醫院左堂官，四曾祖李德昌是右堂官。我家相傳下來的一段史實，同治皇帝患梅毒，但慈禧太后只准醫生按水痘治，大曾祖曾冒險向慈禧說，不能這樣治皇上的病，不是水痘。慈禧大怒，將頭上的鈿子擲下，大曾祖立即摘帽叩頭到地。慈禧沒有殺他，但摘去頂戴，帶罪當差。所以大曾祖死時遺囑，「不要戴帽入殮，把帽子放在旁邊。」並告誡子孫，不要做御醫，怕沒有好下場。我家仍舊是以醫業傳家，但代代都遵守著我大曾祖所說不要做御醫的遺言，往後沒有人再做御醫。

我被任為毛的醫生後，曾要求上級再考慮。但我無法回絕。我嘗試離職好幾次，毛都將我召了回去。

只有我的家人和最親近的朋友知道我工作的性質。真正了解我工作的人總覺得我不會有好下場。他們常警告我，作為毛的專任醫生，可能會有悲慘結局。

一九六三年有一次我的堂兄對我說：「你在工作上承擔的責任太大，毛主席的健康可是全黨全國人民都極其關心的大事，萬一有哪位中央委員對你的工作不滿意，指責你，可就不好辦了。」

一九七四年春天，我母親的乾女兒由雲南昆明到北京來休假，看到我說：「你的家我可不敢去，更不敢住。在昆明譚甫仁被暗殺後，凡是去過他家的人都被隔離審查，幸虧我沒有去。

你這裡如果發生點事，那可不得了啦！」譚甫仁當時任昆明軍區政治委員，文化大革命中被軍區保衛處處長刺殺。

自從一九七二年一月毛發生肺心病心力衰竭後，身體越來越壞，特別神經系統症狀出現以後，我經常想到會不會發生一次像蘇聯在史達林死後那樣的「醫生謀殺案件」？在毛去世前五天，我抽空用了一刻鐘的時間，坐車回家一趟。慎嫺上班，孩子們上學，只有老保母在家。我將棉衣棉褲棉大衣打了一個小包帶走。我打算，如果發生「醫生謀殺案件」，我坐牢，天冷時還有棉衣穿。離開家以前，我到每個房裡看了看，心想，再見吧，或許是永別了。正因為在心理上早就有了準備，所以現在反而十分鎮靜。毛生前常愛講的一句口頭禪是「死豬不怕燙」，這時的我在精神上已經是「死豬」了。後來慎嫺告訴我，老保母同她說，李院長這麼急急忙忙地回來又走了，一定是出了什麼事。在北京，幹部家的保母政治嗅覺都很敏感。

我給衛生部部長劉湘屏打了電話，約她到她家立刻面談。她問我有什麼事，這麼急。我講見面後再談。

劉湘屏是故公安部部長謝富治的未亡人。他們兩人都是效忠江青的造反派。我想劉湘屏能在文化大革命中坐上衛生部部長的位子是江青保的，因為劉並沒有相當的資格。

劉在客廳中等我，還沒有睡醒的樣子。她一見到我就問什麼事這麼緊張。我說：「毛主席在零點十分去世了……」話還沒有說完，劉放聲大哭，我趕緊說：「現在要抓緊辦事，不能耽誤時間。中央指示要將毛主席遺體保存半個月。這事很急，中央在等回話。」她擦著眼睛說：「怎麼辦呢？」我說：「這事要找中國醫學科學院，他們的基礎醫學研究所的解剖學系和組織學系有這方面的專業人員。」劉說：「那就將黃樹則和楊純叫來商量。」那時黃樹則為衛生部副部長，楊純為中國醫學科學院黨委書記。

我說：「他們不知道具體辦法，叫他們來了，再找人商量，就耽誤時間了。可以叫他們在醫學科學院楊的辦公室會合，同時通知基礎醫學研究所的解剖學和組織學研究人員共同商量。」劉立即打電話分頭通知。我乘車趕到醫學科學院。

我到楊純的辦公室時，黃、楊二人已在那裡，同時還有另外兩個人。楊介紹，一位是張炳常，解剖學副研究員，一位叫徐靜，是組織學助理研究員。張神情沉鬱，目光呆滯，側身對窗坐著。

後來我們比較熟悉以後，我問張那天凌晨他的表情為什麼那樣不自然，那麼緊張。張說：「文化大革命以後，三天兩頭有人自殺被殺。常常半夜三更叫我們解剖化驗，檢定死亡原因。如果我們檢定的死因不符合造反派紅衛兵的意思，我們就要被鬥，打一頓倒沒有什麼，弄不好還要戴上反革命或同情反革命的帽子。前些天半夜被叫去，是公安部部長李震自殺死亡，我們被叫去解剖，檢查死因。我被關在公安部裡兩個多月才放出來。」

我簡要說明毛已去世，中央要求保存遺體半個月，以便弔唁及瞻仰。我講完後，我看到張炳常的神色立即放鬆了，臉上也不像剛才那樣發青，身子也轉過來，面向大家了。

張、徐二人認為保存時間短，只要在股動脈內灌注福馬林防腐，用兩公升就可以保存半個月沒有問題。黃、楊二人都無異議。於是由張、徐二人立即拿了灌注用具及藥品，同我一起到中南海游泳池。這時已經是九月九日凌晨四時半，但中國人民要到好幾個小時後才知道毛逝世的消息。

我跨進大門，走到會議室外。政治局還在裡面開會。中央警衛團一大隊一中隊隊長王對我說：「李院長你可回來了，汪（東興）主任出來找你好幾次了，葉帥也找你。政治局已經過了告全黨全軍全國各族人民書，下午四點鐘開始向全國廣播。」

我問他：「廣播文上對毛主席的病和去世是怎麼提法的？」王說：「這裡有一張打印的告人民書，你看。」

我急忙拿過來看第一段。等看到「……在患病後經過多方精心治療，終因病情惡化醫治無效，於一九七六年九月九日零時十分在北京逝世……」以後，沒有再往下看，心想這該是正式的結論了。我緊張焦躁的心情緩和下來。

我推開會議室的門，在北京的政治局委員都在，外地的也來了幾位。汪東興看到我立即迎上來說：「我們到外面談。」我們走到隔壁的房間，他說：「你看到告人民書沒有？」我說：「我剛才拿到一張，只看了第一段。」汪笑了說：「大概你最關心的是這一段。」

跟著他又說：「剛才中央已經做了決定，主席的遺體要永久保存，你要找人商量怎麼辦。」我吃了一驚，我說：「你原來說只保存半個月，怎麼又成了永久保存？而且毛主席是第一個在一九五六年號召火葬的文告上簽名的。」汪說：「這是剛才中央開會決定的事。」

我說：「這根本辦不到的事，你是什麼意見呢？」汪說：「我同華總理都贊成。」我唉了一聲說：「這是完全辦不到的事情，就是鋼鐵木材也要生鏽朽爛，何況人體？怎麼能夠不腐壞？」我還記得在一九五七年和毛一起前去莫斯科瞻仰列寧和史達林遺體的事。遺體看起來很乾癟。我得知列寧的鼻子和耳朵都腐壞了，只好用蠟代替。史達林的鬍鬚也脫落了。蘇聯防腐的技術還比中國先進。我不曉得我們如何永久保存毛的遺體。

汪眨著眼說：「你可要考慮大家的感情。」我說：「是有感情問題，可是科學發展到現在還沒有解決這件事。」汪說：「所以才交給你找人商量研究解決這問題。需要任何用具與設備，你們提出來，中央給辦。」正說的時候，葉劍英走進來，問我的意見。

年事已高的葉劍英元帥當時得了帕金森氏綜合症。他是最早期的共產黨員之一，也是人民解放軍的創始者之一。葉是對我最關心的政治局委員。

我又講了一遍不可能永久保存。葉沉思了一下，然後說：「在目前情況下不可能不這樣決定。李院長，你找有關人商量研究。你也找找工藝美術學院的教師研究一下，做一個蠟像，要做得完全和真的一樣，等以後必要的時候可以代用。」我於是放了心。

汪說：「要保密。」

時至走筆今日，我仍不知有多少政治局常委參與決策此事。江青可能根本毫不知情。

我走到毛的住室兼病室，他的遺體就放在這裡。室內醫療用具很多，於是將他搬到旁邊一間大房間內。這房是空的，很便於工作，因此成為臨時太平間。但是室溫是攝氏二十四度，我通知服務員將室溫調低到十度。服務員說：「這可不行，首長們都在，特別江青同志對溫度要求得嚴。要先告訴他們，同意了再降。」

於是我又回到會議室，說明要降溫的理由。他們都講應該降，會已開完，可以散了。我走回那間臨時的太平間，張、徐二人已將兩公升福馬林從股動脈灌注體內。我向他們兩人說明中央決定改為永久保存。他們都怔住了，說：「這不可能辦到。而且也不知道用什麼方法。」我說：「沒有法子也得幹。可以到醫學科學院圖書館查查有沒有這方面的書。」

徐靜去了圖書館。過了一個多小時，她打電話來說，只查到較長期保存的一些辦法，主要是在死亡後四到八小時內灌注福馬林，用量按體格不同大約十二公升到十六公升，灌到肢體末端摸上去有飽滿的感覺就可以了。她又說，實在沒有把握，最好請示中央政治局。

我打電話給汪東興，汪說：「一些具體方法，你們自己研究決定，你再請示一下華總理吧。」毛病重期間，華住在游泳池旁的值班室，這時他還沒有走。我向他說明查書的情況。華想了想說：「現在又不能馬上開會，就是開會也沒有用，大家都不懂。你們就這樣做吧，沒有別的方法。」

我回到臨時太平間，這時又來了基礎醫學研究所解剖學系的一位姓陳的實習研究員和北京醫院病理科的老馬，他們共同灌注，注入很慢，直到上午十時多，一共用了二十二多公升的福馬林，用量多是為了保證不腐爛。

結果毛澤東的外形大變，臉腫得像個大球，脖子跟頭一樣粗，表皮光亮，防腐液從毛孔中滲出，像是出汗，兩個耳朵也翹起來，模樣古怪，完全不像他本人的樣子了。

警衛人員和服務人員走進來看到，都表示十分不滿，張玉鳳甚至指責說：「你們將主席搞成這個樣子，中央能同意嗎？」徐靜還沉著，張炳常一下子臉色蒼白，似乎就要虛脫。我急忙說：「老張不要急，我們再想想法子。」當時我也覺得外形改變太大，可是已灌注進的液體又拿不出來。我又說：「身軀四肢腫脹沒有關係，可以用衣服遮住，主要是臉和脖子要想辦法。」張說：「用按摩方法可以將面部頸部的液體擠到深部和胸內去。」

他們開始用毛巾墊上棉花揉擠。當小陳揉擠面部時，用力稍大些，將右頰表皮擦掉一小塊，小陳嚇得混身發抖。老馬說：「不要急，可以化妝。」他用棉花棒沾上凡士林和黃色顏料塗上去，果然看不出來了。

他們四個人繼續揉擠，直到下午三時，面部腫脹消下去不少，兩耳外翹也不明顯了，但頸部仍然很粗。那些警衛人員和服務人員又來看，他們認為雖然還腫，但可以將就了。於是將準備好的中山服穿上去，但胸腹腫脹，繫不上鈕扣，只好將上衣及褲腰的背後中線剪開，才勉強穿好。

這時從外地趕到的中央政治局委員陸續來向遺體告別行禮。正在穿衣時，廣州軍區司令許世友來了。許世友是中國最有名的司令之一，年輕時便加入共產黨，也是倖存的長征英雄之一。許出身貧農，幼年時因家貧到河南少林寺做過和尚，未受過教育，紅軍教會他識字。他是個粗獷豪放的人，從未喜歡過江青，但對毛始終忠心不二。

許世友先向毛深深鞠躬三次，毛的衣服還沒有穿好，他俯身看了看胸腹皮膚，突然問我：「主席去世前還有多少伽瑪？」我聽不懂，無法回答。他又說：「人都有二十四個伽瑪，主席有多少？」我又回答不出。許說：「你這麼高明的醫生也不懂這個。」到今天，我還是不懂「伽瑪」是什麼。我懂佛教的朋友跟我說，佛教徒相信人都有二十四個伽瑪。他說著，繞遺體走了兩圈，自言自語說：「碰鬼，身上怎麼有藍斑？」又深深三鞠躬，敬了軍禮，出去了。

老馬又重新化妝，穿好衣服後，在毛遺體蓋上鮮紅色底，鎚子和鐮刀相交的共產黨黨旗。九月十日午夜，也就是毛死後大約二十四小時，我們將毛的遺體裝進趕製的玻璃棺材內。幾位政治局委員在棺材前照了相，然後毛的遺體便運上救護車。我跟毛的遺體坐在車內。救護車駛出中南海大門，往南路經黑暗又荒涼的北京街道，直到人民大會堂。毛的遺體將供民眾瞻仰一個禮拜。

毛病重後的權力緊張鬥爭現在全集中在「文件爭奪戰」上。江青和毛遠新乘這幾天游泳池已經沒有什麼人了，每天向張玉鳳要毛留下來的文件。江取走兩份文件，其中有毛在一九七一年八月十四日至九月十二日巡視大江南北時，路經武漢，與濟南軍區司令楊得志、政委王六生的談話。楊、王將談話記錄整理送毛審閱，毛一直放在他這裡沒有發表，其中特別講到林彪一夥的問題，以及毛對中央其他人特別是江青四人幫的意見③。

從九月十一日到十七日的弔唁瞻仰期間，汪東興住在人民大會堂辦公，因此不知道此事。等到張耀祠向汪報告時，汪大發雷霆，趕回中南海游泳池，找張玉鳳說：「你只有看管這些文件的責任，無權將文件交給別人。這些文件是黨中央的，別人不許拿。」張玉鳳哭哭啼啼說：「江青同志是政治局委員，又是主席夫人，毛遠新是主席的聯絡員，又是主席的姪子，我管不了。」

汪說：「那好，我派人來清點收集文件，你將江青取走的要回來。」張玉鳳向江青要文件，江沒有給張，張報告了汪，汪告訴了華國鋒，華打電話給江，江只好將文件交回，同時大發牢騷說：「主席屍骨未寒，就趕我了。」文件取回後，其中兩處有了塗改。

在這同時，我成立了遺體保護組，從全國大的醫學院校的解剖、病理和生物化學等專業調來研究人員二十多人參加工作。

我們研究了中國古代保存遺體的方法，但馬上發覺行不通。考古學者發掘到的一些古代屍體，雖然歷經數百年仍保存良好，卻都深埋在地裡，從來沒有暴露在氧氣中。科學家認為浸泡這些屍體的防腐液是汞。這些屍體一經空氣接觸就開始腐爛了。

另外兩個研究員前往英國的蠟像博物館研究如何複製蠟像。他們這小組決定，至少在蠟像製造技術上，中國早已大大超越了英國。工藝美術學院所製作的毛澤東蠟像栩栩如生，英國蠟像館裡的陳列像看起來就假多了。

我們研讀了大量科學刊物，最後決定，唯一保存毛澤東遺體的方法就是改善原已採用的福馬林灌注法。毛的腦部保持原封不動——我們不想剖開他的頭顱——但我們必須取出內臟，也就是心臟、肺、胃、腎、腸、肝、胰、膀胱、膽囊和脾臟。我們可以把這些內臟分罐浸泡在福馬林液中。身體內空腔裡則塞滿浸泡過福馬林液的棉花。遺體保護組並可透過插在毛頸部的管子定期灌注福馬林液。玻璃棺材內則灌滿氮氣。遺體保護組的工作在弔唁瞻仰期後隨即祕密展開。我們的工作地點便在「五一九工程」內。

一九六九年三月二日中國、蘇聯發生了珍寶島武裝衝突後，毛發出「深挖洞，廣積糧，不稱霸」的號召，在北京祕密建設了地下通道，代號便為「五一九工程」。隧道寬度可以平行並開四輛汽車，溝通人民大會堂、天安門、中南海，林彪死前住地毛家灣和中國人民解放軍三〇五醫院大樓地下，直通北京西郊的西山，以備戰時中央作為臨時指揮部及轉移之用，三〇五醫院大樓下面的隧道中設有小型醫院，設備很全，正好用來作為保護遺體之用。

弔唁一週後，九月十七日午夜，將毛的遺體由人民大會堂運到地下醫院，華國鋒、汪東興、衛生部正副部長和遺體保護組的數位負責人，在警戒森嚴的摩托車隊護衛之下，分車前往。我伴隨毛的遺體經過北京黑黝黝的街道，直到有兩個哨兵守衛的毛家灣五一九工程入口。哨兵揮手示意通過，小型汽車便往下開入蜿蜒曲折的地下隧道，直駛向十五分鐘車程外的三〇五大樓地下的醫院。到醫院後，便將毛的遺體移入手術室，開始了遺體防腐工作。

數天後，我第一次看見運來的蠟像。它後來被鎖在手術室附近的房間裡。工藝美術學院教師們的技術令人嘆為觀止。那蠟像詭異的就像毛本人。

只有少數幾人知道，泡在福馬林中的毛遺體和毛蠟像一起在地下醫院裡收藏了一年。這期間我每個禮拜都去察看兩個毛澤東。連看守醫院的哨兵都不知道他們在保護什麼。一九七七年位於天安門的紀念堂完工，且準備公開展示毛的遺體時，兩個毛澤東——以及那幾罐浸泡內臟的福馬林——一起被轉運到紀念堂下的大陵寢裡。此後，曾參與毛遺體保護工作的中國醫學科學院組織學助理研究員徐靜，便被指派去繼續保管毛的遺體，並被任命為毛主席紀念堂管理局局長。

自此以來，每天有數以萬計的中國老百姓和外國訪客，前來紀念堂瞻仰這具遺體——曾任中國共產黨主席四十年左右的人。至於蠟像，則供作日後一旦遺體腐敗毀壞的代替品。

一九七六年九月十八日，也就是毛死後一週多，那天下午三時在天安門廣場舉行追悼會。我們從下午二時登上天安門城樓的東側觀禮台。天氣很熱，在太陽下站立，真是揮汗如雨。自從共產黨解放中國之後，毛的肖像便掛在天安門城樓上，兩側則是「世界人民大團結萬歲」以及「中華人民共和國萬歲」的革命口號。

下午三點鐘整，全中國停擺，全中國各地的工廠和火車鳴笛三分鐘以示哀悼。全國人民繼之默哀三分鐘。然後全國各地的工作單位自行哀悼。大會上由王洪文宣布全國致悼，華國鋒致悼詞。

我看著下面的人海，不斷冒汗。幾個月來的長期疲乏突然淹沒了我。華國鋒開始致頌文時，我晃了晃，用盡全力才沒昏倒。自從毛在五月中旬發生第一次心肌梗塞以後，已經有四個月過的是衣不解帶的日夜值班生活。每天睡眠不足四小時。我原本一百七十五磅的體重也驟減至一百二十磅。值班時整天昏昏沉沉。我只知道等一切都結束時，我就可以好好睡一覺。也許我還可以回到我家人身邊。

下午五時半我才回到中南海。回來以後，就睡下了。剛剛入睡，汪東興又來了電話，通知我，九月二十二日上午十時在人民大會堂東大廳，由醫療組向中國共產黨中央政治局全體會議報告毛的患病經過、治療情況和死亡原因。醫療組的醫生全體參加，由我報告。汪說：「這次會很重要，你要準備好。」

我很清楚這次會是萬分重要的。毛剛去世後發表的「告全黨全軍全國各族人民書」是只有在京的政治局委員參加通過的，外地的政治局委員當時還沒有趕到。二十二日的會議則是全體委員都參加，如果他們通過了我的報告，就說明官方正式同意毛的死亡屬於正常的生老病死的自然規律，而醫療組也盡到責任，所以這次會議關係著醫療人員今後的命運。

我當即召集了醫療組的醫生們，說明了汪的通知。大家初步討論後，決定由我執筆寫出再討論。我動手寫報告，十八日一夜未睡，十九日中午寫完。那份報告有五十餘頁。我詳細交代從一九七二年一月心力衰竭搶救過來，逐漸出現神經系統症狀，直至發生三次心肌梗塞而病故的過程，包括檢查與治療和死亡原因。後經大家討論，反覆修改了幾次，到最後定稿時，已是二十日上午。

二十日下午我帶著這份報告去見汪東興。汪說他不看了，要我找華國鋒看。我即去見了華。

華看了後說寫得很詳細，但醫學名詞太多，政治局的同志們不懂，還是要明確說明是什麼原因才死亡的，要改改。我拿回來同大家說明華的意見，大家認為，醫學名詞要保留不動，因為這些名詞都有嚴格的科學涵義，不能口語化。在報告時，可以解釋說明這些名詞，至於死亡原因，因為身體內的主要內臟都處於衰竭狀態，不能說是由於單一原因死亡，不過可以強調直接死亡原因是中心性呼吸衰竭。

我將報告又做了些修改，二十一日我再次去見華，說明了大家的意見。華同意了這份報告稿，又囑咐說：「在會議上可能有政治局同志提出問題，要盡可能詳細回答，要讓人聽得懂。」

二十二日上午九時半，張耀祠同我們到了人民大會堂東大廳。政治局委員們已經坐在沙發上圍成一個大圓圈。沙發後面放了一圈扶手椅。我正好坐在華國鋒與葉劍英之間的背後。

當時任北京軍區司令的陳錫聯④正站著大聲說：「我幹不了，沒有辦法幹下去了，我請求解除我的職務。」華說：「錫聯同志不要著急，工作上的事情可以以後再商量，現在先聽毛主席的醫療組報告。毛主席病重以後，這些同志連續晝夜值班搶救，已經四個月了。現在讓醫療組組長李志綏院長報告病亡經過。」

這時葉劍英回頭對我說：「你語調聲音要大一點，好幾位耳朵不大好。」我開始讀我的報告，當中有幾位委員插話問醫學術語及名詞，我盡可能用通俗的語言說明解釋。在講到六月下旬病危時，坐在斜對面的許世友突然站起來，走到我的面前說：「主席身體上為什麼有青黑斑？這是什麼原因？」

我說：「主席病危末期，呼吸困難，全身嚴重缺氧，所以才有這些現象。」許說：「我打了一輩子仗，死人見得多了，沒有見過這個樣子的。九月九日下午我去見主席遺體，看到這些青黑斑，我就問你主席生前有多少伽瑪，現在又有多少。人都有二十四個伽瑪，主席有多少，你完全回答不出。」他接著又講：「主席是被毒藥毒死的，毒死的才有青黑斑，要審醫生護士，是誰下的毒。」

我說：「用藥都是醫生寫醫囑，兩個值班護士核對，再由值班醫生複查後才用，而且每種都由醫療組討論後才用，藥品都是為中央首長專用的保健藥房準備的，各種藥都經過藥物鑑定，取來時都加過密封。」許說：「難道不會上下勾結，串通一氣，用毒藥暗害？這非徹底查清楚不可。」

一下子全場都靜下來。許站在我面前，兩手插腰。他的話是對我說，可是頭轉過去看定了張春橋。張春橋左手托著下頷，兩眼看著地上。江青穿一套黑色套服，坐在沙發上兩眼直看著許。華國鋒緊張地挺起了身子。汪東興一直在翻看文件，似乎周圍沒有發生什麼事。王洪文左顧右盼，滿臉通紅。

葉劍英和當時任瀋陽軍區司令的李德生回過頭來低聲問我：「主席身上的青黑斑是怎麼回事？」我說：「主席左肺有三個肺大泡，兩肺都有肺炎，缺氧十分嚴重，他是凌晨零時十分去世的，許世友同志看遺體是下午四時，當中已相隔了十六個小時，是出現屍斑。人死後一般四小時後就開始出現。」

這時江青站起來說：「許世友同志，主席的醫療組辛苦了幾個月了，你讓他們把報告說完。」王洪文也站起來說：「主席病危起，國鋒、春橋、東興和我就一直輪流值班……」許將上衣的兩個袖子捋到肘上，走到江青面前，右掌猛地一拍茶桌，將茶杯都震翻到地毯上。許大聲吼道：「政治局會議不許政治局委員發言提問題，你們搞的什麼鬼？」華國鋒立即說：「世友同志有話慢慢講。」然後轉過頭來對我說：「李院長，你們先回去，匯報等以後再說。」這個會後來如何結束的我不知道。醫療組在回中南海的路上都垂頭喪氣，悶聲不響。

回中南海後，張耀祠警告我說：「汪主任打招呼，叫我告訴你，要同大家講一下，不要議論政治局的事，免得惹麻煩，等候政治局決定。」吃午飯的時候，我將汪的話告訴大家後，大家都愁眉苦臉，就更加吃不下飯了。

對我來說，這絕非意外，但出乎我意料之外的是，說我們下毒的是許世友，而為我們辯護的倒是江青。自毛病危以來，指責我及醫療組最多的是江青。不過這也很清楚，既然王洪文和張春橋參加了值班，不要說下毒，就是醫療上稍有失誤，他們也難於推脫責任。江與王和張是一夥的，目前政權大局未定，江青勢必要堅持醫療上沒有問題。這以後，上面沒有再讓我出席政治局會議。

我晝夜不安的過了一個星期，到十月一日國慶節前，汪東興讓大家分別回到原來工作的醫院。於是醫療組的人都奔走相告，說這下子可沒有問題了。

我想事情雖然暫時告一段落，但並未結束，自然也不可能結束。大局在動盪不安，毛澤東去世以後，共產黨內的權力角逐正加緊進行。

毛死前兩個月，也就是七月時，汪東興曾跟我透露要逮捕江青的計畫。雖然汪對江表面上漠不關心，而華國鋒也一直客客氣氣的，但我知道他兩人隨時會逮捕江青四人幫。江青即使一副毛的權力即將在握的篤定神態，她心中一定是忐忑不安。只要政局未定，醫療組的命運也就難測，毛的死因隨時可能成為互相指控的把柄。

對我而言，即使權力鬥爭暫時落幕，江青四人幫被捕，但誰說得準另一場政治鬥爭又會在何時登場？在中南海旁觀二十七年後，我早就了悟人生變幻莫測的道理。我做了毛澤東二十二年的專任醫生，歷經他的病危和死亡，我知道我永遠不會安全。

注釋

①一九七三年後，毛行動都需要旁人攙扶，因此未曾有站立或行走的照片。中國當局記錄，毛於一九七六年五月二十七日，曾與巴基斯坦總理布托會晤。

②中國當局資料顯示，毛那次被迫的婚姻發生在一九〇八年，那位年輕女孩隨即住進毛家，於一九一〇年去世。至於這樁婚姻有無圓房，各方看法殊異。

③毛此次巡行的大部分談話，於林彪潛逃失敗後，在領導首長間發布流傳。

④陳錫聯與華國鋒、毛遠新及四人幫之間均十分密切。一九八〇年鄧小平三度復出後，陳於二月被迫離職。

第一篇

1949年——1957年

1

我二十九歲那年正在澳大利亞雪梨做船醫。那時我從報紙上得知，共產黨未費一槍一彈便和平解放我的故鄉，北京。一九四九年一月三十一日，當時仍叫「北平」的市民夾道歡迎他們的「解放」。現在共黨領導階層準備將北平當作中華人民共和國的首都。而北平也將恢復其原本的名稱——北京。國共內戰仍未落幕，但大家都確定共產黨會得到最終的勝利。

北京是我的老家，我十三歲以前都住在我祖父所興建的那所傳統四合院裡。我老家富裕，屬上層階級。高牆和瓦頂平房錯落隔成三個大院，院中種滿花草，總共有三十多個房間。它坐落在紫禁城的南方——也就是琉璃廠一帶。琉璃廠曾在明朝專門為皇城製造金色的琉璃瓦。

我曾祖在我出生前就過世了，他的畫像掛在家中單獨一間屋內，每年李氏子弟都會定期聚在此，向他祭拜。他在前庭開的中醫診所仍然保留了下來。我曾祖富而有禮好施，對窮人十分仁慈。他在我家旁邊另外開了一個藥鋪「沛芝堂」，提供免費的醫療診斷和藥品。我先祖在琉璃廠一帶和北京許多地方以慷慨而聞名，我自小便相信窮人有他們的苦衷，應該善待他們。

但我的富裕出身仍將我與窮人隔了開來。北京窮人很多，我母親不准我出大門和「野孩子」一起玩耍。自小起，家裡便期待我成為醫生，將醫業家傳發揚光大。我也以先祖為傲，並立志學醫。

我叔父畢業於北京醫科專門學校，也是個樂善好施的良醫。河南在流行斑疹傷寒時，他自願前去行醫，結果染病，不到三十便英年早逝，他遺孀和兩個兒子一直和我們住在一起。跟我們同住的還有我同父異母的大哥。我父親在第一任太太去世後，便和我母親成婚。

我父親是唯一未承繼家傳衣缽的人。一九二〇年他參加勤工儉學運動，留下我母親和我前往法國留學，一去七年餘。周恩來是他團裡的同學，兩人成了莫逆之交。周後來成為共產黨領導，我父親卻加入了國民黨，成為蔣介石手下的高級官員。

我父親回國時，帶回來一位法國太太跟我們一起住。這事使全家族蒙羞。我母親是個傳統中國女人，單純而不識字，裹過小腳，天性善良慷慨。她最大的心願便是相夫教子。那時中國男人可以合法擁有數個太太；這是富豪子弟之間的風尚。但李氏家族從來沒有這種先例。

雖然如此，我父親的法國太太溫和守禮，教育程度很高，在北京大學裡教法文。她對我特別好，常拿糖果逗我吃。但我可以從我母親時常爆發的憤怒和家法杖責中感到她對我父親的不滿。這也是等我長大成人後才逐漸懂的。

我童年時起便憎惡我父親。我們很少見上一面，他帶給我的大都是負面的影響。族訓教導我要犧牲奉獻和服務人群，但我父親渴望權勢。我先祖注重道德修養，我父親卻不走正途，他和他法國姨太太回國後不久，便去南京投靠蔣介石政權。幾年後法國姨太太去世了，我父親也未曾再娶，轉眼成了紈袴子弟。我對他追逐聲色犬馬的行徑感到羞恥，決心成為懸壺濟世的良醫。我父親與國民黨的關係使我厭惡國民黨，並在早年就接受了共產黨。也許我對我父親的憎惡，也是我後來對毛澤東縱慾生活失望的原因之一。

我像我那一代大部分的中國青年一樣，懷著滿腔愛國熱血，以中國四千年來的文學、詩詞、藝術等豐富的歷史遺產為榮。我對近百年來中國的衰弱感到不安。小學時代，我讀到一八三九年中英鴉片戰爭中國的戰敗，以及法國、日本和俄國相繼入侵之下，清朝的凋零和中國的分裂殘敗，外國租借地在許多城市中散布，自外於中國法律。我從小便知道上海同盟路往外灘公園的入口上有一塊臭名遠播的標示——「華人與狗不許入內」——這使我非常憤怒。我跟許多人都把中國的衰弱歸罪於外國勢力——也就是所謂的「帝國主義」。

一九三一年，我十一歲時，日本侵占東北，並建立偽滿洲國傀儡政府。我母親和我逃離北京，南往蘇州。隨後我在美國衛理公會設立的東吳大學附屬中學就讀。我在那接受的是全盤美式的英語教育。學校宗教氣氛濃厚。一九三五年，時僅十五歲的我受洗為基督徒。

我那時也初步接觸共產主義。我同父異母的大哥一九三五年在上海震旦大學醫學院讀書時，參加了中國共產黨。對他這種富裕背景的人來說，這很不尋常，但他全是憑一腔救國情操和對貧民苦痛的關懷。我父親要送他到法國去深造，他不肯去。

我大哥每週週末都來蘇州探訪我們。他教導我資本主義的邪惡和其對勞工階級的壓迫，並介紹共產黨平等民享的信念。他指斥國民黨的腐敗和不願與日本滿洲政權鬥爭的懦弱。他讓我相信共產黨全力在對抗日寇。

我崇拜我大哥，嚮往他口中的烏托邦世界——一個強大富庶，民有民治民享的中國。我念了他給我的幾本共產黨書籍。大哥說只有共產主義能救中國——而朱德和毛澤東則是民族的救星。我自此視朱毛為中國的彌賽亞。後來我得知我最崇拜的作家魯迅也支持共產黨時，更加深了我的信念。

大約在此時，就是一九三六年，我母親的乾女兒跟我介紹她一位中學同學，她叫吳慎嫻。我們幾乎是一見鍾情。慎嫻也是出身富裕的基督徒。整整十年後我們才結婚。那期間，即使戰爭迫使我們兩家越來越往內地避亂，我們都會盡量想法子待在同一個地方。

日本人往南深入後，我和我母親逃往武漢。一九三七年我們抵達四川首府重慶。蔣介石於一九三八年將國民黨首都遷往重慶。一九三五年秋天，紅軍在蔣介石軍團的重重圍剿下棄守江西山區，完成長征，並在陝西延安建立新基地。我大哥和一位堂兄也去了。

一九三九年，我在四川成都華西協合大學醫學院就讀，此校於一世紀前由加拿大教會所創辦。日本占領北京後，許多北京協和醫學院的教師和學生逃往成都。一九四一年華西協和和北京協和醫學院完成戰時併校。兩所大學都屬於洛克菲勒基金會。校中大部分的教授為美國人，我用的是英文課本，接受的是現代西方訓練。我畢業時有兩張文憑——華西協合大學醫學院和紐約州立大學畢業證書。

慎嫻原本在重慶復旦大學念社會學，後轉往成都一所美國基督教學校就讀，即為金陵女子文理學院①。

一九四五年日本投降，我正好完成外科實習，在南京中央醫院工作。院裡設備十分現代化，醫生們都極為盡職。我的志願是成為神經外科方面的專家。一九四六年十一月我和慎嫻結婚，嫻那時任英國文化委員會的圖書館員。

國共內戰隨即爆發。通貨膨脹鬧得人心惶惶。慎嫻的薪資比一般人高，一月相當於一百五十美元，且以英鎊給付。相較之下我的相當於二十五美元的月薪便微不足道了，而且我拿的是中國紙幣。我每一領薪就馬上拿去黑市換成美金或銀幣。百姓推著一車車的錢上街。米價狂飆，太平時代無論如何也不會偷錢的人，被迫紛紛闖入米店搶米。

在這片混亂中，我同學黃夢花正在香港做醫生，他建議我去生活較安定的香港找他。香港的醫生收入頗豐，嫻鼓勵我去。一九四八年十二月，我離開南京前往香港。

但我未在香港久留，我轉到澳洲東方公司，在雪梨行醫，時而在往返澳洲和紐西蘭的船上做船醫。我收入穩定，嫻也搬到香港，租了房子，跟英國人共事。

因為澳洲當時施行「白澳政策」，我不要嫻前來澳洲和我同住。身為中國人，我可以在澳洲短期居留，行醫掙錢，但我永遠無法成為澳洲公民。我的驕傲和自尊使我憎惡這個種族政策。我住在雪梨的一棟小公寓裡。我認識的澳洲人都覺得中國沒有前景。我變得更形沮喪，我留在那只是為了掙錢。但我也不想住在英國的殖民地——香港。我的驕傲不容許我成為外國國王統治下，沒有選舉權的子民。

因此在共產黨解放北京時，我十分振奮。我確定共產黨的勝利將意味著外國租借地和帝國侵略的結束，中國終於能再在世界上揚眉吐氣。

一九四九年四月我剛收到了母親從北平來的信，其中有我大哥的一信。他抗日戰爭時去了延安，一九四九年一月三十一日共產黨接收北平後，他隨著共產黨中央軍事委員會衛生部進了北平。他很高興回了老家，並希望我回去。

信中寫道，現在很缺少合格的醫生，回來後肯定有符合我的工作，而且全家也團聚了。看完信後，我心情很矛盾！目前我的工資相當高，我們的生活很舒適，嫻計畫來澳洲和我團聚。我可以將母親接出來，或者每月寄錢回去都沒有問題。

但我也清楚，在澳洲我無法完成做神經外科醫生的志願。中國人在澳洲沒有發展機會，而且就算我錢掙得再多，澳洲仍是個異邦，離開中國，我只是像沒有根的浮萍一般飄零。我的愛國赤誠，使我日夜深受煎熬。

復活節這天是個晴朗的好天氣，昨天與楊先生約好一同去參加復活節遊行，然後到他家過節。楊先生是土生華僑，但仍舊保留著中國人的習慣。夫妻二人帶著一兒二女在伊莉莎白街底開個雜貨店。

我精神恍惚走到楊家，楊看出我心事重重。我將大哥來信的事告訴了他，我沒有提「白澳」的事，只是說我下不了決心。他收起了笑容說：「這可是件大事，要好好想想。」我說：「你的看法呢？」他聳聳肩說：「我同你不一樣，我全家都在這裡。那邊給我的待遇再高，我也不會去。澳洲雖然實行白澳政策，可是全國人口太少，謀生容易。你應該問問你大哥，是什麼事，有多少工資，可以兩邊比比看。」

他的話更激發了我的愛國情操，我並不在乎掙多少錢。如果在共產黨領導下中國真能由此富強起來，個人的生活暫時下降，也是值得。我離開楊家當天就給慎嫻寫了封信，讓她寫信去問我的工作如何安排。

五月上旬又收到慎嫻來信，其中附有大哥的信及中共中央軍事委員會衛生部副部長傅連暲的一封短信。傅連暲在中國醫學界是知名人物，他大概是長征中唯一一位受過西方訓練的基督教醫生。他在一九三四年長征前，治好了毛主席的瘧疾。他在延安的共產黨戰時司令部任共產黨領導階級的醫生。傅的信寫得很誠懇，歡迎我回去，工作安排沒有問題，並且希望我轉告別的醫生，願意回去的，一律歡迎。但他隻字未提薪水的數目和我工作的性質。

我看到信真是受寵若驚了，一位部長肯寫信給我，說明共產黨愛惜人才，延攬人才建設國家的決心。我抱著感恩知遇的心情，決心回去。

在我動身的前夕，楊請我到他家裡，同時還約了兩位在中國城開業的華僑醫生。他們祝我一路平安，並且要我以後給他們寫信，又說：「如果工作不合適，還可以再回來。」

誰知這一別就是三十六年。一九八五年我應澳洲醫學會邀請到澳洲訪問時，曾順道去伊莉莎白街街底找楊先生一家。但雜貨店不見了。我也沒找到我的朋友。

一九四九年五月中旬我回到香港英皇道家裡與慎嫺團聚。這裡很熱鬧，上海戰事已結束，天津與香港之間已經有船通航，香港擁來了大批由內地逃來的人，可是又有不少人離開香港返回內地。這真是一種奇怪的現象。我先去看了黃夢花，告訴了他我的決定。他十分惋惜，說：「我們一起在這裡幹多好啊。」我向他提了傅連暲的信後，他沉默了好久，然後說：「也好，你先回去看看，如果好的話，你寫信來，我也回去。」後來我沒有寫信叫他回來。

走前我們又去看慎嫺復旦大學的一位老師張今鐸先生，他正準備去北平參加中國人民政治協商會議。當時共產黨召集了無黨無派的各路精英，成立了這個會議。我們那時很天真，以為這能給傑出的知識分子、科學家、藝術家、演員和非共黨的「民主人士」政治實權和發言機會②。新共產黨政府會運用我們的精力、教育和才能來改造中國。

張今鐸十分高興地說：「中國現在有了希望，應該回去參加建設。」

一九四九年中國人民政治協商會議舉辦第一次大會，會中表決通過建立中華人民共和國和新中央政府領導成員名單，毛澤東將成為新共和國的主席，副主席為劉少奇和宋慶齡等人。但政治協商會議最後演變成一個笑話——共產黨接管了包括中央政府在內的所有政務。政治協商會議只是個花瓶而已——擺著好看，但沒啥用處，凡是斗膽不識相的向共產黨進言的委員皆被打成右派，送去改造。張老師便是這些天真的人之一。

張於一九五七年被批鬥成右派，下放勞動改造。一九七九年給他平反了冤案，可是這時他已是龍鍾老人，兩眼失明，自己都不能照顧自己的生活了。

一開始，在政治迫害還未展開前，我一直覺得共產黨統治中國是再恰當不過的事。我崇拜共產黨，將它視為新中國的希望所在。我在澳洲像個瞎子，前途茫茫。回祖國以後，我將對新中國貢獻我的才能。因此每次當我隱約見到共產黨黑暗面的時候，我總認為那些是無傷大雅的個別現象，而將它們拋諸腦後。

在香港跟我們合住的黃先生將我介紹給一位姓嚴的先生，在見面前黃對我講：「嚴先生負責挑選優秀知識分子去北平。經過他介紹，回到北平可以到醫學院教書，工資也會高。你最好送他點禮品。他沒有手錶，你買塊瑞士錶送他就可以。而且凡是由他介紹的，全部路費都由他們承擔，到北平後還招待食宿。這樣算下來，你可以省不少錢。」

黃這番話自然是為我打算的好意，想讓我用點小禮品換來不少好處。但我痛恨賄賂，中國幾千年的官場不就是貪汙腐化嗎？我天真的以為，共產黨決不會像國民黨那樣貪汙腐敗。我對黃說：「我認為共產黨是廉潔奉公的。我靠本事吃飯，不做這樣的事。」

以後我再沒有同這位嚴先生來往。他後來在北平參加了中國人民政治協商會議，而且是某一民主黨派的負責人之一。數年以後我才知道，他是中國共產黨中央調查部的人，先派到香港，後又派到民主黨派工作。

後來直到一九五六年，我做了毛的醫生，在一次閒談中，我告訴毛我這段經歷，和我對此人此事的看法。出乎我意料之外的是，毛哈哈大笑說：「你這個人真是書呆子，應該懂得人情世故，水至清則無魚，這有甚奇怪的。我戴的這手錶就是重慶談判時，郭沫若送我的。」

一九四九年的香港極為動盪不安。我年輕天真，滿懷理想，我將回到故土，並在北京首屈一指的醫院中任職。我將承襲我家醫業傳統，並遵照醫學學位裡的誓言，不論貧富一律盡力救治。我會成為偉大的神經外科專家。醫學將是我對建立富強新中國的貢獻，在那個新中國裡，人人平等，貪官汙吏絕跡。

一九四九年六月中旬，我與慎嫻由香港乘船經天津回到北平。我一九三二年離開北平，十七年後回來了，親戚們見到都說：「你可是落葉歸根了。」我真的是歸根了嗎？

注釋

①一九〇四年美國六所教會創辦北京協和醫學院。洛克菲勒基金會之贊助始於一九一四年。上海復旦大學於日本侵華期間遷往重慶。

②據薄一波指出，一九四九年時，中國只有六千名「高級」知識分子。

2

我看到的北京是灰茫茫一片陰沉敗落的景象，完全失去了我兒時記憶中的光彩。歷經八年抗戰和四年國共內戰後，北京殘敗不堪，城牆傾塌多處。北京市民似乎也染上北京的陰沉，人們凡是共產黨幹部都是一身快洗成白色的土黃或灰色的幹部服，一律穿土布鞋，老百姓則是藍布大褂，髮型全是一個樣式——男人全是極短的平頭，女人則是削直的短髮。像我這樣西服革履，真是絕無僅有，我的長頭髮也很顯眼。愼嫻燙過的頭髮，西裝套服，半高跟皮鞋，在短髮列寧服的女幹部和布旗袍的女市民間，更是惹人注目。

我急忙向我大哥要了兩套他的舊軍服，愼嫻趕做了兩套布列寧服，都買了布鞋，剪短了頭髮。分別了十三年的老母親頭髮全白了，人瘦得大約不足八十磅，見到我就說：「你不走了吧？」我說：「回來了，自然不走了。」

但北京的氣氛卻與它殘舊的外觀大不相同，整個城市似乎歡欣鼓舞，北京解放了，全體市民誠心歡迎共產黨新政權的到來，只有幾個覺得我們回國是傻瓜的親友不作此想。

星期日大哥大嫂回到琉璃廠家裡來，互相談了這些年的情況，然後大哥說：「你的工作傅連暲副部長已經有了安排。」於是星期一上午我到了弓弦胡同二號。這是很大的宅子，有六個大的庭院，滿清時是個王府，抗日戰爭勝利後成了杜聿明的私宅，後來便成了衛生部用地。傅連暲在最後一個院子的北房內見我。他是一位削瘦修長的老人，前額寬大，兩眼有神，半躺在一個睡椅上。他當年是五十五歲，因此在二十九歲的我眼中，自然把他看成一個老人。

他問了我的學歷和經歷，然後說：「我有肺結核多年了，不能多談。你的工作已經派好了，明天上午你去椅子胡同軍直衛生處報到就成。」

在新人民政府正式成立前，由中共中央軍事委員會執行管轄，衛生處直屬其下。

第二天我到了軍直衛生處後，接見我的任玉洪說：「非常歡迎，你大哥是我的老上級了，現在缺少醫生。」他又說：「傅部長交代了，同我們一樣，都是供給制，沒有工資，因為你是高級醫生，所以有中灶待遇，衣服鞋子都會發給你，零用錢也比一般工作人員高些，每月有五十斤小米折錢零用。」

當時的供給制待遇分為四種，大灶是一般幹部和工作人員的伙食標準，中灶是中級幹部，小灶是高級幹部，特灶是中央首長的伙食標準。不久以後我才明白，我所以得到所謂供給制，正是將我看作自願參加「革命」的人。

我聽了以後，心裡很緊張。我經濟負擔很重，除了慎嫻外，我得奉養母親、一個嬸，一個舅母和表妹，以及我的岳父母。

我心裡算了一下，我們從香港帶回些美元和黃金，沒有工資可以支持一年。一年以後怎麼辦呢？我正在沉吟的時候，任給我介紹旁邊的一位說：「這是雷同志。」他對雷說：「老雷，你給開個介紹信。」雷介紹我到香山勞動大學香山門診部。

任接著說：「李大夫你回去準備一下，下星期一這裡有卡車去香山，老雷陪你一同去。」我覺得很奇怪，自始至終他都沒有徵求我的意見，似乎一切都安排妥當，沒有商量餘地，再來我從來沒有聽說過勞動大學這詞兒。這樣我到底是不是到學校工作？不知道有沒有醫學院和附屬醫院？如果只是門診部，那麼範圍就太小了。

至於慎嫺的工作就難了。她不是醫生，衛生部無法安排工作，只好暫時先到通縣公共衛生人員訓練所的幼兒園工作。我心裡很不高興，我們在香港時，並沒有說她的工作不好安排，否則我們會另外考慮回國的事，因為經過南京的英國文化委員會介紹，香港的英國文化委員會邀她去工作。我又想到，在香港時真應該送嚴先生一塊錶，這樣就會對她的工作有適當的安排了。

我大哥安慰我說：「你剛來，不懂。在我們這裡，只能工作挑人，不能人挑工作，這叫服從組織分配。工資的問題，目前先這樣，好在你還有點錢，以後會解決。」他也沒再多說什麼。

勞動大學門診部在香山腳下。香山位於北京西北數里外，曾是清朝帝王御獵場所，山坡上有數座乾隆時期興建的遊宮。香山也以兩座古佛寺而遠近聞名——臥佛寺和碧雲寺。每到秋天，白枝松樹和長滿紅葉的黃櫨樹將整個山坡編織成絢爛的錦雲。勞動大學占了香山大部分，人口眾多，熱鬧紛嚷。

行政處處長伍雲甫和副處長羅道讓兩人都說歡迎我來門診部工作，並說星期六晚開一個歡迎會，將我介紹給行政處的全體人員。他們讓行政科席科長給我辦報到手續，發了服裝和被褥，又給我一枚圓形琺瑯證章，當中是個五角星，中央有「七一」兩個字，背後刻有號碼。席說：「這個不要丟掉，這是出入證章。」又向我補充說：「不要對與這裡無關的人講山上的事。」我聽了真有如墜五里霧中。

宿舍位於林木密布的半山腰。但我房間離香山上舉目可見的遊宮很遠，房子是個簡陋的小農舍，對我這個出身富裕的城市人來說，作夢都想不到會有這種房舍。泥土鋪地，屋頂漏水，頭上只有一個電燈泡做照明，房裡唯一的家具是一張床——架在兩條木凳上的一塊木板——沒有床墊或是床單。沒有水，外面有個茅坑做廁所。因為我住處過於簡陋，慎嫺不能來與我同住，我每週週末回北京老家時才得以和慎嫺團聚——還有洗澡。

我們照中國農村的習慣一天只用兩餐——早上十點和下午四點。農民很少吃肉，因為我身分是醫生，不但可以自己住一個房間，而且幾乎每天都有肉吃。餐廳和宿舍一樣簡陋，但食物味道不錯，廚房也乾淨。

門診部更是令我大吃一驚。泥土地板的農舍，設備十分簡陋，除去幾支體溫表和兩個舊的血壓計以外，就沒有別的檢查器具了。唯一的醫療藥品便是阿斯匹靈、喉痛糖漿和消炎藥。看來今後給人看病只能靠聽診器和自己的經驗，對於稍微複雜的一些病，怎麼辦呢？

門診部有兩個主任，都是三十歲左右。其他醫務人員有二十幾人，都是二十歲上下的青年男女，來自農村，受過短期的醫務訓練。他們對我的到來表示非常高興。他們只會像包紮小傷口這種急救，知道阿斯匹靈可治感冒，但對診療則一竅不通。有的人說：「早就聽說你要來了。我們真希望有你這樣一位醫生，可以給我們上課，講講醫學知識，我們學的太少了。」我嚇呆了，在這種情況下我該怎麼好呢？

那星期日我回到家裡，正好我中學時一位好朋友陳來看我。我們已經有十一年沒有見面。陳是老共產黨員，在青年團中央工作。他問我這些年的經歷，又問到我現在的情況。我向他講：「我現在到了勞動大學門診部工作。這個大學很大，而且十步一崗，五步一哨，像這樣的學校很少見。」

他聽過以後，神情突然嚴肅起來。他說：「我這次來看你，事先請示過領導。領導要我告訴你一些需要注意的事，免得你剛剛參加革命工作不了解情況，糊裡糊塗發生錯誤。」我聽了倒真糊塗了。我說：「我是醫生，給人看病，仔細盡責，有什麼錯誤可以發生？」陳說：「你不要急，你現在在什麼地方工作？」我說：「我告訴你了，在勞動大學。其實我什麼都不知道。每天看看門診，沒有什麼大病，實在荒廢時間。」

他哈哈大笑說：「你看那裡像個大學嗎？香山實際上是中國共產黨中央各個領導機關的所在地，你這個門診部就是為中央機關工作人員服務的。北京解放不久，為了安全和保密，中央機關暫時在這裡，難道沒有人告訴你，要保密嗎？」他又莊重起來說：「時間長了你自然會知道許多情況，不要小看這個門診部，設備不好，病人不多，但是這地方重要，接觸的人也重要，這就是我們的領導同意我與你談談心的原因。」

當時我不敢問他，他口中所指的領導同志是誰。後來我才知道原來香山這一地區是當時中國共產黨中央書記處及所屬中央機關的所在地。當時中國共產黨的五大書記中，周恩來與任弼時經常住在城裡，朱德住在香山附近的玉泉山，這裡也是過去清皇室的園林區。毛澤東及劉少奇住在香山。周圍的臥佛寺、碧雲寺及西山一帶有名的寺院稱為「八大處」，都住滿了黨中央機關和部隊。

香山門診部的上級領導機構是中共中央辦公廳，辦公廳主任是楊尚昆。除中央直屬機關管理處，主管所有中共中央直屬機關的後勤供應以外，其餘各處主要是為五大書記的辦公、會議、警衛和料理生活而服務，但中心是圍繞毛而工作。中共中央辦公廳是黨機構裡最神祕的部門，連其成員都不清楚它的組織結構和功能，只有高級幹部或資深人員才對其略知一二。

一九五〇年代初期，中共中央辦公廳分成八大部門。行政處處長伍雲甫、副處長羅道讓主要負責黨領導階層的食衣住行各方面後勤供應。警衛處處長汪東興（他那時也在公安部部長羅瑞卿手下做局長）負責黨最高領導階層的安全和保健工作。汪在保護所有最高領導同志之外，還身兼毛澤東的衛士長。汪在保健工作方面時常與衛生部副部長傅連暲互相牽制衝突。

機要祕書室主任為葉子龍。他負責安排所有的高層黨幹部會議、會議記錄，以及政府黨務公文的收發。此外，他還兼任毛澤東的機要祕書，兼管毛的家務，及負責處理毛的禮品，並給其他四大書記選派機要祕書。

政治祕書處則負責實際的公文書寫工作及向最高幹部通知要務。一九四九年處長為陳伯達，他也兼任毛的政治祕書。毛也有其他的政治祕書——毛的妻子江青、胡喬木和田家英。其他書記也有專屬的政治祕書。

中央機要處（處長李質忠）和機要交通處（處長王凱）是辦公廳下最機密的二個部門。中央機要處負責中共中央的機要聯絡，需要大批收發密電、譯電的人員，譯電沒有譯電本，全憑在河北張家口的機要學校受訓死背，密碼又常常更換，所以譯電員或機要員都必須年輕，年紀稍大，特別在結婚有了小孩子後，記憶力下降，就不適合這項工作了。

機要交通處則負責全國黨軍領導的機密文件往返。

檔案處處長曾三負責保存共產黨的黨史資料。中共中央直屬機關管理處處長鄧典桃則負責黨各部門的後勤供應。

在羅道讓和傅連暲的聯合管轄下，香山門診部負責中央辦公廳內所有幹部的保健工作。因此我的病人就包括了這些高低階層幹部和其家屬。

我自然也認識了其他中共中央機關的大小幹部，但平時交往上沒有與上述這些人那麼密切。我對這些人都抱著崇敬的心情。我認為他們為了中國的富強康樂，為了建立新中國，從青少年時代就棄家參加了共產黨，歷經了數不清的艱難困苦，是真正具有自我犧牲精神的人。此外，我對於一般的男女幹部與工作人員也抱著極大的欽佩態度，因為這些人也都是不計較個人利益的得失，在沒沒無聞中奮力工作著。這是我過去從來沒有見過的人與事。中國有了希望，希望就在這些人身上。

在我成為中國革命核心的新成員後，我得以在建國儀式中，坐在前排，親身參與了中華人民共和國的正式成立。

一九四九年十月一日這天清晨五時，大家起床。這是個晴天，凌晨很冷，都穿上了棉上衣，吃過早飯以後，由香山乘卡車出發，不到七時到了天安門廣場。

我們抵達時廣場上已經擠滿了人群。洶湧的人潮舉著各式各樣的彩旗。在冷冽的秋風中，飄揚的彩旗一掃北京的陰沉。人群歡呼著「中華人民共和國萬歲」、「中國共產黨萬歲」，唱著革命歌曲。場面既宏大，又很激勵人心。

十時正，毛澤東等領導人都到了天安門城樓上，全場歡聲雷動。自我大哥第一次告訴我毛澤東是中國的救星起，他便是我心目中的英雄。這是我第一次見到毛。雖然我在香山工作，卻從來沒有見過毛。他當年只不過五十六歲，高大壯碩的身體，臉色紅潤，前額寬大，頭髮漆黑濃密，聲音洪亮，手勢有力。毛穿了一身黃呢中山服（後來這樣式被稱為「毛服」），戴一頂黃呢工人帽，站在一群代表聯合陣線的非共產黨政治人物之間。高雅的宋慶齡也在場。

雖是眾目所矚的人，毛的態度卻從容而又莊嚴，沒有一絲做作或倨傲。我也看過意氣風發時的蔣介石好幾次，但他儀態總是非常高傲，要所有的人俯首稱臣，從未讓人感到易於親近。毛卻很有群眾魅力。雖然毛湖南口音很重，但語音清晰，語調很富感染力。「中國人民站起來了。」他大聲宣布。隨即廣場上人群歡呼「中華人民共和國萬歲」、「中國共產黨萬歲」。我的兩眼充滿了眼淚，無限的民族自豪感湧上心頭。中國、中國人受外人欺凌侵略的日子一去不復返了。

在我的心目中，毛主席是一位傳奇式的「革命領導人」，是一位歷史創造者。我離他很近，但是又覺得很遠，因為我只不過是個普通醫生，當時我可萬萬想不到以後成了他二十二年的保健醫生和醫療組組長。他臨終時，我也在他的病榻旁。

一九四九年十二月，毛澤東前往莫斯科訪問數月，與蘇聯的史達林簽定中蘇友好同盟互助條約，在一九五〇年二月回國後，毛自香山遷入北京中南海（即為舊紫禁城的遊園地）。中共中央辦公廳隨之遷入。其他中共中央機關也相繼搬進城內。這時行政處的主要人員遷入中南海，稱為中南海行政處，香山還留下小部分人，稱為香山行政處，看守香山這一地區，以備毛等人或許有時小住。門診部也因之分為兩部分，一部分進入中南海，在警衛處下成立保健科，專門負責毛等五位書記的保健醫療；香山還留下門診部的大部分人，稱為香山門診部。我留在香山。

如果沒有發生一件意外的事，或許我就不會離開香山，那麼以後的三十八年勢必是另外一種情況了。

3

一九五〇年夏秋的雨季，蚊子很多。中南海行政處下屬，專為中央書記處服務的服務科，有一名服務員住在中南海瀛臺，染上流行性大腦炎。中南海門診部的主任誤診為感冒，沒有進行相應的急救治療而死亡。周恩來、楊尚昆震驚萬分，因為瀛臺距離毛的住處豐澤園、頤年堂及菊香書屋很近，他們深恐毛受到蚊子叮咬而染上流行性大腦炎①。

因此中共中央決定改組中南海門診部，撤銷了門診部主任的工作，立即將香山門診部遷進中南海，加強衛生防疫和醫療。於是我隨同門診部進了中南海，開始了我生活上又一大轉折。

門診部設在南海流水音及沿東大牆一帶的院落。這地方原本是乾隆皇帝晚年遊樂與休息的地方，乾隆御筆的木製對聯、匾額仍然掛著，但年久失修，油漆彩繪已經剝落。一九五三年大修整以前，沒有自來水，都用南海邊上的機井。門診部就用這片房屋一部分作為宿舍，一部分設立門診室、手術室及病房。雖然仍是因陋就簡，但比在香山時要完備些。

一九五五年以前，中共中央軍事委員會和中共中央宣傳部在城內的房子還沒有修好，暫時設在中海居仁堂及附近。軍委的彭德懷、中宣部的陸定一、張際春、何凱豐，以及陳伯達、胡喬木和任弼時的未亡人陳琮英，都住在居仁堂以東的永福堂等以福為名的八個四合院中。

中南海門診部的醫生中，只有我受過正規訓練，所以就讓我負責。我分配到一間小宿舍。後來我搬到比較大的南船塢宿舍去，愼嫻和我那還在襁褓中的兒子李重便來跟我同住。

中南海警衛森嚴。從一處到另一處都有哨兵沿路站哨和檢查通行證。我在毛住處附近的中南海門診部工作，佩戴著乙種通行證，只能在門診部和我住的宿舍一帶活動。慎嫻雖然也分到乙種通行證，但行動自由小得多。後來我調到毛處工作，才換成甲種通行證。

在中南海門診部內，我照顧起許多領導幹部的健康。那時大小幹部在城內沒有宿舍，同他們的家屬都住在中南海內。因為花了八年時間抗戰和四年國共內戰，他們大都是結婚不久，剛剛有了小孩，對孩子很寶貴，有一點小病都希望去看，而且要求我看。這樣就造成我日夜忙碌，很少休息了。

我申請入黨，但我的政治歷史很有問題。換言之，我的「成分」不好。我的父親在國民黨時，做過官，是所謂的官僚。我的岳父是地主，那時全國土地改革仍在如火如荼的進行，我岳父被打成「人民公敵」，剝奪了公民權和所有生活保障，他現在完全靠我資助。

此外，慎嫻於一九四四年在雲南省昆明巫家壩美國空軍供應處，一九四七年又在南京英國文化委員會工作過，有人一直懷疑她是美、英特務。

我年輕時的活動也令黨懷疑。一九四九年回北京後，每個人都要寫一篇自傳，我將年輕時的經歷交代清楚了。一九三六年我在江蘇省蘇州（亦即吳縣）東吳大學附屬中學讀書，是高中一年級。當時國民政府規定，高中一年級學生都要集中軍事訓練三個月。從五月到七月，我和全班同學集中到江蘇省鎮江三十六標接受軍事訓練。在集中軍訓結束前，我和一些同學集體加入中華復興社。回到學校後，沒有人找過我談到中華復興社，也沒有什麼行動。然後我從醫學院畢業後，在國民黨裡當過短期軍醫的那小段經歷也被共產黨懷疑。

但問題是，中華復興社是三民主義青年團的前身，也是藍衣社軍統的前身，是國民黨內的特務組織。他們根本不相信，我參加以後，會沒有任何行動或活動。

汪東興決定派人對我的背景做更進一步調查。他們一直懷疑我曾是中華復興社的活躍分子，搞不好還是個國民黨特務。我入黨的事，就此拖延了下來。

但我極想對正在熱烈進行的革命付出一片心力。我申請加入土改隊，自願下鄉，把大地主的舊土地和財產重新分配給窮苦農民。雖然我岳父母喪失了他們所有的財產，我仍然支持這個改革。我相信只有土改才能終止鄉村的剝削，改善貧窮苦況。多年以後，也參加過土改的朋友才敢跟我說當年的運動常常十分殘暴不公。但我的申請未被批准。黨告訴我，中南海需要我的醫療服務。

一九五〇年夏天朝鮮戰爭爆發，我也申請自願從軍。對日戰爭和國共內戰時我未參軍，因此我想趁這個機會報效國家。當時美國的軍備遠遠比中國先進，我心裡以為中國必會戰敗。我很關心戰情發展，聽到中國連連傳捷報時，心情非常激動。這是百多年來中外戰爭中，中國第一次揚眉吐氣。我得知美國竟在韓國使用細菌戰時非常震驚②。即使在朝鮮戰爭狀況未明的階段，我仍以身為中國人為榮。但上級仍拒絕我的申請，要我留在中南海。

我變得鬱鬱寡歡，我既不能為革命效力，又沒有機會成為神經外科專家。我覺得和那些身為革命分子的病人之間有一道鴻溝。入黨的事一直沒有結果，使我沮喪不已。

一九五二年春天，我首度與毛的家人有了接觸。

那時毛三十歲左右的二兒子毛岸青精神分裂症發作。毛有兩個兒子，毛岸青和毛岸英——都是他第一個自由意志下的婚姻配偶楊開慧所生。楊在一九三〇年因拒絕背叛毛而被國民黨處死。那時毛在數百里之外的江西井岡山已經和賀子珍結婚。楊死後，兩個孩子前往上海，過著有一頓沒一頓的流浪生活。一些認識毛岸青的人，都覺得上海租界巡捕曾殘酷毆打毛岸青此事是他精神分裂症的導因。數年後共產黨在延安建立基地時，才又找回他倆，毛隨即將兩兄弟送往蘇聯讀書③。

朝鮮戰爭爆發後，二十九歲的大兒子毛岸英赴前線作戰，不幸在美國炮彈轟炸中喪生。這期間，毛岸青在中共中央宣傳部翻譯處做翻譯。

一九五一年底開始的三反運動中，中央宣傳部內揭發出，毛岸青的稿費被另一個人冒領了，他一怒之下打了這個人一記耳光。毛澤東知道之後，狠狠地批評了毛岸青，毛岸青的精神分裂症發作。實際上在此之前，他已經有了精神分裂症的一些現象，有時發呆，長期失眠，不過沒有引起家裡人的注意。

毛岸青發病以後，便住進中南海門診部的病房。

春末夏初的一天傍晚，我在辦公室內整理病歷，值班護士匆匆跑來，氣喘吁吁叫我說：「江青來看毛岸青了，要你去匯報病情，快點。」

我走進病房旁的一間休息室，江青坐在一個靠背椅上，旁邊站著漂漂亮亮的她的一個護士。以前我都是在路上離得很遠看到江青。我這是第一次面對面的見到江青。我心想，可真是個電影明星出身，穿戴自然與眾不同，只是沒有想到，會與大家有這麼大的差別。那時共產黨剛進北京城不過三年，無論是幹部還是一般工作人員，都穿著灰色或藍色土布「毛服」，正是所謂「新三年，舊三年，縫縫補補又三年」的時候，衣服褪色、油垢、補綻，幾乎每個人的身上都可見到。

江青穿一身銀灰色純羊毛派力斯的連衣裙，敞領上裝內是米黃色綢襯衣，穿著長統肉色絲襪，下面是半高跟黑色皮鞋，頭髮又黑又多，燙過，精心向後梳，挽起一個髮髻，眼睛圓圓的，眸子既黑又亮，皮膚細膩，乳黃。她瘦削，大約有五呎三、四吋，可是上半身卻顯得比下半身長。她那年三十八歲，我則是三十二。

我在她的對面坐下。她說：「你就是李大夫了。」一口純北京話，沒有等我回答，接著說：「岸青的情況怎麼樣了？」

有人說江青年輕時很漂亮，我倒不覺得。我覺得她顧盼間讓人感到高傲、冷漠。

我便將毛岸青的病情向她說清楚，並且說明在門診部沒有治療精神分裂症的設備，只能提供短期的治療，轉到精神病院，或者療養院去治療較為妥當。

她沉思一會，然後對我說：「我將你的建議，報告給毛主席，再決定吧。」然後她伸出手來，同我握了握手。她的手指纖長柔軟，指甲修剪得很尖俏。她說：「謝謝大夫，謝謝大家。」然後向院子走去。這時我才看到，有三名警衛人員站在院子裡。

總的說來，江青使人感到精明苛刻。談話時，不停地打量著談話的對手，似乎想在對方的言談舉止中，發現什麼。在她的目光中，看不到溫暖與信任。相反地，在那兩道炯炯的目光裡，流露著偵伺對方的神色。

不久，毛岸青被其他醫生正式診斷為精神分裂症④，並住進大連一家療養院，由北京醫院一位護士全天候照顧。岸青與那位護士談了戀愛，但家裡早就替他安排好了婚事——毛岸英遺孀劉思齊的妹妹張紹華。心碎的護士只好被迫返回北京。

一九五三年秋天，在這件事發生後年餘，當時任毛澤東政治祕書和宣傳部祕書長的胡喬木請我到家裡，給他檢查身體。當時他患有過敏性鼻炎和十二指腸潰瘍，經常發作。

胡喬木住在中海居仁堂以西迤北，以永福堂打頭的以福字命名八個堂的最北一個四合院內。他的妻子叫谷羽，在中國科學院工作。

我到胡喬木的臥室，胡脫去上身衣服，我給他檢查。正查的時候，谷羽跑進來。神色張皇地對胡喬木說：「江青來了，快穿衣服。」胡喬木立刻爬起來，一面穿上衣，一面同我說：「李大夫，對不起，今天不能檢查身體了。」

我匆忙往外面走，江青已經大步走進來，正碰在一起。她握我的手說：「這不是李大夫嗎？」胡喬木迅速答道：「我請李大夫檢查身體。」江說：「還沒有檢查完吧，我可以等一下。」胡說：「不，已經檢查完了。」我同他們告別，走了出去。

這是第二次與江青見面。這次僅是匆匆一瞥，她給我的印象與第一次相同，只不過讓我感到更冷淡更倨傲。

我在門診部工作是極其勤懇的，每天除上下午門診以外，夜間還要出診。另外，我給人們看病時，無論是首長或是普通工人，我都一樣的細心認真治療，從來不會因為他們的地位不同而有不同的態度，所以我受到了中南海內上上下下人們的交口讚譽。很多人對我十分信任，甚至願意將個人及家庭的煩惱同我談談。一九五二年秋天，中共中央直屬機關選擇模範工作者，我被一致推選為甲等工作模範。

五〇年後調查人員找到了我在集中軍訓時的中隊長徐斌，他正在貴州省息烽縣的監獄中勞動改造。徐完全不記得有我這樣一個人。他們又找到了一些我在東吳中學時的同學，這些人都證明我沒有過政治性活動。總之，他們調查了所有可能找到的人，都沒有得到我有過政治性活動的證據，甚至有的人還說我並沒有參加這類政治團體。這次調查一共用了兩年多時間，結論是「查無實據」。

我的「階級背景」和這些政治性活動在往後中國被一波又一波的政治運動橫掃過時，又會回來困擾我。但我仍在一九五二年十一月被吸收為中國共產黨候補黨員。我對馬克思主義的認識其實只有《共產黨宣言》、毛的兩篇文章、年輕時我大哥給我念的幾本書和一些共產黨口號而已。

在中南海工作這幾年下來，我對我本身情況的估計，越來越清楚。我五二年雖然終於參加了共產黨，但在工農幹部的眼光裡，我永遠是一個本身歷史很複雜的知識分子，不是他們的「自己人」，我充其量只是個被「團結、利用、改造」的對象。因為我是醫生，他們只不過要利用我的醫療技術專長而已。

汪東興是中央警衛局局長，負責最高領導同志的安全工作，還兼任毛澤東的衛士長。我是在中南海門診部認識他的，我們後來成了朋友。他是老共產黨員，參加過長征，在鄉村長大。他在十歲時，因在城裡的街上隨地小解而差點被警察拘捕。汪的父親付了一元大洋使他免去牢獄之災。汪痛恨當時國民黨的腐敗，便加入了共產黨。他在延安認識了毛，並開始為毛工作。一九四九年後，他躍升到這個政治職位。但他一直很尊敬知識分子，對我這個接受西方訓練的醫生也特別客氣。

一九五四年剛過了十月一日國慶節，二日下午，我正在門診部值班，汪東興給我打來電話，約我晚飯後，到他那裡去，說：「有事情要談談。」我講我在值班，有什麼事。他說：「你來了，再仔細談。」

我覺得很突兀，因為汪平時說話，一向直率痛快，從來沒有將話留下，不立即說明。那時都很簡陋，汪的宿舍就是一間大房子，是辦公室、會客室、飯廳兼臥室。他的小孩和保母另外住在院子對面的平房裡。他剛吃完飯，要我坐下，泡了一杯茶。他說：「這是今年的龍井茶，你嘗嘗。」我喝了幾口茶，就問他有什麼事要我去辦。他的神色突然嚴肅起來。他講：「你知道我為什麼把你放在門診部，保留這麼久，沒有調出去？」我說：「我不清楚。」

他說：「我觀察了這麼幾年，你很受群眾的歡迎。你最大的特點是對待人不分高低上下，一律耐心周到，不勢利眼。所以，不只是一般的同志，就是高級首長都知道你。你的高明的醫術，平易近人的人品，熱情細心的服務精神，給大家的印象很突出。在閒談時，毛主席他們都聽說了你。給毛主席找個保健醫生，能勝任下來的不容易找到。我已經請示過羅瑞卿部長和楊尚昆主任，要派你去毛主席那裡，做他的保健醫生，他們同意。我又請示過周恩來總理，他批准了。昨天我當面報告了毛主席，他同意。不過要先見見面，談談，如果談得來，再定。你要準備準備。」

我聽了後，大吃一驚。我再也想不到，會指派我做這麼一件工作。

我在門診部時，毛的住處是絕對不允許進入的。雖然身在中南海內，這塊地方真可謂近在咫尺，但是在我的眼內，真像是海外仙山一樣，既神祕，又莊嚴。我常常抱著崇敬的心情，在南船塢樓上我的住室窗口，望著這塊地方。這裡是全國的心臟，從這裡傳出來的每一次跳動，都牽連著大陸中國內的每一個人的命運。

許多思緒此時一一閃過我腦海。我的妻子慎嫻在美軍供應處和英國文化委員會工作過，沒有辦法找到她不是特務的有力證明，因此她沒有資格加入共產黨。而我也沒法改變我的出身背景。何況，毛已經有了保健醫生⑤。然後我又想起我大曾祖臨終時交代子孫不要做御醫的遺言。

我將這些想法，都告訴了汪。他聽後哈哈大笑說：「你怎麼想的這麼多？你的歷史問題和家庭的一些問題，在你入黨前已經審查過了，都做了結論，不是新情況，新問題。要你去工作，不是我一個人說了就定下來，是經過黨委討論。而且你的這些問題，報告了羅部長和楊主任，也報告了周總理，都認為不成問題，才報告毛主席定下來。你還有什麼猶疑呢？至於你大曾祖的事，那是封建皇帝時代，怎麼能同現在相提並論呢？」他說完又大笑起來。

我又問他，傅連暲知不知道這次的分派。傅此時已是新設立的衛生部副部長，兼任保健局局長，負責中央領導同志的保健工作。他自認是毛的密友和追隨者，非常關心毛的健康，自然會想參與我分派的事。

他說：「傅部長雖然是你的上司，但是這樣的工作，是中央直接定下來，不需要他參與。」但實際上汪估計不足，傅對於我這次任命沒有通過他，十分不高興。

我當時又問汪：「是不是再考慮一下，商量商量呢？」我深知給毛工作，是個眾目交集，引人注視的所在，尤其負責他的健康保健，責任太大。一旦發生點差誤，即使算不上什麼的差誤，也會將這些問題聯繫起來，而形成「階級報復」的駭人罪行。

汪說：「不行了。這已經是組織上定下來的事，沒有考慮商量的餘地。」我看這事已成了定局，沒有迴旋餘地。我又說：「我在工作上自然會十分謹慎小心，但是醫療上不可能十全十美。萬一有點差誤，那時就複雜了，而且會連累到你。」

他說：「不要想的太多。你做自然要謹慎小心，要請示報告，但也要放膽去幹，不能沒有主見，也不能事事都請示報告，要勇於負責。我看你能幹好，我不會看錯人。」然後他又說：「你準備好，先與主席慢慢熟起來，能不能做下去，適合不適合，還要由主席自己決定。你等著吧，會找一個很自然的機會讓你見主席。到時候我會通知你。就這樣吧。」

在這次談話以後，汪將毛以前的一些病歷記載拿給我，要我了解毛的病史，並囑咐我多做些準備，還同我說：「主席就要離開北京，到南方休息，這次你先不要去，照舊在門診部工作，還是要找自然機會見他。」

我回到宿舍，同嫻說了領導上的這一決定，和我跟汪談話的經過。她也認為，既然中央定下來，不可能改變了。她說，這工作責任太重，不能出任何一點毛病。從這天起，嫻無日無夜不為我的工作與安全擔心。

曾任共產黨五大書記之一的任弼時同志於一九五〇年猝然與世長辭後，其未亡人陳琮英變得極為消沉。陳常來門診部看病，主要是頭痛、失眠和耳鳴。我給她鎮定劑及蘇聯的一種溴化鉀和咖啡因混合藥劑服用，但她的問題純粹是心理上的，門診部也無可奈何。我只能盡量安慰她，人死不能復生。她是典型的賢妻良母，對人十分善良熱誠。認識我時間長了，待我如同子弟。

後來我奉汪東興之命陪同陳琮英同志到上海和杭州休息兩個星期，以防她憂鬱症病情惡化。當她知道我被派去做毛的保健醫生時，她同我講：「這個工作可不好做，千萬謹慎小心。毛老頭脾氣大得很，而且翻臉不認人，沒有人在他那裡幹得長的。江青這個人，是出名的騷賤貨，待人苛薄，你千萬別上當。在那個地方工作，一旦搞不好，出來，沒有地方敢要你，弄不好還要坐牢。」

在五〇年代初，毛的威望正如日在中天，誰也不敢背後議論他。這些肺腑之言，簡直是「反黨言論」。這些話我一直銘記在心，在此後的行動中，無時或忘。

一九五〇年後的兩年內，連續推行了「鎮壓反革命分子運動」和「反貪汙、反浪費、反官僚主義運動」。前一個運動主要打擊國民黨的黨、政、軍、警人員和黑社會分子，後一個運動則主要針對共產黨內掌握一定權力的黨員幹部，其中固然有少數確有腐化行為，但大多數是挾夙怨藉機打倒對方。

中南海內也展開了保健醫生的「肅清反革命分子運動」。一九五五年「肅清反革命分子運動」中，在警衛局長汪東興的指揮棒下，將一些保健醫生打成「反黨分子」。原來是幾年來這些保健醫生不滿意脫離醫生臨床工作，單純只給一個人做些照料生活的所謂保健，湊在一起時，不免講些不滿意的話，甚至發牢騷。警衛局便藉這機會整整醫生們。

這種「批判鬥爭會」幾乎每天下午、晚上開，每次要開個四或五個小時，弄得人疲勞不堪，而同時罪名越來越多，也越來越大。

江青的保健醫生徐濤（他也曾短期任過毛的專任醫生）在批鬥會中是眾矢之的。開批判鬥爭徐的會上，江青特地叫衛士參加，「揭發」徐對江青如何「粗暴」，如何「虐待」江。並舉出例證，如，江青叫徐拉上窗簾，因為日光刺目，徐沒有立即拉上，於是成了有意損傷江的眼睛；江要求室內溫度固定在攝氏二十六度，江感到冷，批評徐降低了室溫，徐拿了室內溫度計給江青看，恰好是二十六度，於是成了有意在精神上折磨江。像這樣的「罪名」不一而足，要徐承認「有意反對江青，反對共產黨」。最後徐被定為「反黨小集團」的主要成員。奇怪的是，其他的「集團」內的保健醫生，都被調離中南海，可是這位「反黨分子」的徐醫生，並沒有被調出中南海，反而繼續給江青做保健醫生。

我很同情我那些醫生同事。我知道他們沒有做錯事，他們絕對不是反黨分子，但我只能保持沉默，如果我公開替他們辯論，我也會被歸為反黨分子。

走筆至今我仍感到良心不安。一九五二年的「三反運動」中，我大哥、堂哥都受到波及。他們是我的親人，我清楚他們是無辜的，但我不敢站出來為他們辯護。

在我正式為毛工作前，我就已經違背良心了，無法言行合一。在政治風暴中我總是三緘其口，但此次批鬥大會上，我被迫加入攻擊的行列，來保全我自己和家人。我無法指控那些醫生反黨，我只說他們不該發牢騷，他們沒有好好做好工作，所以應該反省學習。

我那時不知道，一九五四年就展開的保健醫生批鬥會裡，醫生們其實只是汪東興和傅連暲爭權奪利的棋子。

這兩個人的職務無可避免的會發生衝突。任衛生部副部長的傅連暲負責指派中央領導同志的保健醫生。凡是傅派到「中央首長」處的醫生，都要定時向傅匯報，匯報的內容不只是身體健康情況，也包括所了解到的言論和行動。傅還透過這些醫生遞送他寫給某「首長」的信，表示他的關心。傅採取這些手段，來摸清「中央領導人」的政治動向，特別是黨內鬥爭的動向。在「中央領導人」中，自然毛澤東是傅視為最重要、最需要摸清的人物。

而身為警衛局長的汪東興恰恰也是盡一切可能，使「中央領導人」（特別是毛澤東）的身邊工作人員，摸清中央的意圖動向，進一步壟斷這些情況。汪能指揮的人主要是警衛人員和衛士，因為這些人都是汪親自選派的，但是汪也要利用醫生和護士蒐集情報。於是傅連暲認為汪東興干涉他的業務職責，汪又認為醫生聽傅連暲的指揮。

在汪任派我為毛的保健醫生後，汪傅之間的勃谿更加劇烈。傅想以我的家庭背景問題說動毛不任用我，汪則轉而利用反革命批鬥大會一一攻擊傅委任的醫生。最後是汪勝利了，醫生們只是犧牲品，汪東興和傅連暲之間形成決裂的局面。

發生這次所謂「反黨小集團」事件時，我受到很大的震動。我完全明白了，在工作中，只能絕對服從，不能絲毫違背「上級」的意旨，如不謹慎而觸犯「上級」的個人意志、威望，都會被無情的「整」，也就是被鎮壓。採取的方式，是「群眾的」制裁辦法。群眾呢，他們是被指定參加這一行動，甚至他們在會上的發言，都是早經安排好的。

這次可真是一次非常生動的教育，讓我明白，每一個人都是在一個布置好了的環節內言談行動。一個人不能有什麼個人意志，只能是一部龐大複雜的機器中的一個小零件——不管這零件安裝的部位合適不合適，也不管這零件在整個機器運轉時，能不能起作用，只要甘心在這部位上聽命運轉下去就可以。

這點對於自由知識分子的心靈，所造成的痛苦是難以比擬的，在「為人民服務」、「一切服從黨的需要」的鋼鐵紀律下，保全自己的唯一途徑，是俯首貼耳，唯命是從。在一片頌揚聲中，所有的生機都被斲喪了。違背良心的言論，違背良心的行動，成了準則。而更糟的是，唯有這種辦法，才能保住自己的位置，進而一步步爬上去。

四十年後的今日，我在美國安全的環境下，追憶這些往事，我知道我當年還是會這樣做，我沒有選擇餘地，我那時得保護我的家人，無路可走。如果今天我回了中國，政府要我支持一九八九年血腥的天安門事件，我也必須同意。不管是在過去還是現在，只有一直違背自己的良心，才能在中國生存下去。

而四十年前的我，在與汪東興會談數月後，仍滿心歡喜的期待毛的召見。但毛遲遲未召我去。

注釋

①共產黨第五大領導人任弼時因腦溢血突然暴斃是另一個原因。也正是在這時，每位領導人都派任一位專任保健醫生。

②中國當局一向堅稱美國在朝鮮戰爭中使用細菌戰，美國官方則一直否認。

③另有報導指出，毛與楊開慧共育有三子，其中一個（譯注：毛岸龍）在楊開慧被處死後，下落不明。

④於李醫生前任毛專任醫生的王鶴濱指出，毛曾將岸青的一些信轉給他，岸青信中說他的心靈被一個小人占據了，那個小人常刺激他做一些不該做的事。岸青寫說，他控制不了那小人，也無法逃避他，他為此感到很侷促不安，但沒有那小人時，毛岸青又覺得寂寞。年光事件後陳學詩為毛岸青做診療。中國解放後，精神醫學界幾乎全然瓦解。文化革命後，也在牢中關了七年。李醫生不知道岸青或其他高級領導接受哪種藥物治療。但他確定醫界從未使用導電痙攣療法（ECT）。王鶴濱說，此事後，毛岸青被送往蘇聯接受數年治療。

⑤一九五四年前毛的醫生包括傅連暲、陳兵輝等人。中華人民共和國建立後則有王鶴濱，周澤昭和徐濤。

4

一九五五年四月二十五日下午三點多鐘，我正在看門診，護士長匆匆走來叫我。她面色神祕而緊張，悄悄小聲對我說：「一組來了電話，要你立刻到游泳池去。」一組是毛及其人員的代稱，二組為劉少奇，三組周恩來，四組朱德，五組原本是任弼時，在他死後，則為陳雲。

室外露天游泳池是原來就有的，為了讓毛在冬天也能游泳，就在室外游泳池的南邊新建了室內游泳池。室外游泳池在夏季開放，中南海內的工作人員，在規定的時間內，都可以來游泳。室內游泳池夏季不開放，在其餘的季節裡毛去的時間多，別的首長也來，但逐漸來的越來越少，於是成為毛的專用場所了。為了讓毛能好好休息，以後又向南加修了大會客室兼書房，這就是以後接見尼克森總統、田中首相等人的所在。同時又修了臥室。文化大革命後的一九六六年底，毛遷居到這裡，直到一九七六年去世為止。

毛終於召見我了。

我將病人處理完畢，交代了工作，騎車出了流水音。正是五月一日國際勞動節之前，天氣仍舊有些涼。我到了中海懷仁堂北面的游泳池，已經微微出了一些汗。

在游泳池的門口，毛的衛士長李銀橋正在等我。他看見我立刻迎上來說：「你怎麼這樣久才來？毛主席一直在等你哪。」我說：「我將門診的病人處理完，時間長了些。」當時我沒有帶醫療用具，我問他：「主席是看病，還是檢查身體？」李說：「都不是，主席只是說要見你，談一談。」我又問他，要談些什麼，李回答說不知道。

李將我引進室內游泳池，毛澤東正躺在游泳池南端的一個木床上看書。雖然毛躺著，身上蓋著毛巾被，可是看得出來，他的身材魁梧，面色紅潤。上身穿白襯衣，肘以下露在外面，比較起來，手臂顯得纖長，頭髮濃黑，前額寬闊，皮膚柔細，兩隻腳放在毛巾被外面，穿著深咖啡色線襪，小腿很細，腳看上去就大了。

李銀橋向毛說：「主席，李大夫來了。」毛放下書，叫李搬了一張椅子，放在床邊，要我坐下。

他說：「張之洞說他自己是起居無時，飲食無常。我同他一樣，剛一起床，就到這裡來了。現在幾點鐘？」我看了錶，告訴他：「現在四點半。」毛說：「這是我的早晨。你什麼時候起床？」

我不知道毛的生活習慣，他突然一問，我不明白他的意思。因為這時是下午四時半，我不清楚他是問早上的起床時間，還是午睡後的起床時間。於是我說：「我是早上六點多鐘起床，午飯後稍微休息一會兒。」

毛笑起來，說：「你是醫生，很講衛生，起居有時。」毛的眼神充滿智慧，他的眼神，而非言詞，使人感到和藹可親。我打心底佩服他，我覺得我是跟一位偉人坐在一起。

他拿起一支香菸，我注意一看，是英國三個五牌子。他將菸掰了一半，裝在菸嘴上，點燃以後，吸了幾口。他說：「這種菸嘴是宋慶齡介紹給我用的，裡面可以裝濾煙器，據說可以將尼古丁濾掉。我吸菸這麼多年了，也不知道尼古丁起了什麼作用。你吸菸嗎？」我說：「我也吸菸，不過不多。」毛又笑了說：「你是我遇到過的第一個吸菸的醫生。」然後，他深深吸了幾口氣，眨著眼睛，帶著一絲頑皮的笑容說：「吸菸也是做深呼吸運動，你說對不對？」我笑了笑，沒有回答。

他看到我的兩鬢有不少白髮，說：「你才三十出頭，怎麼白頭髮比我的多？」我說明人體各部位的遺傳特徵不相同，人體各系統衰老的表現不一致，然後我說：「從頭髮上看，我比主席要老。」他哈哈大笑說：「你給我戴高帽子了。」

隨後他問我的學歷與經歷，我大略說了一遍。他很注意地聽我說完，然後他說：「你中學時就開始受美國人的教育，解放戰爭（國共內戰）時，美國人幫蔣介石，現在又在朝鮮打我們，可是我還是要用你這種英美派。我要學外語。有人說學俄文吧，我不學。我要學外語，就學英文①。以後你同我一起，你教我學。」我表示同意。

過了一會，他又說：「你加入復興社時，只有十六、七歲吧，那還是孩子嘛，懂什麼？你已經向領導上講清楚了，這沒有什麼問題了。唐太宗手下有一個大將，叫尉遲敬德。尉遲敬德歸順的時候，唐太宗手下的人都說他不可靠，可是唐太宗讓尉遲敬德和他睡在一個帳篷裡，後來尉遲敬德建立了不少功勞。當然我並不是說，我是唐太宗，你是尉遲敬德。這只說明，互相之間要以誠相待，要禁得起時間的考驗。短時間還不行，要長時間的考驗才算數。」

「許世友早先在張國燾手下，長征到陝北後，張國燾跑了。一九四二年整風開始，大家都說許不可靠，把他鬥得要死要活。許急了，要拉隊伍自己去打游擊。康生要將他抓起來槍斃。我說不忙，我找他談談。他們都不贊成，怕許害我。我說不會。許到我這裡，見到我，張開大嘴就哭。我說不要哭，我只問你兩句話，你相信張國燾，還是相信我？你願意走，還是願意留下？許說，我當然相信你，我願意留下。我說，那好，你照舊去帶兵，沒有事了。許世友到現在不是幹得很好嗎。」

毛又說：「你那時只是個孩子嘛，懂什麼？」

多年的憂慮和陰霾消失無蹤，我一下子感到安全無比，毛一語解決了我家庭背景和政治歷史的問題。許多人用我的過去來攻擊我，阻止我入黨，使我活得戰戰兢兢。毛此番話的邏輯是那麼簡單，但它使我放下沉重的心理負擔。毛是最高領袖，沒有人敢向他挑戰，我很感激毛救了我。

這時衛士來給他開飯。他坐在床沿，要我同他一起吃飯。一盤清蒸武昌魚，是兩大條；一盤回鍋肉，裡面放了不少紅辣椒；一盤炒木耳菜，一盤炒油菜，油很多，青菜都是整根排在盤中。這時是五〇年代初期，大家的生活還很清苦，平時在食堂粗食淡飯慣了，一旦吃這樣的菜反而油膩得吃不下去。毛注意到我吃的不多，笑著說：「你吃得不踴躍啊。武昌魚的味道不錯嘛，回鍋肉也很好。」我囁嚅的說：「我不餓。」他說：「這是我的早飯，也是午飯，我一天吃兩次飯，大概同你的吃飯時間合不上。」

吃過飯後，他要我再談一會。他問我讀沒讀過哲學，我說：「學醫的時候，醫學的書還讀不完，沒有學哲學。畢業以後，忙於看病人，也顧不上讀。從一九四九年以後，只是學過主席寫的〈實踐論〉和〈矛盾論〉。」

我是真的喜歡那兩篇文章，毛寫得不錯，簡潔而切中要點。〈實踐論〉主張真正的知識是從實踐中，而非讀死書而來，對我這想做外科醫生的人來說可真是一針見血。〈矛盾論〉使我了解解決任何問題的方式在於找出主要的矛盾所在——即尋求解決根本問題之道，而不是專注在外表徵兆上的小節。

他笑了說：「抗日戰爭發生後，部隊到前線，抗日軍政大學要我講講哲學，我也打算總結中國革命的經驗，把馬克思主義的原理和中國革命的具體實踐結合起來，就寫了這兩篇。〈矛盾論〉我寫了兩個星期，只用了兩個小時就講完了。這兩篇中，〈實踐論〉比〈矛盾論〉重要。」

後來我也常常回想，我第一次與毛見面及談話的情況，到底是什麼原因，使我第一次與他見面，就給他留下了好的印象，能夠一見投機呢？我自己也百思不得其解。

在毛身邊待了一段日子，我才知道他有多麼重視這兩篇文章。他自覺它們是馬克思列寧主義的重大突破，為「具有中國特色的社會主義」之理論分析。〈實踐論〉和〈矛盾論〉分別在一九五〇年和一九五一年正式發表以後，蘇聯方面一直認為，這是對馬克思列寧主義的修正。傳說史達林指派蘇聯有名的馬列哲學家尤金任蘇聯駐中國大使，是為了就近研究毛的思想，並向當局報告。毛曾經幾次與尤金談這個問題②，而且還親自到尤金在北京的官邸去與尤金討論兩次，但是雙方都是各執己見，沒有結果。

毛後來同我講：「難道哲學在馬克思和列寧以後，就到了止境了？難道中國的經驗不應該從哲學上加以總結嗎？」

但那個第一天下午，我並不知道這件事，毛也並未提及。

毛又說：「哲學要讀一點，不讀恐怕醫生也當不好。我這裡有本恩格斯的《自然辯證法》，你拿回去讀。有人告訴我，在美國不論文科、理科、工科等各科的最高學位是ＰｈＤ，也就是哲學博士，可見他們也是將哲學看成統率各學科的科學。另外也要讀歷史，不知道歷史，就不清楚現在是怎麼來的。還應該學點文學，醫生是同人打交道的，只懂醫學，語言無味，缺乏共同的語言。」然後他說：「今天就談到這裡，以後日子長得很，有的談。」他伸出手來，與我握了握，我走出室外。

我出來以後，已經是傍晚七點多鐘了。

我發現毛既凝重又詼諧，很健談，很善於讓人講出自己的思想，眼睛裡不時閃出智慧的火花，似乎有時有玩世不恭的影子。在接近他的時候，自然的感到親切而和藹，開始時的緊張心情，坐下一談，自然就放鬆了。

那麼我見過毛了，以後要經常見到他，負起他的醫療保健的重擔了。

我立刻到了汪東興的宿舍。汪笑嘻嘻的說：「今天你談的時間可不短，都談了什麼？」我將大體情況告訴了他。他說：「我說你幹得下來，怎麼樣？這個開頭開得不錯，你安心好好幹。」

這時他的電話響了，原來是李銀橋打電話來，告訴他，我走了以後，毛很高興，要我做他的保健醫生。李銀橋估計，我適合在毛處工作。

汪放下電話後說：「我會將情況報告羅瑞卿部長，你好好休息，注意保密，主席那裡的情況一律不許對沒有工作關係的人講。」

我回到南船塢宿舍，嫻正等著我吃飯。我將下午的事全告訴了她。她很高興，說：「看上去，你給毛主席的初步印象不錯，否則不會談這麼多這麼久，還請你吃了飯。」毛好像喜歡我，我自然高興。但我仍免不了憂心忡忡。我說：「這也難說，還要看以後順利不順利。」嫻說：「這種性質的工作，只能小心謹慎。既然開始了，就不能不幹好。」

第二天的上午，傅連暲打電話找我，他說他知道我見過毛主席了，要我到他那裡去談談。我心想，他的消息真靈啊，怎麼昨天才見過毛，他就知道了呢。我將工作交代給值班醫生，騎自行車到弓弦胡同。

我走到後院傅的住室，他從躺椅上站起來，打過招呼，他又坐到躺椅上。他說：「你昨天見過主席了，情況怎麼樣，你講講。」我將昨天見毛的情況和毛說的話都告訴了他，他很注意的聽，看上去他也很興奮。

他從椅子上站起來，給我泡了一杯茶，圍著桌子踱了兩圈，我聽他喃喃自語道：「看起來是投機了，」然後坐到躺椅上，抬起頭望著我笑道：「你的機緣不錯，初次見面就談了這麼多，難得。」

「一九三二年我在福建長汀福音醫院當院長，毛主席正打擺子，還立即要出發打仗，他派人把我接到他那裡，要我立刻把擺子治好。我說可以，當時是用奎寧治好的。一九三三年主席又要去打仗，叫我去了吩咐說：『我去打仗了，把賀子珍同志交給你，你照顧她。』那時賀子珍正懷孕。我說：『主席放心，我來照顧。』我一直照管賀子珍同志，直到她順利生產，是我接的生。」傅並未說明賀子珍生了幾個小孩，我也一直沒搞清楚③，但我聽說她在一九三四年秋天長征之前，就已經生了兩個兒子，共產黨自南方退守時，將他們寄養在鄉下農家，後來一直沒有找回他們。

傅說到這裡時，十分激動，兩頰現出潮紅，前額也滲出汗珠。他喝了幾口白開水，停了一下說：「我不喝茶，我不吃任何刺激性食品。」

傅轉變話題，又說：「後來王明路線時將我當AB團（即反布爾什維克團，標誌是國民黨派到共產黨內的組織）打，是主席救了我。我年輕的時候得過肺結核，身體不好。主席對我很好很信任，長征的時候給我一匹馬騎，還讓我每天吃一隻雞一直到現在。那時雞是罕見的奢侈品，每天吃一隻雞更是無法想像。

他讓我喝茶，並且說：「我講點以前的事給你聽，是想使你多了解主席的情況。」我對以往，特別是長征以前，在江西的紅軍時期，更不清楚，所以聽起來很有興趣。我說：「我很想知道一些主席以前的情況，你講了，對我以後給主席工作有很大幫助。」

傅笑起來，又講道：「主席有很嚴重的失眠。我在福建長汀和江西瑞金時，派人化裝成商人，到上海買了凡羅那，又買了葡萄糖粉，建議他睡前用熱水化一小杯葡萄糖粉，服一、二片安眠藥片。這辦法很有效，主席非常高興。你看，我對主席是忠心耿耿。我與主席同歲，但是身體沒有他好。」

他注視著我，嚴肅的說：「派你到主席那裡工作，是黨對你的高度信任。這工作非常光榮，可是也很艱巨。」

說到這裡，服務員擺上飯菜。傅對我說：「昨天主席要你同他吃飯，今天我用便餐招待你。」很清淡的四樣小菜和一小碗清蒸雞。他解釋道：「我每天吃一隻雞的習慣，至今還是這樣。」

他又叫人給我一小杯葡萄酒，他也倒了小半杯。他舉起酒杯來說：「我平時不喝酒，今天同你喝一點。」在吃飯當中又說：「你在主席處做醫療保健工作，要十分謹慎小心。遇到困難，不管什麼時候要告訴我，我會幫助你。」我不曉得傅連暲能幫我什麼忙，但他顯然想對毛及其活動有全盤的了解。

他吃完雞，就不再吃了，然後對我說：「我每天要吃五頓飯，每次吃不多，你不要拘束。主席要你同他一起念英文，要你教他，這是很自然的同他接近的好辦法。看來他很願意同你談談，你可不要有架子，除去醫務上的事，別的事能為他做的，都要做。」

我聽了後，心裡很不舒服。如果這樣做法，醫務反而成了我的次要職務。我衝口說道：「我可以照你講的做。但是這樣做，我不但沒有臨床機會，而且距離醫務也會越來越遠。」

傅正色說：「不能只看到這點。主席的知識深廣如大海，可以從他那裡學到許多東西。你既然負責他的醫療保健，就不能局限於醫學，知識面應該更廣泛，才能有更多的話同他談談，這樣才可以更加了解他。」

毛也要我多讀讀書，我想傅的話是很有道理的。毛仍年輕健康，剛開始頭幾年我可能不用治療什麼疾病。但如果我不多接近毛，就不可能知道他的脾氣、性格和生活習慣，也就不知道造成他目前心理和肉體特點的原因，那麼怎能採取一些改進他的健康的辦法呢？要接近他，我必須先取得毛的信任，首先我得多讀讀書，與毛有共同的語言才成。

我起身向傅告辭，感謝他給我的指教。他站起來同我握手說：「以後每個星期到我這裡來一次，有事無事都來一次。」

我騎著車子，從沙灘轉入景山前街，正在午後，天氣晴朗，有些燥熱。是五一國際勞動節前，各個機關的大門都在懸燈結綵，一隊隊的學生做著遊行演習。節日前的景象和氣氛使我不由得振奮起來，心中充滿了自豪感。

自從一九四九年回來以後，這幾年中心境一直煩躁不安，自尊心也一再受到挫傷。我的哥哥和我少年時的好友都已經是「老革命」了，他們都是一九三七年抗日戰爭爆發後，先後去了延安；這時他們無論留在北京，或在外地，都是一個部門的領導幹部。雖然有些人在三反運動中被批判，但他們仍留在工作崗位上，受人尊敬。

而和我一樣沒有「參加革命」的醫學院同學們呢？他們這時都在各大醫院中的各個專科中工作，已經成了各科的專家。

可是我卻丟掉了外科專業，做著各科都幹的類似開業醫生的工作，我似乎看不到一點迴旋的餘地。更糟的是，周恩來決定將中南海門診部與國務院門診部合併，由國務院祕書廳總務處領導，並且決定要精簡機構，裁減人員。雖然我被任命為門診部主任，但是在人事大變動，人心浮動的情況下，很難穩定住局面。

就在這個時候，突然調我任毛的保健醫生，使我立即脫開人事糾紛的困境。

自從一九四九年進入北京以後，毛即深居簡出，住處警衛森嚴，對一般人來說，他是個遙遠，神祕，又無法企及的人物。最高層的領導人，除去開會，也很難得與毛個別見面談談。我作為醫生，是所謂「身邊工作人員」，可以隨時見到他。特別在他讓我教他英文以後，見面與閒談的機會更多了。

我的整個世界豁然開朗，天地都為我歡唱，我不再只是個無名小卒。一九四九年我剛回國去見傅連暲時，他是坐著接見我的。今天他站著，幾乎是奉承般地迎接我。我後來也發現很多高級領導人突然變得很願意接近我，對我很客氣。我已經不是個普通醫生了。我為自己感到驕傲。

我是毛的專任保健醫生。

注釋

①毛從年輕時代起便斷斷續續學過英文。

②尤金（Yudin）為《簡明哲學辭典》的作者之一，並被公認為史達林思想的權威學者。蘇聯一九五三年開始出版針對毛之〈矛盾論〉和〈實踐論〉的批評，同年尤金出任蘇聯駐中國大使。毛非常歡迎尤金，但有些中國人後來認為，尤金被派任是為了就近了解毛的哲學，以便提出批評。

③有些資料來源指出賀子珍總共育有六個子女，其中一個產於「長征」途中。六個子女中只有一個男孩。李敏是唯一的存活者。兩個小孩被寄養在農家，一直沒有找回來。其餘均夭折。

5

在我與毛第一次見面後沒幾天，五一節前夕，已經夜裡一點多鐘了，一名衛士值班室的衛士打電話來，要我立刻到毛那裡去，毛在等著我。

我匆匆走到一組面對中海的後門。我想毛大概生病了，要不然怎麼會這麼晚找我去？

我從來沒有去過毛的內住地。我第一次踏進這塊「聖地」的時候，內心充滿了激動和喜悅。我想，我終於「長征」到「革命的核心」中來了。作為一個醫生，能有這種幸運的並不多吧。

大家總是形容毛過著禁慾而簡單的生活，他立下節儉的好榜樣。他死後，中南海內住地開放，展覽他生前破舊的衣服、袍子和拖鞋，顯示他為了接近群眾而捨棄奢華的生活。毛是農民出身，慣於單純。他只在絕對必要時才穿戴整齊；平時睡醒以後，總是科頭跣足，赤身穿一件睡袍半躺在床上。他穿衣服時，只穿破舊的衣服和布鞋，在公開正式的場合才穿上毛服和皮鞋，新的布鞋一定要別人先穿一段時間，完全踩合腳後，才肯換上。至於衣著整齊坐在那裡看書或辦公，是為照相，擺個樣子。事實上，他幾乎總是在臥室或室內游泳池處理公事。

但他仍過著帝王般的生活。毛的中南海內住地在中海與南海之間，前門面對南海。中南海一定是全世界門禁最森嚴的地方。晉見毛的外國貴賓感覺不到武裝警衛的存在，但事實上警衛以毛為中心，成環狀向外擴散，遍布中南海內。毛的貼身侍衛（又稱內衛）也兼任隨從，武裝精良，守衛緊密森嚴。汪東興督導下的中央警衛團武裝安全警衛，即外衛，則防守內住地。他們在周圍的隱蔽哨站內等距放哨。

中央警衛團並駐守中南海的四周，毛出巡時全採這種保護網層措施。

毛行蹤不定，只有最高領導階級同志才會知道他的行止。他在中南海外主持慶典儀式時，車子都停到別的地方以防車牌號碼被人記下來。車牌號碼經常更換。這種安全措施抄襲自共黨革命後的蘇聯，但這也是封建時代保護帝王的嚴密方法。

毛的內住地原是乾隆時期興建的圖書館和休息室①。宮房幾十年來沒有好好整修，已開始腐壞，建築物仍未恢復它們當年的雄觀，修復工作仍在進行，房內到處是乾隆的御書匾額。

舊式傳統大門上，繪有五彩圖案。大門上一橫匾，即「豐澤園」。宮房頂鋪著灰色瓦。大門內東西耳房，是警衛值班室。二門內是一大院，正房上一橫匾，即「頤年堂」，一九五九年人民大會堂未建成之前，毛在這裡召集會議，接見外國貴賓和朋友，也在這裡舉行他個人的宴會。頤年堂後面是「含和堂」，其中是毛的藏書室。

毛住的「菊香書屋」在第二個大院內，與第一大院有遊廊相連。菊香書屋四合院中，長著鬱鬱葱葱的古松柏，當中放著一些籐椅籐桌。五〇年代初期，在熱天的時候，毛曾在這院內召集過會議，但以後再也沒有在這裡開會了。

菊香書屋有一大房和幾小房。北房三大間：西間是江青的臥室，有暗廊與毛的藏書室相通，中間是毛的餐室，東間是毛的臥室。南房則是江青的活動室。

機要祕書室主任葉子龍住在北房後的西間，江青的臥室隔壁。葉住所西側，與「含和堂」相接處有一大廚房。葉負責毛的食品。毛的食品檢查制度很複雜——也是引用蘇聯模式，但大都沿襲封建帝制的方法。一九五〇年毛自莫斯科返國後，警衛局請來兩位蘇聯的食品專家，目的是讓他們指導，如何使食品安全可靠，不至於被人下毒。在這兩位專家的指教下，先設立了一個大的巨山農場，生產各種蔬菜、肉類、家禽及蛋、奶，專門供給中南海內的「首長」用。又在警衛局下成立了供應站，農場來的食品，集中到站內。站內設立生物化驗室，負責化驗食品的新鮮及養分；毒物化驗室，負責檢驗食品中有無毒物。另又建立食品試嘗制度，在「首長」入口以前的各種食品，都要由試嘗員先吃一定的數量，以免「首長」中毒。這種檢驗方法在警衛局內成為一套制度以後，全國各大省群相仿效，確實勞民傷財。

東房是毛的辦公室，有走廊與他的臥室相連。但我從來沒有見到他去過這間房子，所以是長年關閉的。

南房向南又形成一四合院，這是江青的姊姊李雲露及毛的女兒李敏、李訥等三個人的住處。李雲露比江青年長甚多，纏過小腳。江青母親死後，她便姊代母職，扶養江青成人。中共領導遷居中南海後，江青把李雲露和她兒子接來同住，以幫忙照顧李訥和李敏。毛和江青不太關心他們的子女。李訥、李敏都住在學校裡，週末及節假日回家。一年只有幾次和毛或江青一起進餐。平常彼此也很少見面。

第四個四合院稱為「西八所」。這裡原有從北向南八排房子，當中六排完全拆了，餘下南邊一排，靠西是乒乓球室，靠東的一排是醫生辦公室和休息室、祕書辦公室及毛遠新的住室；北邊一排是毛與江青的衣物室，和外國友人送的禮品儲藏室。中國著名畫家齊白石和徐悲鴻等人送給毛的作品，也放在這裡。

後來我在這間禮品儲藏室看見卡斯楚送的大箱大箱古巴雪茄，羅馬尼亞總統齊奧賽斯庫送的陳年白蘭地，還有伊朗國王贈的金銀菸盒。這裡也是由葉子龍負責。

西八所當中造了噴水池，種了雪松和叢竹，和一個大葡萄架。每到夏天的時候，這裡總比別處低四到五度。這個院子靠東邊，在南花牆上開一小門，斜對瀛臺，這就是南小門。在南小門裡，原有一片菜地，種些西紅柿、黃瓜之類，後來在這空地下，挖了一個防空洞。

東牆有一小門，通過去就是「勤政殿」了。一九五九年人民大會堂造成以前，在這裡接外國大使的國書，會見外國政府首腦。毛的衛士和江青的護士們的宿舍，就在這周邊的房間內。

在西八所大院子北牆內，靠西一排房子，是毛的衛士和江青的護士值班室。他們是日夜二十四小時輪流值班。一般生活用品、食品及藥品都放在這裡。衛士有「值班日誌」，詳細記錄了毛的一切活動。所以這裡成了「毛的身邊工作人員」了解毛的情況，和半時聚會的地方。

北牆上開了一個後門，面對中海。毛平時外出，都走這個門。一般客人和見毛的黨政領導人，也都走這個後門。

一九五五年四月三十日凌晨一點多鐘，我匆匆趕往後門，心想毛一定生病了。門衛看到是我，立刻按電鈴，衛士開了大門，我同他一起走進衛士值班室。我問他這麼晚了，有什麼事叫我。他說：「主席已經吃過兩次安眠藥，睡不著，叫你來談談。」我穿過相接的明廊，入北屋進到毛的臥室。

毛的臥室很大，幾乎有舞廳般大小。家具是現代而實用的西式家具。臥室南北牆上四個大玻璃窗都用一層黑布，一層紫紅色絲絨窗幕遮住，因此在臥室內完全分不出白天或夜晚。

這時，毛正睡在床上，上半身靠在床頭的枕頭上。他那張大木床，有一個半普通雙人床那樣大，床內側占床三分之二都堆滿了書。他睡的地方，只占床外側三分之一。外側床頭床尾的兩隻床腳，用木塊墊高，這樣外側比內側高出有三吋。據衛士長李銀橋告訴我，這個辦法是防止毛翻身時，掉到床下。但是過了幾年以後，我更加深入了解了毛的內幕，才知道這樣的安排與他的性生活習慣有密切的關係。

床頭外側放一張方木桌，上面堆著文件，就是毛的辦公桌，也是他的飯桌。他與江青兩個人的生活習慣和規律完全不同，碰在一起共同吃飯的時候也不多。

毛見我進來說：「我還沒有吃晚飯，找你來談談。」他光著身子，穿了一件白絨睡袍，前襟敞開，右手拿著一本線裝書，兩頰微紅，眼光閃爍。

我搬了一張椅子，坐在床旁。這時衛士端給我一杯茶。

他放下了書，問我有什麼新聞沒有。這一下把我問糊塗了，我不知道他指的是哪方面的新聞，而且除了《人民日報》上刊登的以外，我也沒有別的新聞。他見我沉吟不回答，跟著就講：「你這兩天見過什麼人？有什麼議論？」

毛每天的開場白就是「有什麼新聞沒有？」他對每個人都問這個問題，這是他蒐集情報和監視控制一組人員的方法。他要我們報告所有談話及活動的內容，並聆聽我們對彼此的批評。他喜歡讓一組裡面的人鬥來鬥去，並要求我們「知無不言」。

於是我將見到傅連暲的情況，告訴了他。

他注意地聽著，然後抬起身來說：「在江西反AB團、打AB團的時候，傅連暲一家五口人，女兒女婿都被當成AB團打死了②。他不是共產黨員，長征時問他願不願意跟著走，他願意，給了他一匹馬，他不會騎，連人帶馬掉到河裡，幾乎淹死。他還是跟著到了陝北。他是大好人，可是他教你的一些話，不可全聽。譬如說，我有了病，你給我治病的時候，是什麼病，怎麼治法，你要事先同我商量好，我同意了，就是治壞了，也不怪你。你若是不同我商量，你治好了，你也沒有功勞，是你的錯誤。」

前面他講傅連暲的話，很容易理解，可是後面講到治病的方法，使我莫名其妙了。我預感到今後的醫療工作將會十分困難。毛要求給他進行醫療以前，都要說明生理和病理的演變過程，每一步治療要達到什麼目的，起什麼作用，得到什麼結果，全都要深入淺出地講明白，還要使他接受，這很不容易，但是我必須做到。事實上，此後多年，在這個問題上，發生了很多困難，但也都盡可能做到了。

這時衛士給送上飯來，將桌上的文件疊好，堆放在一邊，鋪上了一塊桌布。茶擺上來，是一盤大塊的紅燒豬肉，肥多瘦少，一盤清蒸魚，一盤炒莧菜和一盤青椒豆豉炒苦瓜。他吃肥肉吃得很香，我心裡不以為然。這時他已經是六十二歲了，傅連暲交給我的毛的健康檢查資料，體重是八十七公斤，再吃肥肉，對健康有很大壞處。我想，以後要同他說清楚，肥肉，特別大量肥肉，對健康不利。我這一打算並沒有實現。原來這一嗜好，是他少年時期在老家韶山農村養成的，直到他去世前保持不變。

他要我吃炒苦瓜，並問我味道如何。我以前從來沒有吃過，而且也沒有見過。我說：「又辣又苦。」他哈哈大笑道：「一個人是應該吃點辛和苦，特別像你這樣，念書，然後做醫生，大概是沒有吃過什麼苦。」

我當時沒有弄清楚，他說這話，是開玩笑，還是當真，或者是用開玩笑的方式，講出他對我的真實的看法。我只是就勢說：「我以前沒有吃過苦瓜，今天吃起來還是很有味道。」他又笑了說：「那好，以後你要有準備，要多吃點苦。」

這樣我明白了，他認為我過去是一個不知辛苦的人。

毛覺得每個人都該「吃苦」，包括他的女兒李訥、李敏，還有解放後養尊處優的領導幹部。大部分的領導幹部都是農工出身，數十年來為革命勝利而艱苦奮鬥，他們已經吃過苦了。但毛覺得他們在當權之後就逐漸沉迷於城市的奢華生活，意志薄弱。毛認為，如果這些領導幹部不再吃吃苦，就會忘記真正的中國。往後那些年中，他讓他身邊的人——我和領導幹部們——吃足了苦。

隨後他說：「我說過，中國對世界有三大貢獻，第一是中醫，第二是曹雪芹寫的《紅樓夢》，第三是打麻將牌。」他又問我會不會打麻將牌，我講不會。由於家庭教育，從少年時我就將打麻將牌和吸鴉片看成是中國社會的兩個毒瘤，對之是十分厭惡。

他說：「不要看輕了麻將，牌是一百八十四張，要按自己手上的牌，桌上打出來的牌，別家打出來的牌路，來判斷自己和每家的輸贏趨勢。你要是會打麻將，就可以更了解偶然性和必然性的關係。」

麻將的確是種戰略遊戲，毛是中國最偉大的軍事家和麻將高手。但我想他優異的戰略戰術來自於《孫子兵法》、中國歷史和《三國演義》。毛打麻將牌可不只是為了磨練戰技。原來打麻將牌固然是一種消遣，對毛說來，卻也是一個調情的機會。牌桌上，手在和牌、摸牌、打牌，牌桌下卻是用腳勾腳，用腳踏腳，也在忙得一塌糊塗。

毛接著又說：「《紅樓夢》這部書是封建社會的興亡史，是中國兩千年來歷史的縮影。我從來不看小說，可是我看《紅樓夢》。」

《紅樓夢》這本小說我以前翻過，但是實在引不起興趣，覺得書中的情節景象，距離我自己的生活與思想太遠，所以往往只看一兩頁，就扔到一邊去了。

《紅樓夢》這部書的主題之一便是賈家的興亡盛衰，還有當時社會的墮落。毛認為它是一本探討中國封建制度之腐敗和衰亡的奇書，但數百年來，中國人都把它看作賈寶玉個人的愛情悲劇故事。賈寶玉早年追求美麗的女性和感官逸樂，其實是他對社會家庭的反抗。他最後失敗了，只好遁世去做和尚。後來我才知道，毛一貫以賈寶玉自居，以能左擁右抱為一大樂趣，「豐澤園」幾乎成了當年的賈府。也正因為此後他的「後宮佳麗」越來越多，「爭風吃醋」更使他飄飄然，更加以賈寶玉自居。毛這位反抗英雄跟我說過：「我不是聖人，我也不想做和尚。」

毛那晚又說，中國的龐大人口該歸功於中醫的發達。他說：「至於中醫，你想想看，中國有幾千年歷史，經過連續不斷的天災人禍，戰爭屠殺，到現在人口怕有了五億多人了吧？有這麼多的人，是西醫的功勞嗎？西醫到中國，不過上百年。幾千年來，老百姓就是靠中醫。為什麼現在還有人把中醫一筆抹殺呢？中國的書，只有佛經和中醫書我沒有讀過。你讀過醫書嗎？」

這可把我問倒了。雖然我的祖上都是中醫，可是我沒有想到中醫對中國人會起這麼大的作用。何況，在醫生還沒有出現的遠古，人類的生存和發展，又怎麼樣解釋呢？

我說我試著讀過張仲景的《傷寒論》，可是弄不清楚金木水火土的道理，讀不懂，昏昏然不知道書上說的什麼。

他大笑說：「陰陽五行是不好懂，可能是代表人體內的生理和病理狀態。我主張中西醫結合，首先要讓一些有根柢的西醫學中醫，老的中醫也應該學學解剖學、生理學、細菌學和病理學之類，要能用現代科學闡明中醫的理論，也應該將一些古典的中醫書翻譯成現代語言，或者加注解說明，經過一段時間，總可以形成中西醫結合起來的新醫學，對世界會有貢獻的。」停了一下，他又說：「我提倡中醫，可是我自己不信中醫，不吃中藥，你看怪不怪？」

是很怪。

他講過以上的高論之後，又說：「明天是五一國際勞動節，你同我一起到天安門上面去看看，這也是一次很好的受教育的機會。」他緊跟著又問我，孩子有多大了。我告訴他，已經是五歲。他說：「你把孩子也帶上去，讓他看看。」我說：「這可是不能辦。上天安門的都是首長，我因為工作關係，可以上去，但是孩子可不能去。首長們的孩子都沒有上去過，他怎麼能去？何況他很調皮，又不懂事，惹出事來，找來麻煩，那麼我可真成了眾矢之的了。」他聽後，笑著說：「那好，就這樣辦。你回去睡覺，我也要睡覺了。」

我回到南船塢宿舍，已經是凌晨三點半鐘，早就過了我每晚十點入睡的時間，嫻還在等我。我將當晚的情況告訴了她，我說：「看來，他的身體很好，並不需要什麼經常性的醫療。我這個角色與其說是醫生，不如說是清客。」

嫻說：「不能急，開頭只能照這樣接近他。何況，看起來他對你的印象還不差。千萬不要急。」

那晚是往後多次與毛徹夜長談的開端。毛很孤獨，很少見江青，也沒有什麼朋友。所謂「延安精神」不過是個神話罷了。劉少奇和周恩來有時會來，但毛與他們之間的交談只限於公文上的批閱往來，和不定期在「頤年堂」或毛所巡行的城市裡，舉行的會議討論。毛和其他領導同志之間很少相互來往。他最親近的人是那些年輕、知識水準很低的衛士，談話範圍自然有限。毛愛跟衛士們討論他們的女友，面授機宜，還代為寫情書。但毛無法跟衛士討論他最有興致的兩個話題——中國歷史和哲學。

因此我成了毛的清客。我讀些毛推薦的史書和哲學書，和毛議論上數小時成了每週的常規。由於失眠症，他睡眠極不規律。一天分二十四小時，對他沒有多大意義，他想睡時就睡，睡不著就找人談話，或開會，或看書。時間對於他沒有任何限制，也不起什麼作用。

嫻勸我不要急是對的，但事實證明要適應毛並不只是一天兩天的事。毛是個獨裁者，我們這些在毛身邊的工作人員必須事事以他為中心。在毛的宮闈中如果膽敢有自己的主張，無疑是自尋死路。

注釋

①早在一九三〇年代中期，共產黨於延安建立基地後，毛總是分住最好的居所。據說他在延安的窰洞是最舒適的。

②另有資料來源顯示，傅連暲的女兒、女婿在一九三四年長征初期遭到殺害。傅的女婿陳兵輝醫生據說一九三二年曾替毛治病。傅與其家人經濟充裕，生活舒適，是他們被控為AB團的原因之一。毛與張聞天救了傅，但他的親人仍遭殺害。

6

第二天是五一勞動節，早上九點過後沒多久，我帶上必要的急救用具，走到衛士值班室。汪東興與值班祕書都在。九點半鐘毛從北屋出來，穿著一身淺灰色士維呢的薄呢中山裝，也就是毛服，腳上穿一雙大圓頭的黃色皮鞋。他高高興興的同大家打招呼。

這時公安部部長羅瑞卿趕到衛士值班室，看到毛在北屋外面，快步走過來，滿面春風的向毛敬禮，大聲祝賀節日好。毛說：「時間差不多了吧？」羅說：「可以走了。」於是穿過西廂房，走到頤年堂，大家在豐澤園大門口紛紛上了紅旗車。

自從一九四九年十月一日的所謂開國大典起，每年的十一國慶節和五一勞動節的群眾遊行，我都參加了。每次參加這種盛會，總抑制不住激動的心情。天安門廣場上洶湧的人流，狂熱的眼睛，使我感到作為中國人的無限豪情。

今年不同了，我不再是群眾遊行的參加者，我要登上天安門成為一個「觀禮者」了。

羅叫我坐到他的車上。這車打頭開路，從豐澤園沿南海北岸，出中南海東門駛入午門，停在天安門北側西箭道下。羅趕忙下了車子，跑到毛的車旁，開了車門，攙扶毛下車。毛瞪了羅一眼，用右肘甩開羅的手，申斥羅道：「不懂事，你去照顧宋慶齡副主席嘛。」羅急忙跑到宋的車前，宋早已下了車。

那時的宋慶齡一定已有六十歲左右，但看上去不過五十歲上下，真是雍容大方。她向大家祝賀節日好，而且走過來，同我們握手致意，使人感到非常平易近人，和藹可親。

另外那些所謂的「民主派人士」——李濟琛、陳叔通和沈鈞儒——就不同了。幾個人都是老態龍鍾，步履蹣跚。毛走上前，請宋先走，並招呼李、陳、沈等人一同走上箭道。臨上天安門陡峭的石階前，毛還攙了宋一把。

他們剛在天安門上露頭，觀禮的人們都鼓掌歡呼。

我是第一次登上天安門，感到又激動又好奇。我走到城樓兩側向下面瞭望，人流在移動。我走進天安門城樓內，裡面懸燈結綵，對著大門，用屏風隔出一大方地，擺著一轉沙發，排成半圓形，這是為給毛在會間休息，和會見參加五一節的外國客人。其餘地方都擺著長的條案，罩上白桌布，兩邊擺著扶手軟椅，桌上是一碟碟的點心和水果，以及茶水飲料。

往年參加這種聚會，總是很不解，大會從上午十時開始，一直要到下午三時或四時結束，在天安門上的「首長們」，怎麼能站立這麼久呢？現在明白了，原來有這樣一個休息和飲食的地方，這是在下面遊行的群眾所意想不到的吧。

毛緩步同熟識的人們握手，然後走向主席台，廣場上的歡呼聲，像大海的波濤，起伏不停，毛揮手向人群致意。這時北京市市長彭真宣布五一國際勞動節遊行開始。二十一響的禮炮響起，樂隊奏著〈東方紅〉（「東方紅，太陽升，中國出了個毛澤東」）、〈國際歌〉和〈解放軍進行曲〉。

先由國防部部長彭德懷坐敞篷吉普車檢閱部隊，然後群眾遊行開始。

由身著軍服的海陸空三軍帶隊，開著坦克車和大炮駛過長安街。

毛及其他政府首長站立閱兵，樂隊奏著軍歌。

數以千計全身白裝，頸間繫著紅領巾的學生，高舉國旗和各色廠旗的幹部、工人團體一波又一波的穿過，並在遊行行進間向毛及其他領導歡呼。群眾遊行持續了數個小時之久。毛很高興，沒怎麼去休息室休息。最後一波已是午後多時，上千個著白衣繫紅領巾的兒童經過天安門城樓下，高舉花環向毛致敬，喊著共產黨、中國和毛主席萬歲的口號。今天遊行的群眾都是經過篩選，政治成分可靠。這些群眾真的熱愛毛主席。

一九五五年五月一日，我只站在毛咫尺之遙，隨同他檢閱遊行。我耳中迴響著雄壯的軍歌聲，目睹五彩繽紛的群眾隊伍和中國精良的戰備能力，心中湧滿了澎湃的愛國情懷。

從天安門回到中南海，已經是下午四時半了。在衛士值班室前，羅瑞卿向毛說：「主席，晚上七點鐘上天安門，各家分頭去，就不集合了。」毛點頭示意，走向菊香書屋。

羅走入值班室，向我們這些隨從人員說：「你們都辛苦了，六點半回到這裡，不要誤了時間。」

我匆匆趕回南船塢，嫻和孩子在房間裡正在玩跳棋，看見我回來，都說怎麼這樣晚，公園去不成了。我告訴他們晚上還要上天安門，沒有辦法，什麼地方都去不成了。嫻說：「那怎麼辦？媽媽在等著呢。」我說：「這有什麼辦法，你們先回去，我如果回來的早，就去接你們。要是到九點鐘我不來，你們就不要等我了。」

送走了他們，我到中南海東八所食堂去吃飯。我找到值班廚師，他給我煮了一碗掛麵，什麼味道也沒有。

我回到一組衛士值班室，祕書和警衛們已經聚在這裡，都在抱怨沒有吃上飯。汪說：「不要緊，等下到天安門上你們去吃點心。你們不要擠在一起，分開了吃。要不然別人見了，會說，一組的人怎麼這樣鬧特殊待遇，別的工作人員不准吃，為什麼讓他們同首長的待遇一樣。」

七點時，羅瑞卿嘟囔說，怎麼主席還不出來。汪急忙順走廊到菊香書屋。過一會，汪走回來說：「王鬍子給主席理髮呢，上午沒有來得及理髮。」快七點半時，羅瑞卿大聲說：「汪東興，你還不去請主席走。」我好奇的跟著汪去菊香書屋一探究竟。

原來毛就在中間那間飯廳內，坐在一張高背籐椅上，在頸部繫上白布蓋巾，右手拿著一本線裝書在看。

毛完全按著自己的舒服與否，隨意轉動著頭頸。這個髮可不好理。椅背太高，手不容易伸到腦後。理髮的老王已經六十歲出頭了。他隨著毛的頭的轉動，而上下左右地剪著頭髮。沒多久，老王已經滿頭大汗。

王鬍子名王惠，從一九三〇年代晚期就一直給毛理髮。毛有一次同我講到一九四二年在延安開始整風運動，在隨後的「搶救失足者運動」中，王鬍子被打成反革命。搶救運動的目的是揪出反革命，被懷疑的人必須坦白交代。王鬍子當時坦白說，他是暗藏下來的特務，要在理髮時，用刀子殺死毛。

毛告訴我：「我就不相信，他給我理髮和刮鬍子這麼久，一個小口子都沒有割開過，怎麼可能是要殺我的特務？如果要殺的話，早就可以下手了，還等到現在？我讓他們叫王鬍子來，我談談。王鬍子來了，見到我就下跪，大哭說，坦白交代，要殺主席。我說為什麼不動手呢？他說等國民黨來了再動手，我說到那時還用得著你動手？我讓他講老實話，他說不這麼講，日夜不讓睡覺，實在受不了，只能按他們講的坦白交代，這才讓他睡一覺。這樣，我才下命令停止搶救運動，凡是以前坦白的全不算，有什麼說什麼，沒有就不要說。」①

王鬍子從此對毛絕無二心。在毛的宮闈中，許多與毛最親近的忠心分子都曾受過毛的救命之恩。

理髮完畢以後，大家動身，我與羅、汪同車。車上，羅責備汪說：「這麼大的主席，你們就這樣給理髮。家裡搞出一間房，修個理髮室，到北京飯店拉一把理髮椅子來。」汪說：「這些都好辦。請示過主席，他不同意，只准這樣子理髮。」

羅又說：「王鬍子這麼大歲數了，手直抖，要把主席剪破刮破了皮，怎麼得了？」汪說：「給主席做事的人，就是不好找。王鬍子從延安幹到現在了，主席不同意換人。換個生人在他眼前拿剪子刀子晃，他不放心。」

羅默然不語。我心裡暗自奇怪，毛生活上的細節，羅為什麼不知道呢？我又想到以後我工作，勢必要用一些醫療用具，像注射針之類，毛會不會不放心呢？看來首先還是取得他的信任以後才好進行工作。

毛到了天安門上，立刻放起第一批煙火，襯著夜色下廣場附近的萬家燈火，景色十分壯觀迷人。在空中綻放的繽紛煙火，將廣場上無數身著彩衣的民族舞蹈表演者點綴得非常美麗。

煙火放得正熱鬧時，周恩來走過來，請毛到大廳內和來觀禮的外賓一起拍照。這次接見中，包括越南共產黨主席胡志明。胡那年六十歲，瘦瘦的，留一口灰白色長鬍子，穿一雙草鞋，看上去很精神，中國話講得非常好。給胡做警衛工作的張告訴我，胡十分喜歡中國，衣食住行，樣樣都是中國的好，全年絕大部分時間都在中國，特別喜歡住在廣西和雲南。我這是第一次見到胡，非常欣賞他。

最後一批煙火放完已經快十點鐘了。大會裡沒有人肯告訴我這些點心總共花了多少錢。但我後來得知，光是這一晚的煙火費恐怕就不下五十萬人民幣。那時工人一月薪資只不過是三十人民幣上下。此後，我越來越覺得這般慶典過於鋪張浪費，特別是在困難時期，大家普遍餓肚子的時候。多年後，這些慶典對我便變得毫無意義。

毛後來也對這些節慶意興闌珊。不過每年過五一及十一這兩個節日，他都很緊張。一是頭天總想早睡，偏偏睡不著，大會的時間不能更改，往往不睡，或睡的很少上天安門。雖然如此，群眾的崇拜傾倒總能令他精神大振，得以撐完全場。問題是他典禮後又常常感冒。感冒有時演變成支氣管炎，好幾個禮拜都不舒服。年事更高後，支氣管炎更易導致肺炎。此外，他也討厭打扮整齊和這些繁文縟節。

他之辭去國家主席，所謂退居二線，實際上，是將這些他稱之為「表面文章」的禮數，推給別人去周旋。六〇年代以後，在文化大革命以前，他決定，為了節省人力物力，此後逢五逢十才在天安門慶祝國慶。這說得似乎很中聽，但骨子裡是怕麻煩，怕感冒。到了文化大革命，他的勁頭反而來了，為了打倒政敵，鞏固手中的權力，一躍而起，到天安門八次接見並鼓動紅衛兵「造反」。這些花費比平常的國慶和勞動節慶典要大得多。毛在權力鬥爭中，從無顧及花費的問題。林彪一九七一年九月叛逃蘇聯途中墜機身亡之後，毛便再也不曾出席任何慶典。天安門的慶典就此取消。

但在一九五五年勞動節之時，毛仍極為振奮。

放完最後一批煙火，我以為這下可以回家了，不料毛還舉行了一場舞會。這真使我大吃一驚。解放後，跳舞場就因其頹廢和具資本主義特色而被全面禁止。但在中南海的深宮朱牆內，毛內住地西北的春藕齋，每週末有一次舞會；一九六〇年以後改為星期三、星期六晚各一次。那晚放完煙火後，就有一個舞會，而且我還必須出席②。

我和毛一起走進春藕齋，警衛團政治處文工團的女團員們，一下子都圍上來，爭著要同毛跳舞。原來由中央辦公廳的幹部組成臨時樂團伴奏，後來改由專業文工團樂隊伴奏，奏起舞曲——大都是民歌小調——年輕女孩輪流上來和毛跳舞。毛的舞步遲緩而笨拙。毛跳完舞後，喜歡和女舞伴聊聊天，但馬上就又換上下一個女孩。前陣子江青去杭州了，所以她沒來，朱德和劉少奇倒都來了。只有毛、朱、劉這三位領導坐在桌旁，其他百餘名左右的辦公廳幹部和文工團的女孩子都坐在靠牆邊排排放的椅子上。我那時年輕，任毛的保健醫生，又是舞廳裡少數的男伴之一，所以年輕女孩子也請我跳舞。

有時舞曲音樂會戛然停止，換上北京戲曲的小調。北京戲曲是種民間通俗文化，內容多半是纏綿悱惻的庸俗愛情故事，有些甚至十分色情。西方人聽不慣它高亢吵嘈的曲調，其格調和西方舞曲完全相反。

文工團的樂隊奏起了「蘇三起解」中的小過門，舞場內立時沸騰起來。毛和著小調，跳起他獨一無二的西洋舞步。在舞會的樂曲上，毛與江青的愛好完全不同。毛喜歡民間小調，江喜歡西方樂曲。所以在跳舞上，二人也合不來。

我看看，春藕齋裡正是急管繁弦，舞步雜沓，沒有我的事了。我正打算回去，李銀橋拉住我，他說：「你可千萬別走，主席他跳舞，總是注意身邊工作的人在不在。如果不在，他會說是我不合作，把你排擠走，會認為我們之間在鬧意見。」我說：「這怎麼可能？沒事怎麼會鬧意見？」他說：「你可不了解。時間久了，你就知道。」

事情正如李銀橋所說，毛很注意在他娛樂活動的時候，他身邊工作的幾個人是不是都參加了。一次是一九五六年，在杭州，浙江省委給他在杭州飯店舉辦舞會。我當晚很累，沒有去。過了一會，一個衛士敲了門，說：「主席問你為什麼沒有來？是不是值班衛士故意不通知？快走吧。」

另一次在一九五八年，到湖南長沙，我因雨大，沒有去看花鼓戲的演出。但過了半個多小時，湖南省公安廳李廳長趕來，又接我去了。從這兩次以後，凡是毛參加的活動，我定到不誤。

數年後我才了解舉辦這些舞會的「內幕」，所謂警衛團政治處文工團是由汪東興負責組織，其真正目的在於提供毛娛樂，並非官方所說，是為了服務警衛團。文工團挑選年輕、「可靠的」女團員作為毛的舞伴。

一九五七年，當時的軍事委員會副主席彭德懷在政治局給毛提意見，問毛為什麼要在警衛團成立文工團③。彭是政治局委員中最直言敢諫，勇於向毛挑戰的領導幹部。彭斥責毛弄個「後宮佳麗、粉黛三千」，並直斥羅瑞卿、汪東興不幹好事。因此，警衛團文工團被撤銷，但毛並不缺女伴。其他文工團的女孩子——北京軍區、空軍、鐵道兵、第二炮兵文工團等——都來陪毛跳舞。還有機要局的年輕、可靠的女機要員，和人民大會堂的女服務員。

但一九五五年的五一勞動節，在第一次舞會上，我對這些臭事一無所知，我只想儘早趕回南船塢和家人過節。曲終人散時，已是凌晨兩點多鐘，汪東興招呼我去吃消夜，我沒有去，急著趕回家，我知道嫻還在等著我。

在家中，我們一起吃著蛋炒飯。我未能和家人一起過節，嫻感到非常失望。我母親做了不少菜，等我到十點鐘才開飯。我兒子李重累得在母親那睡著了，那晚就睡在老家。

我第一次跟毛見面至此還不到一個禮拜，但我的生活已經起了劇烈的變化，起居無時，飲食無常。嫻說：「你要跟毛主席一樣了。」從那時開始，二十餘年來，全家的生活都被搞亂了。我非常愛嫻，但我很少能待在家裡。過去我們總期盼著國慶日、勞動節和春節的來臨，我們通常去我母親那一起過節。在我為毛服務的那二十二年間，我只放過一個禮拜的假，一家人也從來沒機會再聚在一起度假。

毛常要我凌晨時分去陪他，因此我回家時，每每已近破曉時刻。嫻往往坐在燈下憂心忡忡地等著我。我每次同毛出巡外地，常常一去幾個月，甚至一年，這期間她一貫寢食難安。我二兒子於一九五六年出生時，我正在外地。

不單是我不常在家的問題，即使我人在北京，嫻也不能參與一組的生活。嫻一直未被批准入黨。好在我是毛的保健醫生，這職位使她安然度過一次又一次使生靈塗炭的政治浩劫。

以後，嫻在各方面支持我，使我能無後顧之憂。我的家完全是她一個人在管理、在支持。她盡心盡力照顧孩子們和我年邁的母親。嫻剛回中國時，是個精力充沛、活潑外向，對人生充滿熱情的年輕女人。我眼睜睜看嫻經過歲月摧折的轉變，內心之痛苦，筆墨無法描述。新中國拒她於門外，她為我憂心忡忡，在在都迫使她變得內向而沉默。她常對我說：「我們過的仍是流浪生活，有家等於沒有家。」她的蓬勃朝氣似乎正在一點一滴的流逝。

注釋

①王鶴子的屈迫成招並不是停止延安整風運動的唯一原因，許多人均被誣陷。

②毛自一九三〇年初期便曾在延安舉辦過舞會。葉子龍那時負責從其機要祕書室中挑選女孩子和組織臨時樂團人員。

③毛自己在一九五三年也覺得在反貪汙、反浪費、反官僚主義的三反運動時期成立文工團至為不妥，但也未將其解散。

7

一九五五年六月中旬，差不多是我與毛站在天安門城樓上六個禮拜後，汪東興突然要我火速趕往北戴河。北戴河原是渤海灣內的一個小漁村。一九五〇年以後，中共中央辦公廳中直管理局在海濱給每位「中央領導人」預備了房子，就是將接收下來的別墅重新翻修，作為避暑之所。毛和他的隨從幾天前就去了北戴河。這次由原來的周澤昭醫生陪毛同行。當時我還兼任中南海門診部主任，仍未曾隨毛主席出巡。我想這麼緊急的召我去，一定是有很嚴重的事。

好在每天有一列由北京直開北戴河運送公文往返和政府官員的專車，我當天就到了。我到了北戴河後才知道，當天凌晨時，一次寒潮引來狂風暴雨，湧起的海浪有一層樓高。毛一夜失眠，沒有睡覺，要下海去游泳，風浪太大，衛士阻擋不住，打電話給汪東興。汪匆忙趕到海灘，毛已要下海。汪勸阻毛不要下海，毛沒有理汪，走入浪中游向深處。衛士、警衛員和一中隊隊員紛紛向毛周圍游去。

汪看風浪太大恐怕出危險，焦急之下打電話給周恩來和羅瑞卿。周、羅二人趕到海灘，毛已游到遠處。周感覺責任過大，又無可奈何，於是報告了中央書記處的劉少奇。周希望劉出面阻止毛冒險，但被劉拒絕了。劉少奇也許只是識時務，不願犯上大不韙的罪名來阻撓毛的一意孤行。

就在毛下海游泳的時候，江青也趕到海灘。她叫當時在場的周澤昭醫生下海照顧毛。無奈周醫生已經五十多歲，年事已高，不會游泳，不敢下海。江斥責他說：「主席游到風浪裡去了，萬一出事，你站在這邊有什麼用處。」於是周醫生坐上一條小船追上去，可是風浪太大，顛簸之下，在船上根本坐不穩，他又暈船。等到毛回到海灘，周醫生由警衛人員抬扶到岸上，只能躺在沙灘上嘔吐。這更使江青大不滿意。原來這就是要我立即趕到的原因。

毛游了一個多小時以後，回到海灘，對汪東興極不滿意說：「你也不知道我能不能游泳。你自己橫加阻撓還不算，還想用中央壓我。」

汪東興和羅瑞卿負責毛的安全工作，是毛忠心耿耿的追隨者。但他們面臨了棘手的難題。如果毛出了事，不管他們有多忠心，也不管這是不是毛本人的意思，下場不但是被撤職，還會送命。

但毛卻認為汪、羅兩人想限制他的行動自由。毛進一步覺得政治局委員想控制他。毛總是我行我素，誰想阻撓、拂逆他，誰就挨一頓臭罵。這次的北戴河事件在毛與汪、羅兩人關係上投下一道陰影。他的憤怒潛藏了許多年才終於爆發。

北戴河事件也是我生活的轉捩點。夏季將盡，周醫生被悄悄撤了職。周離開中南海，前往北京醫院任院長，我成了毛的專任保健醫生。我的工作一來是替毛治病，二來是維持毛的健康。如果他生了不該生的病，或是有任何病痛，我就會成為眾矢之的。我的工作與身家性命緊密相連，我必須小心毛身體上的任何細微變化。因此我得先行接近他，才能深入的了解他。自毛從北戴河回中南海開始，我每天都去見他。此後，我也隨同他出巡北京或外地。

我不斷翻閱毛的病歷時發現，近兩年毛每次檢查血液中的白血球，總數都高，其中的中性白血球計數也高。但是一九五〇年以前的檢查，白血球總數和中性白血球計數都很正常。這表明在毛的體內某處，有慢性炎症存在，但是沒有檢查，我確定不下來。

我不知該如何說服毛接受檢查，他覺得自己很健康。一九五一年有幾位蘇聯醫生來幫他做身體檢查，查了大半天，搞得毛大發脾氣。自此後他就很討厭醫生。

一次他同我讀英文版的《社會主義從空想到科學》，中間他談到戰爭，由此我談到人體的抵抗力，談到白血球是人類抵抗細菌的「戰鬥部隊」。我告訴他，這兩年他檢查出來，白血球比過去高，表示身體某處有慢性炎症。他說：「為什麼？」我說：「如果沒有慢性的細菌增殖，身體不會有增加抵抗的表現。但是白血球並不太高，又沒有別的不舒服症狀，可見這炎症不嚴重，可能是在什麼地方有窩藏細菌。」他問我有沒有辦法弄清楚。我告訴他先將容易藏細菌的副鼻竇、牙齒、喉嚨和前列腺幾個部位查一查就可以。他問要多長時間。估計半個小時就完了。他要我立刻檢查。

我先查了鼻腔和上頜竇及額竇，沒有發現不正常。又查口腔，牙齒上積垢太多，成了一層綠色膜。毛保留著農村習慣，從來不刷牙，睡醒後，最多只不過用茶水漱口，叫他看牙醫更是比登天還難。我想起，十月一日在天安門上，彭德懷走來同我說：「主席的牙齒像是塗了一層綠漆，你們要勸他刷牙。」毛有幾個牙齒，用手指稍壓齒齦，就有少量濃液排出。我懷疑毛為了討厭看醫生，天大的病痛也強忍下來，不肯吭聲。可見毛是極能耐苦的人。

我跟毛解釋牙齒是主要問題。他說：「這怎麼辦呢？你給想想辦法。」我建議他請個牙科醫生看看，因為一般醫生在學醫的時候，雖然也學牙科，但只是稍微涉獵，尤其在畢業以後，更是從來不接觸牙科，所以很生疏。他笑了說：「孔子說過，知之為知之，不知為不知，是知也。這麼說起來，你倒不是強不知以為知。」他同意了我的建議。

隨後我檢查前列腺。他有包莖，包皮很不容易翻上去。自他遷入中南海後，就再也沒有洗過澡。他覺得洗澡浪費時間。他的衛士每晚在他批公文、看書或閒談時，用一條濕熱毛巾替他擦身。毛右側的睪丸沒有降到陰囊，也不在腹股溝，所以是隱睪。這不會影響到性能力，但能導致睪癌。我得注意這個不正常現象。毛的前列腺不大，柔軟。我做了前列腺按摩，用試管裝了精液，拿回到辦公室。

隔了兩天，毛起床後，要去請牙科醫生來。我請了北京醫學院口腔醫院的張光炎醫生。張是華西協合大學牙醫學院的畢業生，比我高兩班，在學校時就很熟識。

臨時診室就放在菊香書屋內中間那飯廳裡，理髮用的高靠背籐椅正好用作診療椅。我接來張醫生。張十分緊張，問我檢查時有什麼判斷，又問我毛的習慣與性格。我老實告訴張，毛的性格，我還不完全了解，因為我也初來不久，我只知道，他喜歡簡捷，不喜歡遲緩囉嗦。張擔心做不好。我說不會，他決心做一件事的時候，他會配合好。我叫張放心。

我帶著張醫生走進北屋中間的那間飯廳。毛坐在籐椅上，正拿著一本線裝書在看。毛在會見客人時，總是拿著一本書在看，以緩解心情緊張。另一方面，毛很清楚他自己的權勢和地位，明白一般人都像對待神祇一樣的對待他，拿著書也可幫助他先想好談話的內容。他以說笑話、談瑣事作開端，使他的客人一下子就從精神緊張中鬆弛下來。特別是對初次見面的人來說，他表現得既機智，又幽默，且富於談話的技巧。毛用親切而不著邊際的口吻，使見他的人自然而然地講出真心話。

毛放下了書，笑著說：「一卷在手，看得昏天黑地，你們已經來了。」同時站起來與張醫生握手，示意讓我們坐在他旁邊的椅子上。

衛士給我們端來茶。給毛拿一個熱手巾，毛擦了臉，又擦手，並且著意地擦一個個的手指。

然後毛問起張的名字，說：「你叫光炎，那麼是光大炎漢的意思了。這個名字在清朝末年，反清運動時，是很吃得開囉。」又問張是哪裡人，張回答是河北省人，不過在四川住了好多年。

毛說：「啊，河北，這河指的是什麼河呢？」張說：「黃河。」毛說：「黃河原來靠北，自東漢以後，越來越向南移。河北離黃河越來越遠了。」

毛點燃了一支香菸，又問張說：「四川是哪四條川呢？」張脫口說：「岷江、沱江、嘉陵江和金沙江。」毛笑了笑說：「不是金沙江，是烏江吧。烏江比金沙江大得多啊。」張也笑了說：「我想到主席的詩『金沙水拍雲崖暖』，所以認為是金沙江。」毛大笑說：「那是寫詩啊。」

當談到張和我都是華西協合大學畢業，而張是美國留學回來的時候，毛歡快地說：「抗日戰爭時，在延安，美國派來一個軍事代表團，和我們相處得很好。由美國來的醫生，像馬海德（George Hatem），一直同我們在一起不走。在消滅花柳病上，他出了很大力。他是你們的同行。」

馬海德（一九一〇—八八）於一九三六年和斯諾一同前往共產黨北方基地陝西保安，後來終生留在中國行醫，入了中國籍。

「美國也給我們培養了一大批技術人員。」那時美帝仍是中國的頭號敵人，這言論簡直是反革命。「你們是英美派的，我就用你們這些英美派。」他又對著張說：「我在學英文，李大夫就在教我讀英文版的《社會主義從空想到科學》。社會主義是Socialism吧？」張說：「是。」

這時我看張已經完全放鬆，神態自如了。我說：「主席，現在檢查吧？」毛說：「那好。」

張給毛清除掉許多食物殘渣和齒垢。張慎重地向毛說：「主席以後要天天刷牙，齒垢太多了。」毛不以為然說：「我一向用茶漱口，不刷牙。老虎並不刷牙，為什麼虎牙那麼鋒利呢？」這一下子將張和我都問住了，實在出乎意料，不知怎樣回答。毛眨眨眼說：「你們醫生也有些生理現象說不清楚吧？」張說：「很多。」

張又提出要拔除左邊上面第四個牙齒。張說：「這個牙齒的周圍已經有濃，牙齒很鬆了，如果不拔，會牽連前後的牙齒。」毛說：「真有這麼嚴重嗎？」張正色說：「我可不敢亂說，這是真的。」毛點點頭說：「那就照你的辦。可是我很怕痛，你要多用點麻藥才行。」

張悄悄地問我：「主席對普魯卡因過敏嗎？」我說：「在他的病歷記載上，肌肉內注射過很多青黴素，都加普魯卡因止痛，沒有一次過敏反應。」張又悄悄同我商量說：「這個牙只要稍一夾就可以下來，還要用麻藥嗎？」我說：「還是用一點，這樣他可以放心。」張說的對，真是輕輕一夾，就順利地拔下來。毛十分高興說：「英美派勝利了。」

過了兩天，我又給毛取了耳垂血檢查，白血球總數和中性白血球計數都恢復到正常。我將檢查結果告訴他時，他高興地說：「你解開了存在幾年的一個謎。你勝利了，英美派萬歲。」又讓我準備好牙刷牙膏，決定刷牙。但是他堅持不到幾天，就又放棄了。

往後幾年毛仍有牙痛，也仍然討厭看醫生。他的牙齒全部變黑，一顆顆掉了下來。到一九七〇年初，他後上方的牙齒全掉光了。好在毛說話或微笑時，嘴唇總能蓋住剩下的牙齒，因此很少人注意到齒疏色黑的現象①。

前列腺的檢查結果也出來了。毛的前列腺正常，但報告顯示他沒有生育能力。毛與他前後三位妻子生了好幾個小孩。毛跟江青生的小女兒，李訥，那時不過是十五歲。看樣子毛的生育能力是在中年後停止的，我一直無法找出病因。

我告訴他，前列腺沒有問題，不過沒有生育能力了。他說：「那麼我成了太監了？」我說：「不是。」我這才發現毛完全沒有基本的生殖常識。他也是現在才知道他的右側睪是隱睪。我又解釋說：「生育能力全看精蟲是不是正常，性慾和性能力與精蟲沒有關係。」

後來我才發現其實毛擔心的不是他的不孕症，而是性無能。他一直相信性生活活躍期是在十二歲到六十歲之間。他講他年輕時，在韶山曾和一個十二歲女孩子有性關係。他一直對此事津津樂道，回味無窮。

一九五五年這時毛六十二歲，深恐從此喪失性能力。也是在此時毛開始有陽萎現象。毛堅信性能力和健康有直接關聯。在我剛去他那裡工作時，他正由別的醫生建議肌肉注射鹿茸精。我不同意這種治療，但無法使他驟然中止。隨著他自己的年齡越老，他將上面說的年限不斷擴大，最後成了「男女年齡在十一歲到八十歲之間」。這無非是以他自己的性經驗做出的結論。

我只好等所謂一個療程完結後，同他說明這類稱之為「補腎壯陽」的藥，對身體有害無利。他說：「你們醫生有的說這樣，有的說那樣；這個贊成，那個反對。看來醫生的話，只能聽七分。」但他也並未再堅持注射。

五〇年代中期以後，他相信一些長壽的藥，也想尋求這類藥。例如，那時宣傳很多的羅馬尼亞醫生勒普辛斯卡婭的長壽法，用肌肉注射奴佛卡因，即她所稱的H3[2]。他很相信，要來了一些相關材料，詳細看過，按法注射了將近三個月，他自覺沒有什麼效果而停止。

以後他還是要我找既安全又有效的壯陽藥。我同泌尿科和精神科醫生商量後決定用暗示治療，膠囊內裝上葡萄糖，取了一個名字，給他服用。

後來我發現毛在權力鬥爭高度不穩定的狀態下，陽萎現象最為嚴重。一九六〇年初期，他勢如中天，陽萎突然完全痊癒。毛和江青那時早已不同床，但毛跟那些年輕女孩完全沒有問題──同床的女人數目增加而平均年齡驟減。

即使毛不斷求長生不死藥，他仍相信他自己年輕時寫的一首詩。詩中自豪「自信人生二百年，會當水擊三千里」。毛在一九六〇年中期跟外賓說他準備去見上帝──或是馬克思──完全只是一種伎倆。在文化大革命初期，他的健康狀況達到最高峰。毛在被攻擊時常久臥不起，但他也把生病當成一種政治策略。毛的健康狀況常是中國政治局勢的反映。

一九六三年，中蘇關係陷入低潮，毛在蘇聯駐中國大使前表演了一齣精湛的垂死大戲。他想藉此觀察蘇聯對毛之死會有的反應。先前他在我及數位衛士的眾目睽睽之下，在身上蓋了一塊毛巾被，假裝痛苦萬分，表情呆滯，語不成調。「我演得好不好？」他問我們。然後毛把蘇聯駐中國大使叫到床前，演將了起來。

相同地，在一九六五年，毛故意跟舊識斯諾說他快死了。毛這一方面是在刺探美國對此事的反應，另一方面想藉此使美國改變其中國政策。同年，他也告訴法國文化部長馬爾羅同一句話，考驗歐洲的反應。

毛常指控他人挑撥離間和陰謀詭計。但說起搞陰謀，誰都搞不過毛。

注釋

①毛未曾修飾過的照片可清晰看見他微笑時露出的黝黑牙齒。

②一九九二年九月伯克萊《健康雜誌》（*Wellness Letter*）指出，近幾年新推出「一種有名的羅馬尼亞防止老化的藥方」，它能「使你一夜之間變得更年輕」。這靈丹妙藥為普魯卡因（商品名稱為奴佛卡因，Novocain）。報告中聲稱一位安娜·阿斯蘭醫生在一九四〇年代於布加勒斯特曾用此藥進行試驗。沒有任何研究顯示此藥品是否真有其所宣稱的效果。

在本書此處和其他處，讀者將會發現中國醫學界對此未達成學術共識。這在美國也是個新主張。

8

我剛給毛做專任保健醫生時，毛的醫療問題都不嚴重——感冒、偶發性肺炎、皮膚搔癢、雞眼或胃口不好。毛的便祕倒是非常嚴重，因此他的衛士兩、三天就給他灌腸一次。大家每天都在討論他的便祕。哪天突然正常如廁，便成了件大喜事①。

但對我來說，最頭痛的難題是毛長年的失眠症。

毛的精力充沛，異於常人。他計算時間的方法，與大家完全不同。上午下午，夜間白天，對他沒有多大意義，他的身體拒絕依照二十四小時的變換來運轉，他大部分的活動都在夜間進行。

大體上，每次入睡的時間，總比頭次入睡時晚三、四個小時，甚至十幾個小時，又常常睡四、五個小時，或五、六個小時，就醒了。醒著的時間也越來越長，有時連續二十四小時，甚至三十六小時不睡，隨即連睡上十或十二個小時，環境嘈雜也不受影響。也許毛的生理時鐘一向就不規律，傅連暲在一九三〇年代初期曾想治好他的失眠症，但長達二十年的行軍和革命生涯，使毛的睡眠完全紛亂不堪。毛在會見英國蒙哥馬利元帥時，講到失眠。這位英國元帥說，在第二次大戰時，戰況如何激烈，他也定時入眠。毛說，你真是好福氣。

每當他無論如何也睡不著覺時，像他一次同我說的，引了《西廂記》張生的一句話，真是「擣枕捶床」，無法成眠。於是無論晝夜，他總是做些體力活動，如游泳、跳舞，以求體力疲勞。在我做他的保健醫生前，他已服用了二十年的安眠藥。傅連暲在一九三〇年代給他開的是佛羅拉（Veronal）。一九四九年以後，改用溫熱葡萄糖水送服藥效極強的安米妥鈉（sodium amytal）〇．一克的膠囊一粒。毛按這個方法，往往睡不著，於是加服一粒或兩粒，甚至三粒，也就是最多時，用到〇．四克了。而正是這個時候，大家最為緊張不放心的了，因為他處於高度興奮狀態，走路搖搖晃晃，可是又最不願意別人攙扶。

我到職前，傅看到藥量太大，唯恐中毒或成癮，所以暗中將膠囊減量，只裝〇．〇五克或〇．〇七五克，告訴毛仍是每個〇．一克，但毛服用劑量還是越來越大。

我知道毛服用的是安米妥鈉後，感覺十分不妥，我從來不給病人服用這種藥效強烈的安眠藥，也怕毛會上癮。我勸他不要吃藥，毛回我一句：「那我不用睡覺了。」他不肯聽，還是繼續服用。

他有一次開玩笑問我：「你說一年多少天？」我很奇怪他怎麼提這樣的問題。我說：「自然是三百六十五天。」他說：「對我來說，一年恐怕只有二百多天，因為睡的少。」我明白了他的意思以後說：「不，要用醒的時間長度算。主席的一年要有四百多天，很像『山中無歲月，世上已千年』了。」毛哈哈大笑說：「照你這樣算，失眠倒成了長壽的辦法了。」這自然是說笑話，我卻很清楚他的意思，對失眠真要想想對策。

我同傅連暲談過一次，要改變以上方法。安米妥鈉是一種起作用慢，但作用時間長的安眠藥，用來引導入睡比較差。我建議改用起作用快，而作用持續時間短的速可眠鈉（sodium seconal）。晚飯前二十分鐘服用〇．一克的速可眠鈉兩粒，來迅速引導入睡。飯後可以再服一粒安米妥鈉，以延長睡眠，而且要將膠囊內藥量不同，告訴他本人。給毛服藥的是他身邊那些沒有醫學常識，農民出身的年輕衛士，而毛的保健是我的責任，我必須確定衛士們不會給毛服用過量才行。

傅同意這方法，我然後將這方法同毛談了，並且說：「用這種方法，睡眠會好得多。」毛似信不信地說：「說嘴郎中沒好藥，試試看吧。」

事實上用這個方法以後，確實使入睡好些了，睡的時間長些了。後來有的膠囊只裝葡萄糖，與不同劑量的安眠藥配合服用，起了很好的效果。他有幾次笑笑的同我說：「你這個偷工減料的藥葫蘆裡，賣的藥倒還管事。」

但有時毛的失眠嚴重到我的方法也不起作用。事實上毛有兩種失眠症，一種是生理時鐘的混亂，另一種是俗稱的神經衰弱性失眠。

神經衰弱（Neurasthenia）這病名在美國已不再被提起，在中國卻非常普遍，毛和江青皆深為所苦。一般來說，神經衰弱是由心理抑鬱所導致，但中國人一般認為承認自己有心理壓力等於喪失顏面，因此症狀多轉為生理疾病。神經衰弱最普遍的症狀是失眠，其他症狀則包括頭痛、痠痛、頭暈、恐懼感、高血壓、沮喪、陽萎、皮膚疾病、腸功能失調、食欲減退和脾氣暴躁。

後來，我逐漸把神經衰弱視為在共產黨內無路可走的政治體系下，所產生的一種特殊疾病。我第一次處理的病例是在一九五二年。那時我大哥在「三反」運動中遭到批鬥，發展出嚴重的神經衰弱，主要症狀為高血壓。一九五七年「反右派運動」展開後，許多無辜的人被誤打成右派，神經衰弱的病例大為激增。在國民黨政府主政時，我未見過比例如此高的情況；那時不管政治局勢變得多糟，總有法子可以逃離那個政權，但在共產黨統治下，卻是無處可逃。嚴重的精神病，比如精神分裂症和憂鬱症，都可以在共產黨體制中得到通融；但輕微的心理困擾被硬批成「思想問題」。中國人覺得看心理醫生是很丟臉的事。在毛在世期間，國內也根本沒有提供這方面的治療，而且醫生只提供藥物，不可能深入探討疾病的根源。

我從來不以「神經衰弱」一詞，來界定毛的焦慮抑鬱②。如果我這樣做的話，毛會覺得我是在輕視他，我也會被撤職。他也從來不用這個詞。毛久臥不起，抑鬱終日時，他只簡單說他心情不好，要我對症下藥。毛的神經衰弱有多種症狀——失眠、頭暈、皮膚搔癢和陽萎，嚴重時他會有恐懼感，尤其在空曠的地方，他必須有人攙扶，否則會跌倒，在人多的場合也會發生。有一次他接見非洲的代表團，許多團員圍著他，興高采烈，用手指著主席做了很多姿勢，我察覺毛開始搖晃，連忙跑去扶他。因此，在他外出、走路、接見客人時，一定有人在旁扶持。當然，在他情緒高張，精神振奮的時候，就沒有這種情況發生。而經過多次檢查，毛無論心、腦、內耳都沒有實質的病變。

毛的神經衰弱與一般人原因不同。毛神經衰弱的最終根源，在於他對其他領導同志可能反抗的恐懼。共產黨中沒有幾個毛真正信任的人。五〇年代中葉以後，中國共產黨內部發生的問題不斷增加。每在這種情況，毛就會長期失眠。在毛苦想應對戰略和得到最後勝利的數週、數月中，睡眠變得非常混亂。我在初任他保健醫生時，不清楚他正困在對農村合作社化的反彈險境中，而我幫他治療的失眠症，是政治鬥爭的結果。

毛的目標是在迅速而全面化的完成中國的改革，他對一九五〇年代初期實施的農村土地改革並不滿意，土改後私有財產制仍到處可見。毛要的是社會主義，換言之，就是農村合作社化。中國太貧窮，農村機械化則過於耗日費時。

一九五三年農村合作社化運動開始在農村展開，由於步調過快，又傾向於建立難以管理的大型合作社，要求農民繳交農具和牲畜，使農民和許多領導幹部反對聲浪日高。中國某些地方在建立合作社後不久，便立即撤銷。撤銷工作由中共中央農村工作部部長鄧子恢下令執行。毛認為鄧和一些黨內官員主持下的農村工作部阻礙農村走向社會主義化的道路，從而取消了農村工作部。鄧受到批評，從此一蹶不振。另一方面，至一九五五年夏天，在北戴河，為了農村合作化問題，毛與其他領導同志的關係更形緊張。在狂風巨浪中游泳，只不過是他表現出他決心無視於任何艱險，而勇往直前。

一九五五年秋到五六年冬，毛主持了一連串宣揚社會主義改革的會議。一九五五年的秋天，為了主持編輯《中國農村的社會主義高潮》一書，毛批評共產黨內有些領導人「右傾」，並號召加快農村社會主義化的改革腳步。在這期間，他常常嚴重失眠。

十月中旬的一天，已經有三天沒有睡好，這天又是連續三十幾個小時不能入睡，服過幾次安眠藥都不起作用。他到了游泳池游泳。待我接到電話通知，趕到游泳池時，他已經游完。這時天氣還暖，正是中午，他躺在躺椅上曬太陽。

我看他面色紅潤，精神很興奮，可是神態卻顯得疲憊了。他要我坐下，問我游不游泳。我告訴他，今天還沒有吃飯，不游了。毛笑了說：「我不吃飯，沒有睡覺，還游了一個小時。吃過三次安眠藥也不頂事，你是不是拿的偷工減料的安眠藥？」我笑起來說：「主席，今天可都是真的。」他說：「那怎麼辦呢？有沒有什麼辦法能睡覺。」

我告訴他，可以服一次水合氯醛（chloral hydrate）試試看。傅連暲告訴過我毛一貫不吃水藥，所以我說明，這可是水藥，而且味道很不好吃，苦、澀，還有點辣。他說：「我愛吃辣。

這不相干，拿來試試。」

我坐車趕到弓弦胡同。那時傅連暲仍負責管理毛及其他領導人的藥品，保健局藥房經香港公司由美國、英國和日本批藥進來。為了安全起見，毛的藥品都是用毛在一九四六年，在國民黨圍剿棄守延安時的假名——李德勝——來配藥。

藥劑師將瓶塞加上火漆密封印章，交給我。這時傅連暲知道了，跑過來，急切地說：「主席從來沒有吃過水藥，你怎麼這樣大膽，把這麼難吃的水藥給他吃？他發起脾氣，怎麼辦？」我說：「傅部長，這些我事先都同他講了。他讓拿去給他試試。他在等著，我得趕快。有什麼情況，我以後再向你報告。」我匆匆往外走，隱隱地聽到傅在叨叨：「怎麼這樣莽撞，事先也不同我商量好了再辦。」傅認為他是我的領導，應有權參與毛所有的保健問題。他以他與毛之間長久的關係自豪，自以為很了解毛主席，而毛也肯定會採納他的建議。但現在常跟毛接觸的人不是傅連暲。毛正開始對我信任有加。

趕到游泳池，飯剛做好。我講：「最好先吃藥再吃飯。」毛同意，說：「那好。聽你的。」我給他倒了十五毫升在小杯子裡，他一口氣喝下去，然後說：「味道很不錯。我不喝酒，這倒像酒。」接著他又說：「這個靈不靈，還難說。」

這時飯菜擺上來，看來藥的作用已經開始發揮了，他正處在安眠藥作用開始的欣快期，飯吃得很好。等到吃完飯時，他已經昏昏欲睡，來不及回菊香書屋了，就到室內游泳池的床上睡了。這一覺，從下午近二時起，直到半夜十二時多才醒，足足睡了十個多小時。

醒後，他十分高興，半夜把我叫回去，跟我說我這炮可打響了。

我走進他的睡房，他正在閉目養神，他睜開眼睛，拿半截香菸在菸嘴上點燃，說：「你給我吃的是什麼藥？怎麼會這樣好？」我扼要說明了這藥的性質和作用，並且說：「這是安眠藥中最早出現的，十九世紀已經由醫生普遍應用在臨床，所以對這個藥的作用和副作用，了解得最清楚。這個藥對人體安全。」

他說：「那麼你為什麼不早給我吃？」我說：「主席不愛吃水藥，這藥味道又不好，所以不到不得已時，沒有拿出來。」

事實上安米妥鈉的效果和水合氯醛差不多，但是他已經幾天失眠，當天已是疲乏不堪，再加上服藥前，用語言和行動，使他在精神上接受了有力的暗示治療，因此才會如此見效。

我想毛清楚他的神經衰弱根源在生、心理兩方面。他也相信精神慰藉的力量。小時有次他病重，他母親帶他到佛廟裡去拜拜燒香，毛服下香灰後，就不藥而癒。「我反對摧毀佛寺，」毛在全中國「破四舊」搗毀廟宇時跟我說：「鄉裡農民，小病挺挺就過去了。大病也不一定找醫生，拜個菩薩，求點香灰回來吃。你不要小看香灰，給人的精神上的支持可大啊。」

他笑著說：「你倒是留了一手啊。你這個郎中還有點好藥。你回去睡覺，我要開始辦公了。」

從此以後，水合氯醛成了他必不可少的安眠藥，與速可眠鈉同時用。到六〇年代以後，毛上了癮，不只吃飯前服安眠藥，就是會客、開會、晚會跳舞，甚至性生活前都要服一次。

注釋

①毛其他隨身人員也描述過毛的便祕。據說在井岡山，賀子珍用手指替毛摳便，後來她學會了灌腸。國共內戰期間，毛拒絕使用盥洗室，都由他的警衛陪他到野外，在地上挖個坑如廁，然後再用泥土把坑填起來。據說在長征期間，毛順利如廁可以激勵紅軍士氣。

②在本書中，因為李醫生未受過精神醫學訓練，李的用詞「抑鬱」是一般大眾的用法，而非嚴格的醫學名詞（depression——憂鬱症）。自毛去世後，中國人對心理疾病的觀念已有改變，許多城市內都設有心理諮詢診所。

9

我一向不過問政治，對毛與其他中央領導人之間劍拔弩張之勢也一無所知。一九五六年初，我開始察覺到毛主席正在策劃一場腥風血雨的政治鬥爭。到今天，我才懂文化大革命那場持續十年的政治大風暴，其實早在一九五六年便已播下了種子，赫魯雪夫於一九五六年二月蘇聯共產黨二十次黨代表大會中發表的那篇反史達林祕密報告是其導火線。

毛並未參加大會，由朱德率領中共黨代表團前去蘇聯。朱面容慈善，那時已是七十歲，頭髮很黑而多。朱沒有政治野心，解放後幾乎是半退休，只擔任幾個榮譽職位——全國人民代表大會委員長和軍事委員會副主席。他大部分的時間都在做官方性的巡查和在中南海的花房裡種花——他養了上千盆蘭花。人代會委員長是個閒差，但大家仍稱他「朱總司令」。中國人民十分尊崇他在共產黨內所做的貢獻。

赫魯雪夫突來的舉動使朱德措手不及。朱德向中央打電報請示時，表示要支持反史達林。毛十分震怒。毛說：「朱總司令這個人十分糊塗。可見朱德和赫魯雪夫都靠不住。」

毛對國家領袖的角色持著神祕主義式的信念。毛從不曾懷疑他自身的領導能力。只有他的領導能改造中國。全天下都認為毛是中國的史達林。和一般中國人一樣，毛視自己為民族救星。赫魯雪夫的那篇反史達林祕密報告，直接對毛的統治構成威脅，質疑毛的領導，毛被迫起而迎頭痛擊。如果毛同意赫魯雪夫反史達林的攻擊，等於為往後會有的反毛運動鋪路。毛絕不容許此事。史達林於一九五三年去世後，赫魯雪夫隨即領導蘇聯，毛毫無異議。但發生反史達林事件後，毛轉而對赫魯雪夫深懷敵意。毛認為赫魯雪夫違反了一條基本的革命道德——那就是忠心不二。赫魯雪夫能有今天的地位，完全歸功於史達林的提拔；赫魯雪夫此舉無異是過河拆橋。

此外，毛覺得赫魯雪夫這樣做是為虎作倀——授美國帝國主義以柄。毛說：「他們不要這把刀子，我們要拿起這把刀子，我們要充分使用這個武器。你們蘇聯反史達林，我們不反，我們不但不反，我們還要擁護。」

我一直非常敬仰史達林。但是毛反對「反史達林運動」並不是出於對史的尊敬。事實上，毛鄙視史。我聽到毛形容他和這位前蘇聯領袖的關係不好時，非常驚愕。毫無疑問地，毛在一九五六年初跟我說的一番話是氣話。毛時常扭曲歷史以迎合其政治目的。

毛對史的強烈個人憎惡要追溯到一九二〇年代建立江西蘇維埃政權的時期。

一九二四年，中國共產黨甫建立不久，第三共產國際命令共產黨與國民黨攜手成立統一戰線。中國當時四分五裂，第三國際指示中國共產黨與國民黨合作，結束軍閥割據的局面，完成統一，建立中央政府。但在一九二七年，蔣介石反悔，大舉殲滅城市裡的左翼分子，毛逃回湖南，親眼目睹農民的暴動。毛於是認為，中國農民一定會起來領導二十世紀的革命。毛便大膽採取了一個合於中國歷史情境，卻為非正統馬列主義的戰術。毛發動共產黨領導農民秋收起義。隨即毛在江西井岡山建立基地，建立「蘇維埃政權」。毛在此號召農民的支持，實行土改，繼續和蔣介石的軍隊做游擊戰，以耗損國民黨的力量，進而領導農民進占城市。蘇維埃政權在毛領導下日漸壯大。

一九三〇年，史達林指派當時才二十五歲，在蘇聯讀了好幾年書的王明為第三共產國際代表前來中國。據毛所言，王明雖未實際領導中國共產黨，但王明路線的執行者按照王明的指示，執意將當時的革命路線由鄉村推往城市。毛認為當時勢力仍薄弱的紅軍一定會節節潰敗，元氣大傷，因此大力反對，而被打成保守右傾，並前後不下二十次被撤、降職，以及開除出黨，並被封為狹隘經驗主義。毛說：「長久以來，史達林罵我是紅皮白蘿蔔，意思是外面紅，裡面白，我也沒有罵他。」

江西蘇維埃政權岌岌可危，蔣介石發動五次圍剿。第五次圍剿時，紅軍決定突圍而出，開始了歷史性的長征。在長征途中，毛奪回領導權。

毛認為紅軍早期的失敗全該歸罪於史達林和第三國際的橫加干擾。他說：「中國共產黨自江西紅軍時代，深受第三共產國際瞎指揮的苦頭，將大好形勢搞得一塌糊塗，白區損失百分之百，根據地損失百分之九十，我們沒有怪史達林和蘇聯共產黨，只怪我們自己的同志犯了教條主義錯誤。」毛還罵王明是左傾的「投機分子」。

毛又說：「日本投降以後，史達林怕美國，要我們像法國共產黨、義大利共產黨、希臘共產黨一樣交出槍去，我們不同意。日本投降後，（我們）同國民黨打起來了，蘇聯沒有給我們一槍一彈的援助。淮海戰役以後，又要我們與國民黨劃江而治，不要打過長江去。等到國民黨在南京站不住腳，搬到廣州去，英國和美國都不肯把大使館搬到廣州，可是蘇聯大使館跟著去了，表示他們支持國民黨，跟我們沒有牽連。一九四九年冬天，我到莫斯科去談判，史達林對我可是不相信了，一住兩個月，史達林根本不談。我發了脾氣，不談就不談，我回去，這才訂了中蘇友好同盟互助條約。

「朝鮮戰爭，美國打到鴨綠江了，我們說應該出兵。史達林說不能出，出了兵就要打第三次世界大戰。我說，你不打，美國把朝鮮打掉了，中國、蘇聯豈不是唇亡齒寒？你不打，我們打。你蘇聯有武器，你怕英美說你援助我們，那麼我們買你的武器，打起來與你沒有關係①。「高崗在東北，史達林封他東北王，實際上是插手中國黨，搞分裂。」

這是毛首次明確談到他對史達林的看法，也是我第一次知道，中國共產黨和蘇聯共產黨之間，原來存在這麼久、這麼深的分歧。

但毛從未公開他的看法，他本身的革命領導地位和史達林過於息息相關。

赫魯雪夫的祕密報告也使中國國內領導人立場一下子涇渭分明。朱德表示要支持反史達林，大大觸犯了毛。我從不認為朱德會對毛構成威脅。毛和朱德在江西時期曾分裂過②，因此朱德對「反史達林」的最初贊成反應，使毛與朱德隔閡加深，進而說這是「個人的品質問題」。

一九五六年的五一節，朱德身體不舒服，但他即使不能上天安門，也得上。每年五一勞動節，領導人都照合照，如果不在裡面，就很耐人尋味了。朱德告訴陳琮英說：「如果我不上，別人會以為我犯了大錯誤，上不了天安門。」那年五一節中國領導合照的相片中，朱德臉色蒼白，愁眉不展。朱德仍想確保他在毛主席身邊的政治地位。

毛永遠不會原諒赫魯雪夫反史達林。一九五六年中，我也發覺毛對共產黨領導同志非常不滿。毛首先對他們對蘇聯模式依樣畫葫蘆的死方法發難。

到一九五六年，中國已深受蘇聯影響，此時已建立了一個深入鄉鎮，由共產黨直接控制的龐大國家官僚體系。農業合作社推展完成，城市中主要的工廠和商店收歸國營。規模較小的手工業工廠和商店不是合作社化，就是交由地方政府經營。就經濟和官僚制度而言，中國社會主義改革似乎已趨完善。

但毛所極力追求的國民精神改造——也就是中國的浴火新生——仍遙遙無期。在龐大繁雜的官僚體制建立後，昔日的革命鬥士成為養尊處優的官僚，汲汲於追求顯赫地位，而將毛的革命理想拋諸腦後。毛深感不耐，他要快速地推動改革，繼續革命奮鬥。但黨官僚、領導幹部紛紛發出警訊，堅持遵循蘇聯的漸進改革模式。毛則認為他們對蘇聯的模仿缺乏創意，在不考慮中國的特殊國情之下，將蘇聯的組織體系全套抄襲過來。毛為此對當年並肩作戰的領導同志十分震怒。

毛的革命需要大膽、氣魄和鬥爭等特質，這些也是毛的性格。因此他認為其他領導只會墨守成規。他們當中一些人同意赫魯雪夫反史達林，無異是向毛的最高領導下了挑戰。毛戒心大起。毛不要他的任何下屬在他死後，搖身變成「中國的赫魯雪夫」，寫黑報告反他。在他有生之年，他會拔掉所有能破壞他統治的毒草。他對共產黨黨內的不滿逐日加深，多年後，終於爆發了文化大革命這場浩劫。

注釋

①中國在朝鮮戰爭中所使用的軍火，其中有將近百分之九十購自蘇聯。

②朱德在井岡山時期曾與毛意見相左，《毛澤東選集》第一卷中〈糾正黨內錯誤思想〉，即針對朱德及陳毅而發。

10

毛對自己的形容至為貼切。一九七〇年十二月十日，毛會見美國記者斯諾時引用了一句歇後語：「我是和尚打傘」，以說明他自己是「無髮（法）無天」。那天的翻譯對此一歇後語不熟悉，因此將這句歇後語翻譯成「一個孤寂的和尚，打著破傘，在雨中踽踽行走。」①由此，斯諾和許多繼他之後的無數學者以為毛有一種悲劇性的孤寂情結。這真是個天大的誤解。毛其實是在大言不慚的告訴斯諾，他就是神祇，他就是法律——「無髮（法）無天」。

毛見外國人時，給毛當翻譯很不容易。他在會談時，常引用詩、文及俚語。

一九五六年十一月三十日，他與蘇聯駐華大使尤金會談，引用了清康熙時文華殿大學士張英的典故：張英的家人與鄰居爭地界，發生糾紛，給他寫信，他賦詩代信回覆：「千里修書只為牆，讓他三尺又何妨。長城萬里今猶在，不見當年秦始皇。」家人立即讓地三尺，對方為此也讓三尺，成了一條六尺巷道。毛引用了這詩的最後二句，用以表明他對中蘇之間邊界糾紛的態度。當時我看翻譯十分為難，我不懂俄文，不知怎麼譯，但從尤金一臉茫然的表情來看，他恐怕沒有聽懂毛的意思。

一九五七年九月十八日，毛會見印度副總統拉達克里希南，談到和平共處，引用了宋末趙孟頫的夫人管道昇給趙的一首詩：「你儂我儂，忒煞情多，情多處熱似火。把一塊泥捏一個你，塑一個我。將咱兩個，一齊打破，用水調和，再捏一個你，再塑一個我。我泥中有你，你泥中有我。與你生同一個衾，死同一個槨」。他藉此說明中印二國的親密關係。翻譯很為難，說了很久，我不知道對方是否明白毛的意思。

一九五七年在莫斯科慶祝蘇共國慶四十週年時，毛在大會上講到團結的重要性時，引用了俚語：「一個籬笆三個樁，一個好漢三個幫」。為解釋這句話，翻譯弄得一頭大汗。

一九七一年毛初次會見季辛吉，毛引用《紅樓夢》中王熙鳳對劉姥姥說的一句話：「大有大的難處」，來說明美國的處境。可是這句話怎麼也譯不清楚。

毛常告訴我，「我念的是綠林大學」。毛是個徹頭徹尾的叛逆分子，他反抗所有的權威，力求駕馭一切——從最高政治決策到他日常生活中最微小的細枝末節，中南海內凡事都須經由他的首肯，甚至江青的衣著打扮。中國的重大決策必須通過他的批准。

毛沒有朋友，自外於一般的來往接觸。他和江青很少聚在一起，親生子女則更少。就我所知，毛對第一次見面的人雖很親切，其實是鐵石心腸，感受不到一絲愛或友情的溫暖。有一晚在上海，由上海雜技團表演「人梯」，頂上的一名幼童失手，頭朝下跌到地板上。這是舞池，沒有任何保護設備。轟隆一聲巨響，大家都驚叫起來。孩子的母親也是雜技團演員，急得嚎啕大哭。我那時就坐在毛的隔壁。全場一片鬧烘烘時，毛與坐在他身旁的文工團員仍在說說笑笑，喝著茶，似乎什麼事也沒有發生一樣。事後毛未過問幼童的情況。

我始終無法了解毛的冷漠，也許他曾目睹過多死亡，因此對人類的苦痛變得無動於衷。毛的第一位妻子楊開慧及兩個弟弟毛澤民、毛澤覃都被國民黨處死，大兒子毛岸英死於朝鮮戰爭中，他有數名子女在長征時夭逝或是失散，永無下落。但我從未見他為失去這些親人表露過任何情感。事實上，由於他一再逃過這些劫難，似乎只讓他更相信自己會長命百歲，對那些死去的親人，他只淡淡的說：「為了革命理想，總有人得犧牲。」

毛雖然行止孤獨，消息卻很靈通。他大部分的時間都在床上，一連好幾天只罩件睡袍度日，但他勤於閱讀，並總要身邊的人，用口頭或書面向他報告中國境內和世界大事，因此他對上自中國偏遠地區到全球各地，下至他宮闈中的傾軋奪權，都瞭若指掌。

毛痛恨繁文縟節。一九四九年，當時政務院典禮局局長余心清建議，按照國際禮節，應該穿黑色衣服，穿皮底黑色皮鞋接見外國大使。毛聽到後，大發脾氣說：「中國人有中國人的習慣，搞他們那套做什麼。」他穿灰色中山裝，膠底黃皮鞋接國書。從此中國共產黨的高級領導人，也一律穿灰色套服了，於是馳名於世的「毛服」也就隨之出現。余因此被調職，文化大革命時余自殺。

毛拒絕服從任何時間表。他神出鬼沒，行蹤飄忽不定。每回他出去散步，回程一定走另外一條路。他從不重蹈過去的足跡，永遠另闢蹊徑。無論是在私生活或是國家大事上，毛總勇於追尋前所未有的途徑。

毛對歷史有特癖，看得最多，常反覆翻閱的是歷史書籍。他看過很多遍二十四史，因此他慣於用過去來詮釋現在。他對一些歷史人物的評論，與我過去的想像完全相反。毛的政治觀點中，沒有道德的顧慮。我在知道毛不但認同中國的帝王，而且崇拜令人髮指的暴君後，非常震驚。毛不惜用最殘忍暴虐的方法來達到目標。

毛認為在中國歷史上，紂王開闢了東南大片土地，使中國的疆土東抵大海，而且對中國的民族統一有不可磨滅的功勞。比干這些人反對紂王的開拓疆土政策，當然要殺掉。紂王搞了些女人是事實，但是哪個皇帝不搞？

毛說：秦始皇是中國的廣闊版圖和統一的多民族國家的奠基人。至於焚書坑儒，焚的是宣傳分裂的書，坑的是主張分裂的儒，而且殺的儒生不過四百六十幾個，實在算不上什麼。有些人在這上面大作文章，真是「抓住一點，盡量擴大，不計其餘」，完全顛倒黑白。

毛對武則天推崇備至（後來文革中江青以武則天自居）。有一次他同我談到武則天。我說：「武則天疑心過大，告密過濫，殺人過多。」他說：「武則天代表中小地主階級利益，進行改革。唐室的宗室豪門大族想設法推翻她，是事實，不是她疑心大。不用告密的手段，怎能知道這些人的陰謀呢？將想殺死她的人殺掉，有什麼不應該？」

隋煬帝則是溝通中國南方和北方，使南北方密切結合起來的偉大人物。中國的大河都是由西向東入海。隋煬帝開了由北向南的大運河，像一條大腰帶，將中國攔腰捆住。毛說這段歷史是唐人給完全歪曲了。

西方領袖中，毛對拿破崙極為推崇。他認為拿破崙打破了古典戰爭的常規，使戰爭的戰略和戰術起了革命性的改變。譬如，他進攻時，用密集大炮轟擊取勝。毛推崇拿破崙的另一重大事件是，拿破崙攻占埃及時，曾帶領大批學者、科學家到埃及，並因此建立了埃及學，研究古埃及文化源流。在這個事件的啟發下，毛也決定組隊到黃河的發源地青海省，去探尋中國文明的源頭。

一九六四年汪東興組織了一批學者，包括歷史學家、地理學家、地質學者、水文學家和工程學家。汪為此從內蒙古及寧夏調來馬匹，成立了一騎兵連，還另外調來大批行軍器材和裝備。毛和我每天一起練習騎馬。毛最後決定八月十日起程。八月五日夜晚傳來美國軍隊直接參加越南戰爭的急電，這樣毛才取消黃河行的決定。

毛的歷史觀與常人不同，它反映毛本身的性格。毛愛借古喻今，並自認對中國歷史有極大貢獻。我認為中國歷代宮闈奪權詐術對毛思想上的影響遠大於馬列主義。毛是個革命家屬不爭事實，他的目標是將中國改造成富強大國，但他卻從過去的專制歷史中尋求統治方法和權力傾軋的對策。

中國歷史對毛所追求的新中國作用不大。毛認為中國文化已停滯不前，他要為其注入新的活力，因此有必要學習外國，改進外國思想，並使其適應中國國情。他常說：「中國的東西也可以摻雜一些外國的東西，不中不西的東西也可以搞一些，非驢非馬，成了騾子也不壞。」

毛認為社會主義能激發中國人民的蓬勃創造力，並重造過去的盛世輝煌。蘇聯是最早出現的社會主義國家，所以他不得不向蘇聯尋求靈感。自從中華人民共和國建立後，毛堅持中國要「一邊倒」。毛的社會主義烏托邦是帶有中國特色的社會主義，目的是求中國富足強大，文化復興。換句話說，要創造出中國式的社會主義。他常說未經消化吸收的全盤西化不好，他也從未提倡將蘇聯那一套原封不動的搬來中國。他認為蘇聯在建設中成功的或失敗的經驗都可作為借鑑。

從毛第一天召見我開始，他便將對美國和西方科技的讚賞表露無遺。他深知要重振華夏聲威，光學習蘇聯是不夠的。因此他對「一邊倒」的口號很有保留。

毛對他自身的歷史定位十分肯定，他從未質疑他的角色。他是最偉大的領袖，萬王之王——

他統一全國，並將改造中國，使它恢復過去的輝煌。毛從未跟我用過「現代化」這個詞。毛不是現代人，他念茲在茲的是使中國恢復昔日的繁盛風華。毛是革命家，也是和傳統決裂的人，他要改造中國，重振大漢天威。毛將締造自己的萬里長城。他的不朽與中國的偉大交織在一起。整個中國都是他指下的實驗場，毛就是中國。任何與毛思想相左或膽敢向他挑戰的人，都被毛視為異端。毛毫不留情的剷除敵人，百姓的生命不值一提。

最初我很是困惑不解，我很難接受毛竟會如此輕賤人民的性命，以達到他的目標。一九五四年十月下旬，印度總理訪問中國。毛與尼赫魯會談時，毛明確表明，原子彈無非是「紙老虎」，為戰勝帝國主義，值得犧牲幾千萬中國人民的性命。毛這樣告訴尼赫魯：「我不相信原子彈有那麼不得了，中國這麼多人，炸不完。而且原子彈你能放，我也能放。炸死一千萬、兩千萬算不得什麼。」這些話當時使尼赫魯大為吃驚。

後來毛在一九五七年於莫斯科的演講中又說過，中國就算死了一半人口（三億人）也算不上什麼，我們可以再製造更多人②。

直到「大躍進」，上千萬中國人民死於饑荒，我才開始醒悟到毛和他所推崇備至的暴君之間的相似之處。毛知道有上千萬人餓死。他無動於衷。

我經過一再思索後，終於搞懂了毛的歷史觀點。此外，他這番話也是在明白告訴我，今後我對他只能絕對服從，不可稍加異議，忠貞不二是唯一的路。

外面的人看毛的宮闈世界，總有如霧裡看花，覺得毛如此偉大，為他工作如此光榮，想離開一組簡直是不可思議，只有那些對毛不夠忠心的人才會被驅逐在朱牆之外。全中國也沒有地方敢收容不明不白離開一組的人。

一組裡的人有些是真的忠心耿耿。一來因為毛對他們有救命之恩，讓他們有安全感（就像我的政治歷史被毛一筆勾消一般），二來他們崇毛如泰山北斗，視他為中國的救星。但卻有另外一群人只是拍馬屁，向毛爭寵。毛的心裡也很清楚，只因為他有用得著這些人的地方，所以留著他們，一旦利用價值沒了，毛便一腳把他們踢開。

一次我同汪東興談話，我向汪提出了這個疑問。汪說：「為人民服務，總要有具體的人啊。為毛服務，還不就是為人民服務。你在這裡工作，是黨分派你來的，還不就是為黨工作嗎？」

「為人民服務」這個口號是毛喊出來的。中南海南牆入口的新華門後，這幾個斗大的金字嵌在一片牆上，它也擋住了中國老百姓一窺今日紫禁城中高級領導生活和工作真相的視線。在中南海的政治學習中，總是強調要「為人民服務」，是為黨工作，不是為個人。這口號曾使我激動不已，因此決心加入共產黨。

後來我發現在毛這裡工作，卻成了向毛爭寵。而毛呢？從來不用親自穿鞋脫襪，梳洗理髮。我對這「為毛服務」的一組現象非常不解。

我那時年輕天真，便聽信了汪東興這番教誨。

毛一旦懷疑一組人員和其他領導人——不管是周恩來、林彪或是劉少奇——關係過於密切，便立即將他們撤換。毛警告我：「禍從口出。」此後二十年中，歷經各次政治運動，不論是「大鳴大放」，還是文化大革命初期的「大字報」、「小字報」，我都守口如瓶，只埋首於毛的醫療保健；甚至在我深深了解他的殘酷暴虐之後，我也一逕保持沉默。我清楚，在中國只有毛有獨立意志。

但我此時仍崇拜毛，他是中國的救星，民族燈塔，最高領袖。我將中國視為一個大家族，我們需要一個族長，毛主席就是大家的領導。我為毛主席服務就是為中國人民服務。

注釋

①愛德加·斯諾對此事的描述見 *The Long Revolution* (New York: Vintage, 1971, p.175)。

②赫魯雪夫記述毛在斷言中國能製造更多的人口時語言的殘酷，他及其他蘇聯領導為毛輕視生靈的態度大表驚怖。見 *Khrushchev Remembers*, Trans. & ed. Strobe Talbott (Boston: Little Brown, 1974, p.255)。

11

我隨同毛開始出巡之後，才見識到「為毛服務」鋪張浪費的一面。毛的安全和保健工作極盡周全。毛的舒適和享受是第一要務。我早知道毛的安全工作一向非常周延，但在中南海內我已習以為常，見怪不怪，等出巡時，這種過度奢侈的現象才變得分外明顯。

毛不斷的出巡各地，很少待在北京。他是個南方子弟，因此覺得與北京格格不入。廣州、杭州、上海和武漢是他最喜愛的城市。毛每次外出都是好幾個月，五一節、國慶日或接見外賓時才回北京義務露個面。毛行蹤飄忽不定，有時他早上才決定去杭州，我們下午就匆匆上路了。由於警衛局怕會走露風聲，通常隨行人員前一夜才通知要外出，卻也不知道目的地。

毛通常乘專列出巡。毛的專列共計十一節。專列平常停放在離北京火車站相當遠的車庫裡，以利毛祕密行動。毛的專列有二節主車，一節毛用，一節給江青備用。江青只有一次與毛同乘這一專列。第三節是毛的餐車。毛的臥車非常豪華，裡面裝了一張大木床，大部分的地方都堆著書，前面四節滿是上下鋪的衛士、警衛、攝影員、機要員、廚師等隨身人員的臥車。再接工作人員餐車一節，醫療急救車一節。在毛那節車前另有一節備用主車。

專列沒有冷氣，夏天酷熱難耐。一九六〇年初期，鐵道部從東德訂製一列新專列，十分奢華，有隱藏式燈光、設備齊全，自然也有冷氣設備。汪東興、祕書林克和我同在一節，三人共用一起居室。每節車廂內有沙發、桌子、床和熱水浴室。

專列沿途的安全措施更是令人瞠目結舌。毛乘專列到外地一次，鐵路的全線行車時間表都要改過，至少一個星期才能恢復正點運行。沿路火車站上匆忙的乘客和叫賣吃食的小販全換上了安全警衛。專列駛進空蕩蕩的火車站，一路只見站台上的哨兵，感覺非常古怪。我和其他隨行人員跟汪東興說起這事後，汪便安排了一些打扮成小販的警衛站在站台上，來增加真實感。

凡毛專列沿途經過的各省領導必須在其所屬的省內，負責毛主席的安全。在毛停留期間，每省鐵路局都會派出一位司機和火車機車。沿線並有各省公安廳派警衛，每隔五十米放哨。我有一次和遼寧省公安廳一位處長聊起，他告訴我，一九五〇年一月毛從莫斯科返國時，在北京到滿洲里的鐵路沿線上，兩邊每隔五十米派部隊和民兵，輪流晝夜看守。他在一個鐵路涵洞下蹲了兩個星期，也不知道是誰經過，正是冬天凍得夠嗆。後來過了很久才知道火車上載的是毛主席。

毛乘火車也不受時間限制。除加水以外，不靠車站。他不睡的時候，不管多長時間，列車行駛不停。他要睡覺，不論什麼時間都得停下來，一般都停在鐵路支線的工廠或飛機場。這時工廠就要停工，機場要停止飛機起飛及降落。

有時毛會乘坐飛機。一九五五年秋季我第一次隨毛坐飛機出巡。十月下旬毛去廣州，他決定乘坐飛機去。這是一九四九年以來第一次乘坐飛機。毛第一次乘飛機是一九四五年由美國駐華大使赫爾利陪同，由延安飛抵重慶，進行「國共和談」。

飛機的選用與試飛，由公安部部長羅瑞卿和空軍司令劉亞樓負責，他們經過多次討論，商定乘坐蘇聯生產的「利－二」型客機。出發那早，劉亞樓陪同毛及其隨行人員前往北京西苑機場。在這段時間，全國所有航線停飛，空軍派出戰鬥機巡邏。隨行人員分乘四架飛機，羅瑞卿、楊尚昆、汪東興及其他祕書、警衛員等隨行人員乘坐一架伊爾十四。毛的司機、廚師、攝影師、兩位食品化驗人員及另一批安全警衛分乘兩架飛機。其他大約二百名隨行人員，則乘毛的專列先行出發。專列載有毛那輛蘇聯製、防彈的吉斯牌（Zis）車，毛下機後，預定乘車直奔廣州小島招待所。專列則停在白雲機場，隨時供毛外出使用。

毛的利—二座機是小飛機，只有單螺旋槳。客艙內原有二十四個座位，前一半的座位拆掉，安裝了一個單人床，一隻小桌，兩隻座椅，後半部只留下了四個座椅。這架飛機除毛以外，還有衛士長李銀橋、一名衛士、祕書林克和我乘坐。

劉亞樓將一位麻臉瘦高個子的軍人介紹給毛說：「這是胡平，他開主席坐的這架飛機。」毛說：「這可要辛苦你了。」胡很善於言詞，說：「能給主席開飛機，那太幸運了。」胡平在文化大革命後升為空軍參謀長。一九七一年九一三林彪墜機身亡後，胡平被判刑。

將近中午抵達漢口機場。當時的湖北省委書記王任重、武漢市委書記劉克農，在原是蔣介石別墅的東湖客舍設宴款待。東湖客舍環境優美，隔湖對面是武漢大學。以前，外國人，特別是白俄，在漢口開了一些酒吧、飯店，雇用的廚師、服務員都經過專門訓練。現在這批人中的一部分被調到招待所，做服務工作。

這次外出，使我對毛被奉承的情形大開眼界。王任重說：「史達林處理黨內鬥爭問題，比主席差多了。他殺了那麼多人，我們黨對王明他們還是講團結。」毛說：「是啊，應該區分人民內部矛盾和敵我矛盾的不同性質。對人民內部矛盾，我們從來不主張亂捕亂殺。」王說：「這是主席領導才做得到。」

這是我第一次見到王任重，我感到他極會阿諛奉承。我從旁觀察，毛對王相當親切。無怪王的官運亨通，不過四、五年，升到中共中央中南局書記。雖然如此，王也沒有逃過文化大革命這一關。文化大革命初期，王被調到北京成為中共中央文化革命領導小組成員之一，但很快被江青在群眾會上，指斥為「背著文革小組進行活動」，而遭批鬥。

將近下午六時，到達廣州白雲機場，廣東省委書記陶鑄和廣東省省長陳郁等人在機場等候。從機場乘車去廣東省委小島招待所，一路上突出的印象是街道髒亂，街上的人們大多穿著木底拖鞋，嘀嘀答答，十分吵人。

毛的廣州之行是個機密。一組人員被拆散，分居數處，並不准隨意外出、打電話、會客或收信。我們寄到家裡的信件令由專郵送投。毛要走前幾天，汪東興才准我們隨同廣東公安廳的公安人員出外觀光。

毛的舒適僅次於安全措施。

和平解放北京後不久，沒收了許多舊別墅，也相繼造了些新的，供黨領導專用。中央辦公廳在玉泉山上替五大領導——毛澤東、劉少奇、周恩來、朱德和任弼時——造了五個別墅。後來羅瑞卿和汪東興（兩人都是旱鴨子）又為毛加蓋了游泳池。為了安全起見，游泳池只有兩個澡盆寬，水只及膝。

毛為這小游泳池大為光火，此時彭德懷又在政治局會議中直言，指斥動用公款以為毛私用。毛於是用他自己的稿費付出建游泳池的費用。他此後沒有去玉泉山住過①。

一九五〇年中央辦公廳又在北戴河海濱一帶沒收了許多舊別墅，分配給各領導，並特別為毛修建了「八號樓」。自此後，各省領導也爭相在其省內為毛修建別墅，但他們以為毛喜歡最現代化的設備，別墅內裝設了西式彈簧床和坐式抽水馬桶。毛出巡時總帶了一張大木板床和蹲式馬桶隨行。一九四九年到蘇聯莫斯科時，這個木床也運去了。一九五七年再去蘇聯的時候，住在克里姆林宮內，只有坐式馬桶，他沒有辦法，最後取來一個便盆臨時湊合救急。

陶鑄在廣州為毛和江青修建的小島招待所最合毛的意，因此毛常愛去廣州住。小島招待所在珠江兩支流交會處，整個小島布置得像個大花園，種著廣玉蘭、白玉蘭、梔子樹、洋桃樹、木瓜樹、芭蕉和香蕉。

這裡面原有一座孫中山先生的別墅，小巧的兩層樓老式洋房，稱為二號樓。省委書記陶鑄覺得這樓太小，在旁邊造了一號樓，兩頭各有一間臥室，毛住西首一間，江青住東首一間，中隔一極大大廳，可以開會，也可放映電影。靠西又修造了三號樓，是毛與江的起居室。四號、五號和六號樓，是為劉少奇、周恩來及朱德來時用的。這次由羅瑞卿、楊尚昆和我們分住。我與林克住四號樓。

島內布滿武裝明哨和暗哨，中央警衛局就來了一個中隊。陶鑄、羅瑞卿和其他公安人員深恐不到九十里外的香港內的國民黨特務會想法子暗殺毛，因此這條珠江分支封了航，除去巡邏炮艇外，斷絕航行。搞得島上安靜得出奇，只聽到熱帶鳥的啾啾叫聲。

汪東興的中央警衛局和中央警衛團人員，加上毛在北京的隨行人員，總人數近二百人。他們大都住在位於與內陸銜接的對岸橋頭公安廳大樓內。八到十個人擠一間房間。

毛的專用廚房設備良好，衛生安全，管理容易。北京巨山農場每天運菜過來，供毛的廚師使用。毛有時會試試廣東的水果、青菜和魚，但他還是愛吃油膩辛辣的湖南菜。

但公安廳大樓內的飯廳問題很大。飯廳和廚房的服務員及廚師的工作量突然增加很多，地方原本又小，沒有食品冷藏設備。菜蔬肉類堆放在一間小儲存室內，堆滿以後，放不下了，又堆在廚房外院子中。雖然已經入冬，可是廣州天氣還很暖，老鼠又多，疾病容易滋生，也有可能食物中毒。汪東興便召集了北京來的一些人員，協助廚師們做好廚房的清潔衛生，建立了食品保管與化驗制度，我則負責小島內部的醫療衛生工作組。

汪東興和羅瑞卿為了毛的安全工作，可謂大費周章，雖然理由正當，毛仍然十分不滿。後來毛批評汪東興，在警衛工作上「前呼後擁，如臨大敵，只相信自己，什麼事都要自己帶的人去幹，不相信當地的領導人和工作人員，更不相信群眾」。毛從來感受不到身邊警衛人員的緊張心情。毛清楚群眾崇拜他。誰會想謀害他呢？

這年冬季因為毛在廣州，其他的「中央首長」如劉少奇、周恩來、朱德、陳雲等人都來到廣州，以便開會。領導們分別住進四、五、六號樓，我則遷往橋對岸的廣東公安廳大樓住。其餘政府首長分別住在小島旁的廣州軍區招待所，和城裡的廣東省委招待所內。

陶鑄為了表示對來廣州的「客人們」的熱情歡迎，在省委招待所舉辦宴會。陶來請毛，毛不願出席這種應酬。陶一再請嘗嘗廣東菜，毛仍不答應，最後同意讓汪東興、葉子龍和我參加，毛對我說：「你去，有什麼特別的菜講給我聽。」

開飯前一個半小時，中央警衛局辦公室主任田疇跑來找我。他十分焦急。他說食品化驗在菜中化驗出氰化物，全部飯菜都封存，廚房工作人員也全部不准離開，汪東興要我馬上趕去省委招待所。

我趕去時，七張大桌上都已經鋪好了白桌布。我走進廚房旁邊一間食品化驗室，各種菜、飯、酒、飲料的樣品都放在那裡，由北京帶來的兩位食品化驗員，正忙得滿頭大汗。看見我進來後，他們似乎舒了一口氣，說：「您來了，可好了。您看怎麼辦。」

廣東省公安廳蘇副廳長對我說：「這事情真奇怪。所有的工作人員都是反覆審查過，都沒有政治問題。可也難說，離香港這麼近，容易有壞人鑽空子下毒。」

經化驗後只有青筍中含有氰化物，其他的菜都沒有問題。青筍是在招待所院子內的竹叢中自己挖出來的。於是又挖出一些青筍，化驗表明確含微量氰化物。我又趕到中山醫學院，查閱書籍，青筍正常含有微量氰化物，是在正常食品允許含量以內。

我將情況向陶說明，陶立刻綻放滿臉笑容，握住我的手說：「謝謝你，等會我敬你一杯酒。」

蘇副廳長拉我到一間客房，暗暗跟我說：「你可幫了大忙，剛才陶書記大發脾氣，說是要處分我們。好在問題搞清楚了，飯也可以準時開了。要不然這黑鍋我們可揹不起。」

飯中，陶鑄走到我前面，舉杯對我說：「李大夫，我謝謝你，乾杯。」我站起來，謝了他。陶轉身對汪說：「強將手下無弱兵啊。」汪樂吱吱的，嘴都合不上。

晚上回到小島，我去看毛，毛正在看《明史》。我進去後，他放下書，問我有什麼新聞。我把這件事告訴他。他說：「我歷來反對向外國亂搬亂學，搞個吃飯也要化驗。在北京搞了還不算，又把這一套搬到外地搞，搞得人家人仰馬翻。結果是天下本無事，庸人自擾之。你告訴汪東興，要改。」

我從毛那裡出來後，到了汪的住房，告訴他毛的意見。汪很不高興。我說：「你怎麼這樣不了解主席。我不講，自然有別人會去講。到那時，主席會說我有事不向他講，對他不老實。而且別人講，很可能跟事實有出入，給主席一個不真實的情況。他先有了一個歪曲的印象，就根本無法再改變。倒不如直接向他說明，聽聽他的意見。」汪覺得有道理。經過毛的批評，汪改變了毛的食品供應制度，取消了食品化驗及試嘗辦法，巨山農場交給北京市，供應站仍保留，負責到各地採購食品（但這改變只是表面的，毛的食品仍大部分由巨山直接供應）。

以後我又將這些改變告訴了毛。毛笑起來說：「我說學蘇聯，難道拉屎撒尿也要學蘇聯？我就不學，我倒要學學美國。」

注釋

①江青也曾參與興建這座小游泳池的決議。

12

江青這時也在廣州，我們常常接觸見面。

到廣州後的第三天，衛士長李銀橋來告訴我：「你最好去見江青，把主席這些天的情況，總的向她匯報一次。」我說：「到廣州的當天，大家不是一同見過她了？」他說：「不行。你要專門去見她一次，否則她會說你架子太大。」

我聽了李的話，那早九點，我隨護士到二號樓江青的書房，江青正低頭翻看一本「參考資料」，她穿著淺藍色連衣裙，半高跟白色皮涼鞋，頭髮仍向後挽成一個髻。江青跟毛久了，也學毛看書這一手。但不同的是，她完全是在客人前裝幌子，甚至通報客人已到了的時候，她才拿起書來。

她示意要我坐下。我首先問候她好，這可是李銀橋及護士分別一再叮囑我，不可忘記的禮貌。

「主席的身體很好，」我做著說明，「沒有定時的作息，已經成了習慣，而且是多年的習慣，不可能再改變了。勉強改會造成主席精神上增加負擔。」

江青這時插話說：「你的意思是照這樣下去，用不著勸主席定時起居了？」我說：「是這樣，勉強改會加重失眠症狀。」江輕蔑地說：「這就是醫生的見解嗎？」我說：「這是我的看法。」江青的眉毛向上一挑，兩眼睜得圓圓的說：「你的見解同主席講過了嗎？」我沉靜的說：「我講過了。」

江青似乎是意想不到，用手指敲著旁邊的茶几，正色說：「主席的意見呢？」我說：「主席講同意我的看法，還說，已經老了，有些習慣不能再改了。」江青低下頭，然後抬頭用手一抿頭髮，微笑說：「我也是這種看法。以前別的首長勸主席改，我是不贊成改的。」

江青又問道：「那麼安眠藥呢？」我說：「主席長期有失眠。現在看來，使他入睡，恢復疲勞，安眠藥有作用。」江青說：「你的意思又是不要改了。」我說：「是的，只要不再加大藥量，可以不改。」江青嚴肅地說：「沒有一個醫生主張吃安眠藥。你自己吃嗎？」我說：「我不吃。」江青說：「你不吃，你知不知道安眠藥有害？」我說：「最好是什麼藥都不要吃。可是主席這麼多年的習慣……」我話沒有說完，江青的臉色變得陰沉下來，又問我：「你也向主席說了可以吃安眠藥？」我說：「是的，講了，主席也同意。我累計了主席的睡眠時間，每天入睡總比前一天入睡時晚二到四小時。推遲晚些，睡眠長些；推遲得早，睡眠就短。平均下來每天可以睡到六小時。有時二十四個小時，甚至三十六小時沒有睡，可是每次有這種情況，接下去就可以睡十到十二個小時。平均起來，還是每天睡五、六個小時。所以看起來不規律，但是仔細推算，主席的睡眠有自己的規律。」

江青抱怨我道：「這些你為什麼早不同我說？」我說：「以前沒有機會多談。這些都是主席隨便同我閒談時，講到的。」江青欠了欠身說：「好吧，今天就談到這裡，以後你有什麼見解，先同我談，再告訴主席。」江青說這話是想控制我，進一步間接控制毛。我是不會上她的圈套的。

我辭了出來。這時正好下著陣雨。我沒有帶雨傘，只好在中間大廳徘徊。

江青以為我已經走了，走出書房，在大廳看到我仍在那裡。我立即解釋說：「外面下陣雨……」江接著道：「大夫，你太拘謹，再進來坐一下。」我跟在她後面，走進書房。

江青開始問我在什麼學校讀書，在什麼醫院工作。她同我講她在三〇年代時，在上海的一次看病經歷。

她說：「有一天我發高燒，一個醫生問也沒有問我的情況，潦潦草草看一下，開了藥方就要走。我當時氣壞了，問他為什麼這麼草率對待病人。他還是不理。我罵他真是外國資本家的走狗，真讓人痛心。我藥也沒有拿，就回去了。」停了一下又對我說：「你們這些外國派頭的醫生，絲毫不關心病人的疾苦。」

我說：「不都是這樣。從醫學史上講，一些偉大的醫學家，都是為了解除病人痛苦，而不惜自己做出犧牲。這種事例多的很。」江青冷笑道：「這是庸俗的人道主義。」我說：「這些人的事例很感動人。」江止住我的講話。她說：「你是大夫，我不喜歡別人同我辯論，我是一個病人。」

這時陣雨已過。我再次告辭，回去。

後來江青的護士告訴我，我走後江青一直在跟她嘀咕說：「這位李大夫傲慢，竟敢當面頂我。還從來沒有見過。不過看上去，這個人很有主見，而且不輕易放棄他的見解。這個人要好好整整。」

當天晚上我去見毛時，順便將上午同江的談話內容，告訴了毛。當講到人道主義的話時，毛笑起來。他說：「我們並不籠統反對人道主義。我們反對利用人道主義模糊敵我界線。你的講法，恐怕江青對你有意見了。以後要當她的面，多說她的好話，給她戴上高帽子，她就會高興。」

夜裡吃消夜以前，見到汪東興，我將白天和晚上的這段周折告訴他。汪眏眏眼說：「你太直了，也不會看臉色。對江青可要尊重，要不然……」他沒有說下去。

我心裡想，汪可能自己有親身體會，不便於向我講清楚吧。我十分愕然於毛的這種方法。這同過去我聽到的「教導」，要做正派的人，不能做阿諛奉承的小人，完全兩樣。

我既不肯給江青戴高帽子，又無法同情她，只好想法子了解她。江青生活條件極為優渥，可以說要什麼有什麼。但江青整天無所事事，生活毫無意義。毛處理公務忙碌，對江漠不關心，兩人也早已不住在一起。毛大江二十歲，兩人的生活習性和愛好真有若天壤之別。江青做事按部就班，井然有條；毛則反抗一切的常規禮範。毛非常嗜於閱讀；江青沒有耐心讀完一本書。毛以他的健康和體力自豪；江青整日生病，愁眉不展。他們連口味都南轅北轍。毛愛吃辛辣的湖南菜；江青喜歡清淡的魚和青菜，或是自以為懂得吃些她在蘇聯吃過的「西洋菜」——烤肉和魚子醬。

毛也曾試著讓江青做些工作。一九四九年以後，毛讓江青任中共中央宣傳部文藝處副處長。她的作風霸道，以毛的代言人自居，上上下下都合不來，只好離開宣傳部。調到中共中央辦公廳政治祕書室任副主任。在這裡她仍然頤指氣使，聲勢凌人，不受歡迎，又被調離政治祕書室。第三次是專任毛的祕書，替毛從「參考資料」中，挑選一些所謂重要消息，送毛參閱。

可是這項工作，真正承擔下來的是毛的祕書林克。因為江青根本不耐煩去讀「參考資料」。真的要她讀，她又分不出那些消息是重要的，因此對毛來說可謂毫無用處。

江青是中國人所謂的「小聰明」——小事精明，但知識水準不高，缺乏分析能力。她對中國歷史所知甚少，對於外國歷史就更模模糊糊。她知道一些重要國家和世界領袖，但除此之外，幾乎一無所知。比如她不知道西班牙在哪，其政治歷史和現今領袖是誰。她讀書常抓不到重點。她有次跟我說：「英國沒有我們中國這麼封建。他們就有過好幾個女王。」她對有些漢字不認識，又不肯明說不認識，卻問別人：「這個字用北京話怎麼發音？」

她雖然知識水準不高，倒很喜歡譏笑他人的缺點。毛有次笑我說我的歷史知識都是從京戲中學的。我深覺侮辱，因此有系統的去讀了《資治通鑑》和二十四史。但江青日後仍常拿這事來奚落我。毛常送些書、文件和新聞給江青讀，意思是要她多懂歷史和時事，但江青常將它們擱置一旁。

她天天看香港進口電影，有時上午、下午到晚上都看。她長期「生病」，看電影是她治療神經衰弱的辦法。

一九五三年由中央衛生部與中央警衛局共同派了一位徐濤大夫，做她的專職醫生。徐濤原本是毛的保健醫生，但毛的身體好，平常沒有什麼醫務上的事要辦。因此毛將徐派給了一天到晚生病的江青。

江青讓徐濤有如活在人間地獄中。一九五四年，中南海內展開肅清反革命運動。在江青的指揮下，徐遭到批鬥。後來江青也未曾善罷干休。今年到了廣州，徐醫生又被一個衛士指控對江青的護士有不正當的行為。

江青一名護士有輕度貧血，到廣州後，經常頭暈，她要求徐醫生給她檢查。徐醫生在他們住的客房休息室裡給她檢查。要檢查自然要脫去必須脫掉的衣服。一個農村出身，文化低下的衛士剛巧走進撞見。他對醫學檢查毫無概念，馬上聯想到不正常的關係上去。這便傳出了徐醫生有不正當的行為這些風言風語。

汪東興不得不為此開了會，展開調查。汪本人和徐很熟，並不相信那些傳聞，何況他清楚那年輕衛士本身目光狹窄，毫無見識。我參加了這次會，聽到警衛們的指控，十分吃驚。這些指控極為荒唐。徐濤為人耿直，有些固執，但是道德上十分嚴謹。再說，徐醫生在肅清反革命運動中，已被戴上反黨小集團成員的帽子，不能再落井下石。我表明了我的這種看法，說明不能對醫生的職業上的操作，做些莫須有的指責。

最後毛替徐濤出面。徐濤沒事，那位衛士被撤職。

但江青這邊可就沒完沒了。江青愛看片子，又怕片子沒意思，引不起興趣，就讓徐醫生先試看，好的再推薦給她看。有的片子徐認為不錯，她看了認為不好，看完大鬧，說徐利用片子使她精神上受折磨。徐說那讓別人試看。她又說，看電影是治療她神經衰弱的辦法，醫生不能不負責任。

江青的神經衰弱完全來自精神空虛，還有怕被毛拋棄的深沉恐懼。江的病狀很特別，怕聲音，怕光線，怕風。這些都無藥可治。看電影是她逃避現實，尋找心理慰藉的主要方式。

問題是很少有江青喜歡的片子，她的影評更是刻薄不堪，常常好片子一到她嘴中就變成不值一看的大爛片。她常看《亂世佳人》，卻說它頌揚美國南方奴隸制度，並且斥責我們這些愛看的人是「反革命」。一九五〇年代中期，沒有人把她的高見當一回事。到了文化大革命時，她說的話可就左右了許多人的前途和生死。

就算江青覺得徐醫生挑的片子不錯，她還是有得鬧。放映的時候，片子光線要合適，亮了傷眼，暗了看不清，兩者都可以說成是要折磨她害她。電影室內溫度要恆定，不能高，不能低，不可有風，必須空氣好。這些實在不能同時做到。只好用兩間房，一間映片子，映完一本，到另一間休息，映電影這間立即通風換空氣調溫度，再過來看。

有次廣州寒流來襲，負責給鍋爐房加煤的服務員，得跪在地上，爬過江青的客廳窗戶，免得打擾她的清靜。有一次為了探戈是四步舞還是五步舞的問題，江青同衛士爭了起來，最後，她叫衛士到院子裡罰站兩個小時。回北京時，她要飛機停在濟南把她不喜歡的醫生和衛士趕下機。她想到什麼就做什麼，身邊總有五、六個人忙上忙下，弄得人仰馬翻。替毛主席夫人服務是天大的光榮，但這工作的精神壓力實在太大。

後來我才了解她的病源在於毛不斷的拈花惹草。我負責管理他的護士，護士們多半是年輕漂亮，容易吸引毛的女孩。她同我多次講過：「大夫，你可不要太天真。主席在感情上可不專一。你用的這些護士要注意，要教育她們。」還有一次，那是在北京的時候，一天傍晚，她一個人在一組後門的中海邊木椅上坐著流淚。我正經過那裡，吃了一驚。江見到是我，叫我過去，拭乾眼淚說：「大夫，不要同別人講。主席這個人，在政治鬥爭上，誰也搞不過他，連史達林也沒有辦法對付他。在男女關係的個人私生活上，也是誰也搞不過他。」

因為毛的外遇多，江又不能不想到，她的位置有可能被別個女人取代。剛開始時毛為顧及江青的顏面還偷偷摸摸的。但日子一久，便再也沒那麼小心謹慎。江青就撞見毛和她自己的護士許多次。她作為一個女人，自尊心受極大打擊，又無可奈何。她又不敢公然表示她的怒意，怕毛會不要她。

有一次毛同我談到江的病時，說：「江青就是怕我不要她了。我同她講不會的，可她就是放心不下。你看怪不怪。」毛並不了解他的風流行為傷了江青的自尊心，及帶給江極度的不安全感。

孤單、寂寞、抑鬱的江青只好把氣出在服侍她的人身上。江青對毛唯命是從，我始終都不清楚她是否是心甘情願。江青的言論行動，甚至她的穿戴，都得經過毛的首肯。極度的不安全感使得她待人刻薄、小器。她明明知道，葉子龍、李銀橋和衛士們都是毛同女友聯繫的助手，卻也無可奈何。儘管衛士們也有時不如她的意，可是一者衛士也伺候毛，她不能無所顧忌，二者衛士們有汪東興庇護，她不敢怎樣。因此對待醫生，她自可以肆意撒氣了。

江青老是說別人精神虐待、折磨她；其實，她才是那個讓別人痛苦的人。她的隨從人員通常都做不久，受不了她，要求調走。徐濤到一九五六年秋天，也提出脫離臨床看病太久，要求到醫院學習提高。於是徐便調到北京協和醫院去了。那時，我十分羨慕他的解脫。

13

毛的內宮中，如果說江青是最依附毛生存的人物，葉子龍則是對毛最有用處的人。葉子龍是中共中央辦公廳機要祕書室主任，兼毛的機要祕書並管毛的家務。後來我從汪東興那得知（葉也親口告訴我），葉也給毛找女朋友。葉替毛從各種來源提供女孩——機要祕書室、機要局。他都挑選一些單純、容易指揮控制、政治上可靠的年輕女孩。

葉住在中南海，毛的菊香書屋的後面。葉安排年輕女孩進入中南海，先躲在他房屋內，等江青熟睡時，再把她們從飯廳後門送進毛的臥室。凌晨時分再送女孩出中南海。

葉也負責毛寄放在中央辦公廳特別會計室裡的稿費。在一九六六年，文化大革命以前（也就是在《毛語錄》賣出上千萬冊之前），《毛澤東選集》已使毛賺進三百萬元人民幣的稿費。在一九五〇年代，毛是全中國的首富之一。毛也很慷慨，資助了一些因共產黨當權而被沒收財產或無以為繼的老師和友人。他也用錢資遣那些跟他在一起的女孩。葉子龍就是負責管理這些「帳目」——資遣費由幾百塊到幾千塊人民幣不等。

我覺得葉子龍這人不易相處。葉沒有受過多少教育，文化程度低，既不讀書，也不看報。葉子龍也是少年時參加了共產黨，經過長征到陝北。三〇年代後期起，他就替毛工作。四九年到北京城前，他從未去過城市，沒用過電，沒看過霓虹燈。進了北京城以後，對著這個「花花世界」，他很快就被「同化」了。我想他原本就是一個沒有遠大理想的人，他過去只是沒有機會腐化而已。

一九五一年我還在中南海門診部工作。一天葉來找我，要我給他五瓶油劑青黴素。他說他湖南老家的一位農民親戚，得了梅毒，需要這種藥。當時這種藥中國不能生產，完全從美國進口，數量有限，門診部只有兩瓶。我沒有給他，他怫然而去。他走後，門診部的護士長同我講：「你怎麼不給他？他可是毛主席身邊的大紅人，中南海一霸。別人想給他，還碰不上這機會。你怎麼得罪他？」我當時並不以為然。心想，我與葉河水不犯井水，他幹他的，我幹我的，有什麼了不得哪。這可真應了「人無遠慮，必有近憂」，沒想到後來我被調到一組，又應驗了「不是冤家不聚頭」。

一九五〇年初期，葉子龍的待遇同大家一樣也是供給制，沒有錢。但許多人都願意巴結毛的機要祕書。共產黨當時大力提倡簡單節約的精神，葉卻舉凡食、衣、住、行都盡量追求洋化。北京高幹俱樂部成立後，葉和那些負責人混得很熟，常常可以免費享用最好的餐宴。

高幹俱樂部和北京飯店是葉最愛出沒的兩個場所。這兩處的警衛從來不檢查葉的通行證。任誰一眼望去都看得出葉是個高幹人物。當時北京城的市民都穿著褪色縫補的棉衣，葉一身合身剪裁的毛料毛服十分突出顯眼。葉也負責毛做衣服的事，裁縫總會提供葉一些難得的衣料①。

葉並主管毛的禮品儲藏室。毛通常將禮品慷慨分贈一組的人。但汪東興告訴我葉的手腳並不乾淨，他的勞力士手錶和徠卡相機都是拿來的，葉還是北京城內第一個擁有日本製電晶體收音機的人。他後來對外國電器名牌十分熟悉，但卻無法在地圖上指出其輸出國的位置。

葉的另一個「渠道」是北京市公安局下設的「團河農場」，這裡生產各種食品。解放後，各地都設有勞改農場，是關犯人，包括政治犯在內的勞動改造農場。生活條件極差。早期的政治犯都是國民黨軍隊或低層地方官員。高級官員不是逃走，就是像我父親一樣，為共產黨吸收。我父親是共產黨歡迎的「投誠者」之一。共軍打到南京時，周恩來派了一個人去說服我父親留下來。後來我父親經由周的幫助，搬回北京，生活優渥，還有自己的房子。

我進一組後和葉相處得不好。他覺得我是舊社會的資產階級知識分子。我是汪推薦到一組工作的，於是傅連暲和葉聯合想將我排出一組，主要由葉向毛說我政治上不可靠，我有架子，同工農出身的幹部合不來，看不起這些人等等。直到毛要江青告訴葉，這些都知道了，不要再提了，才算暫時告一段落。

衛士們也看不慣醫生。衛士值班室和醫務人員相鄰。兩者地位孰高孰低立即可見。醫生中，徐濤又特別沉默寡言。當時他被打成反黨分子，又冠上不正當的行為，自然更是噤若寒蟬，唯恐禍從口出。

醫療人員一向較為沉默。相較之下，衛士們卻高談闊論，口若懸河，講個不停。尤其每當葉子龍、李銀橋來到值班室以後，這裡成了茶館，交流小道消息，散發牢騷怪話，可以說是無所不談。

值班室裡常談的話題是性。毛並不具備正確、充分的生理知識，但我發現毛很喜歡談論性。毛對滿洲王高崗的性生活非常好奇。高崗，史達林稱其為「滿洲王」。在一九五四年因被控「反黨聯盟」而自殺。汪東興告訴我，高和饒漱石集合了一些人反對劉少奇，因此被批整。

毛說到高、饒的錯誤問題時，常一帶而過，但是每次講到高的私生活醜史，無論在口氣上，或是表情上，都是顯出極為驚羨而至為嚮往的神情。毛非常羡慕高用舉辦舞會的辦法，藉機勾引女人，和一百多個女人發生了關係。毛講：「這種事是生活上的小事。大節不虧，這種小節算不得什麼。高崗如果沒有政治上的錯誤，或把自己的錯誤說清楚，這點事無所謂，我還要用他。」

江青也常繞著性大發厥詞。在我到一組後不久，曾幾次親耳聽見她宣佈她昨晚和毛做了愛，我簡直是目瞪口呆，大為驚駭。她並稱讚毛的不凡之處。

既然毛和江青都如此口無遮攔，在這種風氣下，衛士們愛談論性事就很自然了。江青是衛士們另外一個愛談論的話題。每當江青不在場時，衛士們總把江青奚落得體無完膚。衛士裡有個年輕小夥子，他最愛模仿江青。那年輕衛士很聰明，長得眉清目秀。江青的衣服都放在值班室，由警衛清洗和熨燙——江青的絲質內衣也由衛士負責熨燙。他有時戴上江的大草帽，披上江的大衣，撇開八字腳學江的樣子扭來扭去，惹得大家哈哈大笑。一次他正在表演的時候，毛出來看到，也笑了笑，倒也沒有別的表示。

我自從一九四九年回國以後，沒有遇過這種環境。我在衛士們之間總是沉默寡言，我對於他們的言行，實在看不下去。這點被這幫人感覺到了。葉子龍便三番兩次跑去向毛告狀。

一組內傾軋鬥爭互相坑害，毛也從中攪和，這樣子就不會有人團結起來反抗他。江青老和葉子龍、李銀橋拌嘴不休。江知道葉給毛辦「事」，便和葉疏遠。江青更是厭惡李銀橋。有一次李銀橋在值班室發表議論，說江青怕人家給她提意見，跑到杭州「躲風」去了。

汪東興和葉子龍之間一向水火不容。而葉子龍和李銀橋一來為利益相爭，二來為競相向毛爭寵，也劍拔弩張。毛則在一旁煽風點火，等事情鬧大了才出面搞平衡。一組的日子便是在這樣風風雨雨，一波未平，一波又起的日子中過去。

毛在廣州同我談時說：「醫生總有那麼一副醫生架子，讓人討厭。」我說：「醫生對一般人有架子是可能的，但對你不會。」他說：「那才不見得哪。你有沒有架子呢？」那時我才知道原來李銀橋告了我一狀。

到這個時候我才恍然大悟，我是受西方醫學教育出身，自然有「醫生架子」。再加上衛士們的「渲染」，我就架子十足了。毛的革命價值是推崇工農出身的幹部，對醫生不屑一顧。在這樣一個環境下，我內心很不平。我從小受的教育告訴我，醫生這個職業是治病救人，是高尚的工作。葉子龍因此看我不順眼，想將我排擠出一組，支使李銀橋去毛那邊告了我許多狀。

毛聽了李幾次，總設法調和我們之間的勃谿。有幾次毛同我談話時，我講到葉、李二人不得人心。毛說：「這兩個人對我有用處，你們要搞好關係。」這話，我當時也不懂真正的涵義。我深知其中的底細，是幾年以後的事了。

我那時仍很尊敬毛，但江青的不可理喻和一組這幫人的徇私苟且，使我想離開這個環境。毛的「爭寵論」和「戴高帽論」又使我難以苟同。我此時已是一組中的一員。一組應該是個相當光榮的特權團體。但一組的人多半看不起我。葉子龍、李銀橋、機要祕書和衛士們就像古代宮廷中，隨侍在帝王身側的人，藉著毛的「意旨」作威作福，旁人只有俯首聽命。我身為毛的保健醫生，卻得任憑葉、李這種人的壓制。

我自尊心極強，不願忍受這種恥辱。我衡量當下處境，毛身體很好，不需要一位專職的保健醫生。再待在這，我永遠無法成為傑出的醫生。我仍強烈渴望成為一流的神經外科醫生。

因此我下決心離開一組。

我將我的這種看法向汪東興講了。汪似乎非常意外，搖搖頭說：「大夫，你怎麼打退堂鼓啊。你來了一年多了，為主席工作有成績，你解決了他老人家白血球高的問題。調整了安眠藥。主席休息得好多了。你應該從大處著想，服從黨的需要。你再想一想，醫生多得很，做生做到主席的醫生可就不是簡單容易的事了。你要是這麼糊裡糊塗，不明不白地突然離開了，人家不了解你離開的原因，你也不敢說出這些原因，哪個機關敢要你去工作呢？」

汪的這一席話，確實打動了我。我也看過，凡是從這裡調出去的人，即使是「家世清白，工農出身，苦大仇深，一心為黨」的人，也到處不受歡迎，其中包括一位毛的前任保健醫生②。每個人都覺得他們是政治上出了問題才離開一組的。不然誰會離開中南海這個特權集團呢？我離開後，我本身的家庭歷史更會啟人疑竇。這可真是騎虎難下，只能像毛說的：「硬起頭皮頂住。」

但我躊躇再三。雖然明白前途未卜，仍覺得應該離開，而且越快越好。於是，我向江青說：「我考慮過我自己的情況，我是舊社會出來的知識分子，家庭背景和個人政治條件都不適合做主席的醫生。最好讓階級出身好的，本人沒有政治歷史問題的人來代替我。」

江問我：「這些情況你同主席講過沒有？」我說：「我自己和家庭的詳細情況，我第一天見主席時，就向他說過了。調換工作的要求還沒有講。」江沉吟了一刻說：「這件事你不要同主席講了。我們考慮一下。」

第二天江青叫我去，一見面她要我坐下。她立刻說：「你提的事，我們考慮過了。你自己和你家庭過去的一些政治問題，都是社會現象，都是在當時的社會狀況下，必然會發生的事，這些不能由你來承擔責任。何況汪東興副部長、羅瑞卿部長和楊尚昆主任都了解，做了審查，有了正式結論。周總理也知道。你還是安心工作吧。以後對任何人，都不要再提這些問題了。」

汪知道這次談話結果以後，十分高興。他說：「到底摸清楚主席的底了。他對你可是不錯啊。我說我看人是差不了。你好好幹，沒錯。」

因此我又工作下來，雖然心情並不舒暢。

我感覺到，自此以後，江青對我變得客氣起來了。每次去看她，她一定叫護士或衛士給我泡一杯茶，也開始談論醫以外的話題了。她的閒談方式和方法，很可能是向毛學來的。談到一個題目，她總是用旁敲側擊的辦法，來探索對方的真實想法，和她所想知道的對方的情況。同時又給對方造成一種不拘形式的和無所顧忌的心境。無可諱言，在這方面她學毛學得相當成功，只是沒有毛那麼老練。

江青的許多高見只不過是一字不差的重複毛的話。我常反駁她，但總是適可而止。文化大革命以後，江青將我以前對詩詞或小說的看法批為鴛鴦蝴蝶派，屬於應被打倒之列。

一九五六年夏天，我們還在廣州。一天上午，江青的護士來叫我，笑嘻嘻地對我說：「江青同志叫你去。有好事啊。」

我走進三號樓大廳，江青正在大廳內看照片。我同她打招呼。江放下照片，笑起來。她說：「大夫，聽說你一天到晚出汗啊。」

我很窘。去年從北京隨毛出來，正是秋末冬初，我只帶了冬天穿的衣服。沒有想到在廣州住這麼久。天氣燠暖，我還著純毛嗶嘰衣褲。上衣脫掉，只穿襯衣。室內又沒有冷氣。因此每天從早到晚出汗不止。我訥訥地說：「沒有想到主席在這裡住這麼久，我沒有帶夏季衣服。」

江隨手指指旁邊幾段衣料說：「你穿得太厚，這幾段料子你挑一段，拿出去做。」我囁嚅地說：「我穿著襯衣可以將就過去。」護士在旁暗暗地扯我的背後襯衫，我明白這意思。我又說：「謝謝你的好意。」江說：「你用不著客氣，去做了吧。」她又叫來小島招待所負責生活服務的老張，讓他陪我去做。

我覺得這事出乎意料。平時聽葉子龍和李銀橋講，江青十分小氣。現在突然對我這麼大方，而且又沒有考慮到別的工作人員會怎麼想，這必然會使我成為眾矢之的。

我去找汪東興，他說：「這幾段料子是在廣州舉行的日本展覽會上拿來的。給你一段，你不接受，她會認為你看不起她。你接受了，別人是會嫉妒，你就孤立了，我去替你推辭吧。」

他到江青那裡去了一會，回來找到我，對我說：「你收下吧，江青同志很高興，她說看同志熱汗直流，為什麼沒有同志間的互相關心的感情呢？這可不是收買李大夫啊。」汪隨後說：「以後有人說閒話，我來替你說明。」

果然不出所料，幾天以後，李銀橋和其他衛士們議論起來說：「江青一向是一毛不拔，送給大夫一套料子，可真是破天荒第一次。」葉子龍和李銀橋便口口相傳，說江青對我「好」，這不尋常。我一知道毛也聽到這話，當天晚上，就去看毛，告訴他這段料子的事。毛說：「江青送給你衣料，事前我知道。」

毛知道江青不敢亂搞。江青知道這會成為毛不要她的最佳藉口。她偶爾會討好毛身邊的人，頂多也只是和男人說說笑而已。

毛最後說：「你是『君子求其放心』吧。」這事便落了幕。

注釋

①毛的裁縫是受過法國訓練的服裝設計師王子卿。他的雷蒙服裝店位於北京最繁榮的購物街，王府井大街。

②毛一九四九年八月至一九五三年十月的保健醫生是王鶴濱。王在延安受過醫學訓練。王離開這個工作後，前往蘇聯深造，然後回國在北京醫院做了一段時間。毛去世時，王在第二機械工業部工作。

14

四月過後，廣州已經很熱了。毛搬到三號樓大廳內。為了降低室內溫度，廳內放了五個大桶，每天運來人造冰放在桶內。我的睡房用一支電風扇，吹的風都是熱的。

蚊子又多，不放帳子，咬得凶。放下帳子，就更加悶了。

為了蚊子太多，毛曾經發脾氣，責怪衛士們不打蚊子。李銀橋又將責任推到醫生護士身上。蚊子會傳染瘧疾，所以是醫生們的責任。

問題是小島地處珠江三角洲，河汊水塘多，無法徹底滅蚊。廣州招待所屋子很高。窗子多，窗簾是三層絲絨的，裡面藏蚊子。入夜後，就出來肆虐。拍打蚊子根本徒勞無功。最後省公安廳派人去香港買了不少ＤＤＴ，這樣才暫時解決了蚊子問題。

天氣越來越熱，大家都受不了。他們叫我去勸毛早點回北京。毛說：「我不怕熱，還有些事沒有辦完。再等等。」

我當時聽了，猜想一場政治風暴可能正醞釀著要席捲中國。毛離開北京期間，許多中央領導發表了「反冒進」的言論，《人民日報》社論便主張工農生產應穩定漸進①。中國人民當時和我一樣，不清楚這些高級領導抨擊「冒進」其實就是在批評毛。堅持農村迅速合作社化的主張是毛提出來的。

過了兩天，羅瑞卿、汪東興叫我去，問我珠江水乾淨不乾淨。我一下子摸不清頭腦，不知道他們的意思是什麼，我沒有回答。汪解釋說：「主席叫羅部長和我去談過了，他要在珠江、湘江、長江游水。陶鑄同志說珠江水髒，王任重同志說長江太大，有風浪漩渦，不可游。我們都不主張游，可是擋不住。你看珠江水髒不髒？」我說：「這裡是珠江三角洲，在廣州工業區下游。不可能乾淨，髒到什麼程度就不知道了。」他們問我有什麼辦法檢驗，並要我將檢驗報告儘快做好。

第二天上午十點多鐘，衛士突然來叫我，說：「主席發大脾氣了。」我問為什麼。他說：「為游水的事。羅部長、汪副部長都在三號樓主席那裡。」

我走到三號樓衛士值班室。羅、汪二人剛由大廳走出來。兩人滿頭大汗、滿臉通紅。汪尷尬地笑著對我說：「不要化驗珠江水了，主席馬上要在珠江裡游水了。」

這時毛走出三號樓，上身披一件白色綢睡袍，穿一條白綢短褲，赤腳穿一雙舊皮拖鞋，甩開兩臂大步走上碼頭旁的遊艇。陶鑄、王任重、楊尚昆都隨後上了船。我也立即跑過去。

羅和汪，陶和王，都身負保護毛的安全責任。出於保護毛的安全，他們不贊成毛在江中游水。但毛仍一意孤行，非游不可。

遊艇向上游駛去，不久便停駛。附在艇旁的四隻舢板都分別解纜，排列在遊艇兩旁。毛走下遊艇舷上掛著的懸梯。羅、陶、王、楊一一下水。一中隊的隊員下水後，將毛圍成一圈。因事出突然，只有毛有穿游泳褲，我們全只穿內褲下水。

這裡的江面大約一百多米寬。水流緩慢。水可真髒，水色汙濁，偶爾有糞便從身旁流過。毛躺在水中，大肚子成了一個氣箱，全身鬆弛，兩腿微曲，彷彿睡在沙發上。他隨水流漂浮，只有時用手臂打水，或擺動兩腿。

毛見我游得很用力，他叫我游到他旁邊說：「身體要放鬆，手腳不要經常划動，只在變換位置時，划動一兩下，這樣既省力又持久。你試試看。」我試了試，不得要領。毛又說：「你大概怕沉下去，不怕就不會沉。越怕越緊張就要沉。」楊尚昆和王任重都前後游著，他們很快學會了這種游法。我是練了多次才能在水上漂浮，不過這是很久以後的事了。

這次在珠江口漂浮了將近兩小時，將近二十幾華里。回到遊艇，沖洗了身體。江青在艇上等著，大家在一起吃飯。

飯中，毛十分高興，好像打贏了一場仗。他轉頭對羅瑞卿說：「你們說，李大夫講這水太髒。」我說：「是的，我旁邊就漂著大糞。」毛笑得合不攏嘴說：「照你們醫生的標準，人都活不下去了。生物除了太陽是熱力總供應者以外，離不開空氣、水、土。這三樣就那麼純，那麼乾淨，我不相信，沒有純空氣、純水，純土，裡面總有雜質，就是你說的髒。魚要是養在蒸餾水裡，能活多久？」我默然無以應。這明明是無理攪三分，但是要用幾句話說明乾淨與髒的概念，是很難辦到的。

晚上在三號樓，我去看他。他講：「我要在珠江、湘江、長江三江游水。羅瑞卿、汪東興說，三條江都不能游。今天游了珠江。羅和汪就說，長江浪大，漩渦大，掉進去，撈不上來。陶鑄說，不要在珠江游。我說能不能在湘江游。他不吭氣。王任重說，不要在長江游，我說能不能在珠江湘江游。他卻說可以。」

眾人會有這些分歧是管轄範圍的責任問題。羅和汪總理毛的安全工作，不希望他在任何一條江中游水。廣東省委第一書記陶鑄自然不要毛在珠江游水。而湖北省委書記王任重則對毛的長江游水提心吊膽。

毛氣呼呼的又說：「我說不要你們這樣的保衛。你們沒有底，我有底。我派韓慶餘和孫勇到長江去試游，回來向我報告。」韓慶餘是一中隊隊長，孫勇是警衛科科長，兩人的泳技都不錯。游長江真的是非常冒險。長江水流湍急，漩渦大，連船都很難行走。從來沒有人試游長江，毛是第一個要游水橫渡長江的人。

大約過了十來天，韓慶餘和孫勇從武漢回來了。韓、孫二人都說，長江可不比珠江，要捲進去，真撈不出來。而且還有日本血吸蟲病。羅向王說：「你向主席報告吧。」王搖著手說：「還是讓他們兩人講比較好，我說不能游，主席還會不相信。」羅對著韓、孫二人說：「你們可要講真正情況，不能順著說。」二人唯唯說是。

我們一起去見毛。

韓很緊張，是山東人，說話不清楚。毛打斷韓的話，說：「你不要講了，我問你回答。」這下韓更緊張了。毛問：「江寬不寬，大不大？」韓點頭說：「寬大。」毛問：「漩渦多不多？」韓說：「多。」毛問：「掉進去，撈得出來嗎？」韓連連搖頭說：「這可撈不出來。」毛問：「不能游吧？」韓點頭說：「可不能游。」毛拍著茶几說：「我看你就沒有下去，你還做我的一中隊隊長呢，你給我滾蛋。」我看韓的臉都嚇白了，他站住未動。毛又吼道：「你給我滾蛋。」韓倒著退了出去。這時室內空氣似乎凝結住了。

毛回頭轉向孫勇說：「你說說情況。」我看孫好像胸有成竹，不慌不忙說：「主席，可以游。」孫剛說完這三個字，毛就微微一笑。孫勇接著又要說，剛一張嘴，毛就說：「有那句話就夠了，不要多說了。你好好做準備。」

孫退出來到值班室。汪責問孫：「你怎麼這樣回答，事先不是說好了要如實講嗎？」孫漲紅了臉說：「汪部長，你看見老韓了吧，我要照他那樣說，我也要滾蛋了，這有什麼辦法。」韓嘟囔著說：「這不是把我賣了？」汪安慰他說：「怕什麼，你是共產黨員，黨了解你。」但韓慶餘自從這次游水事件後，調離一中隊。

一九五六年，由廣州乘專列到長沙。毛準備游他故鄉的湘江。這時長沙的氣溫已到攝氏四十幾度。住下後的第二天游了湘江。

湘江正在漲水。江面足有二、三百米寬，水流急湍。從岸上走到江邊，有一段砂礫地。第一天下水前，在江邊行走，跟在毛身後不遠的湖南省公安廳廳長李祥，突然被水蛇咬了一口。大家騷動了起來，有人叫道：「快送他去醫院！」

毛毫無反應。但羅、汪和整個警衛人員都緊張起來，一齊圍到毛的身旁。羅問我帶沒有帶防治蛇咬藥，我說帶了。羅並不是為李祥問這句話，而我也不能替李廳長急救，因為我只負責毛的保健。

羅又說：「為什麼警戒布置，事先不將岸邊都仔細看看。」我說：「我聽湖南省公安廳李廳長說，原來布置在嶽麓山對面下江，誰知主席臨時要停車，走下來了。」汪接著說：「主席不肯聽別人的安排，他要幹的事誰也別想攔住，以後定這麼一條，凡是游水，沿江上下十里都要徹底清查。」

下水以後，水勢很急，毛仍然用他的姿勢漂著，慢慢游向江心。湘江當中有一小島，就是橘子洲。毛游到橘子洲上了岸，巡邏艇隨即靠岸。隨從遞給他袍子、拖鞋和香菸。我們赤足上岸，只穿著泳褲。

小島上破破爛爛幾座小茅房，根本沒有橘子樹。毛走到一間破屋前，正有一位穿著補綻衣服的老太婆，坐在屋前縫補衣服。毛坐下來，吸著菸，談了起來。毛問：「日子過得怎樣？」那老太婆不知道眼前這位就是毛主席，自顧自補著衣服。毛又問了一次。她勉強說：「馬馬虎虎。」她根本未抬眼瞧毛一眼。

有不少小孩和大人圍了上來。毛談起他年輕時常游來橘子洲的往事。那時島上就已是一片荒蕪。

我們後來一九五九年六月又回來時，橘子洲變得毫無人煙。原來毛突然在橘子洲上岸，把當地的公安廳搞得膽戰心驚。在毛走後，公安廳和軍區派出一隊士兵，去島上清除「壞分子」，遷走所有的居民。公安廳在島上種滿了茂密的橘子樹，秋天橘花盛開，整個島成了花團錦簇的大花園。我問李祥那個老太婆到哪去了。李推說他不知道。我想李一定知道，只是不想說實話而已。

第三天游湘江，又發生了一件沒有想到的事。大家正順流下浮時，韓慶餘忽然大叫：「不要到這邊來。」原來湘江沒有漲水前，江邊挖了一些儲糞池，江水一漲，淹沒了糞池，老韓不知道，游進一個糞池中間，弄了一身大糞，大家放聲大笑。

晚上我向毛說：「這樣游水很安全，可是大糞池到底有些……」我話沒有說完，毛大笑說：「湘江太窄，游長江去。」

過沒幾個小時，我們便坐上了往武漢的專列。

王任重為了游水做了充分的準備。我們仍住在東湖招待所。王抽了一條渡江的「東方紅一號」輪船專用來搭乘人員。甲板寬闊，船艙裡有床，可以睡臥休息。一個小盥洗間可以洗澡。毛、其他領導、毛的衛士及當地警衛一起在一座工廠內登上輪船。廠內原有的工人全被驅離，裡面滿滿都是警衛。輪船拖帶了八條木船，另有四艘小汽艇往來巡邏。

船到江心，也就是武漢長江大橋正在修建的地方，毛從舷梯走下水去。大家紛紛下水。一中隊隊員有四十多名，在毛周圍游成一個圓圈。

我走下舷梯，兩手剛鬆開梯欄，水流立刻將我下沖，瞬息下漂有四五十米，根本不需要划游，只要保持身體平衡，自然就迅猛順流而下，既沒有波浪，也沒有漩渦。在水中感覺水很寧靜，熾烈的太陽正在頭頂。身體似乎融合在水裡，感到無限輕鬆。

我在游水的人群中，聽到輪船上許多人大聲喊叫。我抬起頭，看到許多小木船紛紛划近距輪船大約一百米處，一些水手從船上跳下水去。當時不知道發生什麼事，我游在毛的旁邊，毛問我船上有什麼事，我又問旁邊的人，大家都莫名其妙。

等到游完回到輪船，才知道是武漢軍區司令陳再道，大家下水時，他躊躇不決，等大家游遠，他才決心下水。他入水後，水急下沖，他慌了，喝了幾口水，等到木船上的人們將他拉到船上，他已經是筋疲力竭了。

這次游水向下游漂流一個小時後，羅瑞卿、汪東興在輪船上叫我，招呼我說：「你同主席講一下，已經游了一個小時了。」我游到毛身旁告訴了他，毛說：「長江並不可怕吧！」我說：「這樣游法，是不可怕。」毛說：「看起來，再困難再危險的事，只要做好準備，就不可怕。不準備好，容易做的事，也會出問題。」

我想他不單指游水一事，也在影射政治。兩小時過去了，羅、汪又叫我向毛打招呼，並且又說：「王任重書記說再下去就是血吸蟲疫水區。」毛眏眏眼說：「什麼疫水區，還不是想讓我上去。」我說：「兩個小時也差不多了。有的人來以前沒有吃飯，游這麼久，餓得也夠受了。」毛說：「那好，上去吃飯。」

輪船緩慢駛入人叢，毛由舷梯向上攀去。我問了當地的水手游了多遠，他說足有四、五十里，還說：「像這樣在水上漂著游法，還是第一次，越游越冷。」楊尚昆游近舷梯，對我說：「這不是游水，是在水上漂流，倒是不用費力氣。」

毛上船後領導們都鬆了口氣。汪東興先前特別緊張。他後來同我說：「這次游江是沒有出什麼事，如果像陳再道那樣，喝幾口水，我豈不是成了十惡不赦的大罪人了？」

孫勇也同我講：「我說可以游長江，真是捏一把汗。如果主席游水有個三長兩短，我這命不還是要送進去。」

在輪船上，毛十分高興。菜擺上來了，毛說大家一起吃。王任重給毛斟一杯酒說：「主席喝一杯驅驅寒氣。」毛哈哈大笑說：「這麼熱的天，有什麼寒氣。酒可以喝一點。大家都喝一點吧。」說完，他喝了一口酒，又說：「陳再道同志，你倒是應該驅驅寒氣。人應該順潮流而動，你怎麼逆潮流而動呢？」陳咧嘴，吃吃半天，說不出話來。

王任重得意地說：「主席啊！我們跟你這麼多年，就是不知道主席游水游得這麼好。像主席這樣有魄力，我想到主席年輕時說過『與天鬥，與地鬥，與人鬥，其樂無窮』，真是這樣，今天一游，其樂無窮。同主席在一起，真是受到教益，主席今後多批評教育我們。」

羅瑞卿說：「我們跟主席這麼久，在主席教育下，仍舊是教而不化。我可不像主席說的，有些人是花崗石腦筋，一定改。」

汪東興說：「主席，我們該檢討，只想到安全，不想到游長江給全國的影響多大，全國會從這事上，想前人不敢想的事，做前人不敢做的事。」

毛真是高興極了，說：「你們不要給我戴高帽子。事情就怕認真對待。你們要記住，任何你們不熟悉的事，不要一上來就反對，反對不成又猶疑，就是不認真準備。王任重同志由不贊成，轉變到積極準備行動，這才是正確的態度。」

江青是最後說話的。江青開始時也一再反對江中游水。後來看毛為了游水發脾氣，江青才冷冷地說：「游水有什麼可怕，這些人嚇得似乎天塌地陷。在廣州你們不贊成游水的時候，我就同你們不一樣，我是游水上的促進派。」

以後毛常講：「只有江青完全贊成我。」

我側眼旁觀這些共黨領導同志。我想起有一天毛同我談論時說：「他們是向我爭寵。他們對我是好的。我有用他們的地方。」我很難想像在這麼偉大人物的身旁，竟都是些阿諛奉承的人。毛究竟要他們有什麼用處？

這些人不只是在奉承毛的游水功夫，也在阿諛毛的政治能力。毛為中國畫下的未來藍圖，規模宏大，大膽冒險；毛堅持中國必須迅速進入社會主義國家，此立場與其他中央領導的小心謹慎成為對立的狀態。毛說「不熟悉的事，不要一上來就反對」，便是在批評北京的那些保守派。毛認為在農村合作社化和城市經濟重建兩事上所遭遇的難題，完全來自於「不認真準備」，而不是毛所倡導的改革政策本身的錯誤。在三江游水，再困難、再危險，只要做好準備就不可怕；同理，中國若勇於大膽改變其經濟和社會總結構，便能重振雄風，榮登國際舞台。如果中央領導們不支持毛這個遠大的計畫，陶鑄和王任重這些地方首長會願意跟隨毛的腳步。毛常說，在北京住久了，頭腦空虛，像工廠沒有了原材料；到外地走一走，原材料就來了。毛一九五六年夏季的巡行，打了一場大勝仗。

毛用他游水的方式統治中國——毛堅持實行一些前所未有，猛進危險的政策來改造中國，比如大躍進、人民公社和文化大革命。此時在一九五六年六月，毛的大躍進和文化大革命這些政治腹案還未完全成形。但在武漢，毛第一次游長江後，我開始模糊地察覺到毛心中烏托邦天堂的冰山一角。

我在武漢時，隨毛會見了長江流域規劃辦公室主任林一山。林提出在長江的三峽下游修建系列水壩，以引流分洪，避免水災。毛說，要在三峽修成大壩豈不一勞永逸。林即表示，這才是徹底解決長江水災的辦法。於是三峽大壩的修建就這樣定下來。林是老幹部，不是科學家或工程師。我個人覺得，三峽的改建須經過精確計算，這龐大的築壩工程的結果也難以掌握和預料。但毛很熱衷這個規劃。毛對我說：「將來三峽就沒有了，成了一個大水庫。」

在當晚毛寫了一首詞，即〈水調歌頭：游泳〉：

才飲長沙水，又食武昌魚。萬里長江橫渡，極目楚天舒。不管風吹浪打，勝似閒庭信步，今日得寬餘。子在川上曰：逝者如斯夫！

風檣動，龜蛇靜，起宏圖。一橋飛架南北，天塹變通途。更立西江石壁，截斷巫山雲雨，高峽出平湖。神女應無恙，當驚世界殊。②

以後毛對我說：「這詞中的兩句『子在川上曰：逝者如斯夫！』有人說我引的孔老夫子的話，表示憶古撫今，流露出的心情與蘇東坡的『浪淘盡千古風流人物』差不多，可是他們為什麼不想想孔夫子在這兩句話下面，還有一句，『不捨晝夜』？大江奔流，不能不給人一種奮發進取的精神，怎麼會給人無可奈何的消沉情緒呢？〈禹貢〉上說，大禹疏通九江。大禹有無其人，還有爭論，大禹不可能開通三峽。但自古傳下來的大禹的故事很多，這些確是積極進取，很鼓舞人心的。」他又講：「『高峽出平湖』一句是林一山他們的話，還是恩來同我談起這一設想。我是沒有把握，這才請他們來談談，他們計畫在巫峽築壩，引水到華北、西北廣大缺水地區。也有人提出來，這一來，四川境內長江水位提高太大，重慶朝天門碼頭只剩下兩級石階，重慶以下的農田全部要淹沒，我是很想溯黃河、長江而上，探河源之源。常說『不到黃河不死心』，我是到了黃河心不死。」

北京中央領導的「風吹浪打」擋不住毛的英發氣勢。就像秦始皇修築萬里長城，毛要為自己留下一個不朽的巨大紀念碑——那就是長江三峽大壩。

不久後，一批科學家和工程師投入了三峽大壩的規劃。他們知道毛對大壩的夢想，異口同聲地向毛保證此工程行得通。我想真正有良知的科學家，不會如此草率便贊成這項規劃。果然，後來國務院和人民政治協商會議屬下的科學家和工程師們，誠實地表達了他們的保留看法。但這項規劃仍在毛死後十五年，一九九二年四月通過。

第二天和第三天毛都到江中游水。毛在長江下了三次水後，突然決定要回北京。那時正是七月。我對毛的政治戰爭毫未留意，也從不主動探問。毛的醫療保健才是我的責任。我是從毛和他的政治祕書田家英（田是我的朋友）口中、黨文件中，一點點拼湊出當時正橫掃全國的巨大變動。我深知等我們回北京後，我便難再置身度外。

注釋

①在毛的鞭策下，一九五七年中國將糧、鋼年產量指標拔高：糧產量預計將從三億噸激增到五億噸，鋼產量一千八百萬噸到三千萬噸。與一九八四年中國歷史上最大的秋收（糧產量只有四億噸）相較，毛的計畫顯然是「冒進」。鋼年產量則直到一九八三年才達到三千萬噸。

②這首詩實際上是毛對中央其他領導提出「反冒進」批評的回答。

15

回北京後，毛更加信任我，考慮要我當他的祕書。有一天毛與我談話時說：「我沒有病，你的事不多。我看你還不錯，你做我的祕書，再幹點醫以外的事。」我會做類似林克的工作，毛要我除了讀讀「參考資料」外，還要做政治研究，寫報告給他。

我心裡非常不願意。當祕書可就會捲進政治的是非漩渦裡去了。我不想捲入其中。汪東興勸我接受。但我考慮，當醫生已經處在「受嫉」的地位，再兼上祕書，就要成為「木秀於林，風必摧之」了。做醫療工作已經是十分艱難，怎麼自投羅網，兼上祕書呢？

我跟毛說：「政治上我不行，不如林克。我還是幹醫生，這方面我在行。」

一九五六年去北戴河前，毛叫我把兩個兒子帶去。

我說：「小的太小，大的太頑皮。而且北戴河都是首長，我帶孩子可不好。」毛咧嘴一笑說：「你這個人啊，就是這麼謹小慎微，怪不得江青說你為人太拘謹。別人能帶孩子去，李敏、李訥和遠新都能去，你為什麼不能帶孩子去？」

我在衛士值班室見到葉子龍和李銀橋，告訴他們毛的話。兩個人都顯得那麼別扭，葉說了一句：「你就帶嘛。」我覺得不妙，趕緊到汪東興宿舍，將這事的原委告訴他。

汪沉思一會說：「這事還得照主席的話辦。不過，你帶孩子影響太大，工作人員不許帶孩子。你到保健局，他們派醫務人員到北戴河值班。你告訴他們，主席讓你帶孩子去，我的意見讓他們帶去。這樣，警衛局的人沒有話可說，也免得我為難，不至於抱怨我。」

我那時的領導上是汪東興的警衛局和中央保健局。由於大部分的領導人夏天都去北戴河避暑，保健局也派人隨行在那設立一個門診部。保健局裡答應替我把我六歲的大孩子李重帶到海濱。小兒子在北京由嫻和我母親帶著。

走前，江青要汪東興轉告我，想請我給李敏（毛與賀子珍生的女兒，當年十九歲）補習數學。李敏小的時候在蘇聯的中國幼兒院長大，沒有受到完善的教育，人卻是很樸實忠厚，十分有禮貌。一九五六年她在北京師範大學女附中讀書，數學、物理和化學，特別是數學跟不上。汪東興幫我答應了下來。

我也沒有異議，但江青還有別的要求。江青知道慎嫻的英文好，想請她教李訥學英語。汪也答應了。

我一聽不由得吃驚。教李敏數學不難相處。但李訥對人欠缺禮貌，慎嫻恐怕沒有能力教她。

汪東興一再慫恿我答應。他說：「我已經答應江青同志了，你可不能不同意。」

那時嫻已經由她老師安排在中國人民外交學會工作，常得陪同外賓到外地參觀。我堅決說：「吳慎嫻工作太忙。她不是黨員，出入主席的家，很不合適。加上她家庭出身是地主，兄弟姊妹在臺灣，這些都是大問題。」汪又說：「羅部長可是也同意了。而且經過保衛處審查，你說的這些都不成問題。」

我仍然不同意，我說：「我一個人在這裡工作，已經夠困難了，不能再把吳慎嫻也派來工作，這樣更不好相處。」汪很不高興了，說：「你不相信組織領導嗎？羅部長和我都同意，你就是不同意。你這不是使我們為難？」我說：「我不是要使你們為難。這事幹不得。江青是翻臉不認人的人，李訥性情彆扭了一點，再加上葉子龍、李銀橋這些人，平常沒有事還要惹是生非。吳慎嫻是個很純樸的人，她應付不了一組這麼複雜的人事關係，來了會引起大麻煩。」

汪這時已經很不耐煩了，他說：「算了，我找吳慎嫻談，你不要管了。你叫她到我這裡來。」我看到事情已經要弄僵了，說：「我叫她來。」我趕緊回去，將大體情況告訴了嫻。說：「妳現在到汪部長那裡去談話，你不能答應教李訥英語，你強調工作太忙，每天下班回來太晚，絕不要鬆口。」嫻匆匆去了。

過了一個多小時嫻回來了。看她臉色和緩，我放了一大半心，問她談得怎麼樣。她說：「談得很好，我將目前的工作情況告訴汪部長，特別時常有接待外賓的任務，還要陪同到外地參觀，時間上保證不了給李訥上課。」我完全放心了，說：「你倒是會講話，汪部長怎麼說？」嫻說：「他仔細聽我講完，他說這倒是不好辦，以後再商量吧。」我就回來了。

第二天江青又找我談，她說：「你愛人這麼忙啊。」我說：「是忙，特別是來訪問的外賓多，常常回來很晚。」江點點頭說：「教英語的事以後再商量。那麼，你可以教李敏了？」我說：「可以，每天兩小時。」

一九五六年七月下旬，我與毛坐專列前往北戴河。毛和江住在八號樓。李敏、李訥和毛遠新住在張家大樓，據說這原屬於張學良家的別墅。我和林克，住在八號樓後面的十號樓。

北戴河景觀迷人。我和慎嫻在一九五四年夏天曾經到這裡休假一個星期。沒想到那是我們往後二十餘年中唯一的假期。我們很喜歡這地方。北戴河原是渤海灣的一個小漁村，滿清末年英國人經營唐山開灤煤礦，發現了這個小漁村，便修了避暑游場，蓋了些別墅，此後中國的豪門大吏也修了一些。一九四九年以後，這些都收歸國有，成為中共中央領導人的暑期活動地。在海濱迤東一帶開設了商店和飯館，成了一個很繁華的市鎮。北京到瀋陽的鐵路，經過這裡。英國人蓋的紅磚別墅四周長滿了常綠植物。紅房綠蔭與藍天白雲相映生輝。海面無邊無際，海天迷茫，藍中微微閃出銀灰色亮光。漁夫告訴我，那亮光表示有帶魚群出沒。

前次慎嫻與我來北戴河時，我們總在凌晨二、三點落潮時分，到沙灘上撿海蚌和海螺殼。四點時，漁夫聚集叫賣，我們順便買當日的食物回去。此地的蟹蚌非常美味，但慎嫻與我偏愛比目魚。

一九五六年離開酷暑中的北京，覺得北戴河真是清爽宜人。海風拂面，微鹹而濕潤。別墅前的砂礫海灘向東西各延伸七里，偶爾有一兩葉白帆浮沉在波光濤影之中。住處周圍都是樹林和灌木叢。門前兩旁有四棵李子樹，到八月都結了實。每個李子有雞蛋大，皮紫紅色，肉瓤深黃，味香甜，隨手摘食，滿嘴清洌。這是在北京無論如何買不到的水果。每當雨後的清晨，我們到松林中探松蘑，這種松蘑大而香，似乎充滿了松林中的清涼松香氣。兩三個小時往往可以摘到一兩斤，拿回來，交給廚房，加上蝦米，可以煮成鮮美的清湯。毛對湯素無興趣，但江青卻極愛好。

日子過得既有生氣，而又閒散。平時晚上有電影，映些國內外新發行的影片。每星期三、六晚在浴場大廳有舞會，廳外的大陽台也成了舞池，這是為毛準備的，劉少奇、朱德有時也來。我每天上午兩個小時給李敏補習數學。下午隨毛和三、四十個辦公廳人員和一中隊隊員到海濱休息游浴。警衛在離岸約二千多米的海面上，放置一張有一間屋子大小的平台，四周用鐵錨固定住。毛首先游到這裡，休息一度再游回去。

七月底八月初，常有暴風雨，烏雲低低壓在海面上，即使在這樣的天氣，毛也去游過兩次。汪東興與羅瑞卿勸阻無效。我也游過。風浪太大，在水中奮力漂浮。有時候覺著游出去很遠了，可游來游去實際沒有超過沙灘地，不過是隨浪沉浮。一個大浪將人似乎推向雲端。浪退下去，人又似乎沉入海底。狂風夾著海水，在耳中咆哮，呼吸間兩肺翕張，好像無限地膨脹起來。

像這樣地游過以後，毛往往問我：「你覺不覺得在大風浪中搏鬥的樂趣？」我說：「以前沒有體驗過。」毛說：「平常說乘風破浪，不就是這樣嗎？」

海裡多鯊，一中隊在平台外圍了安全網防止鯊魚游入。有時警衛們捕獲鯊魚，他們想這可以使毛打消游太遠的念頭。汪東興清楚，越是勸毛別往遠處游，毛越會去冒險，於是將鯊魚在浴場門外展示，這比勸阻有效多了。毛常在浴場休息室看文件，與領導同志談話，傍晚回八號樓。

這個暑期，李重真是高興。一夏天曬得又紅又壯。他同一中隊的隊員們已經混熟，常同他們一起去游水，晚上去看電影。李敏很喜歡他，常帶他去玩。他很懂事，晚上我回來的很晚，他在睡前總是將我的床整理好，將換下來的衣服也洗乾淨晾起來。

其他領導也在北戴河，但常見的只有劉少奇和朱德。其他的領導人感到毛這裡太拘束，他們大多去東山國務院管轄的浴場舞場游水或跳舞。他們很少來找毛，我也從未去拜訪他們。毛要求一組的人只效忠於他，如果我們和別的領導人走得太近，毛會懷疑我們要「通風報信」。

朱德偶爾到毛的休息處和毛談談。朱不會游水，常帶一個救生圈在水中漂游。朱喜歡下象棋，沒有對手時，我的孩子李重常和他對局。朱對我非常客氣。朱每次看到我，總要問毛休息得好不好。

劉少奇已是滿頭白髮的老人了。可是精神矍鑠。他身材細長，背微駝。一般在下午三、四點以後游水。劉那時是毛的欽定接班人，主管國內事務，為人拘謹莊嚴而小心謹慎。毛和劉公事往來密切，但在北京時也很少見面，只有公文的批閱往返。黨中央繕好文件，先呈送劉少奇批閱，劉看好後就送往機要室，最後才送到毛那。毛加注他的看法，公文再輾轉送回劉那去執行。

劉的最後一位夫人王光美常陪他①。王那時大約三十幾歲，頭髮黑而濃，臉微長，門齒微露。毛在的時候，王總是很熱情地走來看望，也常陪毛游到海內平台。每當這個時候，我注意到，江青坐在陽台上，一臉的不耐煩和不高興。江不會游水。最多只在沙灘旁近海處「泡一泡」。她每次下水都穿上橡皮軟鞋，因為她右足有六個足趾，不願意別人看到。

劉的前後好幾位妻子給他生了不少孩子。劉的第二位妻子王前生的女兒劉濤那年夏天也在北戴河。劉濤很純真活躍，那時大約已是十六、七歲的姑娘了。她常同毛一起游向遠處，晚舞會也常請毛跳舞。毛對劉濤一直很中規中矩。但江青卻對劉濤的開放活潑作風，又嫉又恨。

江青常常發怒，我吃足了伺候她的苦頭。沒想到十年後，她壓抑的嫉妒和不安全感全爆發出來，一心一意將劉家人逼入絕境。

毛和劉對劉所扮演的角色看法很不相同。毛覺得他是至高無上的領導，劉少奇不過是在他的御杖下工作的人。劉則自覺和毛平起平坐，為治理國家中不可或缺的一員。

一九五六年是毛劉關係的轉捩點。我和毛的關係受到重大打擊之後，我才間接察覺到這一微妙的情勢。

注釋

①有些資料來源顯示王光美是劉的第五任妻子。我們只能確定她是第三位。

16

我以為那年夏季的最大風暴是北戴河的夏季暴風雨。不料天有不測風雲，毛突然對我大發脾氣，起因是傅連暲。

一九五六年七月回到北京以後，傅連暲要我將這一段的情況向他匯報。我去了以後，他交給我一封信，是他寫給毛的。主要內容是向毛介紹一種新的安眠藥，是西德生產的，叫「煩惱躲」（**Phanodorm**）。他希望毛檢查一次身體。

我覺得很難辦。因為自從改變安眠藥的服法後，睡眠還比較好，平均每天可以睡六到八個小時。這時又提出用新的安眠藥，很不是時機，毛會認為多事。再來傅該了解毛的性格，毛一向不喜歡醫生檢查身體。傅以前還跟我說過一九五一年毛對蘇聯醫療小組大發雷霆的事，並一再囑咐我要當心。

我向傅說是不是慢些時候再提出來。等到睡眠不好時，勸他用新藥，可能容易接受。傅同意了這個意見。傅又說，信裡有向毛建議檢查一次身體的事。傅說：「我從紅軍時期就跟隨主席，這麼多年了，他相信我，你就說是我的建議。這次完全找中國的專家。」我剛要再開口說話，傅截住，沉了臉說：「你膽子要大些，不要推三阻四的，就這樣定下來了。」

我將信擱了兩天，傅又打電話來，催我快去講。我只好回答我會立刻去報告。

當天下午，毛到室外游泳池，游完泳，曬太陽。我湊過去，毛看到我，說：「你怎麼沒有游水啊？醫生要講衛生啊。」我換了衣服，穿上游泳褲，在水中游起來。毛說：「不要練游得快，要練游的時間長。」我說：「到現在還沒有學會主席的游水方法，以後一定多練。」

毛笑起來，叫我到他身旁，又做給我看他的游水方法。然後說：「我看你的身體很不錯。」我說：「在武漢游長江，每次主席都能游上兩個小時，表明主席的心臟、血液循環都超過一般的人。」毛又笑了說：「你又給我戴高帽子了。」我說：「我講的是實話，好多年輕人都受不了，有一個水手，上了木船就虛脫了。」毛說：「我怎麼不知道？」我說：「因為人多，王任重同志顧慮講出來引起緊張。」毛開朗地笑著說：「有什麼好緊張的，各人體質不同啊。」我接著說：「最好趁現在很健康的時候檢查一次身體，留下一個客觀紀錄，等以後有病時，可以對照出來。」

毛看看我，搖著頭說：「你說的這些都是你們醫生的想法。我常說：藥醫不死病，死病無藥醫。你們的藥就那麼靈？誇口郎中無好藥。就說癌吧，得了癌有什麼辦法？開刀割了就好了？我不相信。」我說：「早期癌，沒有擴散以前，手術很有效，不檢查，不可能在早期發現。」毛說：「不見得，你舉出一個人來，我聽聽。」

那個時候，「高級領導人」年紀都不很大，還沒有一個例子可以舉出來。我只能說幾個乳腺癌的例子。毛笑了說：「乳腺在外頭，容易查、容易治。只能說，有的部位的癌可以早期查出，早期治。不能千篇一律。」停了一下，毛說：「你的意思是讓我檢查？」我說：「傅連暲部長有封信給你，你看看。」毛拆開信，大發脾氣說：「傅連暲這個人，吃飽了飯，沒有事情幹，來找事。我現在不得空，過幾天到北戴河去再說吧。」我跟著問：「醫生們可以一同去吧？」毛說：「可以，可以讓他們檢查，我也可以找他們談談。」

我那時對毛還不完全了解，我滿以為這就定下來了。於是給傅打了電話。傅在電話上高興地說：「我同你講過了吧，只要說是我提的建議，主席肯定會同意的。」

毛和江青在北戴河都排了身體檢查。北京協和醫院的張孝騫和鄧家棟醫生負責檢查毛；林巧稚和俞藹峰醫生則檢查江。江青很快便做完婦科檢查，但張、鄧兩人卻等了十幾天，毛還是沒有動靜。傅打電話跟我發牢騷，說醫生們在北京很忙，等著要回去。傅要我問什麼時候可以檢查。

我認為這事好辦，毛在北京已經同意了，現在不過定一下時間，不困難。

第二天同毛一起讀英文時，我直接問毛：「張孝騫大夫來了十幾天了，什麼時候檢查身體呢？」毛放下書說：「讓他們住下來，休息吧。」我說：「怎麼向他們回話呢？」毛詫異地說：「回什麼話？」我說：「不是檢查身體嗎？」毛這時突然變了臉色說：「誰人說過要檢查身體？」我說：「離開北京前，主席不是同意了到北戴河檢查身體嗎？」

毛抬起身來，大聲說道：「在北京講的話就不能改變嗎？中央政治局做出的決定，我也可以改嘛。這一定是汪東興這個王八蛋搞的，我不檢查，你告訴他，叫他滾蛋。」

我沒有弄明白，為什麼毛發這麼大的火。我也不知道，叫「他」滾蛋的他，指的是誰。我暈頭脹腦地說：「這是傅連暲部長要我報告你的，汪東興同志並不知道。」毛說：「叫傅連暲也滾蛋。」我說：「傅沒有來北戴河。」

這突如其來的發作，使我像當頭打了一悶棍。檢查身體本來是件好事，無論誰作主提出來，可絲毫沒有惡意。如果不同意，也可以拒絕，為什麼發這麼大的脾氣呢？

我走到衛士值班室，摸不清毛為什麼發這麼大的脾氣。李銀橋和衛士都偷聽到了。李說：「主席不是對你發脾氣。這兩天中央開會，談什麼事不清楚，不過聽說，主席在會上批評了警衛工作，特別提到這次外出游長江一些事，還有火車的安排，警衛太多，好多事情哪。」

我心裡想，毛並不說明道理，突然大發雷霆，使人手足無措，而且也無法知道他到底想什麼。

李又說：「明天主席自己不同你說，江青也會同你解釋，讓你不要緊張，不要想得太多。」但我忐忑不安。我見過毛對別人大發雷霆，但這是第一次毛用這麼嚴厲的語氣跟我說話。我能替這麼一個不可理喻、喜怒無常的人工作嗎？這工作太危險、太難捉摸了。我想還是離開一組，去醫院工作好。

我回到屋裡，又一想，了悟到我這次講話太冒失了。我不知道毛近日想什麼，說了些什麼，要做些什麼，就貿然提出他並不怎麼想做的事。何況在北京時，我是拐彎抹角慢慢才引到檢查身體，採取了很緩和的方式使他同意的。細想起來他在北京時講過的話，他同意是勉強的，或許是「給我面子」應敷我。我的頭腦太簡單了。

第二天傍晚，毛叫我到他那裡去。一見面毛就笑著說：「曹營的事難辦吧？」我也笑了道：「那麼我就是蔣幹了。」毛叫我坐下說：「我發脾氣是我的一種武器。我不想做的事，勉強我做，我一發脾氣，就做不成了。脾氣發過去，就沒有事了。你不要記在心上。我是主張批評和自我批評的，以後我有不對的地方，你可以當面同我講，可是不要背著我講，我一向反對背後講人。」

我說：「主席，我講話太冒失了。」

毛說：「我這次到北戴河來，中央有些事要解決，下半年要開第八次黨的全國代表大會。我沒有時間，不檢查身體了。你告訴醫生們，說我忙，以後再檢查。你要好好招待他們。他們要是願意，在這裡多住幾天再回去。張孝騫大夫是湖南人，我還想同他談談。」

這次我聽懂了，身體不會檢查了。我也明白毛不是在生我的氣。

事過境遷，日子又恢復到原來的狀態。我們每天都讀英文。毛晚上睡不著，便叫我去閒談。這一陣子他談的多半是他對蘇聯的不滿以及中國向西方學習的迫切需要。毛談到中國文化的僵滯，認為西方思想或可促使中國蓬勃再生。他想引進西方文化，但又不想附屬其下。他的目標是創造出「非中非西」的新文化。

我則指出中西文化差異甚巨，毛說我「抱殘守缺、沒有進取精神」。這也是他對中央領導的指控。

也就是在一九五六年夏季這個期間，毛第一次告訴我他要辭掉國家主席，退居二線①。我那時以為他只是隨口說說而已。當時我對毛不夠了解，不曉得毛向來不做戲言。毛用這些閒談來幫助他思考，而我總在好幾個月，甚至好幾年之後才了悟閒談其中的深意。他要辭去國家主席之事，當時經由幾位領導人討論，仍未公諸於世。三年後，一九五九年毛才正式辭去國家主席。毛「退居二線」所持的理由是他的健康，以及他不想為瑣碎小事分心，只專心重要大事。其實真正的原因不僅如此。

毛的健康確實是原因之一。每年過五一及十一這兩個節日，心情都很緊張。想睡偏偏睡不著，往往徹夜未睡便上天安門。二來慶典後，毛受風寒，很容易感冒，一拖久就變成支氣管炎。所以上天安門成為毛的精神負擔。

毛厭惡繁文縟節是另一個原因。在他擔任中華人民共和國主席時，平日科頭跣足的毛，必須按時穿戴整齊出席外交活動以及送往迎來，在在使他厭煩。

但我後來才了解到毛的所謂「退居二線」，是種政治手腕，以此來考驗其他領導人的忠誠度——特別是劉少奇和鄧小平——當時毛已對他倆起了戒心。赫魯雪夫的反史達林祕密報告，中國領導人最初對赫的支持聲態，爾後叫響「集體領導」的口號，批評毛的「反冒進」言論等等，都使毛憤懣不安。他並非真的想放鬆他手中的權力——實際上他是將這些他稱之為「表面文章」的，推給別人去周旋，這樣他可以全心全意投入改造中國的大業。

毛並沒有等太久就知道他這個政治考驗的結果。在一九五六年九月的中共第八次全國代表大會上，毛確定了他對劉少奇和鄧小平的懷疑。

注釋

①薄一波曾說，他在一九五四年夏天就聽毛談過退居二線之事。

17

中共第八次全國代表大會預定於一九五六年九月十五日揭幕。其他領導都在開會前紛紛返回北京。但毛仍滯留在北戴河。這時北戴河已開始有寒意。我們每天下午仍下海游泳。最後毛也覺得太冷，我們便在開會前趕回北京。

第七次全國代表大會於一九四五年在延安召開。解放後，這是第一次召開全國代表大會，也就是「八大」。「八大」會中將選出新的中共中央委員會，並為新建立的社會主義體制定下指導綱領。毛原本希望「八大」將其激烈改革政策形成決議，並確立其為中國獨一無二的領導人。他便將細節交給劉少奇和鄧小平去處理。劉鄧兩人誤以為毛真的要交出權力。

劉少奇負責講第八次全國代表大會上最重要的政治報告。這報告的起草討論須經毛先行過目和修改。後來毛在文化大革命期間告訴我多次——劉少奇的政治報告事先沒有送交毛過目。那時即將擔任新職（黨中央總書記）的鄧小平要毛休息，不參加會議。

毛說：「我提出辭去中華人民共和國主席，可是我仍然是黨的主席啊。召開八大為什麼事先不同我打招呼，八大的政治報告起草討論，我沒有參加，事先稿子也不給我看，說是來不及了。我又沒有離開中國，有什麼道理說來不及，不讓我看一看呢？」

我不確知毛究竟批閱過劉的政治報告沒有，但他顯然不喜歡其中強調經濟建設並避開階級鬥爭的論調。我想毛跟我發的牢騷，是他在氣頭上的話。八大路線（即堅持集體領導、發展經濟、反對個人崇拜、主張實事求是等）從未得到毛的支持。毛往後所有的政治行動——共產黨整風、大躍進、和社會主義教育運動、文化大革命——全是為了推翻「八大」所制定的總路線而做的出擊。直到一九六九年第九次全國大會時（那時劉少奇被開除出黨，並已死亡，鄧小平被撤職）毛的思想成為全國指導綱領，毛的報復才算落幕。

我想鄧和劉對治理中國的觀點基本上與毛的迥然大異。他倆將黨視為決策機構，赫魯雪夫的反史達林報告更使他們堅定集體決策的信念。毛的觀點則是帝王式的。毛認為他的意志凌駕於一切之上，並憎惡任何反對聲浪。

毛在「八大」中做了開幕講話。我隨同毛出席了開幕和閉幕會議，並在後台聽了劉少奇的政治報告。我一聽到劉、鄧兩人的報告，就知道毛一定會大為震怒。我也非常驚駭。毛的確有理由覺得中央在壓制他。劉的政治報告和鄧修改黨章的報告中，讚揚集體領導路線，反對個人崇拜。鄧小平進一步向黨代表保證，中國絕對不會出現個人崇拜。鄧修改的新黨章中，不但刪掉「毛澤東思想作為黨的一切工作指針」這句話，並為毛設立了榮譽主席的職位——這些都顯示毛的黨主席職位並非終身職，黨領導要他交出權力。

跟隨赫魯雪夫起舞，頌揚「集體領導制」的基調，特別令毛不安。如果中國共產黨員真的實施集體領導制，那表示領導人之間地位平等，所有重大決策將經集體裁決。毛的重要性便會銳減。但毛要做天下第一人，他想搞個人崇拜。

毛說他想退居二線時，他仍想由他決定所有重大事件。但問題就在劉、鄧兩人覺得重要的，毛覺得不重要，沒送來的文件，毛又覺得很要緊。這也就是毛後來所說的「大事不報告，小事天天送」。

我在「八大」會議中首次發現，毛和他的指定接班人劉少奇之間，存在著如此重大的歧異。「八大」是毛與劉、鄧兩人關係的轉捩點。毛覺得中央領導是有意排擠他，並且想削減他的權力。

但毛平息怒氣的策略，是先針對敵手的下屬迂迴攻擊，而不是直接剷除真正的目標。因此這次毛龍顏大怒，遭到池魚之殃的反而是羅瑞卿和汪東興。毛的憤怒也使我的生活起了快速而戲劇性的改變。

一九五六年，八大閉幕，國慶日後不久，毛便爆發了。有晚中南海大部分的工作人員紛紛去懷仁堂看京劇表演。毛沒有去，我正在衛士值班室看值班紀錄。李銀橋突然跑進來，打電話到懷仁堂，叫還在看京劇的羅瑞卿、汪東興立刻來。

過幾分鐘羅、汪趕來了。他們問什麼事，李銀橋只說：「主席請你們去。」他們匆匆走進毛的臥室。去了大約有一個多小時才下來。毛大罵羅、汪時，李銀橋和衛士在臥室門口，他們聽得很清楚。

羅、汪進到毛的臥室後，毛就破口大罵，說他們不接受批評，依仗中央壓他，毛罵道：「宰相出朝，地動山搖。警衛學蘇聯，搞什麼公安軍和警衛幹部隊。到處興師動眾，完全脫離群眾。」

毛不能明說他真正生氣的原因——羅、汪兩人過於服從黨組織，凡事都要向劉少奇報告。他們也並不是為了討好劉少奇而膽敢跟毛對立。他們總認為從安全出發，做好保衛是天職。毛又時常一意孤行，在戒慎恐懼之下，他們轉而向劉少奇尋求支持，以防萬一出事，可有人分擔責任。

八大後，羅、汪仍照舊前去向黨中央報告毛的起居一切，這使毛大為惱火。他們不知，如此警衛森嚴，甚至使毛覺得一舉一動都在警衛人員的監視之下。毛自然不願受到這種約束，尤其這影響了毛「私生活」的「保密」。

毛此時仍對彭德懷批評他「後宮三千」之語耿耿於懷，羅派的警衛越多，毛私生活的祕辛就越有可能流傳到中央去。

毛對羅、汪兩人大吼說：「我就不信，『死了張屠戶，就吃混毛豬』，你們滾蛋。」毛說，要羅下放到湖南省，任省長。要汪去中共中央黨校學習，然後下放江西。

兩人從毛臥室出來，臉色蒼白。羅說話時口唇抖動，向汪說：「這是怎麼一回事，到公安部，今夜立刻開會。」羅性格剛烈，要向黨中央說明情況。汪說：「羅部長先別急，明天再開吧。我先了解一下，看這到底是怎麼一回事。」

汪勸羅，如果這樣做，等於同毛攤牌，毫無轉圜餘地，會徹底垮台。

羅於是改向毛寫了檢討報告。然後召開公安部黨組會，在會上做了自我檢查。毛的氣出來了，慢慢平靜下來，羅仍任公安部長，沒有下放，汪也寫了檢討報告，但沒有復職，到黨校去學習了。

我是汪推薦來的，遇到了困難，都找汪商量。現在發生這麼大的變化，今後的工作和人事關係，更不好辦了。我冷眼旁觀，汪走後，無論葉子龍或李銀橋都似乎去了一塊「心病」，對我自然更加肆無忌憚。我前思後想，我在一組工作，脫離了醫院臨床，一天到晚處於勾心鬥角的「內戰」中，對我說來，犧牲太大，何況我在這場「戰爭」中，肯定是「戰敗者」。我便開始尋找機會脫離一組。

18

江青這次真的生病了。

暑期在北戴河，由林巧稚、俞藹峰做了子宮頸細胞塗片。由她們分別帶到北京和天津做細胞染色檢查，她們都認為有癌變。江青回到北京以後，她們再次取了子宮頸細胞標本。由廣東中山醫學院病理科梁伯強教授和北京協和醫學院病理科胡正詳教授，共同看片，最後診斷仍是癌變。但癌細胞沒有蔓延，是原位癌，可以治療。另由俞藹峰大夫帶一份片子到蘇聯去會診，意見也一致。傅連暲寫報告給毛。

毛在頤年堂內同醫生們討論。林巧稚大夫說，按照目前情況，用鈷六十放射治療，效果最好。當時中國醫院還沒有鈷六十的設備，蘇聯醫生又一再主張鈷六十效果最好。林這樣建議一來可保護自己和其他醫生同僚，二來萬一診斷錯誤，也沒有人需要負起責任。

毛說：「方法的選擇，由你們決定。生了病只能聽醫生的，沒有別的法子啊。」

當時定下來，由俞藹峰大夫陪同，去蘇聯進行鈷六十放射治療。毛會後請大家在頤年堂吃了一次飯。

醫生跟江青說明病情後，江差點崩潰。經由醫生們一再保證原位癌可以完全治療，她才平靜了下來。幾天後，江便乘飛機往蘇聯。

十一月上，我等待的機會來了。

我有兩個選擇——一是我聽到衛生部要派醫生到英國進修熱帶病，另一個是當時蘇聯派來中國的醫生中，有一位出名的神經病科專家 Rushinski。衛生部決定成立一個高級神經病科醫生進修班，抽調全國各主要醫學院的神經病科講師以上的醫生來進修。

一天讀過英文，我向毛說了我的要求。毛說：「你的意思是想去？」我說：「要是主席同意，我希望去。」

毛詳細詢問了這兩個班的性質和專業。然後說：「什麼熱帶病，跟我毫無關係。要去的話，到北京醫院代辦的神經科進修班去，進修以後，可能對我有用處。」

我說：「主席同意了，我同衛生部去講。」毛又問：「你去了，我這裡的工作，由誰代替啊？」我說：「可以由一位卞大夫代替。」卞志強小我五歲，畢業於南京中央大學醫學院。毛說：「我不認識他。那麼，你就遠走高飛了？」我說以後還可以回來。我正要出去的時候，毛叫住了我說：「告訴傅連暲，我這裡暫時不要人也可以，等以後再說。」

但傅藉此機會指定卞大夫為毛的保健醫生。卞立即遷進中南海，我於十一月中到進修班上課。

自由真可貴！

我在進修班，班上布置的課程很緊湊。參加進修的一共十幾個人，都是幾個主要醫學院的神經病學教研室主任。大家相處得很融洽，也很愉快。每天複習完專業課程，夜裡常常到兩三點鐘才能休息。

北京醫院副院長計蘇華醫生跟我保證，等上完進修班後，他可以介紹我到新成立的神經外科工作。

慎嫻為了我脫離一組，十分高興。她說：「我們又可以開始家庭生活了，太好了。」慎嫻的父母原本住在南京，到十一月中旬我們將他們接來北京，同我母親、慎嫻，和孩子住在一起。一九五六年南京的公安廳和民政廳知道我是毛的醫生，恢復了兩老的公民權。公安廳又看到他們年紀老了，將他們的地主帽子摘掉了，定為城市貧民。他們極為高興，心情很愉快，特別在看到我們的兩個孩子後，他們從內心中露出喜悅。

我仍保有南船塢宿舍，但家人很少去住。中央警衛局代局長羅道讓原則上放我去北京醫院進修，但不同意我脫離一組，不讓我搬出中南海。毛以前換了三個醫生。羅怕一旦放我走，毛主席需要我時，找不回來，可就成了大問題。他並且向中央保健局提出，決不可以調我到別處工作。

參加進修班的醫生們都埋頭於專業，對外界政治活動並不關心。我也不例外。毛在此時發動「百花齊放，百家爭鳴」。一九五七年二月二十七日毛號召民主黨派人士幫助共產黨整風，向黨提意見。進修班裡也開了好幾次這種批評會。我汲汲於專業，沒有去開會。外界的勞勞碌碌，幾乎形同隔世。

一九五七年春，我仍在進修班研習專業。

五一勞動節過去以後，五月四日我們正在討論病例。李銀橋來醫院找我，他說：「主席請你去。他感冒了，不舒服。」我說：「卞志強大夫不是在嗎？可以讓他去看。我這裡太忙。」

李說：「不行。你走了以後，卞大夫去過兩次，主席對卞大夫不習慣。主席也請卞大夫去舞會玩過幾次，但卞大夫太緊張，見到主席就會發抖。主席不喜歡他。主席現在沒有醫生。主席剛從廣州回來。江青已經在蘇聯治完了病，住在廣州。他們兩人商量定了，還是要你回來。主席叫你，你怎麼能不去。」

我說：「我去沒有問題，可是我要請假才好離開，也應該向這裡說明一下，否則會說我太隨便了，要來就來，要走就走，這給人的印象太壞。」

李說：「這件事上面都知道了。汪東興副部長到黨校去了。王敬先副局長管警衛，我同他說了，他叫我自己來北京醫院找人。車子都等在門口了。快走吧。」

我說：「這不行，我還得報告保健局和衛生部。」李說：「來不及了。主席睡醒後就叫我請你去。耽誤太久，讓他等著可不好。你先去看他，完了以後，你再去告訴保健局和衛生部。」於是我帶著檢查身體的用具，同李到了一組。

我進到毛的臥室，毛正睡在床上。我看他精神似乎很疲乏，臉色也黃一些。他叫我坐在床邊。衛士給我泡了一碗茶。我向他問好。

毛說：「不好，感冒了。感冒有兩個多月了，還有些咳嗽。二月二十七號演講以後一直沒有胃口，不想吃飯。」我要求檢查一下身體，他同意了。我給他做過身體檢查以後，沒有發現有什麼症狀。我向他建議服用一些化痰藥，同時用一些幫助消化的藥。毛說：「這些藥都可以吃。你配好以後，交給衛士，告訴他們這些藥的作用和服法。你就不必每次由你來給我吃藥了。」

我一面答應著，一面收拾檢查用具。毛又說：「你再坐一會。」我又坐下來。

毛接著說：「還是那句話，曹營的事難辦啊。」我笑起來，他又說：「你想遠走高飛了。可是我這裡沒有人。這樣吧，我們訂一個君子協定，還是由你照管我。平時我的事不多。有事時我找你。以前國民黨有一位衛生部部長姓周，大約叫周頤春吧，記不清名字了，在德國專門研究兔子的卵巢，得了博士。你看，研究兔子卵巢可以得博士。你在我這裡，空下來的時候，也可以研究一些什麼。搞些小動物來，弄一間實驗室，買些設備，不要公家出錢，我來出錢。」

但我覺得在中南海弄個動物實驗室這事絕對不可以。中南海裡不准飼養動物——連貓狗都不准。衛生部和警衛局怕動物會將傳染病傳染給毛和其他領導。後來江青竟破例養了一隻猴子，真是人人奔走相告，驚天動地。我覺得行不通。

我說：「不如有空時我多看看書。」毛沉吟了一下說：「這樣也可以，不過沒有實際操作，就不全面。先這樣吧。你先將我的事抓起來，有空的時候你自己安排。」

說好聽點是君子協定，壓根兒是毛主席的「意旨」。沒有人敢反抗毛。他的話就是法律，如果我拒絕，往後就會再也找不著工作。慎嫻也會被解職，無法生計。如果我不服從，會被逮捕，甚至批鬥。

歇了一下，毛又說：「以前同你說過，你可以做我的一個祕書，你又不肯，中國現代歷史上有不少出名人物開頭是學醫的，像孫中山、魯迅和郭沫若。學醫行醫自然是好，不過不要局限在醫學這一門上。要多注意社會科學。我要你做祕書，你不幹。就做醫生，也可以。不過我這裡醫的事情不多，不能一天到晚給我查身體。我們之間還要多一點共同語言，知識面要廣。你以後要看『參考資料』這樣我們可以和平共處。」

毛隨後又講：「我辭了中華人民共和國主席，黨內發了一個通知，讓大家討論。葉子龍、李銀橋他們都不贊成。這些人都不聽我的話，我不幹主席對我身體有好處。這些人想不通，大概是我不做主席，他們就沒有油水可撈了。給國家主席當工作人員，臉上更光彩些吧。」

我感覺到毛這一次的病不單純只是感冒。我離開的這六個月，政治局勢起了翻天覆地的大變化。在醫院裡我可以對外面的政治起伏視若無睹，現在我又回到了毛的宮闈世界中。衛士代我去醫院收拾了我的東西。毛召見我的那晚，我就搬回了中南海南船塢。我又重返一組，以後便再也沒能離開。

第二篇

1957年

1965年

19

林克告訴我，我去進修期間發生的事。

毛仍為「八大」所做成的各項決議——提倡集體領導、反對個人崇拜、「反冒進」、毛思想不再是中國的指導綱領等——大為震怒。就在我開始去進修班進修，也就是一九五六年十一月中旬，中共八屆二中全會在北京召開時，毛在會上宣布，一九五七年開展整風運動，一整主觀主義，二整宗派主義，三整官僚主義。

林克說，一九五六年冬天起，毛在家精神抑鬱，整天躺在床上，除大小便外，不起床，甚至吃飯都在床上。毛雖形體衰弱，精神憂抑，他也是在利用這個時機思考下一步的政治行動。

毛在一九五七年二月二十七日發表的一篇演說便是他策略的一部分。毛以國家主席的身分，召開了擴大的最高國務會議。政治局委員、軍事委員會高級幹部、高級政府官員，以及「民主黨派人士」的幾位領導都參加了。毛在此會上嚴厲批評黨官僚體系，又提出「大鳴大放」號召「民主黨派人士」隨意給共產黨提意見幫助共產黨整風。毛認為社會主義改革已經成功。雖然還是有一小撮反革命分子，但數量太少，構不成威脅。人民內部的矛盾已不再是尖銳敵對、你死我活的階級鬥爭。鑑於「匈牙利事件」的大規模流血事件，內部矛盾問題要用整風的方法，而不是用武力來解決。

共產黨曾有過內部整風運動。毛曾在一九四二年於延安展開整風運動（目的在審查幹部、清除王明勢力）。但這次的整風和延安整風不同之處在，這一次的整風運動不再只是黨內部的事情。這時毛對黨內高級幹部歧見已深，認為共產黨整風，自己整，整不好。因此號召民主黨派人士來批評共產黨。這是毛非常不尋常的一個策略。中國共產黨向來是個體系嚴密，力量強大的排他性組織，非共產黨人士一向不允許向其建言。敢這樣做的人都被打成「反革命」。全中國的善良百姓都深深明白這個道理。

再來，身為知識分子的毛，對知識分子卻存有很大的疑慮。毛在公開言語上，雖然提倡「聯合、利用」知識分子，骨子裡實在並不信任他們。解放後，中共立即展開知識分子的「思想改造」，在文壇上舉行大規模的批判運動，教導他們與黨站在同一線上。不願接受改造的知識分子便會遭到嚴厲的攻訐。

作家胡風在文藝界的整風中便成為被批鬥的對象。胡風（一九三〇年代曾任中國左翼作家聯盟宣傳部長，解放後，曾任全國政治協商會議常委）一向耿直敢言，曾公開批評毛的獨裁，並對文化部提過不少建言。但他最大膽的言論是在與好友的談話和私人通信中發表。胡的一些朋友將信交到了黨裡。一九五五年，胡風因作為「胡風反黨集團」的首領而鋃鐺入獄。自此後，知識分子記取胡風的教訓，連在好友間都不說真心話。

因此毛這次鼓勵學術辯論，發動「百花齊放，百家爭鳴」是個賭博遊戲。毛認為真正的「反革命」分子數量稀少，而像胡風這樣的異議分子早就噤若寒蟬，其他的知識分子無非是跟著毛的指揮棒，向毛自己認為最需要改造的黨內人士（包括劉少奇和鄧小平）和政策進攻。毛自信在這場賭局中，他穩操勝算。

一九五七年二月，毛在擴大的最高國務會議中說，國家建設中，出現了馬鞍形下降，是共產黨領導的錯誤，也就是毛自己的錯誤。張治中在會中第一個為毛辯護。張治中原是國民黨將領，一九四五年國共和談時的主要談判代表。一九四九年，張在周恩來勸說下投向共產黨，成為共產黨的高級座上客。張說：「我常將主席與蔣介石比較，蔣介石是『天下有罪，朕躬無罪』，毛主席是『天下無罪，罪在朕躬』。這就是區別。共產黨有了錯，自己承認，毛主席又承擔了錯誤的責任，這最使人佩服的了。」

雖然毛大力號召給黨提意見，知識分子仍一再沉默。

於是毛從床上爬起，又站到講台上了。一九五七年三月六日到十三日，中共中央召開了中國共產黨全國宣傳工作會議。仍是由高級共黨領導和民主黨派人士參加。毛又重複了二月講話的重點，號召「百花齊放，百家爭鳴」，鼓勵民主黨派人士打破沉默，直言敢諫。全國報紙轉載了毛的講話，地方工作單位的領導也大力響應毛主席的號召。

剛開始的批評非常溫和而且微不足道。四月底，在一次天安門群眾運動中，第三度號召群眾給黨提意見，幫助黨整風。

民主黨派人士終於展開了熱烈的鳴放運動。

也就是在此時，於五月上旬，我回到了毛的身側。

一天一天的過去，人們給黨提的意見越形尖銳，指出的「錯誤」越來越多。最後甚至涉及到了國家該由什麼人領導的問題。毛沒有想到，民主人士提的意見越來越敏感，攻擊的矛頭逐漸指向毛本人，例如：「共產黨念的這本經，因為大和尚念，小和尚才念」，「國家的領導要由各黨派輪流擔任」，「民主黨派要有自己的軍隊」等等，形成了一個時期毛所說的「黑雲壓城城欲摧」的局勢。

林克的看法，毛這次是受到重大打擊。他萬萬沒有料到批評的箭頭會轉而指向他本人。毛的本意不是要共產黨政權受到質疑。解放以來，毛對周圍的人的阿諛奉承已習以為常，認為他真正的敵人早就被殲滅或囚禁起來，因此他從未察覺知識分子的不滿竟如此之深。

到一九五七年五月中旬，大鳴大放達到高潮，這時國務院參事室（參事們都是高級民主人士）的鳴放會上，一位姓盧的參事發言中反駁攻擊共產黨的言論。盧的發言沒有在《人民日報》上刊出。當時《人民日報》的總編輯是鄧拓，中共中央宣傳部祕書長胡喬木（我的朋友之一）主管《人民日報》。

毛這步棋估計錯了。最後毛幾乎一天到晚睡在床上，精神抑鬱，患了感冒，把我叫回來。睡眠更加不規律。毛感覺上了民主黨派的「當」，自信心受到極大挫折，因此毛準備狠狠「整」民主人士。

五月十五日，我回一組後沒幾天，毛寫了〈事情正在起變化〉一信，並在黨內高級幹部間祕密傳閱。整風運動的本質必須立刻改變。毛準備給那些發表猖狂言論的右派分子大大反擊。幾天後，地方領導和各報編輯都知悉了毛的反擊計畫，各報繼續刊載了批評黨的「反動言論」和攻擊「右派」的支持共產黨文章。

毛這陣子告訴我，他的意思是要「引蛇出洞」，也就是「讓毒草滋長出來，然後一一鋤之，作為肥料」。知識分子仍在大鳴大放，但黨內領導人人皆知，反擊運動即將展開。

毛對我說：「原本想用民主黨派、民主人士的力量，幫助整黨。想不到他們這樣不可靠，最壞是民主同盟，他們是男盜女娼。」毛認為一九五六年二月赫魯雪夫的「反史達林報告」和秋天的「匈牙利事件」形成全球性的反共風潮。中國許多共產黨幹部和人民都受到影響。毛認為他們是思想糊塗。

毛將胡喬木叫來，臭罵了一頓，並說：「沒有能力辦報，就應該辭職，給能辦報的人讓路嘛。」讓胡住到人民日報社去，從報紙上反擊「右派」的猖狂進攻，並要新華社社長吳冷西兼人民日報社社長，替換了原社長鄧拓。

一九五七年六月八日，《人民日報》發表了毛寫的〈這是為什麼？〉這篇社論顯示鳴放運動的政策就要有大幅度的轉變。文中說：「少數的右派分子正在向共產黨和工人階級的領導權挑戰，甚至公然叫囂，要共產黨『下台』。」毛號召群眾起來反擊右派。

一九五七年六月十九日，毛在二月二十七日擴大的最高國務會議中所發表的講話，正式刊登在《人民日報》。許多民主人士看了正式出版的毛著〈關於正確處理人民內部矛盾的問題〉都大吃一驚，說內容上同一九五六年最高國務會議上的講話完全不同了。

毛在原本的開明講話中提倡大鳴大放，知無不言，「百花齊放，百家爭鳴」。但在六月十九日這篇修正的文章中，卻提到了原本沒有的「毒草」和「引蛇出洞」。毛還在文中立下了幾點批評限制——一、有利於團結各族人民，而不是分裂人民；二、有利於社會主義改造和社會主義建設，而不是不利於社會主義改造和社會主義建設；三、有助於鞏固人民民主專政，而不是破壞或削弱這個專政；四、有利於鞏固民主集中制，而不是破壞或者削弱這個制度；五、有利於鞏固共產黨的領導，而不是擺脫或者削弱這種領導；六、有利於社會主義的國際團結和全世界愛好和平人民的國際團結，而不是有損於這種團結。

知識分子這下覺得上了毛澤東的「當」。毛也知道瀰漫在知識分子間的情緒，毛在〈關於〉一文正式出版後說：「有人說，你這是搞陰謀，讓我們大鳴大放，現在又來整我們。我說，我是搞陽謀，我叫你幫助黨整風，叫你鳴放，誰叫你反黨，向黨進攻奪取政權。我叫你不要這麼鬧，鬧了不好，這是事先打招呼，是陰謀還是陽謀？我們做事都是有言在先，出了安民告示的，你們不聽，硬照你們的資產階級政治綱領辦，怎麼說我搞陰謀。」聽了這番話後，我終於了解毛是心口不一。原先毛想利用知識分子將他的黨內敵手整一整的策略適得其反。

六月底，通知我準備行裝，隨同毛外出視察，王敬先告訴我說，這次外出時間多久，他也不知道，到什麼地方去，他不清楚。此時大鳴大放已經結束，反右派運動正要展開。

20

專列的駛停，仍以毛的作息時間為轉移。我在火車上發現，隨行的人大大減少。我問王敬先為什麼只出來這麼幾個人。他說去年毛連續批評警衛工作神祕化，脫離群眾，警衛調派方法改了，以後多依靠各省市的警衛力量。這次南行，一中隊只出來十幾個人，警衛處只派了一個人，其餘就是祕書、衛士和我了。

這時已經開始反右派運動。一路上談話，講的都是反右派問題，毛不像在北京時的消沉，顯得精神高昂，語言有力。毛在那期間跟我談的許多話，直至今日，猶仍在我耳邊迴響。

毛說：「我一向的辦法是後發制人。可以用三句話說明，一是老子不為天下先，老子指的是李耳，他的辦法就是不首先發難。第二是退避三舍，這是晉文公重耳的辦法，我們原來共事，你對我有過幫助，現在打起來了，你打，我先不還手，不但不還手，還要退兵三十里，讓你以為得計，讓你暴露一下，讓大家看清你的面貌。三是來而不往非禮也，以其人之道還治其人之身。這是孔老夫子的話，既然你打來了，我讓了你，你還打，那麼我也就動手了，你怎麼打過來，我就如法炮製，照樣打回去。

「原來大家還不知道什麼是右派，右派是什麼樣子，說不清楚。現在大家明白了。什麼右派啊，就是反革命派。我說不要叫反革命，不好聽，戴上反革命帽子也不好看，就叫右派吧。

「這次一整，可能整出幾十萬個右派吧。我們還是老辦法，一個不殺，一開殺戒，類似的就都要殺掉，就沒有界線了，這一條還是延安整風時，定下來的。王實味向黨進攻，寫一篇文章叫〈野百合花〉，後來一查，他是托派分子特務，就是這樣，我也說不要殺。胡宗南進攻延安，我們從延安撤退，是保安機關將王實味殺了，報告我說，怕他跑，所以殺了。我還批評他們不對。

「第二條是大部分不捉，這也是延安時定下來的。除非不捉不足以平民憤，不能捉起來。他們是勞動力，捉起來養著，浪費勞動力。他幹不了領導，幹不了這項工作了還可以勞動，還有生產價值。這條辦法在中國歷史上一直是這樣辦的。所謂『沒官』就是給公家勞動。

「第三條是就地改造，這條在延安時沒有明確說明，可卻也這樣做的，現在明確提出，這麼多右派怎麼集中得了，在你這單位出的右派，就在你這單位裡改造。大家都清楚他的言行，可以聽其言，觀其行，在大家的監督下，把他改革好。而且他還是一個很好的反面教員。他接受改造，很好。不接受改造，也只有帶著花崗岩腦子到死，他不接受改造，有什麼辦法。我看這樣的是極少數。

「我常說，人是可以改造的。你看，牛並不是天生下來給人耕田用的和給人擠奶用的，馬也不是天生下來給人騎的。還不是野牛野馬，經過人的一手改造，牛可以耕田擠奶，馬可以騎了。人難道不能改造。我也常說，反革命也好，特務也好，總有那麼一點特別本事，如果一點本事也沒有，他怎麼能當反革命、特務、右派？為什麼不改革他一下，把他這點本事利用起來。」

王實味是抗日戰爭前，在上海的作家。抗日戰爭後去延安。他看到每個星期六晚上有舞會，有時還給「首長」演京劇，很不滿意，特別是前方將士流血，後方歌舞昇平，於是寫了

〈野百合花〉加以評論。其中有「舞迴金蓮步，歌囀玉堂春」譏諷這種狀況，因此而被捕。王本身不是托派反革命特務，現在已經完全平反。

和毛談這席話許多年後，我讀了〈野百合花〉，我這才知道王的批評全是事實。王批評的也正是我棲身中南海內旁觀多年的腐敗現象。我恍然了悟黨早在延安時期開始便步步走向墮落。

我們先去山東濟南，然後到上海。上海市長柯慶施負責接待我們。毛對我講：「在中國共產黨內，親眼看見過列寧的就是柯老一個人，那時他在蘇聯東方大學讀書。在一次群眾集會上，看見了列寧。柯老說，他一輩子也忘不了當時激動人心的場面。可見，領袖在人的心目中，所能喚起的力量。」

到上海後，住到滬西一座大理石樓，據說這原是一個叫哈同的猶太人的房子，一般叫做大理石樓或銅頂樓。草地很大，有不少樹木，但毛不喜歡這裡，想搬回專列上住，由上海市長柯慶施一再挽留才住下。

毛此次的上海之行是公開的。他要全國人民知道他仍是最高領導，他策劃的反右派運動已正式展開。上海的反右派運動正在高潮。柯慶施安排毛看了工廠的大字報，會見了上海市的黨政軍幹部，講了話。又在錦江飯店會見了一些文藝界的「左派」人士，包括小說家巴金、演員趙丹和他妻子黃宗英，還有女演員秦怡。

毛發動攻擊時，迅如閃電，不及掩耳。我們旋即離開上海，到以西湖馳名的杭州。我們住在劉莊。劉莊，原主人是安徽籍大茶商。一九六〇年，浙江省為了使毛住得更舒服，將原住廳堂拆掉，改建成豪華的現代住所，修好冷暖氣設備。真是金碧輝煌，豪華壯麗。劉莊在西湖湖汊中，是典型的江南園林，既優美又安靜，比起北京的頤和園，更勝一籌。莊中建築散落在池塘水流間，有典雅拱橋相連。每次陣雨過後，小塘中可以捉到很多鰱魚，拿到廚房，廚師做成西湖醋魚，味道鮮美。

蘇聯共產黨內發生了馬林科夫、莫洛托夫反黨事件後，這時蘇共派米高揚祕密來中國向中共通報情況。米高揚一行人到了杭州，想跟毛討論中國核武發展計畫。毛要我去見見米高揚。

米高揚個子不高，體型適中，背微駝，看上去大約已經有六十歲左右了。他主要的症狀是大關節疼痛，主要在背、腰和大腿關節。在蘇聯治療很久，不見效。他聽說中國的針灸治療很有效，特意問我能不能給他施治。我說可以用針灸方法治療試試看。因為他還要到北京，我給他介紹一位很好的針灸大夫孫振寰，可以用針灸同時服用中藥治治看。

然後他請我喝伏特加，我推辭了，因為我不喝酒。我要了一杯茶。米高揚同我談起原子彈的可怕。他說，在蘇聯進行了原子彈爆炸試驗多次，有一位負責這項工作的部長，得了輻射病死亡。

我對米高揚說：「我是醫生，對原子彈毫無研究。不過從醫生道德來說，原子彈和任何其他殺人武器一樣，都應該加以反對。」

回到劉莊，我將米高揚的病和他的這段談話，告訴了毛。毛說：「米高揚同我說，有他們的原子彈就夠了，他們的原子彈傘可以庇護我們。蘇聯其實是想控制我們，不要我們生產原子彈。蘇聯生怕我們不服他的控制，怕我們得罪美國。我們是從來不受誰的控制，也不怕得罪哪個。我們是搞定了原子彈了。我常說，和尚打傘，無法無天。誰也不要想限制、控制、嚇唬我們，你控制，我就反控制。誰也不要想做我們的太上皇。」

對毛來說，原子彈炸死一千萬、兩千萬人都算不得什麼。所以殺掉幾十萬個右派又有什麼好大驚小怪的呢？毛也許未親自下令處死那些右派（就像王實味一樣），但他也不曾出面制止這些暴行。

毛在杭州做了另一次的講話，幾天後，我們便由杭州乘專列到了南京。我們住在中山陵附近，原屬於國民黨宋子文的一座別墅。這時已是六月，天氣很熱。室溫一般在攝氏四十度。毛不怕熱，他的衛士每天在他臥室裡放上大冰桶。毛又對反右派運動說了不少意見，我總是邊聽邊冒著大汗。

外面的政治風暴如火如荼地進行著，「參考資料」上滿是聲討、批判右派的報導和評論，毛讀了很多。毛這陣子睡得更少，所以閒談的時間也多，但他精神益發振奮。

我不在時，林克跟毛接觸最多。他跟我談起他對毛的政治評估。林的看法，在當今這個局勢下，毛不得不在黨內求和解，以一致對付黨外人士。這次是由鄧小平負責反右派運動。鄧曾在八大會議召開期間，叫毛休息，毛十分震怒。但毛所指斥的「小腳女人」領導中，並不包括鄧。我許久之後才知道鄧在推行反右派運動時，風聲鶴唳，人人膽顫心驚。

今日我的後見之明是，如果當時民主人士提的意見未涉及到毛，那麼「文化大革命」一定會提早十年，在一九五七年，而不是一九六六年發生。我們今天只記得反右派運動時對右派人士的恐怖行徑。其實毛開始時是想借用民主黨派人士來替共產黨整風，目標是「反冒進」的那些領導。毛未料到民主黨派人士竟群起質疑「社會主義路線」和「共產政權」的合法性。毛萬萬沒有想到，民主人士提的意見越來越尖銳，攻擊的矛頭逐漸指向毛本人的統治。毛被迫暫時回頭和黨內反對他的同志聯合起來。黨內領導人人自危，大家一致槍口向外，出現了大團結的局面。

毛對黨內高級幹部有意見。一九五六年年底開始的半年內，毛號召給黨提意見，到一九五七年一、二月以後，毛又提出大鳴大放，也就是隨意給黨的各級領導提意見。原來毛認為共產黨整風，自己整，整不好。各領導人在害怕毛的憤怒和右派人士的批評之下，轉而支持後來的「大躍進」。毛仍在考驗這些黨領導。毛此時正設法奪回政權，重整旗鼓，準備稍後再做出擊。

在這期間，毛想在南京召開全國各省市書記會議，但江蘇省委書記江渭清覺得南京太熱，建議在青島召開。

毛本來想乘專列去青島，但是太熱了，大家都勸他乘飛機。毛同意了。空軍副參謀長何廷一帶兩架伊爾十四來到南京。大家分乘這兩架飛機到濟南。第二天毛在省委禮堂會見省委和濟南軍區的幹部。毛講話內容仍是反擊右派，與一路所講的相同。

青島的七月確是清爽宜人。從南京大火爐到了這裡，真是別有洞天了。青島地處嶗山餘脈，全市街道，高高下下。市內整潔，房屋都是德國式的。郊外到海濱，錯錯落落的一座座別墅，紅瓦紅磚牆，點綴在密密叢叢的綠色樹林中。毛住在原德國總督府改建成的迎賓館。這是一座城堡樣的德國式建築，坐落在一個小山丘上，俯瞰著青島市。

青島有一個很好的水族館，毛去參觀過。毛乘車到山東大學內轉了一趟。這個大學就是江青吹噓她在三〇年代時，旁聽過梁實秋講課的所在。又參觀了青島四方火車機車製造廠。這在當時是中國最大的製造火車頭的工廠。這是我第一次看到的大工廠。毛在青島的警衛仍如往昔森嚴，每次祕密出外參觀，由於警衛眾多，往往引起居民的好奇。青島的許多街道則禁行車輛和行人。

一九五七年七月十七日於青島召開全國各省市書記會議，議程前後數日，會中的討論集中在反擊右派和推行社會主義改革兩大方面。《人民日報》刊出毛的〈一九五七年夏季的情勢〉一文——毛主張將中國建設為一個強大的社會主義工業化國家。毛的理論其實矛盾百出——從領導一元化談到民主政治、教條主義到自由民主、意識形態統一到個人意志。毛的理想是要從一九五三年開始，在四十年到五十年內，超過英美先進國家，從社會主義過渡到共產主義。有一種難以名狀的理念正在毛心中滋長。

我在毛奢華的宮闈天地中，未曾感受到外面反右運動的風聲鶴唳。那些激烈的批判、鬥爭離我十分遙遠。我完全與世隔絕。毛的幾次閒談似乎也沒有帶給我任何真實感。我只模糊感受到毛話中的深意。

我在青島正為政治以外的事搞得焦頭爛額。

21

我的問題是江青。江青四月就從蘇聯返國，也跟我們去了青島。蘇聯的放射治療非常成功，但她變得更難以伺候，抑鬱消沉。

毛與江青分住在迎賓館樓下南和北的兩端房內。我們住在二樓。只住了兩晚，江青說樓上的人沖馬桶的聲音吵得她不得安寧，休息不好，要我們立刻搬走，並且說：「到青島來休息，是叫你們休息，還是讓我休息？」

林巧稚和俞靄峰兩位婦產科醫生仍隨行。但自一九五六年徐濤醫生到醫院學習後，江青便沒有專任內科醫生。江青提出要我兼管她的工作。

我說：「你同主席在一起的時候，我可以兼管你的工作，你們不在一起時，我很難兼管。」江說：「好在我也沒有多少事，我和主席不在一起時，必要的時候，可以讓護士給你打電話，安排我的治療用藥。」我只好答應下來。

沒過多久就遇上難題。就在我們被趕出迎賓館幾天後，也就是七月中旬，那晚下著大雨，晚上十一點多鐘，江青的護士打電話告訴我，江青覺得鼻子有點不通氣。我問脈搏和體溫，說都正常，也沒有發現什麼症狀，只是江青覺得鼻子不大通氣。江青讓護士告訴我，看怎麼辦。我向護士說：「雨太大，去不了，先給她服一點抗過敏藥，到明天再看。」

那時雨勢很大，可以說是豪雨。我既未帶雨衣，也無雨傘。如果走去，全身要淋透，也就沒有辦法給她檢查了。何況只是鼻子有點不通，沒有必要檢查。

過了大約半小時，護士又打電話來說：「江青同志說了，醫生不看病人，就給藥吃，是不負責任。」我聽了以後，覺得江青這話有些過分了。鼻子不大通，服一點抗過敏藥，就成了不負責任，豈不是笑話？何況在大雨滂沱的夜晚，又沒有什麼大病，要擺出隨傳隨到的架子，對醫生太不尊重了。因此我在電話上說：「江青如果不願意服抗過敏藥，可以不服，明天再看吧。」

第二天，林巧稚和俞藹峰大夫已經給她做完婦科檢查，要回北京去。江青請她們在海濱吃飯。李銀橋告訴我：「本來要你作陪，因為那天夜裡叫你，你沒有去，她說你架子大，把你取消了。」

將我取消，我倒是如釋重負。反正同她一起吃飯，實在談不上樂趣，只是活受罪而已。她吃飯時，規矩十分繁瑣。飯前要吃促進消化的藥，飯中要吃補血劑、鎮定劑，飯後要吃一大堆維他命。吃相饕餮，又不斷品評，使人感覺雖不能說芒刺在背，也可以說食欲全消。

毛又感冒了。七月的青島天氣有時陰濕，毛每天仍去山東公安廳專設的私人浴場游水。毛自七月中旬以後，咳嗽加多，胃口不好，自覺身上沒有力氣。我讓他服了些感冒化痰藥，並不見效，幾天後便停服了。

一天山東省委書記舒同來，對我說：「濟南有一位中醫劉惠民大夫，醫道很好，可以請他來看看。」我告訴他，這要徵得毛的同意，便去找毛。毛說：「這次感冒總是不好，你不主張再多吃藥。還有什麼辦法？」

我對中醫病理並不了解，但我父親在一九五六年重病一場，張孝騫大夫等人都束手無策。我請了中醫章次公大夫，是他給治好的。我跟毛提起此事，勸毛試試看。

毛點頭答應說：「那麼由你主持，請他來給我看看。」

這位劉大夫六十多歲人，高而瘦，面容清癯。看上去十分樸實。毛見到他，請他坐下。然後問他姓名，說：「你是施惠於民了。請你來給我看看。」

劉診脈後，看看舌苔，說：「這是風寒內聚，不得外洩，只要表一表，驅出風寒，就可以好。」這時毛有些不耐煩，說：「你講這些，我也不懂。你同李大夫研究吧。」劉向毛鞠了一大躬，退了出去。

舒與劉一起到我的住處。劉又解釋，這是風寒內阻，需要發散出來，服用兩劑藥就可以好。最好是睡前用半碗米湯隨藥服下，然後蓋上毛巾被，有微汗才見效。我聽了，很為難。這時毛喜涼，往往不蓋任何東西就睡了。

我又到毛的住室，他正等我回話。我將劉大夫說的簡單講了一遍，然後說：「治病是個麻煩事，主席試一次，一次不好，再也不幹了，如何？」毛顯得有些為難：「這種天氣，蓋上毛巾被睡，不吃藥，也要出汗，何必要他看呢。」我說：「蓋被捂出來汗，同吃藥發出來的汗，可不一樣。試試就知道了。」毛說：「照你的辦，試一次。不行，就算了。」

舒同的夫人水靜給煎的中藥。我親自檢查過藥草，確定沒有問題。但傅連暲的藥品化驗處無法化驗這些中藥，我只好聯絡中央保健局討論化驗藥草的法子。

毛每到外地，即從該地撥出一條專用長途電話，直通北京的北京電話局三十九局，這三十九局是設在中南海內，專供保密通話。有黑、紅兩種電話。黑色電話可以通其他的分局。紅色電話是機密電話，與北京市內其他線路不連。

我就是用這電話打給保健局的。保健局的意見，舒同是中央委員，山東省委書記，他主持之下，應該沒有問題。我說，這些藥怎麼做藥物安全檢查呢？他們也沒有辦法，因為中藥不比西藥，很難弄清裡面的成分。最後商量好，按藥方做成四份，一份舒同吃，一份我吃，一份送回北京交保健局，一份給毛吃。我與舒同做了一次當成試驗品的荷蘭豬。

毛蓋著被出了一夜的汗，感覺同以前差不多。第二天毛又同意服了一次。劉大夫又診過脈，認為風寒已驅盡，應該感覺好了。毛說同以前差不多。於是又連服了三天。劉又診視一次。劉說感冒風寒已經沒有了，不舒服是勞累引起的。劉建議改服一些西洋參和中藥合成的藥丸。這些藥我一一查過本草綱目，都是起補的作用，沒有害處。毛於是同意服用。

但毛還是覺得身體衰弱。劉大夫也束手無策。我想也許去暖和點的地方，毛病情會好轉。舒同說：青島最好的季節是八月，七月太冷。最好在青島留下，過了八月再走。但天氣未如他所言好轉。

七月底一天晚上，毛叫我去，問我的意見，是留下，還是走。我說：「我也沒有胃口了，這樣的氣候，再住下去，恐怕不會舒服。」毛說：「那麼就打道回府吧。」

八月初離開青島回北京。毛的感冒馬上轉好。

22

回北京的第三天，毛同我談到反右派運動的情況，問到我醫學界的反右。我毫無所知，回答不出。毛詫異地說：「你可真是『山中不見人』了，你到協和醫院去看看那裡的大字報。那裡有你的老師和同學，同他們談談，回來告訴我。」

北京協和醫院是全國最完善的醫院之一，醫生素質優秀，設備齊全。舊醫院原本是由洛克菲勒基金會資助，一九四九年後依蘇聯模式，完全改組。一些優秀的醫生被分派到其他醫院，由黨委接管醫院事務。現任黨書記是張志強。黨方面認為戰時曾接受紅軍醫務兵訓練的張志強具備醫生資格，但醫院裡受過西方訓練的大夫無法接受。但張是個老革命，在那時政治成分大過一切。

我到協和醫院找了幾位老同學談，大家主要的意見是，衛生部將北京協和醫院的各種人員拆散，分別調到別處，別的醫院，而且將綜合醫院，改成專科醫院，他們認為這對培養全面的人才不利。有幾個人在「百家爭鳴，百花齊放」時提出了以上的看法。我回去以後，轉告給毛。

毛正色道：「你這個人是『淺嘗輒止』，了解得不深不透。你再去了解，回來告訴我。」

我參加了一次全院批判大會。會上發言人的箭頭集中在協和醫學院院長李宗恩和醫院院長李克鴻兩人身上。發言的人，大都是年輕的實驗室技師和護士，他們受的教育不多，不懂醫院管理。年輕的醫生們則對醫院事務較有了解，又尊敬這兩位長輩，故多未發言。

發言的人都斥責李宗恩、李克鴻一貫不服從共產黨的領導，向黨爭奪三權，即人事調動權、財務支配權和行政管理權，總的一句話，向黨奪權。會場上大家的情緒很熱烈。

我很同情兩位李醫生，他們公開批評黨領導之舉實屬不智。我覺得再怎樣也不該批評黨中央。我那時才在毛身側工作三年，仍非常崇敬他。毛的想法就是我的想法，我沒有自己的思想。我覺得毛永遠是對的，從未想過該跟他有不同的想法。

會後，我去找張孝騫大夫。張孝騫也是湖南人，解放前在他母校湘雅醫學院①做院長，後轉為北京協和醫院內科主任。他是中國境內數一數二的優秀專家。這年春天張也給黨提了意見。張說，他做內科主任，可是對內科的醫生們的去留沒有發言權，是個傀儡主任。反右派運動展開以來，張日日心驚膽跳。

張孝騫一見到我，立刻抓住我的兩手說，他犯了大錯誤。他說：「我說了一些過頭的話。」張又講，大家認為他是想向黨爭人事調動權。他說：「我可是沒有要人事權的意思。我只是說，科主任應該對科內的醫生的業務能力評定，有發言權。」最後張又說：「你要把我的這些話反映上去。」

我回去後，將以上的情況告訴了毛，特別將張最後的話向毛講了。

毛笑著說：「你這次才算了解清楚了。這三權是黨領導的具體表現，將這三權交出去，黨還領導什麼？」毛歇了一下說：「打了這麼多年的仗，死了這麼多的人，共產黨才從國民黨手裡奪來這三權，他們要爭這三權，談何容易。」

他接著又講：「張孝騫同這些右派不一樣，他是個書呆子，讓人利用了。我以後還要找他談談。」因此張逃過此劫。

但李宗恩和李克鴻大夫下場淒慘。反右運動，二人都被定為「右派」，免職「下放」改造。李克鴻到雲南一所小醫學院裡當圖書館員，李宗恩被流放到貴州，兩人都死在外地。

反右越深入，可以明顯看出來，毛的思考越加深入，換句話說，他張開的網，越加大了。但我仍不明其所以。我不知道勞改的確實人數，也不明瞭所謂「改造」的真正面目。從毛的談話中，我覺得毛對敵人寬大，給他們改造的機會。毛說不該殺王實味時，我也相信了。我支持毛和反右運動。毛是對的，共產黨好。他們解救了中國。

直到三年後，也就是一九六〇年，當時中國的外交部長陳毅元帥告訴我，「反右運動」中，有五十萬人被打成右派，其中大部分都是被誣陷。最令人不安的是，許多工作單位被指定要找出若干配額的右派分子。每個單位奉命都得揪出百分之五的右派分子，造成冤獄遍布，誣陷氾濫。

也是那時我才真正了解被打成右派會有什麼樣的遭遇——許多人被撤職，送去勞改營「改造」摧殘至死。毛總是毫不留情地打擊他的政治上的敵人或對手，誰敢於冒犯他的，無不家破人亡。他說不殺人，可是「改造」帶給人肉體和精神上的折磨，無非使人更加痛苦地走向死亡而已。

我後來去參加十三陵大壩的修建工程時，才略微醒悟到勞改營裡的生活會是怎樣的光景。在勞改營中，一個只能馱二十斤石頭的人被迫馱四十斤，他自然承受不住，癱下來了。因為他是右派分子，不馱也得馱。在他飽經摧殘，無助而痛苦時，大家就逼他認錯，他只好出賣朋友，連帶供出別的人。許多人不堪摧折而慘死在勞改營中。死亡似乎比毛所謂的「改造」還仁慈些。

我早該知道這些情形，我有的是機會了解。毛給了我不少暗示。

毛有天跟我說：「我也常說，地主、富農、反革命、壞分子、加上這次的右派，這共有三千萬人。這三千萬人集中在一起，就是一個不小的國家，集合在一起就會鬧事。現在我們不將他們集中起來，把他們分散在各單位，這麼一來他們就是少數，我們這六億人口裡面有三千萬，二百人裡面有一個，還怕什麼？我們黨裡有人就是想不通。我對黨內好多人講了，你們就是要硬住頭皮頂住。他們說，哎呀呀，不得了啦，頂不住了。可是大多數還是頂住了。少數不但不頂，還鬧退黨，還同右派一起向黨進攻。現在我們知道這些人是誰了，就可以好好整他們。」

這是我第一次聽到有三千萬「人民公敵」。這數字似乎不可思議。但當時我覺得毛肯定有他的道理，這數字的來源一定可靠。後來我甚至相信這數字還應該更高些。

毛也曾給我別的暗示——中國百姓的生命對毛來說一文不值。

毛常說：「我們有這麼多人，死個一、兩千萬算得了什麼？」

走筆今日，我很感激我當時的天真無知。當年我還不如現在這般了解毛，不知道外面整人之風橫行，知識分子身受的可怕折磨，以及許多人正一步步地步向死亡。我曾想離開毛的內宮，但每次毛都把我召回去。我在一組中，如同困獸，無法掙脫。我原本應該明白更多的真相，但我卻視而不見。如果當年的我知道外界的真實情況呢？了解「反右」的巨大規模呢？我一定會無法接受，也無能為力。我會無法離開一組，也無法在其間裝傻過日子。中國人常愛說

「難得糊塗」——我想這就是我那幾年的情境。撫今追昔，我了悟到那幾年我是在糊糊塗塗之中度過。我不得不如此。只有那樣我才能生存下去。

注釋

①一九五六年湘雅醫學院改名為湖南醫學院，即為今日的湖南醫科大學。

23

蘇聯預定於一九五七年十一月盛大慶祝蘇聯革命節四十週年。赫魯雪夫特別邀請全球共黨領袖赴蘇，共襄盛舉。毛主席那年六十三歲，只在一九四九年冬天為和史達林簽訂中蘇友好同盟互助條約出過一次國。毛要再去一趟莫斯科。如今全國反右運動正進行地如火如荼，他精神特好。全國團結，人心振奮。城市和鄉村都在迅速推展社會主義化革命。毛這次威風凜凜地率著代表團浩浩蕩蕩地前往莫斯科。如今的毛正和赫魯雪夫旗鼓相當。

我們預定在十一月二日去蘇聯。

我負責醫務人員的安排。保健局副局長黃樹則是代表團的專任醫生，我以毛的保健醫生身分前行。江青向我提出，這次去蘇聯，可以帶上劉惠民大夫。一方面是感謝他在青島治好了主席，另一方面是向莫斯科作態，表示熱心提倡中醫。

劉大夫知道後，半喜半憂。劉大夫向我說，他年紀大了，很怕冷。我告訴他，這些天使館來的氣溫報告，最低時不過攝氏零上四度，而且屋內有暖氣，但劉大夫不放心。他說：「萬一主席沒病，我倒先病了，那不糟透了。」劉大夫怕代表團統一分配的羊毛大衣不夠暖，葉子龍只好到皮貨商店給他買了一件皮大衣和一頂皮帽子。這樣，劉大夫才算放了心。

然後便是毛的中藥問題。蘇聯沒有中藥，所以劉想帶齊所有的藥材。中藥不比西藥，都是些草根樹皮，體積大。帶少了，要用的時候不夠用。帶多了，太占地方，而且不好帶，何況中藥的味道太大，隨身攜帶太熏人。

最後商定一個辦法。對外貿易部一個押送禮品的人，要先乘火車前往莫斯科。劉隨身只帶夠用五至七天的常用治感冒藥。其餘足足三大皮箱的藥材和用特定的木盒子裝好熬中藥用的砂鍋，交給外交部，由他們的禮品信使，先行帶到莫斯科中國駐蘇大使館。

此外為防毛有緊急狀況，也需要一位護士隨行。我建議要中南海保健辦公室的護士長吳旭君去。我是保健辦公室主任，對吳的工作能力很清楚。但是葉子龍不同意，葉的意思是帶江青的一個護士去，因為她同江青去過蘇聯，可以不做出國衣服，節省點費用。但這位護士在醫院的訓練不夠。江青破天荒地贊同我的看法，認為找一名有臨床經驗的護士去遠比省錢重要。我便通知吳旭君做準備。

蘇聯方面也為毛派了一位醫生來。據他告訴我，他得到的指示是，負責陪同毛前往莫斯科以及毛的旅途健康。我們事先見了面，我、吳旭君和中央辦公廳特別會計室主任賴祖烈在「全聚德」請他吃烤鴨。他對烤鴨讚不絕口。他特別欣賞的是茅台酒，一大瓶酒，他一個人幾乎喝完，我看他已有醉意，急忙送他回蘇聯大使館，又另外送了他一瓶。

蘇聯派來兩架圖—一〇四到北京來迎接。我與毛、宋慶齡和那位蘇聯醫生同乘一架飛機。黃樹則隨中國代表團其他成員乘另一架。

旅途中，機上的空中小姐不斷給我們送來魚子醬、鱘魚片和三明治，也拿來一杯杯的伏特加酒。飛機中途在托木斯克和鄂木斯克各停留一小時加油。兩地都準備了大型宴會，全是冷菜。毛對我說：「這蘇聯菜，實在沒有吃頭，嘗不出什麼味道。」

那位蘇聯醫生一邊吃喝著，一邊同我講吸菸的壞處，喝酒的好處，不過沒有多久，他就安然入睡了。

在莫斯科機場赫魯雪夫和一幫官員前來迎接。留著一部山羊鬍子，面容嚴肅的布爾加寧及米高揚也來了。米高揚熱情地與我打招呼，還說了一些話。當時翻譯正在毛旁邊，給毛翻譯，我不懂俄語，我想米是說針灸的事吧。在赫旁邊有一位文化部長福爾采娃，是蘇聯官員中唯一的女性，大約也就是五十歲左右，舉止有些輕率。

赫魯雪夫陪同毛到了克里姆林宮住下。我從旁觀察，赫魯雪夫對毛是很親切和尊重的，赫魯雪夫向毛說，希望能多住些日子，這天是十一月二日，過了十月革命節，可以住到郊外別墅。並邀請毛在會後到黑海的索契住一段時間。

但毛則顯得比平時多一分矜持。毛一開始就對赫有些冷淡，他仍然為那份批評史達林的祕密報告餘怒未消。從機場到克里姆林宮的路上，我和毛都注意到，街上的人大多一副有氣無力，死氣沉沉的樣子。這與中國解放後的振奮活躍，簡直有天壤之別。毛說：「赫魯雪夫反史，不得人心，哪裡還會賣勁。」

蘇聯方面十分殷勤款待毛及其隨從人員。毛住的是葉卡特琳娜女皇的寢宮，宮內穿廊疊疊交錯，宛如迷陣，寬敞的房間裡擺著典緻的古物。地上鋪了長毛地毯，挑高的天花板垂吊著燦爛的吊燈。牆上有些肖像。毛住的臥室，是最豪華寬敞的一間。這次毛的大木床沒有運來。克里姆林宮內只有坐式馬桶，毛用不慣，最後是取來一個便盆臨時湊合。

我和葉子龍、王敬先、林克、李銀橋、衛士、給毛做飯的兩位廚師和幾位翻譯員住在宮內。中國代表團其他領導同志——宋慶齡、鄧小平、彭真、彭德懷、陸定一、楊尚昆、王稼祥、陳伯達，和胡喬木也住在克里姆林宮內。其他隨從人員則分別住在莫斯科旅館和中國大使館。我們很少見面。林克和我同住一間①。每人的房間內都擺上蘋果、橙子、巧克力糖、橘子水、礦泉水和紙菸。酒非常多，食物豐盛。

毛一直很興高采烈。毛似乎未特別在意寢宮的奢華，但他發現現今他和代表團所受的貴賓招待與一九四九那年遭到的冷遇，有若天壤之別。他說：「此一時也，彼一時也。看起來，不論中外，不論資本主義社會主義，什麼人都是勢利眼。這裡還是共產黨當權的國家哪。」

這句話給我極深的印象。他說這話時，微笑而又帶譏諷的神情，時隔這麼久，依然如在眼前。我當時弄不清，他是開玩笑，還是說明事實。我沒有答話。

毛去向列寧墓內列寧及史達林獻了花圈。我看列寧和史達林都瘦小而乾癟，這倒真使人看了很不舒服。我聽說他們的耳鼻都已開始腐爛，只好用蠟代替。當時我作夢也想不到，二十年後，我會是毛澤東遺體保護組的副組長。

毛對蘇聯文化毫無興趣。他單獨進餐，從未和代表團人員一起用餐。這次到莫斯科帶來兩位廚師，其中一位廚師精於西菜。到莫斯科後，蘇聯方面又配了兩位廚師給毛做飯。因此，每餐飯都是中國的和蘇聯的各占一半。但毛大多只撿湖南菜吃。我可以體會毛偏愛中國菜的心情。蘇聯菜無論冷熱都讓我難以下嚥。

一天他吃飯的時候，我去看他。毛邀我一起吃飯。雖然我才剛吃了一頓蘇聯飯，但毛的飯菜中有他廚師的傑作，所以我胃口大開，吃得津津有味。毛看出我吃得很高興，他微笑著說：「我看，你不像吃過飯的樣子。」

毛對蘇聯文化的見解令人難堪。赫魯雪夫請毛觀看芭蕾舞劇《天鵝湖》。赫魯雪夫邀我們共坐在他的包廂中觀賞。我們到時，已經是第二幕，毛看沒多久就看不下去。毛沒有看過芭蕾舞劇，也沒有人事先跟他說明。毛對赫魯雪夫說：「看來我這輩子不能幹這個了（指芭蕾舞），你還行吧？」赫魯雪夫說：「我可不行了。」

第二幕剛結束，毛就說：「可以了，該回去了。」回來以後，毛對我說：「這麼個跳法，用腳尖走路，看得叫人不舒服。不能改個法子跳嗎？」我懷疑毛是故意不去欣賞蘇聯文化。他這是為了嘲笑赫魯雪夫和蘇聯。

我們去莫斯科大學拜訪中國的留學生時，毛才對蘇聯露出一絲讚美之情。當時中國的留學生每人都穿著一件襤褸破舊的棉襖，而蘇聯學生穿的是呢子衣服。學生餐廳裡的伙食遠遠強過國內的乾飯青菜。莫斯科大學宿舍的居住條件也比中國好。同樣大的房間，蘇聯只住兩個人，中國卻擠八個。毛說：「這我們比不上。」

毛通常白天開會，晚上單獨留在臥室內。我和其他人員便有許多時間自由行動。我與林克沒有事，我們去看了慶祝晚會的演出。這是一個音樂歌舞演出會。每個節目都不長，很吸引人。晚上我們在宮內的小型電影放映廳，觀賞第二次世界大戰時的美國片子。我們點名要看《翠堤春曉》。

後來外交部的韓敘說，到蘇聯這裡，專看美國片子，太不好意思。於是映了剛發行不久的《靜靜的頓河》，但我是一句話一個字都不懂，實在看不下去。

蘇聯人員和我們代表團處得很好。我們這次去帶了一大堆禮物給招待的高級蘇聯官員，準備的有象牙雕船、景泰藍花瓶和金鑲的蘇聯國徽；另外準備了中國香菸、茅台酒，繡花拖鞋和絲睡衣給一般警衛人員和女服務員。

樓道口站崗的警衛官們同我們混熟了，開始是我們進出時，順手送他們一些，他們拿到總是偷偷摸摸地藏起來。後來，他們值班時，輕輕敲樓道口的門，我們就知道是要菸和酒了，我們就遞出一些去。

有位女服務員以為中國的生活水準比蘇聯好，醫生的工資很高。林克注意到她整理我的床鋪特別仔細用心。後來她從翻譯閻明復那打聽，問我願不願意同她交朋友，她願意隨我回中國去。閻明復替我回絕了。大家聽了這事，哄堂大笑。

我們住在克里姆林宮內又發生了一件使大家十分不愉快的事。我們隨從人員公用一間大盥洗間，每天上午由蘇聯女服務員整理及打掃。按蘇聯習慣，盥洗間放一大瓶香水。中國人沒有用香水的習慣。可是這瓶香水早上擺在那裡，到中午就不翼而飛。如此，一連三天。

葉子龍懷疑是哪位順手牽羊拿走，裝在箱子裡了。於是他突然檢查每個人的箱子。我十分反感。檢查了一遍，誰的箱子裡也沒有香水。而香水擺在盥洗間裡，仍然每天放，每天不知下落。大家一肚皮不高興之餘，突然恍然大悟，香水之不見，是這幾位蘇聯小姐的傑作，前手放、後手拿，方便的很。

我將這段插曲告訴了毛。毛說：「葉子龍簡直是多事。人家拿了，就不要查。萬一查出來，怎麼得了。人家背著你拿，就是怕你知道嘛。」

賴祖烈同我商量，去看看那位到北京接我們的醫生，於是由大使館的姓金的翻譯陪我們到這位醫生家去。他住的是公寓房子。一共兩間房，房間很小。我們帶著繡花拖鞋、絲睡衣和兩瓶茅台酒送給他。

那位醫生看見禮物時不知所措。他連著轉幾個圈子，突然拿出三百盧布送給我們，作為還禮。並且說送給一人一百盧布，很不好意思。我正在推辭，賴祖烈卻一把接過去收下了。我當時大惑不解賴為什麼收下。賴回來的路上同我說，這算是公家收入。但賴操守很差，我想他把那筆錢自己拿了。

十一月七日毛參加了紅場的閱兵式及群眾遊行。毛同蘇聯黨政領導人及各國代表團團長並立在列寧墓上。我站在墓下左側，在我旁邊是愛沙尼亞的黨書記。他會講英語，而且相當流利。他告訴我，他年輕時在英國住了很久。他說：「以前我們常用中國代表謎或神祕，似乎很遠很遠。以後有機會真想去看看這個謎一樣的國家。」

中國五一勞動節和國慶節的閱兵式和群眾遊行原本就抄襲自蘇聯模式，很累人，我對如此鋪張浪費也十分不滿。紅場的尖塔宮殿及鵝卵石大道雖然舉世聞名，但不夠寬敞壯麗。兩年後，為紀念解放十週年而拓建天安門廣場。我懷疑中國此舉是要和蘇聯較量，蓋一個全世界最大的廣場。

八十一國共產黨會議發表了莫斯科宣言後，蘇共中央舉行了一次宴會。這次毛喝了點酒。宴會後，毛的興致很高。他對這次的莫斯科宣言十分滿意。他說：「一八四八年馬克思、恩格斯發表了〈共產黨宣言〉，開創了共產主義運動。將近一百年後，這次的〈莫斯科宣言〉總結了共產主義運動的經驗教訓，指出了今後的方向和策略。

「我們中國黨在會議上提出了，十五年之內，在鋼鐵生產上，蘇聯要超過美國，我們要超過英國。到那時候，物資生產的力量對比，我們就有了質和量的根本改變，革命的形勢就會徹底改觀②。我們這個國家就是鋼太少了。就是要搞實力地位才行，要不然你說話，誰人來理你，人家看不起你，你講半天有什麼用。

「冷戰政策也好，杜勒斯的戰爭邊緣政策也好，我都雙手贊成。國際上搞得緊張點，國內各種力量就會團結得好一點。外部有壓力，內部才會奮發團結。你那面磨刀霍霍，我這面也不會把枕頭墊得高高的睡大覺。」

後來我從赫魯雪夫的回憶錄中，得知毛在一九五七年十一月於莫斯科發表那篇狂妄自大的演講，使赫十分震駭。毛那篇演講根本是「井蛙觀天」；毛對資本主義世界沒有概念，才會毫無根據的說出「十五年內超過英國」的這種狂言。而在核子時代中，表態支持戰爭邊緣政策和國際緊張局勢，更是愚蠢至極。但問題在毛那篇演講就像平常和我的深夜閒談一般，不只是說說而已。他又在思考新的策略。那時毛的心田上早已播下了「大躍進」的種子。③

注釋

①李醫生與毛的俄語翻譯李越然同一間房的報導有誤。

②毛誇口中國會在十五年內超過英國，可能是被赫魯雪夫說蘇聯可在十五年內趕上美國所激。但李醫生沒有聽到赫魯雪夫的那篇演說（譯注：赫魯雪夫在蘇聯慶祝十月革命節週年大會上的演說）。「大躍進」這個術語第一次被公開引用，是在周恩來一九五七年夏天的一篇演說中。同年十一月十三日，在毛自莫斯科返國前，《人民日報》號召掀起「大躍進」運動。

③關於赫魯雪夫對毛在一九五七年莫斯科會談的憶述，可見前引書 *Khrushchev Remembers*, pp.250-257。

24

莫斯科之行使毛精神振奮。一九五七年十一月二十日離開莫斯科後，毛已準備發動「大躍進」，增加糧產量。但他當時最大的阻力是中國共產黨。他目前的首要之務在於尋求支持。

回到北京後，稍事休息，毛就乘飛機到了杭州。江青已經先行抵達。

在杭州住了兩個星期，又乘飛機去廣西南寧開南寧會議。中途在長沙黑石鋪機場降落加油。湖南省委書記周小舟到機場來迎接，請毛進城休息一下再走，毛沒有同意，就在機艙內同周談話。毛說：「湖南的農業就是上不去。為什麼湖南只種一季稻？」

周回答：「湖南的氣候只適宜種一季稻。」毛說：「你這湖南同浙江在同一緯度上，自然條件也與浙江類似，為什麼浙江能種兩季稻，你湖南就只種一季稻。」我看周的臉漲得紫紅，說不出話來。

毛又講：「我看，就是不吸取人家的好經驗。」周囁嚅說道：「我們回去再研究研究。」毛搶白地說：「什麼研究，我看研究不出什麼名堂來的。」

毛說著，隨著伸手拿起《明史》，對周說：「你們回去吧。」也沒有等周告辭，毛就翻書看起來了。弄得周尷尬不堪，同我們打著招呼，又說：「主席，我們回去就改種兩季試試。」毛也沒有理他。

周下了飛機後，毛氣虎虎地將《明史》一扔，說：「他試試看，完全不學學別省的好經驗。沒有用處。」

南寧會議是毛鞭策共產黨的再一次努力。

這時已是十二月底，南寧仍然是鬱鬱葱葱，滿眼蒼翠。城市不大，但十分整潔安靜。街道和商店建築是典型廣東式的。沿街房屋都是兩層或三層樓，而第一層都內縮一截，使二層的臨街部分形成沿街一條行人走廊。這種建築方式，對於多雨的華南地區城市的行人，有很大的便利。這裡極其幽靜，樹木很多，特別是橘子樹和梔子樹叢。橘子樹上滿是白色的橘花，甜香沁人。也有不少的柚子樹，氣候溫和，一般在攝氏二十四度左右。

廣西自治區黨委交際處賓館設在一座小山上。毛住在一座小巧的平房裡，江青住在鄰近的另一座平房。沿著房前的花徑，轉過山坡，是新建的兩層樓招待所，我們住在這樓裡。小山腳下是南寧賓館。

到南寧後第三天，江青叫我去，大發脾氣說護士折磨她，有意打亂她的生活習慣，將她整得精神緊張的很。要我立即給護士開會，整頓工作。

原來南寧招待所的房屋沒有暖氣設備，只能用電爐取暖。這種爐子一開，溫度升高很快，江青說溫度高了。關了以後，室溫立即下降，她又說涼了。區委祕書長和公安廳長急得像熱鍋上的螞蟻，派人到香港，買來電暖氣。這種設備，外形每具同普通的暖氣片相同，有十到十二片相連，灌入冷水，插上電源，水溫可達到一恆定溫度，這樣才解決了室溫的問題。

江青是洗淋浴的，但招待所沒有淋浴設備，只好用臉盆將熱水冷水混好沖洗，一盆用完，再拿一盆沖，這個空隙，江說護士有意使她受涼。自治區區委祕書長知道洗澡出了問題，立刻又派人到香港，買來淋浴設備。但是江住在這裡，不肯先換到別處住一兩晚，無法安裝，鬧得大家十分緊張。

我先問過護士後，隨即跟江青解釋情況，除非她暫時搬到山下賓館住一兩天，趁此加緊安裝淋浴設備，此外沒有別的辦法。江更加不滿。她說，護士不積極想辦法，不盡職，反過來以讓她搬家脅迫她。

在這種無理取鬧中，已經不能同她講道理了。晚上江睡覺後，我同毛講了護士們的困難情況。毛聽後說：「江青這個人也是個紙老虎。有的事情就是不能聽她的。要頂一頂，護士們不要怕，替我感謝她們，謝謝她們照管江青。」

第二天下午，衛士來告訴我。江青到毛處，說護士不好好給她洗澡，故意讓她受罪。毛說：「百日床前無孝子嘛。這些人還不是抱著僱傭觀點來工作的。」衛士說：「大夫，可要注意了。」

這下我明白了。毛對我講江青不對。對江青又講護士不對。我還得準備好對付江青。

過了兩天，江青找我談話，對我說：「你知道不知道，有時我在將就你？」我說：「我不知道。」江說：「你這個人優點突出，缺點也突出。你能夠想辦法，遇事果斷。主席說你這個人還是多謀善斷。可是你驕傲，有架子，只要你認定的事，什麼人說你，你也不回頭，要說服你，難的很。我對你是投鼠忌器，你知道嗎？」

我說：「我不懂你的意思。」江皺著眉說：「我有時受不了你的這個脾氣，只是主席在用你。你給主席工作，主席對你也適應了，也不容易。我對你是從主席的這個大局出發。你和我都是為主席工作，都是他的幕僚，你我是同僚。我已經給你提了意見，你對我有什麼意見呢？」

我說：「我沒有什麼意見。只是我的工作能力和我的個人條件，都不適合在這裡工作。我還是希望有適合的人，可以接替我。」我建議由王鶴濱替代我的工作，因為這時王已經從蘇聯學習回來了。江青顯得不耐煩說：「你的工作適合不適合，由主席決定。」

衛士全聽到了我們的談話，他同我講：「大夫，江青對你真算是客氣的了。我聽主席講，這麼忙，還鬧個不停。真不懂事。」我問他：「主席這幾句話是說誰呢？」衛士說：「這是江青從主席房裡出來以後，主席講的。我看可能是說江青。」

但江青還是鬧得翻天覆地。為了洗澡，鬧得護士們哭哭啼啼地跑來跟我訴苦。我看，擺在面前的事，不是醫生能解決的。

我去找王敬先，王說，這種事他管不了，他只管警衛工作。我又去找葉子龍，葉說，沒有辦法，淋浴設備買來了，江青不肯搬到別的房間住一兩天，裝不上去。我又去見了江青，說明不安裝淋浴設備，無法解決洗澡的水溫保持恆定。這次江同意了，暫時到山下賓館住一天，總算搶裝好淋浴設備。

洗澡問題告一段落。接著江又說，住房周圍不安靜，影響她的休息。於是，除我們幾個人不動以外，其餘所有的人，包括區委祕書長和區公安廳長一律搬到山下，而且山的四周斷絕通行①。

剛過了一九五八年新年，毛決定在一月十一日召開中央各部門和省委書記會，也就是南寧會議。中央部分領導人，和部分省市領導人都參加了。會中總結第一個五年計畫，討論第二個五年計畫和長遠規劃。會上，毛批評了一九五六年的「反冒進」，當時負責計畫、建設和財經工作的人都受了嚴厲的批評，其中包括周恩來和陳雲。

一月十一日開會。十五日陳伯達找我到他南寧賓館的房間去。他告訴我，他感冒了，頭痛，讓我給他感冒藥。其實陳伯達想回北京，但因陳在會中也遭到毛嚴厲批評，不敢走，怕一走毛會指控他「躲風」②。他又問我，他的房間的樓上，住的是哪一位？一夜到天亮，在上面走來走去，不停的來回走，在下面整夜被吵得睡不著。陳要我到上面去打個招呼，不要吵得下面不能睡覺。我口頭上答應他了，但是來的都是「首長」，我怎麼能夠去打招呼呢？

我離開賓館以前，到了二樓，才知道住在陳伯達上面的是薄一波。薄當時任國家建設委員會主任。會上受毛的嚴厲批評，心理壓力想必極大③。

江青的前夫，黃敬，當時任國家技術委員會主任，在會中遭到毛的激烈指責後，精神崩潰。南寧會議是在二十二日結束。當天上午，上海市長柯慶施找我，說黃敬這些天來，精神不正常。要我給黃查一查，是不是病了。

我到了黃的房間，他睡在床上，但是並沒有入睡。他語無倫次，精神恍惚。不斷地說：「饒命啊！饒命啊。」我立刻將這種情況告訴了楊尚昆。楊說，會議結束了，明天可以到廣州，再住院治療。

後來在廣州，柯慶施告訴我，黃敬同國家計畫委員會主任兼國務院副總理李富春、國務院祕書長習仲勛等坐一架飛機去廣州。途中黃突然跪在李富春面前，叩頭說：「饒了我吧。」大家知道黃是瘋了。到廣州後，送入廣州軍區總醫院。黃敬住院期間試圖從醫院窗口跳樓逃跑，跌斷了腿。我自此後沒有他的消息。許多年後才知道他一九五八年十一月就去世了。

在毛的斥責下，與會人員俯首貼耳，唯唯諾諾，但毛的情緒十分高昂。會議結束後，自治區區委請大家吃一頓「龍虎鬥」。毛破例跟大家一起用餐。所謂龍就是蛇了，但不是一般菜蛇，而是一種叫做三花蛇的毒蛇，虎就是貓了，但不是一般的貓，而是一種野生的貓科的果子狸。這種狸，素食，在山林間以各種果子為食物。非常肥膩，我和很多首長都覺得難以下嚥，但毛卻吃了不少。

第二天毛要在南寧市郊外的邕江游水。當時水溫太低，只有攝氏十八度，不適合游水。毛不同意。他認為，只要在精神上有了準備，水溫再低，也不會感冒。我只好和他一起下水。

毛在邕江中游了大約一個小時。游後第二天毛果然感覺不舒服了。雖然沒發燒，但是咳嗽增加，痰也多了起來。開始時他想頂一頂不吃藥，後來咳嗽加重，他還是同意服藥治療，逐漸恢復。

南寧會議後幾個月，又一連串開了數次會議。毛在每個會中都疾言厲色地指責各省委書記和負責黨計畫的主持人，腳步太慢，拖延中國的進步。每次會議一結束，各省傳來的農業、工業指標便節節拔高。一九五八年五月，八大二次會議上，毛正式提出了「大躍進」。

注釋

①據說當時任副總理和中國外交部部長的陳毅對江青也有類似的抱怨。陳說為了怕吵到江青，他得脫掉鞋子，赤腳走來走去。

②陳伯達曾表示無產階級和資產階級之間的矛盾已獲得解決，目前最主要的矛盾存在於中國經濟文化發展和人民需求之間，因此遭到毛的批評。

③薄一波一九五六年反對毛的「冒進」，並拒絕響應「多快好省地建設社會主義」。一九五七年九月毛開始批評，薄是被批評的人士之一。毛指控薄右傾。

25

一九五八年初，我感覺到毛的性格起了變化。他逐漸有一種非理性的懷疑恐懼，但要一直到文化大革命爆發時，才完全成形。我們由南寧飛往廣州，再回北京，只待了幾個禮拜。五八年一月，毛展開整風運動。和上次不同的是這次是關起門來整，自己人整自己人。三月初，往成都，召開成都會議。

四川省委給毛安排的住處，在成都城西二十華里的金牛壩。金牛壩招待所占地面積很大。壩後有一個花圃。院中錯錯落落的竹林旁有蒼松翠柏，小徑旁又挺立著棕櫚和柚子樹。花圃中，茶花開得火紅。石徑上布滿了蒼綠的青苔。雨後遠處雲山石樹蒼蒼茫茫，融合成一片迷離閃爍的青光。毛在散步時說，看來中國畫的金碧山水派，和大潑墨的山水畫派，都有自然界的依據。

他說：「煙水蒼茫的煙，指的是微雨似煙，並不是炊煙。煙雨莽蒼蒼的煙，指的是樹林在雨中遠望的景色，也不是炊煙。有人說，我寫的詞中山花爛漫，不知是什麼花，我指的就是茶花和杜鵑花，這兩種花在四川和雲貴高原多的很。」

我很高興能重返舊地。我自一九四四年夏天，從成都華西協合大學醫學院，轉到重慶歌樂山上海醫學院附屬醫院，離開成都，到這時候已經十四年了。因此我趁這機會去拜訪位於華西壩的母校。

華西協合大學校內原來是鬱鬱葱葱，其風景之美和占地之廣，居全國之冠。校園在我的大學時代繁盛有若天堂。但它現在已面目全非。

在原來的體育場開了一條由北向南的大馬路。整個校園被一分為二，拆了許多原有建築，包括一座座小樓的教授宿舍，明德樓（Vandman）及加拿大學校（Canadian school）。大鐘樓、醫科樓及新醫院雖然沒有大的變化，但已失去昔日的絢麗。校園疏於照顧，雜草叢生。校門外的小天竺街也失去了昔日的幽靜風采。

學校現已改名為四川醫學院。文、理學院則合併到四川大學。我任毛保健醫生一事很少人知道，所以未去驚動太多老同學。我只去拜訪了孫玉華，他當時是醫學院院長。說起舊日情景，不勝唏噓。

回到金牛壩，毛問我都看了些什麼。我告訴他，我到念書時的學校，華西壩去看了，已經有十四年了。毛說：「有首詩寫『昔年種柳，依依漢南。今日搖落，淒淒江潭。木猶如此，人何以堪』。人到了久別重遊的地方，是會有這種感慨的。」

毛又問遇到什麼人。我說有幾個老同學，我沒有去看他們，不方便。毛說：「舊地重遊，也應該舊雨重逢。什麼方便不方便。」這我沒有聽他的。因為中央在這裡開成都會議，多一事不如少一事。

四川省省委書記李井泉，幾次請毛看川劇，毛以到城裡往來費時費事推辭。李井泉提出，就在前院的禮堂內演出，毛終於同意了。

第一晚演出劇目是「搶新郎」，是齣喜劇。劇情突梯滑稽，演員才華精湛，很快就將我完全吸引住了。我看毛，他也是全神貫注，有一次竟將香菸點燃的一端放到嘴裡。以後每晚都有川劇演出。從此以後，各地為毛興建豪華住地，都附有小型演出禮堂，以利毛觀賞戲劇。

毛對金牛壩的室內游泳池抱有一種非理性的恐懼，也是在那時我才感覺到毛的變化。這游泳池是李井泉完全模仿中南海的室內游泳池興建而成，結構上完全一樣。毛到成都後，從來不在這裡游泳。他不斷要我們去游，並且要我們告訴他，在這裡游，比北京的游泳池，有什麼不同的感覺。

毛老覺得池子裡被下了毒。我們試游過的人全安然無恙。我對毛的恐懼很感納悶。多年以後，毛的猜忌心越來越嚴重，我才了悟這其實就是他往後發展為被迫害妄想症的前兆。

一九五八年三月九日至二十六日召開成都會議。成都會議事實上是南寧會議的繼續。毛大肆批評主持經濟發展的黨領導。毛一方面鞭策他們提出十五年超過英國和倍增鋼、農產量指標的具體方案，另一方面指責他們是小腳女人，步伐放不開。此時雖經過五七年夏季的反右整風，毛對黨仍未恢復信心。

毛在成都講話中說：「要各級幹部，特別是高級領導幹部的風格，應該講真心話，振作起精神來。要有勢如破竹，高屋建瓴的氣概才好嘛。要做到這一點必須抓住馬克思主義的基本原理，和工作中的基本矛盾。但是這些幹部老爺們，卻並不想勢如破竹，反而精神不振。這是精神上處於奴隸狀態，就像賈桂一樣，站慣了，不敢坐下來。

「對馬克思列寧主義的經典著作要尊重，但不能迷信。馬克思主義並不是天生就有的，還不是馬克思創造出來的。不能照書本，生搬硬抄。在這點上，史達林好些，蘇聯《共產黨簡明歷史教程》一書的結束語說，馬克思主義個別原理不合理的，可以改變。

「中國儒家，對孔老夫子就是迷信，不敢叫他孔丘。唐朝的李賀就不像這樣，他叫漢武帝，直叫其名，曰劉徹，劉郎。稱魏人為魏娘。

「如迷信前人，我們的腦子就被壓住了，不敢跳出圈子想問題。學馬克思主義沒有勢如破竹的氣概，那很危險。史達林也有點勢如破竹的精神，可是有些破爛事，攪得不清楚。

「害怕教授，進城以來，對於教授相當怕。不是藐視他們，而是對他們有無窮的恐懼。看人家一大堆學問，自己好像什麼都不行。馬克思主義恐懼資產階級知識分子。不怕帝國主義，卻怕教授。這也是怪事。我看這種精神狀態，也是奴隸思想，『謝主隆恩』的殘餘思想。」

毛認為，有些人，特別是「高級領導幹部」阻礙了「革命」的前進；知識分子一般說來是反黨、反馬克思主義的；進行革命，就要寄希望於年輕人，要年輕人帶動「革命」。

「從古以來，創新思想、新學派、新教派的都是學問不足的青年人，他們一眼看出一種新事物，他就抓住不放，向老古董開戰，有學問的老古董們總是反對他們。孔子從二十三歲開始，創學派，收門徒。耶穌有什麼學問？他創立的基督教，還不是流傳至今。釋迦牟尼十九歲創佛教，孫中山年輕時有多大學問，不過是高中程度。馬克思開始創立辯證唯物主義時，年紀也很輕，他的學問是後來學的。他寫共產黨宣言時，不過三十歲左右，已經創立了新的學派。他在二十九歲開始著書立說，他批判的人，都是當時一些資產階級的經濟學家和哲學家，如李嘉圖、亞當斯密、黑格爾等。在歷史上，總是學問少的人，推翻了學問多的人。」

毛並不是在說反話。中國儒家不敢叫孔夫子孔丘；全中國也沒有人敢直呼「毛澤東」，一律稱呼「毛主席」。他說的話後來變成了教條。毛常扭曲歷史為其本身的思想做辯解。孫中山一九一一年發動革命時是個醫生和富有的知識分子。

數年後，於一九六六年，毛發動文化大革命——號召全國年輕人起來批判他們的教師和共產黨——我常想起他這些談話。文化大革命在毛的腦中已醞釀多年。

但在成都，毛仍需要黨來執行他的意旨。他批評「反冒進」，直斥這幫人是非馬克思主義，犯了離右派不遠的政治方向的錯誤。毛堅持經濟建設該大大加快腳步。任何反對的人，都被打成右派。毛鞭策經濟計畫委員會向前猛進，提出「鼓足幹勁，力爭上游，多快好省地建設社會主義」這樣一條的總路線①。

我也察覺到毛對社會主義的了解正在逐漸改變。雖然中國已建立了社會主義經濟制度，社會階級仍舊存在。毛提出有兩個勞動階級，即工人和農民，他們是「好」的。當時還存在著兩個剝削階級，一個是帝國主義、封建主義、官僚資本主義的殘餘和資產階級右派；另一個是民族資產階級及其知識分子。

毛說：「知識分子動搖性很大，哪邊風大，隨哪邊跑。有些人讀了不少書，可是對於實際問題一竅不通。」這是他第一次開始談到階級鬥爭。

毛覺得成都會議開得很成功。糧產指標節節上升。會中通過了三十七個決議。每項決議都取代了先前八大制定的現實的經濟路線。

共產黨內起了根本變化。中國急速駛入「大躍進」的深淵中。毛的權勢如日中天，黨內異議分子噤若寒蟬。凡對不合現實主義的高指標抱懷疑態度的人都得頂著被打成右派的危險。「反冒進」言論在毛的淫威下沉默了。奉承阿諛的人開始扯著瞞天大謊，同意他們明知無法達到的高指標，爭先恐後地把指標越提越高，形成一連串空想的「大躍進」計畫。

恐懼開始瀰漫。

越不可思議的假話假象，毛越喜歡。

注釋

①毛於一九五五年末、五六年初之際，開始用「多快好省地建設社會主義」這口號。

26

一九五八年初我和毛仍在成都時，在毛的指示下，共產黨內重新開始了由於反右運動而中斷的整風。三月，中共中央辦公廳政治祕書室整風中，要將林克定成反黨反社會主義右派。林克這時仍在毛處工作，給毛看「參考資料」，也同毛一起讀英文。林決定回北京參加祕書室的整風。後來這便發展為「黑旗事件」，是我在中南海所見，最為殘酷的政治鬥爭。有人家破身亡，有人撤職處分。這個教訓使我沒齒難忘。

中共中央辦公廳政治祕書室整風中，有八個人，其中有林克，向政治祕書室的副主任何載提意見，這些意見主要是講何載邀功諉過，對上面拍馬屁，對下面專橫壓制。何向中共中央辦公廳主任、兼中共中央直屬機關黨委員會書記楊尚昆報告，說這八個人對黨不滿，有向黨進攻的言論。於是組織祕書室的人向這八個人展開批判鬥爭。何載一些人，還指責政治祕書室副主任田家英是林克這八個人的後台老闆，到一九五八年三月，批判鬥爭已升級到要將這八個人定成反黨反社會主義右派集團。

三月底，成都會議結束，林克趕回北京後，我才開始了解到問題的嚴重性。我與毛隨後離開成都，往重慶，乘船沿長江經三峽大壩預定地，東下武漢，毛在那討論了三峽大壩的規劃。最後到廣州已近四月下旬。葉子龍和田家英此時也到了廣州。田家英告訴我：「楊尚昆已經做出決議，要將林克這八個人停職反省，再進一步批判揭發他們的反對共產黨的問題。」

田接著說：「何載他們說我是林克這幾個人的後台，我不但不能替林克他們辯護，而且整倒這八個人以後，下一步很可能牽連到我。所以這事情很複雜，也很難挽回了。我也不便於向主席申明，否則更會指責我，超越中央辦公廳，到主席那裡去告狀。」

我聽到以後，感覺很難理解。這八個人中，別人的情況我不清楚，可是林克與我相處已經四年，這四年中可以說是朝夕相聚，林說話直率，不大通人情，容易得罪人。此外，我從來沒有發現他有過反對共產黨的言論，何況林在毛處做祕書，怎麼會變成了反對共產黨的人呢？

在廣州，一組的人又議論起政治祕書室內八個人的反黨問題。我說：「我很難想像林克會反黨，他只不過是個知識分子，有時說話太直，使得有的人覺著林克太不尊重別人。有些積怨是很可能的。」

葉子龍說：「你又不在北京，你怎麼知道他不反黨。」我說：「一個人有反共產黨的思想，平時不會不流露出來。平時對黨老老實實的人，怎麼會在整風時突然反起黨來……」

說到這裡的時候，話還沒有說完，王敬先向我使了一個眼色，走出去了。我隨後也跟了出去。

到了隔房裡，王敬先對我說：「大夫，你可不要太直率了，中直黨委已經做出決定，你再講多少，你能扭得過來嗎？人微言輕，起不了好作用，你再講下去，別人還會說你，包庇林克，不相信中直黨委的決定，甚至會說你，對抗中直黨委。事情就糟了，弄不好，把你也牽進去。」

王說的也有道理，葉子龍早就向毛報告過林克停職之事。我想了一想，實際上正是如此。在下面談論絲毫無濟於事，也確實會被誤解。王說這些話，確實是為我著想，也是他在共產黨內多年的經驗之談。可是就這樣將這八個人一棍子打死，還有什麼道義可言？

我因此認為如果毛了解整件事的來龍去脈，他會支持林克。先前葉向毛報告，林克等八個人反黨，毛只是聽，沒有說什麼。葉分析起來，毛是同意了中直黨委的決定。我心裡倒以為不然。按照我對毛的了解，他對某一件事不講話，就表示他並不同意。但我最好等毛自動問起我時，再表示意見。

那天下午毛起床後，到小島後門外，停靠在碼頭上的遊艇內甲板休息，衛士來叫我，毛要讀英文。我匆匆走上遊艇，同毛讀起來。

我們剛剛讀了幾段以後，葉子龍來了。毛停下來問葉有什麼事。葉說：「昨天已經向主席報告了林克這八個人的問題，還有些事要報告。」毛讓葉講下去。我立刻就起來，要避開，以免葉認為我在場，不便於他講話。

但是毛看見我要走，對我說：「嗯，你不要動，講反黨又不是祕密。我們還要讀英文。」於是我又坐下來。可是毛並沒有讓葉坐。

葉站著，對毛說：「昨天已經向主席報告了，林克這八個人藉整黨時機反黨。昨天又同中直黨委通了電話。」

毛說：「那麼中央辦公廳和中直黨委為什麼不來向我報告，卻讓你來呢？」

葉說：「中直黨委副書記曾三同志知道我還要到廣州，就讓我向主席報告。所以昨天報告了，我打電話告訴了他，他讓我再報告主席一下。」

毛沉默不語。葉就退出去了。

我看得出毛心中不快，但我不敢輕舉妄動。我的直屬領導是衛生部保健局。林克的事發生在辦公廳政治祕書室。依黨組織我無權干涉。否則我會被冠上與林克勾結的罪名。毛這裡，衛士們來來往往，一下子進來送茶，一下子送熱毛巾給毛擦臉。就算不進來，也會在門外聽見我們說什麼。如果我先向毛提起林克的事，衛士們一定會將我的話傳給葉子龍。一組內反林克的人就會對我群起而攻之。我最好是等毛開口問我。

我拿起劉少奇在八大二次全會的政治報告英譯本，又讀下去。

毛坐正了身體，說：「慢，先慢一點。」

毛又沉思了一下，對我說：「你知道政治祕書室發生的事嗎？」我說：「我不清楚，我不在他們的單位內，彼此都不了解情況。他們發生這麼嚴重的事，我沒有想到。因為林克在成都走時，他說幾天後，就會回來。可是一走就沒有了消息，葉子龍主任來了以後，才知道已經出了大問題。」

毛說：「這八個你都認識不認識？」

我說：「八個人都認識，只有林克很熟。」

毛說：「林克這個人怎麼樣？」

我的機會來了，當下必須步步為營，衛士們都豎著耳朵在聽，我得好壞都說才行。

我說：「這三四年我們在一起的時間多，閒談也多，我沒有發現他有什麼反黨思想，只不過有些驕傲。」

毛說：「誰沒有驕傲，現在不是談驕傲的時候。我是問你，林克是不是反黨。」

我說：「他沒有過反黨言論。他可能對某個人，某個領導人不滿，可是我沒有聽到他對黨、對主席不滿，反而是忠誠的。」

毛說：「是啊，去年反右派運動時，他和那七個人都是積極分子嘛，怎麼能突然今年一整風，就反黨呢。」

我說：「我弄不清楚內幕情況。田家英同志也從北京來了，住在這裡。他是政治祕書室的，對這件事他很清楚。」

毛叫我找田家英去跟他談。

我將與毛的談話告訴了田家英和王敬先，他倆都大吃一驚。王覺得我太大膽。田還是憂心忡忡。楊尚昆是田的領導，他不想超越楊向毛反映情況，或是反對中直黨委的決定。毛那晚找了田去談，田將總體情況反映了出來。

第二天凌晨四點鐘，我正睡得很熟的時候，衛士跑來將我叫醒。說：「大夫，快起來，主席要讀英文。」我昏頭脹腦起來以後，用冷水沖了頭；又擦了臉，匆忙走到毛的臥室裡。

毛見到我進來，叫我坐在他的床邊椅子上。衛士泡來一杯濃茶，放在我旁邊的桌子上。

毛對我說：「李大夫，你不講衛生，睡懶覺，睡夠了沒有？本來兩點鐘就想叫你，我壓了一下，讓你多睡一會。」

我們讀了幾行英文以後，停了下來。毛說：「我找田家英談過了。情況嘛，大體上是清楚了。這八個人就是不滿意政祕室領導人的右傾。中央辦公廳和中直黨委，官官相護，反而打擊他們。真是顛倒是非，混淆黑白。我看，這八個人說政祕室右傾一點不錯。中央辦公廳和中直黨委也是右傾得很了，他們這種置人於死地的打擊人的辦法，不是右傾是什麼？

「這八個人在去年反右的時候，是積極分子。現在反過來，說八個人是反黨分子。我說，說這樣話的人，本身就是站在右派立場，為右派說話。而且動用了黨組織的招牌，以勢凌人，大張撻伐，大加鎮壓，這八個人還有活路嗎？」

毛停了一會，又說：「唐順宗的時候，王叔文、柳宗元、劉禹錫等八個人變法圖強，侵犯了大官僚大地主的利益，被舊勢力打了下去，八個人同時貶官，就是所謂的八司馬。那時候，舊派勢力的人就說，柳宗元他們是年少狂狷，目無綱紀。用現在的話說，年少狂狷就是年輕驕傲。目無綱紀，就是反黨了。我讓田家英回北京去，我們也就回去。」我們也隨即動身回北京。到北京正是五一節前三天。五一前夕，毛找林克談話，了解政祕室整風運動的情況，談了大約有三個小時。

毛回北京後，中南海形勢為之大變。之前楊尚昆原本預備要開大會鬥爭林克八個人，剛好此時田家英回到北京，說毛要親自處理此事。田強調毛主席不贊成辦公廳的決定。何載他們，甚至楊尚昆聽了，坐臥不寧，想方設法要對付過去。

過了五一，第二天毛睡醒後，躺在床上。召集田家英、林克、何載和中直黨委的劉華峰、李東野、蕭蘭談話。毛叫我坐在一旁，聽情況。

毛坐在床上，身上只披一件睡袍。毛講話時的語氣是很溫和的。毛首先指出，政祕室的運動進展得不正常。在反右派運動中的左派，不可能在整風運動中成了反黨分子。毛提出，要實事求是，總結上一段整風的經驗，不要混淆了階級陣線。

如果毛講話以後，就按照他指出的途徑談下去的話，也可能引出一個較為和緩的解決結果來吧，然而可惜的是這時蕭蘭發言了。

蕭說：「這八個人的言論，矛頭指向了中央辦公廳，指向了中央辦公廳的領導人。何況中直黨委已經做出決定，指出這八個人進行反黨活動，決定他們停職反省。」蕭的發言，語氣既激烈，而態度又昂揚。

我雖不贊同蕭的看法，我內心倒是佩服蕭蘭的勇氣。她在顯然不利的環境下，敢於堅持自己的意見，敢於捋虎鬚，置自己得失於度外。問題是蕭過於天真，她只知道聽從黨組織，卻不了解毛發起「整風」的動機。毛不滿意那些黨領導的保守路線，林克等八人的批評正大合毛意。再者，蕭不該以為中直黨委的決定不能更改。在共產黨上面還有個毛主席。她這番話等於向毛挑戰。

毛立即挺起上身，兩手拉起毛巾被向身後一塞，環顧坐在四周的人一眼。毛每次採取這種姿勢時，就是做了決定，要狠幹一場的了。

毛說：「那麼，你們雙方是各執一詞的了。也好，我說了不管用，可以把這個問題全部交給群眾。召開政祕室群眾大會。在大會上，進行充分的辯論，將問題徹底搞清楚。你們都回去，明天起開大會，讓中南海各機關派人參加大會。」

事情真的鬧大了，真的是無可挽回了。

我只參加了政祕室辯論大會的第一天全體大會。會上楊尚昆首先發言。因為何載先前已把責任推得一乾二淨，說他只是奉令執行楊的決策。楊的講話很聰明，暗示他對何所發動的政祕室整風運動沒有很好地過問。楊檢查他自己說：「我要求大家在發言中在辯論中，應該揭發這次打擊左派同志的所有有關人員。對我有任何意見，也要揭發。」

蕭蘭仍大力批判林克等八人。蕭蘭在一次發言中，稱林克八個人打的不是紅旗，是黑旗。這就是所謂中央辦公廳的「黑旗事件」名稱的由來。

會議開了一個月。後來的辯論大會，我都沒有參加。結果林克八人獲得平反。直到文化大革命，我才恍悟毛在這次黑旗事件所使用的戰略。毛的目標不但有楊尚昆，還有楊尚昆的領導鄧小平。這次事件結果是撤銷中直黨委，楊尚昆算是保住了中央辦公廳主任，但是中直黨委書記的職務掉了。但到文化大革命時，楊又因「黑旗事件」而被批鬥。

楊尚昆手下的中級幹部在這次大會後受到處分。中直黨委副書記李東野、劉華峰二人被下放。一九八〇年，毛病逝四年後，鄧小平與楊尚昆復職，李劉兩人才得平反。政祕室副主任何載被開除出黨下放，一九八〇年平反①。中直黨委辦公室主任蕭蘭被開除出黨下放，死於勞改。

諷刺的是，事情鬧大後，田幫楊開脫，證明楊的確不清楚何載的行動。何載被下放後，楊將田提升為辦公廳副主任。

注釋

①李東野平反後任冶金工業部部長；劉華峰成為中央組織部祕書長；何載成為中央組織部幹部司司長，後來成為其祕書長。

27

一九五八年夏季，全中國陷於全民辦水利的狂熱中，大量人力投入建水庫的集體勞動。毛領著中國往前走。水庫的意義不只是政治上的。水庫一方面可改善中國的灌溉系統和提高農產量；另一方面，毛也想藉此倡導及宣揚體力勞動。毛一生厭惡知識分子的傲慢，極力崇揚農工苦幹精神。

從五月中旬，北京西北郊地處明十三陵前的水庫正在修建。北京市各機關，國務院本身及下屬各個部委，中共中央各機關，學校、工廠、商店及部隊都開展義務勞動，參加修建。各國大使館也都紛紛參加。

中國的領導人輪流在鎂光燈中，鏟土照相，記錄下這歷史性的一刻。

五月二十三日以毛為首，中央各首長，分乘六輛大旅行車，到十三陵參加勞動。毛坐在第一輛車中。他一進車以後，就走向車後排，坐到倒數第二排，我坐到最後一排。

毛說：「平時我們這些老爺，是飯來張口，衣來張手，今天也要來動動手了。都說勞動好，真到勞動的時候，可就不一樣了。有的人是真的勞動，有的人是不得不來勞動，還有的人是想掛這塊勞動金字招牌。不過這樣也好，不管抱著什麼目的來，勞動總比不動手要好。」

到十三陵水庫工地上，人潮洶湧，萬頭攢動。毛的座車一到，人群便歡聲雷動，頻呼「歡迎毛主席」的口號。北京軍區司令員兼十三陵水庫總指揮楊成武帶了一連軍隊開出一條路，將毛簇擁到工地指揮部。

這指揮部是臨時搭成的工棚，楊成武向毛介紹水庫建設工程計畫和進度。遠處可見大壩修建的情況。在大壩下面周圍是黑壓壓的人海。鏟土的人挖掘一條叫沙河的河床河灘的沙石，裝入籮筐，用扁擔挑筐到小鐵路上的翻斗車，將沙石倒入車內。小火車在運送著沙石。翻斗車翻倒沙石到傳送帶上，向壩上運去沙石。

這種勞動很單調，挖、掘、鏟、挑，這樣的重複姿勢勞動，很容易疲勞。不用多久，臂、肩和腰就痠痛無力了。

楊成武和我隨毛走到壩底。毛捲起袖子開始鏟土。我們也隨著一起鏟運沙石，挑筐運土。毛當天穿一件白布襯衣，下面穿一條淺灰色派力斯褲，一雙黑色布鞋。這天天氣燠暖，在閃爍的陽光下，毛的黑紅色的臉上，罩上了一層灰土。汗水淌下，似乎形成蛛網般的小河。

過了半個多小時，已近正午，楊成武要求毛休息一下。毛說：「很久沒有勞動了，稍微動一下，出這麼多汗。」

毛走進工地指揮室，坐下以後，對我說：「你們留在這裡吧，勞動一個月再回去。也應該體驗艱苦勞動的生活。北京市有這麼多的人在這裡勞動，不應該脫離他們。」

此時整風仍在繼續，對象不只是那些走錯誤路線的人，也包括我這種「脫離群眾」的知識分子。毛覺得一組的人太過養尊處優，一年到頭，吃好的，住好的，到處受著好招待。所以毛決意讓我們去受受罪，體驗一下農工生活。毛相信勞動的好處，每個人——尤其是資產階級出身的我——應該吃點苦。

我說：「那好。可是要回去一趟，拿點日用品和換洗衣服來。」

毛想了一想說：「也好，大家都回去，商量好再來。」

第二天，全國報紙頭版上都刊出毛拿著鏟子，四周圍著官員百姓的照片①。這照片顯示毛雖高官顯赫，仍有接近群眾參加勞動的熱誠。在我為毛工作二十二年間，這是他唯一的一次勞動，而且前後不到一個小時。如此簡單的象徵性動作，竟鼓舞了全國人民從事艱苦勞動的狂熱。

當天傍晚，毛和江青坐在游泳池旁休息。毛剛游完泳，江在啜著茶，毛見我來了說：「大夫你來了，正好。我們商量一下。建設十三陵水庫是件大事，幾十萬人都去參加義務勞動，外國人也都去了。我們只去這麼大半天，怎麼說得過去。你和祕書、警衛，組成一個班，到那裡去十天二十天。無非是挖土擔土、走路、曬太陽、淋雨，總之，是要疲勞不堪，真的要到嗚呼哀哉的程度，就隨時給我報個信，我接你回來。明天就去。我這裡只留一個祕書和一個衛士就行。他們忙不過來，我就自己動手。我不能去，你們應該去，也是代替我去。」

說著，毛轉過頭來對江青說：「你身體不好，不能去，你不能拖別人的後腿，叫你的那幾個人去。」

江青說：「我只留下兩個護士照顧我，其他的人我都不用。」

第二天由葉子龍、王敬先帶隊，我們到十三陵水庫工地。這一期的人員由中央和北京市的幹部組成，一共義務勞動二十天。我們晚到五天，和臨時加入機要室的幾個人組成一個班。

指揮部總指揮楊成武為了照顧我們，讓我們住到房山縣中學的教室裡，搭地鋪。那間教室，不過十二平方米大小，我們在裡面打地鋪的一共九個人，大家比肩而臥，轉身都會影響別人。加上天氣又熱，又吵，入睡十分困難。

楊成武又是為了照顧我們，將我們的勞動鐘點排在半夜零時上工，上午八時下工，打夜班。這時正是五月下旬，天氣熱得很，白天的太陽曬得暑氣蒸騰，如果白天勞動，真是要吃大苦了。

上午八時下工，由工地走回，路上一小時。早飯是鹹菜、窩頭和大米粥。然後大家坐在地鋪上「學習」，什麼「勞動創造世界」、「勞動創造人」之類。午飯是兩菜一湯，天氣太熱，飯菜粗糙，吃不了多少，飯後開始睡眠。晚上九點左右起來。

我們每晚十一時開始列隊出發，步行一小時到工地。我用鏟子鏟起沙石，裝入籮筐，裝滿兩個筐後，用扁擔挑筐壓在右肩上，挑到小鐵路上的翻斗車去。我那時三十八歲，身強體健，年輕時我還是體操和籃球選手。但我從來沒有經歷過這種單調的重體力勞動，像這樣用原始工具，全靠體力消耗的勞動，是有生以來第一次。夜裡相當涼爽，可是勞動一、二個小時以後，全身汗透，肩背痠痛。

有的人，特別是那些由農村出身的所謂工農幹部，一條扁擔，可以挑六筐，甚至八筐沙石。別人挑起沙石筐，走動起來，扁擔在肩上一起一落，既好看，又輕鬆，好像是在舞蹈。翻倒筐內沙石時，兩臂前後一甩，似乎絲毫不用力氣。可是我想照樣舞時，全身都不得勁，無論如何也做不到。而我挑起兩筐沙石，壓在肩上，直不起腰來。每走動一步，扁擔似乎咬著肩上的皮肉。

有一晚，隊長分配我挑沙石到小鐵路邊，將筐內沙石倒入翻斗車內。因為十分疲勞了，兩手抬起筐，往車上甩倒時，整個身體隨著跌倒在車內。周圍的人都哈哈大笑，說：「大夫，這可不比聽診器和手術刀。用筐可是有巧勁。」

這是我有生以來，第一次感覺到自己不如別人。但是轉過來安慰自己，要是讓這些人拿手術刀做個手術，大概比我這時的樣子更要狼狽吧。我一邊挑一邊想，勞動改造的味道，可太不好受了。又想到，那些被打成「右派」的知識分子長年的這樣「改造」，能活下來的有多少人呢？

也有人說，這樣的勞動，在工地上不少人受傷了。大夫還是去看看病，更有價值些。我沒有同意。我十分清楚，毛叫我來，是用「勞動」來「改造」我。我如果去看病，治好再多的人，也躲不過「逃避勞動改造」的譴責。

好在同我一起勞動的人，都是一般的幹部，沒有笑話我。不斷指導我，如何用勁，如何可以省勁。

有一夜下了大雨，沒有防雨衣物，全身淋透了。雨後又起了大風，又沒有多帶一兩件衣服，冷得打戰。這時王敬先走過來，讓我回去休息，我環顧四周，大家都還在不停地挖著挑著。我又幹下去。好在是重度勞動，不久不但不冷，反而大汗淋漓。

勞動到十五天，我已經是筋疲力盡。睡眠不足，體力消耗太大，每天往返走路都感到兩腿痠痛，邁不開步。

這一期勞動結束。我們晚來五天，大家提出一個問題，要不要延長五天，湊足二十天，也就是參加到下一批來勞動的人一起，再勞動五天。很明顯，大家都不願再「勞動」下去了，可是誰也不肯開口說回去，要說的話，豈不成了「落後分子」了。所以議論半天都說，再幹五天。

這時楊成武來了，說是看望這一期勞動的人。楊到了我們的地鋪房內，同我們親熱地握手打招呼。聽到我們正議論要補足二十天勞動後，楊說：「你們來勞動就是主席對首都的最大關懷，最大的支持了。不在乎十五天或二十天。主席那裡事情多，你們為他老人家做事做一個小時，比在這裡幹五天還多得多了。我是工地總指揮，指揮你們回去。」楊一邊說，一邊笑。大家在嘻嘻哈哈一片笑聲中，都鬆了口氣。可以回中南海了，可不是自己要回去的。

跟著做勞動十五天的總結，要評選出勞動表現好，需要表揚的人。機要室一位姓劉的科長提出應該表揚我。他說：「大夫要求自己嚴格，是位高級知識分子，可是沒有架子。同大家在一起勞動，從來不肯落後，在高強度的體力勞動中間，能堅持下來，很不容易。」大家都同意劉的話。

我心裡明白，在這樣的「勞動」中，得到表揚，對我絲毫沒有用處，我幹得再好，再能挖、鏟、挑得好，對我的醫術能起什麼作用呢？何況我從心裡厭煩這種「勞動方式」，甚至一直是抱著反感。得到表揚，豈不是大笑話？

我心裡也明白，大家都是毛命令來勞動的，都在毛身邊工作，如果我受到表揚，豈不是將這些「工農幹部」比下去了。我就會成了眾矢之的。所以絕對不能接受表揚。

因此我一再申明：「我是個應該改造的知識分子，我來是為了經過艱苦勞動加強改造自己，不能表揚，否則就失去改造的意義了。」

葉子龍自然不喜歡我受表揚。他說：「大夫都一再表示不能表揚他，應該尊重他的意見。」於是停止了表揚我。

接著又議論，到底表揚哪一個人，議來議去，似乎每個人都是拚了命地勞動了，要表揚就得全表揚。最後還是楊成武解了圍，楊說：「主席身邊的人就是不一樣，個個都是給大家做出了榜樣，個個都是勞動的模範，所以這一組是模範組，全組受表揚。」於是皆大歡喜，圓滿結束了這場勞動。

回到城裡，大家分手。我先到清華園浴池去洗澡，因為那裡有擦背的服務項目，而且十五天下來，腳掌上起了雞眼，需要剜掉。

回到琉璃廠的家裡，母親和嫻都說：「你可一下子瘦了這麼多，給你做好了羊肉餡餅，你吃吧。」

嫻對我說：「我也去了一天呢。是早上去，晚上回來的。天氣太熱了，曬得脫了一層皮。你好好休息一下吧。」

我可不能休息，我知道毛正在等待我的「改造」結果。我不回去向他報告「勞動心得」，他會認為我表現「消極」。吃過飯，我回到中南海。

毛這時正和江青在游泳池邊休息，一見到我就笑起來了。他說：「看你這副尊容，是手無縛雞之力的了。聽說你自己也甩到翻斗車裡。虧得你爬出來的快，不然把你也運到大壩上去。」

原來一組先回來的人早把這事報告了毛。

江青看到我時說：「味道如何？在翻斗車裡還舒服嗎？」回中南海時，我先和江青的護士談過。護士笑著說：「江青同志說了好幾次，這些人跟著主席，一年到頭，吃好的，住好的，到處受著好招待，這下子讓他們去受受罪。」

毛又講：「嗚呼哀哉了吧？」

我說：「筋疲力盡，味道不好受。」

毛說：「知識分子只會動嘴動筆，真要五體勤快起來可不容易。知識分子勞動化，不是一句空話。勞動一大好處是，你必須接觸群眾，必須認識群眾的集體力量。每隔一段時間，你要參加一次這種勞動。這對你有好處。」

此後一段時期，我跌到翻斗車裡的糗事成了中南海的笑柄。

注釋

①在刊登於一九五八年五月二十六日的《人民日報》上的原始照片中，北京市長彭真站在毛身邊。文革期間彭真被打倒，照片便經噴霧處理，將彭真抹消。

28

江青從蘇聯接受醫療返國後，神經衰弱更形嚴重。她認為她有重病，子宮頸原位癌復發、咽部淋巴結發炎、胃不好、消化能力差、頭上似乎壓了一個鐵盔。她自稱是淋巴體質。她說耳鳴，好像有個蟲子向耳裡鑽。怕風、怕光、怕聲音，而且有一種恐懼感。她長期有失眠症，安眠藥換來換去，然後又說藥物過敏。她對安眠藥上癮。她生病也生上了癮。

但她的鈷六十放射治療十分成功，原位癌完全治癒。

當時我負責她和毛的保健，不得不給她檢查。

江青經過鈷六十放射治療以後，我在血常規檢查中發現，全血細胞都偏低，特別是白細胞和血小板比正常數字降低很多。那表示江青處於放射治療後的恢復期，不必大驚小怪。但江青幾近歇斯底里。我從十三陵水庫勞動回來後，就由我負責具體組織安排，保健局找了各科專家檢查會診。這時已是暑期，江到北戴河後才檢查身體。

這次的檢查科目多。江要我布置各科分開檢查。江又提出，為了避免神經緊張，連續查兩天後，要間隔三、四天，休息好了再查。這樣斷斷續續地做完了全面的身體檢查，一共用了兩個禮拜。江對檢查的醫生們呼來喝去，非常不尊重。又隨意改變檢查時間，視醫生們如同家僕。

檢查完畢以後，醫生們聚在一起，討論檢查結果。大家感覺十分棘手。除去已經治癒的子宮頸癌尚且需要定期檢查之外，就是要適當治療放射後的血球降低。其他沒有發現什麼重要的疾病。（此後多年，直到她被逮捕時為止，二十多年間，她的健康情況一直很好。）

大家都明白，江的生活條件十分優越，每天沒有事情可做，接觸的人太少，真所謂離群索居，勢必形成性格上的孤僻怪誕，和極端的個人主義自私自利。她自己感覺的症狀又多又嚴重，但身體卻是基本處於健康無病的狀態。她說的一些症狀，其實就是神經衰弱的表現。我們都是內科醫生，無法治療她的心理疾病。

我們寫了一份意見書，分別交給毛和江青。意見書上說：「經過各科仔細周到的檢查以後，江青同志目前處於放射治療後的恢復期。除去一般的增強體質，提高對疾病的抵抗力的藥物治療以外，要盡可能參加一定的社會生活。暫時不能承擔工作。但要多參加文娛活動和體育鍛鍊。」我們措詞十分委婉，其實江青的病因之一便在於無所事事。

江看過後大為不滿。她認為她根本上不是放射治療的恢復期，她有重病，醫生不是忽視，就是向她隱瞞真相。她指責一頓以後，要醫生們重新討論，認真報告實際情況。

醫生們無可奈何，聚在一起又反覆討論。大家並不是討論有什麼病，而是琢磨用什麼樣的言詞可以使她接受。最後向江青提出，大家提的放射治療的恢復期，是表明在逐漸恢復中，在恢復過程內，原有的神經衰弱和植物神經功能失調，都表現出一些症狀，這些症狀就是她自己感覺到的各種不舒服。

江青對於這個解釋仍不滿意，一定要說出有重病在身，仍在堅持奮鬥。可是醫生再也不願意讓步了。在與江交談時，她甚至瞪目厲聲質問醫生們說：「你們能保證我沒有，也不會有什麼病嗎？」

江跟著又提出說：「你們說參加一些文娛活動和體育鍛鍊，太空洞，沒有具體內容。你們應該提出具體項目，排出每週的活動日程。」

這又使大家大費腦筋。於是建議，聽音樂唱片，練習聽力；每週參加兩次晚舞會，鍛鍊體力；看看電影，使眼睛對光線逐漸適應；多在室外照相，使身體對自然風和陽光適應力增加。又提出可以打太極拳。

毛對我說，他年輕時練過拳，也了解道家佛家禪定及修煉，對於江青打太極拳有意見，認為練拳不適合江。後來他同意先讓她試試看再說。於是保健局通過上海市體育運動委員會，請來一位姓顧的拳師。這時毛與江暫時住到西郊新北京，叫做新六所的住處。這裡面有六座住宅，是為毛和其他幾位黨的副主席造的。我每天上午乘車接顧拳師，到新六所教江青打拳。

江打拳很認真，但是柔弱無力，只能算是比畫而已，顧拳師既謹慎，又含蓄，話不多，可是需要說明的地方，都簡要精確地加以說明。

顧非常會看臉色。他發現，只要重複兩三次指出江的姿勢或出手不對的時候，江神色就不對了，因此也不要求太多。

七月初我隨毛和江青到了北戴河。顧拳師也跟著去了。

江青在北戴河，神經衰弱越加嚴重。

護士天天哭喪著臉。江青怕光，窗子上必須放下窗紗，可是江又要經常開窗通空氣，必須拉開窗紗。這一開一關，護士被罵來罵去。江怕聲音，拉開或拉關窗簾，都不許有一點聲響。護士在房內走路時，衣衫的窸窣聲都要受到她的申斥。江說，棕色、粉紅等等，刺她的眼睛。於是牆壁，甚至家具，都塗成淡綠色。

護士又向我哭哭啼啼地說，實在幹不下去了。這期間換了五、六批護士，都是高高興興來，垂頭喪氣走。江的口頭禪是：「中國有六億人口，人多得很。誰不幹，誰走。願意幹的多得很。」

當時我和保健局局長史書翰，副局長黃樹則一籌莫展。我們商量還是找楊尚昆，請他想想辦法。楊說：「江青根本看不起我。你們的這些困難，說給我聽，我有什麼辦法。」

我們回來，真是如坐愁城。又商量還是找周恩來，請他想辦法。史書翰曾為林彪的事找過周恩來。當時林彪已是半退休，有神經衰弱，不肯聽醫生的話。周去找林談，說毛主席和黨都希望林彪聽醫生的勸。林就聽了周的話。我們想請周對江青勸說一下。

結果我們打錯如意算盤。

黃打電話給周，祕書說周太忙，由周的妻子鄧穎超同我們談一次。我很少跟鄧穎超接觸，但我十分尊敬她。我們都叫她「鄧大姊」。能見到她本人是件光榮的事。我做了發言的準備，想好好地將江青不好伺候的情況向鄧說明一下。

我和黃樹則去見了鄧，將工作的困難向鄧說了。並且說，實在是走投無路了。還提出，只採取醫療護理的辦法，解決不了江青的「病」，必須有人勸她，要自己克制一些，要認識她的一些症狀，不是真的病，是脫離工作，脫離社會生活的結果。

鄧聽我講完以後說：「我們的主席，在革命中度過一生。他老人家全家有八位，都為革命犧牲了，真是為了革命，做出了無比的貢獻。我們對主席的感情不能是空的。主席現在只有了一位夫人江青同志。江青同志有病，我們只有照顧好才對得起主席。再有天大困難，也要照顧好。

「主席的第一位夫人楊開慧，為革命犧牲了。第二位夫人賀子珍有了精神病。現在你們又說，江青同志精神也不正常，這使我們傷心極了。你不應該這麼說。這對主席太不公平了。黨給你們的責任，就是照顧好江青同志，治療好，護理好。你們沒有權力提出那些問題。」

當時我與黃樹則啞口無言，只能唯唯諾諾，碰了一鼻子灰回去。我想鄧這一手可真厲害。如這麼一講，表明了周與她二人，對毛是無限熱愛和忠心赤誠的。

我這才了解周恩來其實只是毛的「奴隸」，對毛絕對服從。鄧穎超是老幹部，經歷既多，深諳世故，是泥鰍樣人物，讓人無論如何也抓不住任何把柄，說她與周有不利於毛和江的言論。我認為她這番話是事先與周商量好才說出來的。她知道我說的是實情，但她得擺出一副「大義凜然」的姿態，訓誡我們一頓。

而我們在她口中，變成不負責任、不盡職的人，而且不識大局，對毛感情不深。將來傳出去，傳到毛的耳朵裡，使毛更能信任周和她。可這就把我們給賣了。問題不但沒有解決，反倒使我們自己成了「被告」。

我走回來，默無一言。我原本極為尊敬「鄧大姊」的，現在知道她是極端自私自利的人，是個標準的邀寵固位的人物。我深深感到厭惡。

我只好親自向毛報告江青的事。這時正值赫魯雪夫祕密訪問中國。赫魯雪夫在一九五八年七月三十日抵達，毛從北戴河坐專列回北京見他。我在車上跟毛說了江青的病情。

毛詫異說：「你們不是已經有了一個報告了嗎？又有什麼新問題？」

我說：「不是新問題，是檢查結果和醫生們的意見，沒有全部寫進報告中去，所以再向主席報告。」

毛放下了菸，說：「你講清楚吧。」

我說：「醫生們共同的意見是，江青同志沒有什麼病，主要有強迫觀念和雙重人格。」這時我將大家簽名寫的一張簡單診斷書，交給了毛。

毛看了這個紙條，問我，強迫觀念和雙重人格說明什麼問題。

我說：「醫生們的意見是，江青同志對人對事，往往以主觀臆想代替客觀實際，而又出爾反爾。醫生們主張，盡早勸江青同志要多接觸一些社會生活，多接觸一些人，這樣對她可能會好些。」

毛聽了以後，默然不語。

我又說：「別人向我談到林彪同志的病，他的病醫生很難治。可是只要周總理去看他，向他說明是主席建議的一些話，他都聽得進去。可是江青同志對誰的話都不聽，這太難辦了。甚至主席的話，她也不聽。」

毛垂下眼睛，吸了幾口菸。

然後毛慢慢說：「江青還是聽黨的話的。」毛說「黨」時，指的是他自己。「這點要看清楚。你們的意思是，江青有思想問題的了。她這個人是有嚴重的資產階級思想。可是你們只知其一，不知其二。她惶惶不可終日，是怕我不要她了。我同她說，不會的。護士們照顧她，替我謝謝她們。江青的話不能全聽。她待人苛刻，告訴護士們，必要時可以頂她一下嘛。」

我說：「不要說頂了，全心全力侍候她，她還不滿意，還罵人。要頂就更壞了。稍不順心，她說護士服務態度不好，有僱傭觀念。再頂頂，豈不成了反革命。」

毛笑了起來，說：「我一直同江青講，百日床前無孝子，自己生病就是要諸事將就一些。」我說：「護士們哪裡指望她將就，只希望不要責罵，不要太苛求了。」

毛沉頓了一下說：「那好，替我謝謝護士她們。我看江青的病現在是過了坳了，也替我謝謝這些醫生們。」「過了坳」這句話我不太懂，後來才明白，毛是說江的病已經度過谷底，在逐漸好起來。

我又告訴毛，醫生不希望將這些看法告訴她本人，也希望毛不要講出醫生的真心話。

毛點點頭說：「江青會聽黨的話。我可以不告訴她你講的這些。以後有什麼難辦的事，可以直接向她提，也可以告訴我。不過不要背後議論。不能既不告訴她，又不告訴我。向別人去講，這樣就不好了。」

我說：「我沒有背後議論過，更沒有向別人講。正是工作上有了困難，才向你說。」我不能跟毛坦白和鄧穎超談過，毛會覺得我是在背後議論江青。我已學到教訓，不能再找別人談，犯另一個錯誤。

毛點頭笑道：「這樣好，以後就這麼辦。告訴別的醫生護士，都這麼辦。不要亂了陣腳。」

在北京我將毛的這些話，告訴了衛生部副部長崔義田和史書翰及黃樹則。他們都替我擔心。他們說，一旦毛將我的話告訴了江青，不但我的日子不好過，而且會牽連到保健局、衛生部和這些專家們。他們勸我，不能再講了，適可而止就行了。

當時的結果是，護士們的工作依然困難，但無論如何江青待她們比前一段要好些了。那個夏天在北戴河還是遣走了幾位護士。

我也開始懷疑江青不滿意的不單是護士們沒有好好伺候，她擔心的是毛對年輕女人的偏愛。這一段時間由北京醫院找來不少護士，供江青挑選。江青說，見生人太緊張，最好在晚舞會上的輕鬆環境中，將護士帶給她看。

這些年輕、天真的護士自然也要介紹給毛。她們都將毛看成是一位偉大的領袖，自然對毛表現得十分熱愛和親近。一次一位護士給江青送藥服用時，這位護士先向毛打了招呼，握了毛的手，問毛好以後，才將藥送給江，江很不高興。我向江解釋，我認為這事很自然，年輕人對領袖當然會流露出仰慕和熱愛的心情。

江青睜大眼睛說：「大夫，你可太不了解主席了。他這個人在愛情上可不專一。他是一個精神與肉體可以分離的人。有些女的也願意往上搭。你明白吧？你對這些護士要進行道德教育，要她們注意禮貌。注意與首長接近時，應該有男女有別的觀念。你可不能放任不管哪。」

我那時不了解江青的這番話。我對毛的性放縱仍不甚知情，而且毛跟我明說過，江青主要是怕毛拋棄她。我不知道在某些方面，江青看得要比我透徹。

毛的性慾極強，而且性和愛可以是全然無關的兩回事。

29

一九五八年七月三十一日，赫魯雪夫祕密訪問北京。毛卻刻意羞辱了這位曾在蘇聯盛大款待他的貴賓。

毛是穿著游泳褲，在中南海游泳池見的赫魯雪夫。他讓赫下池泡水。赫接受時，我們都大吃一驚。赫換上在游泳池旁換衣間內存放的游泳褲，跳進水裡。赫不會游泳，套了一個救生圈。我、幾個衛士和翻譯，都在游泳池旁。

表面上，毛和赫仍客客氣氣的。但他倆的談話並不順利。赫的回憶錄中，對毛這種無禮的接待方法，表示了極端的厭惡①。赫原本預定停留一個禮拜，但來三天後就回蘇聯了。他和毛唯一的一次談話就是在游泳池裡的那次。毛此舉，就像古代帝王般將赫魯雪夫視作前來稱臣納貢的蠻吏。在我們回北戴河的專列上，毛告訴我，那叫使赫「如坐針氈」。

在由北京到北戴河的回程火車上，他對我說：「蘇聯就是想控制中國，想捆住我們的手腳，真是痴人說夢。要和我們建立聯合艦隊及長波電台，這簡直是妄想。

「赫魯雪夫為了同美國拉關係，把我們當成他的籌碼，讓我們答應不用武力進攻臺灣。還說我們搞公社，太快了。

「我說，搞長波電台，可以，你把材料及技術交給我們，搞聯合艦隊，可以，你把船交來，我們有司令員，有艦長。你讓我們不用武力解決臺灣問題，難道我們自己家裡的事，你也要管嗎？至於公社，我們試一試，也不可以嗎？我最後同他說，長波電台和聯合艦隊就照我說的辦法搞。臺灣問題，最近就可以有眉目。公社我們試定了。他碰了一鼻子灰，走了。」

這時全世界都不知道中蘇關係已經出現裂痕。

在北戴河期間，毛仍氣憤異常，他又跟我說過：「赫魯雪夫自不量力。你不是要同美國拉關係嗎？好，我們放炮慶祝。這些炮彈留久了，就沒有用處了，不放炮慶祝一下，做什麼用？美國最好插手進來，在福建什麼地方放一顆原子彈，炸死個一兩千萬人。看你赫魯雪夫怎麼說。」

接下來他又講：「我們有些同志就是糊塗，不明白這個道理，還準備渡過海峽打臺灣。我是不贊成打過去，放在那裡，是一個壓力，內部就會團結。這個壓力一沒有了，內部就會鬧起來。」

毛的談話使我大惑不解。我對長波電台和聯合艦隊一無所知，對臺灣更是所知甚少。我甚至竊望在毛提出臺灣問題之後，海峽兩岸可以開始和談。我沒聽說要建立「人民公社」的事。中國才剛過渡到高級農村生產合作社。幾週後，我才明瞭毛談到臺灣問題的用意。沒幾天後，我便去參觀了甫成立不久的「人民公社」。

在八月初某天凌晨三點多鐘，我正睡得很熟，毛的衛士把我叫醒。毛睡不著，叫我一同讀英文，這時讀的是恩格斯寫的《社會主義：從空想到科學》的英譯本。讀三個多小時以後，毛已經是疲倦了。毛從未認真學習英文，讀英文是為了放鬆和找機會閒談。他說：「我們吃飯吧，我晚飯還沒有吃哪。」

他問我看沒有看最近的一期「內部參考」——這是由新華社內部參考編輯部，將國內不公布於眾的新聞編輯成不定期的冊子，供高級幹部參閱。「內部參考」常提出一些政治上很敏感的消息，以供中央領導參考。一九五七年「大鳴大放」時期，「內部參考」也對黨提出嚴厲批評。有時一般報紙不准刊出的社會性案件，全登在「內部參考」上。

但一九五七年夏季「反右運動」開始以來，「內部參考」的基調已大為調整。一些忠實報導中國社會黑暗面的記者被打成右派、撤職，有些人甚至下放邊遠地區。一九五八年初，在整風和毛「鼓足幹勁」口號的強大壓力下，「內部參考」做了一百八十度的轉變，讚揚起農村的快速進步。

我說沒有看到。

他順手將一本「內部參考」拿給我，說：「你等下帶去看一看。其中有一篇報導，河南省嵖岈山成立了人民公社。這是了不起的一件大事。人民公社這名字好，把合作社組織起來，成立人民公社。這可以成為向共產主義過渡的一個橋樑。可是不知道這公社內部是怎麼組織法，怎麼樣進行工作，怎麼進行核算，核算放在哪一級呢？又怎麼樣進行分配，怎麼樣體現勞武結合。」

一九五八年春夏之際，由於全民辦水利運動造成農村勞動力短缺，因此有些省分開始將農村合作社併成更大的組織。起初這些新組織沒有一定的名稱。毛仍未親自巡查這種農村組織，政治局也未行核准，但毛贊成大型農村組織的設立，並覺得「人民公社」這名字響亮。

毛接著說：「我想讓你去看看，到那裡去住上一個月。把情況了解清楚，回來向我講一講。你現在手頭上還有什麼事嗎？」

原本長夏無事，我找了一本英文《老年與老年學》看，開始摘譯其中一些章節。每完成一章，送給毛看。開始他讀得很有興味，可是看過「細胞的衰老變化」一節後，他認為寫的不好。我仍繼續翻譯工作，一來閒著也是閒著，二來這工作不會使我和醫學界過於脫節。

我說：「我現在摘譯的那本老年學還沒有弄完。不過先放下，等以後再說。」

毛說：「那本書沒有多大意思，以後弄也可以。人民公社是件大事，關係到我們國家的體制。這會是一件震動世界的大事。一九四九年，我們打過了長江，美國有一個水手叫John Reed的吧，我記不清是不是這個名字。他寫了一本書叫*China Shakes the World*②。事隔十年，我看中國又要震撼世界了。常說『自從盤古開天地，人間哪得幾回聞』，可以改成『自從盤古開天地，人間不得一回聞』。你去看看，你一個人去不行，組織幾個人一起去。叫葉子龍、黃樹則也去。」

這時他說話已經含糊不清了。幾年以來，他已經習慣在飯前服安眠藥，這樣可以使入睡快些。這次也一樣，吃過安眠藥後，休息了一會兒，開始吃飯了。飯中，他已經有些矇矓，說話口齒訥訥不清。

我不知道，他是真的要我去，還是隨便說說，所以我立即問他：「我現在就去同他們商量一下，準備兩三天就走。」

毛說：「有什麼好商量的，拍屁股就走嘛。你同他們說，今天做準備，明天就走。」說著話，他已經沉沉入睡了。

這時已經早上八點多鐘了，這事如不立刻安排好，毛醒後無法向他回話。我先去找了葉子龍，告訴他毛的意見。

葉聽了後，滿臉不高興說：「主席真是沒有事找事。我們去看了頂個屁用。」

我一聽，葉不想去。我說：「主席說的可是很認真，不能不去。」

葉皺著眉說：「你先告訴黃樹則去。我們再商量一下怎麼個辦法，怎麼去。明天走是不行的，最少也要過幾天再走。」

我急了，又說：「這可不行，他讓我們明天走，而且說到那裡住一個月，要改變可不好了。」

葉無可奈何說：「他也不想想，人家手上有些事，不交代清楚，怎麼能走。」

我想多說無益，於是向他說：「今天他起床以後，你最好去見他，同他當面再談定。」

然後我去找了黃樹則，將毛的意見又同黃說了一遍。

黃欣然道：「主席要我們去，我們就去。我給崔義田副部長打個電話，讓史書翰局長接上我的工作。」

弄完已經近午飯的時候了，我趕回來，匆匆去見江青。

我走進江青的臥室。她半身躺在床上，欹著靠墊。面前是一個小食架，正吃著烤麵包、黃油和杏仁酪。我坐在床邊的椅子上。

我將主席要我們去嵖岈山，看看人民公社的事情，告訴她。又說：「主席是吃過安眠藥以後，吃飯中間說的，當時他已經是睡意甚濃的了。我沒有同他多談。我不知道他是隨便說說，還是決定下來叫我們去。」

她說：「這可不是隨便說的。等主席起床以後，我去同他談談。」

我回到十號樓裡，洗漱了一遍。這時田家英來了，他問我：「何事匆匆？」我將毛的話說了一遍。田是毛的政治祕書之一，在各省都有熟識的省委書記提供他「人民公社」的內幕消息。他很懷疑「人民公社」的用處。

田說：「一九五六年搞高級社時，農民就已怨聲載道，說搞初級社的好處還沒有發揮出來，現在又急著搞高級社。今年又說要過渡到人民公社。這可真是急功近利。南寧會議及成都會議以後，各省都在搶風頭，都在想方設法鬧新花招，一勁猛幹。今年五月八大二次會議後，更加熱鬧了，都想當促進派，怕當觀潮派，更怕當秋後算帳派。你去了後，可以親身體驗一下。」

我吃過午飯後，整理了衣物，已經疲乏不堪。我預備睡一下以後，再商量明天出發到嵖岈山。想不到躺下去就昏昏沉沉，一睡就睡到了下午七點多鐘。還是值班衛士來將我叫醒。他說：「主席六點鐘就叫你，我說大夫正在睡覺。主席說再讓他睡一個小時。」

我連忙起來，趕到毛的臥室。

毛說：「葉子龍、江青都同我談過。我現在想我自己去看看。不看看怎麼行。新生事物嘛。我們過兩天就走。你再去準備一下要帶的東西。我們這次要多走一些地方。你一個人如果來不及，可以帶個助手。」

我問毛，要不要黃樹則一起去。毛沉吟了一下，說：「你去夠了。黃樹則不要去了。你去告訴他，他解放了。」

當時毛仍在服用壯陽用的人參藥，需要一位會傳統煎藥方法的護士。我便建議隨同毛去莫斯科的吳旭君也一起走。

我正要走，毛又叫住我，說：「這次外出，你不要去講，免得張揚。」③他還同我說：「搞醫務工作的，只知道看病治病，這可不行。不能脫離社會，特別當社會在大變革時，應該去觀察這種變革帶給人們的影響。你們學醫的，大約很重視個體的人，不大重視群體的人。」

過了一刻他又說：「這就是哲學上的個性與共性的問題。這次我們一起去看看吧。看看到底是什麼個樣子。看看我們這個個體，怎麼樣生活在這個共體裡面。」

兩天後我們便乘毛的專列由北戴河出發。這就是往後一再宣傳，一再吹噓的「毛主席走遍全國」的開始。

專列往南疾駛。我感覺到這次出巡與以往不同。「大躍進」已如火如荼地展開。

注釋

①赫魯雪夫對一九五八年這次來訪的描述可見前引書 *Khrushchev Remembers*, pp.258-261。

②無疑地，毛指的是 Jack Belden 於一九四九年初版的 *China Shakes the World*（一九七〇年再版，London: Monthly Review Press）。

③毛雖囑咐李醫生這次是祕密出巡，但因為無數的記者和官員尾隨，此次出行迅速被炒作成媒體大事。

30

一九五八年的夏天，真是風調雨順，幾乎每天夜裡一陣大雨，次日白天卻是萬里無雲的晴天。今年秋收可望是中國歷史上最豐饒的一次秋收。全中國都籠罩在一片歡騰、極其樂觀的高昂情緒中。

首站是河北省。農村的高級農業生產合作社已經聯合起來，形成以村或鄉為政治與經濟合一的整體，有的稱自己是共產主義社，有的稱黎明社，又有叫曙光農業生產社，還有的叫紅旗集體農莊，名稱上真是五花八門。

第二站轉往河南。由河南省書記吳芝圃陪同。吳個頭不高、微胖，人很坦誠。我們一行人開了十輛車（包括中央警衛團一中隊武裝警衛、河南書記室的工作幹部、新華社特派記者團，以及河南黨報記者），浩浩蕩蕩駛過黃沙泥土路。八月天氣燠熱，雖然戴上大草帽，仍然曬得揮汗成雨。一路上每停一個地方，都準備了加香水的涼水毛巾，給我們擦汗。河南省委、省公安廳帶了兩卡車的冰西瓜隨行。毛吃的不多。我們一路上又曬又熱，口渴難熬，免不得大吃一頓了。

毛興高采烈，與農民處得非常自在。去蘭考縣途中，毛下車看棉田，不想踩了一腳大糞。衛士要給他換鞋，他不換。要用紙擦乾淨，他又不讓擦，說：「大糞是肥料，是好東西，擦它做什麼！」這雙鞋一直穿到夜裡，衛士等他休息以後，才給洗刷乾淨。

農田裡農作物長得極好，到處都是在勞動的農民。黃河以北的農村婦女，一般不在農田勞動，但是現在農田裡遍地都是穿紅著綠的婦女和女孩子們在和男人一起勞動著。

沿途下車看了各地的人民公社，到蘭考去看了黃河故道。在這裡，毛打算游黃河。他派警衛局警衛科孫勇，先去探路下水。孫回來後向毛報告，河水太淺，都是黃泥湯，最深的地方不過只有半人多高，膝蓋以下陷在爛黃泥裡，游不成。毛這才打消了游黃河的念頭。

八月六日到了河南省新鄉縣。仍由河南省書記吳芝圃陪同，乘車到了七里屯。棉花田裡棉花長勢極好。每株棉花有半人多高，大的棉鈴有一個拳頭大小。在他們的辦公室門外上面，高高掛起「七里屯人民公社」的大幅橫標。

下車，一眼就看見橫幅上「七里屯人民公社」的大字。毛笑著說：「這個名字好。巴黎公社是法國工人階級奪取政權的組織形式。人民公社是我們農民建立政經合一的，向共產主義過渡的組織形式。人民公社好。」

三天後，毛在山東又重複了「人民公社好」這幾個字，站在毛身邊的新華社記者記錄下來，這五個字馬上便出現在全國報紙的頭版上。於是「人民公社好」成了「聖旨綸音」。從此以後，人民公社的名就定了下來，而且不脛而走。全國農村都正式以人民公社為名；人民公社便成了高級生產合作社以後，農村基層政權和經濟組織形式。

從一個人民公社走到另一個人民公社，景象都是一片歡欣鼓舞。歷史正在被創造著。中國農村起了史無前例的大變化。中國終於找到從貧窮邁向富裕的道路。中國農民就要站起來了。我當年也支持人民公社的成立。我深信毛主席不會錯，「人民公社好」。

回北戴河後，毛十分興奮。毛相信中國糧食生產問題已得到解決，人民現在有吃不完的糧食。

正在北戴河會議中間，八月二十三日，開始了「金門炮戰」。從一開始，毛就將「炮打金門」當成一個籌碼，以便於左右「中蘇」、「中美」、「蘇美」之間的關係。

毛以為蔣介石會要求美國在福建投下原子彈。如果美國真投了原子彈，毛也不會在乎。他炮打金門只為觀察美國的反應。這是一場賭博，一場遊戲。所以「金門炮戰」就像開玩笑一樣，突然開始，連續四十四天以後，在十月六日又突然宣布停火一週。十二日再宣布停火二週，但沒有到一個星期，因杜勒斯訪臺，恢復炮擊。十月二十五日以後改成「單日炮擊、雙日停火」，最後完全停止。

毛不但並不想進攻臺灣，即使金門和馬祖也並不想以武力占取。他對我說：「金門和馬祖是我們和臺灣連結起來的兩個點，沒有這兩個點，臺灣可就同我們沒有聯繫了。一個人不都是有兩隻手嗎？金門、馬祖就是我們的兩隻手，用來拉住臺灣，不讓它跑掉。這兩個小島，又是個指揮棒，你看怪不怪，可以用它指揮赫魯雪夫和艾森豪團團轉。」

對毛來說，「金門炮戰」只是一場表演，使赫魯雪夫和艾森豪明白他們無法束縛中國，國共和談遙遙無期。這場可怕的遊戲幸好未曾引發全球原子彈大戰，或是賠上數億中國百姓的無辜生靈。

31

毛的攻勢仍未結束。一九五八年秋天，毛坐飛機、專列、遊艇等來回巡查各地農村的大變革。每到一處，群眾的歡迎程度就更熱烈。

一九五八年九月十日上午，毛乘飛機去武漢。前國民黨將軍、高級民主人士張治中和安徽省第一書記曾希聖在武漢和毛會合。毛邀張治中一同巡查，張極其高興。張治中很會說話，談到當時的「大好」形勢，張捧毛說：「這可真是『風調雨順、國泰民安』哪。」

曾希聖也善於投毛所好。原籍安徽的張治中，便和曾一起鼓動毛到安徽去看看。於是由武漢乘船至合肥。

這也是我第一次看到往後轟動一時的「後院煉鋼」——原來是在省委機關院子裡，搭起磚頭和泥疊成四五米高的「土高爐」「土法煉鋼」。土高爐裡的爐火通紅。煉鋼的原料是些鐵鍋、鐵鏟之類的家庭用的鐵器，甚至還有門上的鐵荷葉、鐵門把。

毛問煉出鋼沒有。曾希聖拿了一塊鋼錠給毛看，說這不是煉出鋼來了。這簡直是使人不容懷疑的了。

毛號召全國用多快好省的煉鋼方法在十五年後超過英國的鋼年產量。何必花費鉅資興建鋼鐵廠呢？於是「土法煉鋼」的空想誕生了。

這個景象很使我迷惘。煉鋼的原料原本就是家用品；煉出鋼錠後，再做成家用品。煉鋼做鋼，煉刀做刀，豈不荒謬？全安徽省的土高爐裡所看到的，都是一塊塊粗糙不堪的鋼錠。

在離開前，曾希聖向毛提出請毛乘坐敞篷車，讓群眾夾道歡送。理由是可以讓更多的安徽人親眼見到毛。一九四九年夏天，北京市民夾道歡迎毛進城解放後，毛乘過敞篷車。一九五六年九月印尼總統蘇卡諾來訪時，毛又乘過敞篷車一次。但往後就少再公開露面。毛每次至各省出巡，都是神出鬼沒，警衛森嚴。毛巡視工廠時，工人都經過政治過濾和控制。毛一向只接見黨高級領導人及「民主人士」。就連他每年兩次在天安門上露臉，廣場上的群眾也經過挑選。毛不願在群眾前公開露面，不只是為了安全上的顧慮，也怕被別人說在搞個人崇拜。

毛相信領導本身的形象，就是鼓舞廣大群眾的革命意志的無限力量。而毛也需要一種「群眾自覺」的行動方式，公開為他歌功頌德。極會察言觀色的張治中替毛解決了這道難題。張說：「我這次有幸跟隨您出來，一路上覺得您有著一種戒心。」毛問張什麼戒心。

張說：「您好像隨時隨地怕造成個人崇拜，在這上面有戒心。」毛注意聽著。

張說：「您是中國的列寧，不是中國的史達林。您和列寧一樣，領導共產黨，領導人民革命，推翻反動統治，取得了建設社會主義國家的偉大勝利。可是列寧在革命勝利後八年就去世了。您身體這麼健康，全國人民都認為您可以繼續領導三、四十年，直到進入共產主義大道。這是中國人民最大的幸運，這又和列寧不同。

「您不是中國的史達林，史達林繼列寧之後，開始個人專斷、個人崇拜到極點，越到晚年越厲害，以致犯了嚴重錯誤。而您一直堅持民主領導的作風，強調『群眾路線』，沒有絲毫獨斷專行，怎麼會有個人崇拜呢？

「今天中國建設成就這麼偉大，人民生活改善得這麼快，人民自然流露真誠熱烈的愛戴心情，這是人民熱愛自己的偉大領袖，絕不是個人崇拜。」

張這番說詞大獲毛心，毛同意公開讓合肥市民夾道歡送。

一九五八年九月十九日，合肥總共有三十幾萬市民夾道歡送毛主席，個個競相親眼爭睹這位偉大人物。毛由招待所到火車站乘敞篷車緩慢行進。我懷疑這些「自覺」的群眾也是經過篩選的。他們穿著彩衣，頸上掛著花圈。敞篷車所到之處，一片花海，載歌載舞，群眾歡叫著「毛主席萬歲」、「人民公社萬歲」、「大躍進萬歲」的口號。曾希聖事前做了萬全的準備，安徽省公安廳負責挑選群眾。這些群眾是真心愛戴毛主席，一見到毛，欣喜若狂。

毛開始在思考供給制的可行性。毛說：「糧食太多了，吃不完怎麼辦？實行人民公社吃飯不要錢的供給制。」

從紅軍時代到一九五四年，中共內部實行供給制。一九五四年以後，改成幹部資金制。毛決定重新實施幹部供給制，叫中央辦公廳先實行，而由一組的工作人員開始。

這時上海市市委的《理論月刊》，發表了上海市委宣傳部長張春橋一篇歌頌供給制的文章。毛對這篇投合心意的文章，大加讚賞。要張春橋立即趕來，與我們同車去北京。

這是我第一次見到張春橋，後來他的權勢在文革時迅速竄升，文革後被打成「四人幫」。張這人對人冷漠，不易接近。我從第一次見張就不喜歡他。他大力提倡重新實施幹部供給制會使我的生計陷入窘境。我有很大的疑慮。我與嫻從澳大利亞轉香港到北京後，在前兩年的供給制中，早將從國外帶回的儲蓄用光了。這時再改回供給制，我們便沒有錢可以墊作家用。

我們必須贍養我的母親、嬸母、舅母、表妹、我們的兩個孩子和嫻的父母。我改成供給制後，只靠嫻一個人的薪金，怎麼養得活他們呢？他們都是老的老了，小的還小，沒有自己謀生的能力，這怎麼辦呢？

一組裡也沒有人願意實施供給制。同行的葉子龍忐忑不安，葉的薪金極高，自然不願改制。葉子龍說：「大夫，你有困難可以告訴毛主席。」

我想，葉的心裡明明也不同意，他無非想讓我說出不同意的話。如果毛決定不改了，他可依然拿薪金。如果毛決定要改，我在眾人心目中自然就是「落後分子」了。

我明白，毛意圖用供給制代替薪金制，是認真想這麼辦，並不是隨便說說就算了。毛之讓大家討論，是想先聽聽我們這些人的意見，他認為這些人會講真心話，這樣可以有助於他做出決定。

我走進毛的車廂內，毛正躺在床上看書。他看見我進來，說：「大夫，有什麼新聞？」

我說：「我們討論了改供給制問題。」

毛說：「怎麼樣，有什麼高見？」

我說：「改成供給制，我有點困難不好辦。」我接著說明了我家裡的情況，並且說，如果改了的話，這些人不好辦。

毛說：「如果城市裡，按街道都成立了公社，大家在公社中參加一定的勞動，不就解決了嗎？孩子放在托兒所，公家給錢。」

我說：「還有難處。我舅母年紀輕一些，她可以這樣辦。可是我母親和嬸母年紀都老了，有病，身體很不好，沒有勞動能力，公社怎麼會要她們白吃飯？孩子都要國家養，公家出的錢，恐怕比發工資還要多。」

毛點頭道：「這倒是要算一筆細帳。要算一算公社集體勞動，能掙多少錢，能不能養活公社裡的這麼多的人。老人和小孩太多，恐怕就困難了。我已經向中央打了招呼。也讓一些秀才——就是胡喬木、陳伯達、田家英——討論這些問題。如果目前實行不成，那麼等以後再說。」

我走出來，一名衛士正在門外聽著。他看到我，伸出了右手大拇指，悄悄說：「大夫，還行啊，有希望不改了。」

這事顯示毛此時仍很理智，「大躍進」的歡騰景象使他振奮激動，但他對土高爐煉鋼仍是有懷疑的。他曾一再估量，能不能在十五年以內，鋼產量超過英國。他納悶說：「如果小高爐可以煉鋼的話，為什麼還要那麼大的高爐呢？難道外國人都是笨蛋？」

田家英對這一點保有謹慎的理智。

田說：「張春橋的這篇文章，造成的影響壞透了。這完全是一篇譁眾取寵的文章。當權的黨不能隨心所欲，亂提口號，不看我們國家生產落後，不看有幾億人要吃飯要穿衣。好像餐風飲露，赤身裸體就能進入共產主義社會，真是信口胡謅。我們黨一貫實事求是，從來沒有像現在這樣說假話，瞎吹牛，還不以為恥的事。這完全違背了黨的好傳統。現在有的省已經吹到糧食畝產上萬斤，簡直是沽名釣譽，無恥之尤。不過也難說，『楚王好細腰，宮人皆餓死』。上有所好，下必甚焉。」

田家英這一席話，顯然指出毛的好大喜功，只能聽阿諛奉承的話。在這種壓力下，一級壓一級，不久又出了畝產兩萬、三萬斤的報告。

大眾心理行為學專家曾對中國一九五八年夏末的狂熱做出解釋。他們認為，中國陷入一場由毛所領導的群眾歇斯底里熱潮，到最後毛也成了這神話的犧牲者。到一九五八年八月中，毛自己也把那些口號當成真理，一心盲進。回到中南海以後，機要室在西樓的後面，警衛局在萬聖殿，都建起了小高爐。入夜以後，片片火光，照得中南海紅光閃閃。

少數清醒的人只能悶聲不響。每個人都爭相跳上這班開往烏托邦的列車，全力向黑暗疾駛而去。原本「反冒進」的人也跟著毛指揮棒起舞。沒有人知道他們心裡真正在想什麼。每個人都困在這場集體歇斯底里症的烏托邦中。

過了十月一日以後，又乘火車南下。沿鐵路兩旁的景象，與一個月以前又不相同了。沿線兩邊的農田裡，擠滿了忙著農活的男男女女。仔細看的時候，男女都是十幾歲的青少年，或是鬚髮斑白的老年人。女人則是穿戴得花花綠綠，像是過節過年一樣。原來農村中的壯年男子都派去煉鋼鐵，或上山搬運砂石，以堆砌土高爐，或去興水壩、水庫去了。

田野的景觀也大變。過去毛睡眠時，停車的地方，都在飛機場，或叉路僻靜處。現在不行了，這些地方，也都有不少人，運料運炭，熙熙攘攘，在大煉鋼鐵。入夜，處處小高爐燃起紅紅的火花，照亮了半邊天。

在沿途又看了不少人民公社。這時的糧食產量，據各公社負責人的匯報，已經高得使人咋舌。到人民公社的食堂去看，都掛上彩旗，設立報喜台，公社內的生產大隊、生產小隊，有了新的更高的產量時，敲鑼打鼓來報喜。

此時毛原先的懷疑和理智已全部消失無蹤。他歡欣鼓舞，真的相信那些不可置信的高糧食產量。他的興奮也感染了我。我雖然很納悶中國的農村怎能在一夕之間有這麼大的轉變？但事實擺在眼前，不由得我不信。只在某些時刻，我腦海中會閃過一絲理性的懷疑。

晚間我同王敬先及林克坐在餐車上，一面看著遠遠近近燃至天際的熊熊火光，一面在閒聊。我說，我很奇怪，為什麼會一下子有這麼多人，這麼多的土高爐，農田產量這麼高。

林克說：「我聽田家英講，在鐵路沿線這麼搞，是做給主席看的。省委讓鐵路沿線各縣，將周圍幾十里的人，聚在鐵路兩邊，連夜趕造土高爐。讓婦女穿紅著綠下到田裡。在湖北省王任重讓主席看的那畝稻田，是將別處十幾畝的稻子連根擠插在這一畝裡。所以王任重說，可以站上去幾個人，都倒不了。一根擠一根，擠得緊緊的，怎麼倒得了。王還吹，農民會想辦法，為了讓稻子通風，在田埂上裝了電扇，吹風。整個中國成了一個大戲台。主席還真相信這一套。

「一畝水田，何能產出五萬甚至十萬、二十萬斤稻穀？土高爐無非將家家戶戶有用的鐵器，煉成一堆堆廢鐵而已。曾希聖在安徽給我們看的那塊鐵錠是煉鐵廠裡拿來的。」

我狐疑地說：「報紙上可不是這麼說的。」

林說：「自從反右運動，《人民日報》受了主席批評，改組以後，他們哪裡還敢登真能反映情況的消息。上面怎麼講，他們怎麼登。」

這是我第一次知道，名為黨中央報紙的《人民日報》，刊登的消息，並不是真實情況。

王敬先站起來說：「不要聊了，快睡覺去吧。」然後他悄悄對我說：「說話要留神哪，讓人抓住辮子就不好了。」

我當時並不相信林克。我也被「大躍進」的美好幻象所迷惑。我仍相信黨、毛主席和《人民日報》。但這些談話令我很不平靜。如果林克說的是真話，為什麼沒有人跟毛主席反映呢？

田家英、胡喬木、陳伯達、王敬先、林克，甚至周恩來呢？如果大家心裡都明白這些事實，為什麼沒有人敢於明言？難道毛心裡就沒有底嗎？

但從我和毛的談話中，我覺得，在一九五八年十月之際，毛澤東最擔心的並不是農、鋼產量的浮誇高指標問題，而是某些領導人想立即進入共產主義。人民公社、公共食堂建立後，糧產量激增，有些人以為這下共產主義的理想社會指日可待。毛對中國農民顯示的沖天幹勁一則以喜，一則以憂。他認為這現象是好的，但不能急於進入共產主義。

毛對我說：「人民群眾的沖天幹勁是不能否定的。當然，現在的人民公社是新產生出來的，需要充實和整頓，讓它健全起來。有的領導人心是好的，太急了，想立刻進入共產主義。這些問題應該解決。可是現在有人對總路線、大躍進和人民公社，還抱著懷疑態度，甚至個別人還暗中反對，我看這些人真是『帶著花崗岩腦袋，去見上帝』了。」

十一月二日至十日，毛在河南鄭州召開中央擴大會議，也就是所謂第一次鄭州會議。鄭州會議期間，仍然充滿了「樂觀、歡樂」的情緒。會上毛強調，充分肯定總路線、大躍進和人民公社運動的前提下，不能急於過渡到共產主義。他並指出，農民太辛苦了，各級幹部要注意群眾的生活。

幾個月前，毛才大力鞭策各級幹部起來行動，現在他又指示他們放慢腳步。此時毛雖然不承認自己的錯誤，但是想「暗暗」改正錯誤。他對糧產量的浮誇高指標和後院煉鋼未置一詞。

一九五八年十一月於鄭州期間，毛私生活周圍的簾幕慢慢在我眼前捲起。大躍進時期，毛的私生活變得肆無忌憚。我在旁逐漸看得明白。毛一向住在火車上，開會時下車去，會後在賓館吃飯，休息一下，參加舞會。專列上有個年輕護士成了毛的「女朋友」，公然和毛在舞會中出雙入對，晚上也在毛的車廂內。

這時在朝鮮的最後一批志願軍回國。二十軍的文工團來到鄭州。她們每晚參加舞會伴舞。這些姑娘來自朝鮮前線，一旦見到毛，真是如醉如痴，將毛圍在中間，都爭著要毛同她跳舞。文工團員中，有一位與毛跳得非常合拍。毛同她跳時，步步前進後退、前傾後仰、左旋右轉，跳得大家目瞪口呆。毛是笑逐顏開，越跳越帶勁，常常從晚上九點鐘，跳到凌晨二時。

鄭州會議後，乘專列到武漢。二十軍文工團和那位護士也都去了。毛情緒高昂。王任重仍在火車沿途布置了擠插的稻米田、熊熊的土高爐和著紅戴綠的婦女。每個人都像快樂地唱著歌似的。

江南水田多。有的田內，水深及腰，婦女們都在田內屈身勞動。「水稻深耕」也是大躍進的新生事物之一。自大躍進後，因長期浸泡在深水田中，婦女普遍患了婦科感染病。

毛接著在武漢召開中共八屆六中全會。毛仍住東湖客舍的甲所。湖北首屈一指的楊廚師每頓飯都表演一道名菜。我們的房間內都擺上水果、菸和茶葉。每夜必備豐盛消夜，並且擺上茅台酒，盡醉方休。大家都開玩笑說，共產主義也不過如此吧。

在武漢期間，毛說大家離家時日不少了，每人放假一星期回北京城去看看家裡。那是前後服侍毛二十二年間，我唯一的假期。因此有段會議期間我不在武漢。武漢會議會期為十一月二十八日到十二月十日，這時大躍進引起的混亂後果已逐漸明顯。毛因而在會中批評各級幹部的「急於進入共產主義」的錯誤。中國仍未準備好過渡到共產主義，資金制維持不變。人民的沖天幹勁是好事，但該實事求是。毛明確指出，經濟指標過高，並壓低來年指標。毛正式辭退國家主席，退居二線。六中全會決議同意毛提出的關於他不做下屆國家主席的建議。

但毛辭去國家主席後仍是最高領袖。武漢會中的批評使毛成為及時制止錯誤的先知先覺者。雖然如此，武漢仍洋溢著一片過於樂觀、幹勁十足的氣氛。毛對人民公社的熱忱仍然未有稍減。

毛批評蘇聯說：「蘇聯搞社會主義的經驗是，農業機械化以後，再搞集體化，成立集體農莊，我們為什麼不可以先公社化以後，再機械化呢？人民公社這種組織好，一大二公，一大是不搞小田塊，打破埂壟，連成大片農田。二公是農田是公社大家的，產出的糧食，給公家納公糧以外，其餘可以由公社留下公積部分，然後公平分配。這不是非常好的事嗎。這就解決了有的富起來，有的窮下去的問題。共同富裕的道路是最好的道路。要承認人民群眾是歷史的創造者。」

當時在幹部中議論最多的，是左好哪，還是右好？大家得出的結論是，還是「左」一點的好，因為「左」的好處在於可以不斷受到毛的表揚。如果因為「左」而把事辦壞，也不過是「好心辦了壞事」，不會「丟官，受處分」。「右」的結果可就大不相同了，一落到「右」字上，輕的「罷官」，重的家破人亡。

我在武漢會議結束前由北京趕回武漢。武漢會議結束的那一天，湖北省委為了表示慶賀，在東湖客舍宴請毛、政治局委員劉少奇、周恩來、鄧小平等人，以及各中共中央局的書記。大家興致極高，真是高談闊論，議古說今。

王任重第一個拍馬屁。王任重說：「這份〈關於在農村建立人民公社的決議〉可以說是當今的〈共產黨宣言〉。只有在主席的英明領導下，才能在東方出現這一輪紅日。」

周恩來接著說：「伯達同志講，馬克思說，人類社會的發展，到共產主義社會，生產力可以提高到『一天等於二十年』的速度。我們今天不是已經達到了嗎?!」

柯慶施說：「所以不能夠這樣說，超不過馬克思。我們現在無論是理論上，或是實踐上，不是早已超過了馬克思?!」

大家哄然說：「蘇聯搞了這麼幾十年，還沒有找到向更高層社會發展的門徑。我們短短十年不到，就由主席指明前進的道路。」劉少奇和鄧小平也在席間，但他們在批評蘇聯一事中，未發表意見。

毛平時不喝酒，有客人時，也只是稍喝一點。這天他的興致高，喝了兩杯，滿臉通紅，然後說：「總理的酒量好，請總理喝。」

我第一個走到周恩來面前說：「乾杯。」周大聲說：「是應該慶祝一下。」大家依序到他面前敬酒。周的酒量極大，臉也從不發紅。當天晚上，周喝得大醉，半夜鼻子出血①。

第二天清早，羅瑞卿將我叫去。他一見到我，就說：「你們這是怎麼搞的，怎麼能向總理這樣子敬酒。就是大家高興，也應該有節制。你是醫生，也不注意。以後不許這樣幹。」我心裡暗自嘀咕我沒有做錯，我只是聽從毛的指揮。

一九五八年的秋收，創下中國史上最高紀錄。隨即在十二月中全國嚴重缺糧。就在中國領導們紛紛向毛主席的偉大領導致敬這當口，醞釀了數月之久的災難終於露出猙獰面孔。

在王任重的隆重款待下，身在武漢的我們對糧食吃緊程度毫無感覺。在武漢會議當中放假的那幾天裡，我詫異地發現中南海裡沒有肉和油，米和蔬菜也很少見，情況很不對勁。

災難正在蔓延。大部分的稻穀擱置田間無人收割。農村中年輕力壯的男人被調去土法煉鋼及興修水力。老人、女人和小孩無法負擔收割這項體力繁重的工作。這年確是大豐收，可是未收割的穀子慢慢在田裡腐爛。

我那時不知道，中國正蹣跚行在崩潰邊緣。黨領導和各省第一書記只想得到毛的表揚，億萬農民的福祉被置之腦後。上級領導相信了各省所報的浮誇生產指標。但一畝地怎麼可能生產一、兩萬斤的稻米呢？等到納稅交糧的時候，按上報的產量交糧，產量本來沒有這麼多，為了上交糧湊足上報數，只好減少農民自留口糧，甚至顆粒不留，農民大量餓死。吹得越高的省，死人越多。

更諷刺的是，上交糧裡有許多是進口米。當時中國對蘇聯外債高築，許多米都運去蘇聯還債了。

人民公社為了減少損失和保留口糧，編出天災連連作為藉口，原本的高糧產數被壓低。這些人民公社得以按下了一些上交糧，否則國家也會發給它們一些賑濟糧。

後院煉鋼也吹得越來越神。農民的做飯鍋、農具都交出去煉鋼了。到後來，真是夜不閉戶，因為門上的鐵鎖、鐵荷葉全都拆走。沒有了鍋、鏟，飯也無法煮。煉鋼的煤不夠，農民的木桌、木椅、木床都繳出來。煉出來的鋼全都是一些沒有用的鐵錠。毛說中國還未準備好進入共產主義。但一些荒謬的共產天堂已經實現了。私有制完全廢除，農民所有的財產完全餵進了土高爐飢餓的火口中。

毛仍處於興奮狀態中。我想，即使到此時，他仍對即將來臨的大災難一無所知。我有不詳的預感。但我不敢直言。毛聽進那些漫天大謊使我憂心忡忡。沒有人告訴毛真話。田家英是毛的內宮中對大躍進的內幕知道得最詳盡的秀才。我想應該由他來向毛戳破這些假象。

但田家英此時在四川調查研究。胡喬木在安徽，陳伯達在福建。毛信任他們。他會相信他們回來時所做的真實報告。

注釋

①周恩來的酒量是全中國聞名，他一生中鼻子經常出血。

一些隱隱約約影射毛的批評慢慢浮出表面。

毛仍對湖南省第一省委書記周小舟未能種兩季稻而餘怒未消。周卻是第一個挺身批評毛的地方首長。我們在十二月中旬離開武漢，只在長沙稍作停留。周趁此時請毛觀賞了湘劇《生死牌》。周告訴毛，國防部長彭德懷十一月在長沙看了這齣海瑞的戲，非常喜歡。周請毛看這個戲，我想是別有用意。周將自己視作一心為民的忠臣海瑞，毛則是那個深居宮內的嘉靖皇帝。

就算毛看出了戲中對他暗涉的批評，他當時也毫無表示。毛表示極喜歡《生死牌》，並欣賞海瑞這個角色。那晚在長沙，他叫林克給他找來有關海瑞事蹟的部分明史。幾個月後，毛提倡黨領導們學習「海瑞精神」。

32

到了廣州，江青已在。毛仍神采飛揚的談著糧食生產高指標。毛因此想讀蘇聯經濟學家列昂節夫著的《政治經濟學》，他想將蘇聯的經濟組織和中國實行的新經濟結構加以比較，便將陳伯達、田家英、鄧力群召來廣州，同他一起讀這本書。

田家英將四川的調查情況一五一十的如實上報。我沒有和田談過，只聽說四川人民在鬧饑荒。這一向，毛晚間也時常找我閒談。但是也看得出，他總有些不放心。

「大躍進」正鬧得歡騰。他也懷疑糧食生產的產量，有沒有那麼高。他常說：「我就不相信，糧食畝產能到萬斤。」對於土高爐煉鋼，他更是疑慮重重。他說：「這種高爐煉出來的鋼，能用嗎？」

由此可見，這時的毛，開始懷疑大躍進的真實性，但是，他自以為站在人民群眾的一邊，代表人民的利益和要求。毛也經常說：「對人民的熱情行動，不能潑冷水。對他們只能引導，不能強迫。」

十二月二十六日，毛六十五歲生日，陶鑄請毛與大家一起吃一次飯。毛同我們說：「年紀輕的時候，願意過生日。過一次生日，表示大一歲，又成熟些了。到年紀大了，不願意過生日。過一次生日，表示少了一年，更接近死了。」於是說：「你們去吧，我就不去了。」我們乘車到城裡省委迎賓館。筵席很豐盛，又精緻。大家都是酒足飯飽了。回來以後，我因為頭暈立刻睡了。

到半夜李銀橋突然將我叫醒，說：「主席立刻要回北京。」

原來，當夜江青半夜睡醒，叫護士拿水和安眠藥來。江叫了半天，又到值班室去找，仍未見到護士。江青疑心大起，闖進毛的臥室，當場抓到，因此大吵了起來。

李銀橋還跟我說了下面這件事。這事也引起江青很大的不快，追查很久，也是造成這次在廣州與毛吵架的原因之一。

毛與他的第一個妻子楊開慧，在湖南長沙結婚後，曾用過一位保母。後來楊被捕處死，毛上了井岡山，保母回到鄉下，結婚後生一女。

一九五七年保母女兒初中畢業後，想進入中南音樂專科學校。毛寄給她三百元。讓她自己投考。這事讓湖南省省委知道了，安排那位年輕女孩入了中南音樂專科學校。

一九五八年初那位年輕女孩又寫信給毛。毛要她在寒假時來北京。二月她到北京。二月三日及十一日兩次，毛將她接到中南海住所相見。同年十二月九日，毛又在武昌洪山賓館，見了那位女孩。這次給江青發現了。江既懷疑毛與保母關係，也懷疑毛與保母女兒之間的關係。當晚爭吵時，江青也把這件事拿出來鬧。

那晚我起來後，立即整頓物品，因為事先毫無準備，一時手忙腳亂。直到天矇矇發亮，才將所有的藥品用具，裝箱完畢。這時通知立刻上火車。

毛立刻離開武漢回到北京。江青未同行。

江青很快便為那晚的爭吵後悔。毛回到北京後不久，她寫來了一封道歉信，上面引述一句《西遊記》裡的話。追尋真理的三藏在盛怒中將悟空休回水濂洞，悟空備感悽慘，對三藏說：「身在水濂洞，心逐取經僧。」毛為江青引用了此話大為高興。毛是現代三藏，身負實現共產主義真理的艱難任務。與追求共產主義的崎嶇道路相較，毛與護士和女友之間的區區小事實在不足掛齒。

33

一九五九年初北京人心惶惶。街道上宣傳，要成立人民公社，大家都吃食堂，要大家把鍋交出去煉鋼。這可鬧得大家都慌了神，怕把自己的東西交給人民公社，於是將家具、衣物都拿出去賣，免得白白充公。一時間，街上成了舊貨市場。

自「大躍進」開始，我老家的經濟情況便每況愈下。我很少在家，也幫不上忙。一九五八年就在東奔西跑中過去了。回北京時，我非常高興。

母親最不放心的是，街道上正在辦人民公社。母親有高血壓病，又照看兩個孫子，很累，得不到休息。經常頭暈，吃不下飯。她問我她入社以後，誰管孩子的生活呢？毛說可以把孩子們送去國家經營的托兒所。

羅道讓提出，在中南海內，再給我兩間房，將母親和孩子搬進來，這樣便於照看。我很猶豫，我不希望我的家人捲入宮闈傾軋中。何況北京老家仍是我的避風港，真要都搬進來，就完全沒有周轉的餘地了，我也不可能一輩子在中南海內工作，一旦離開，就連退路都沒有了。一再躊躇以後，我們想，我們不可能久住中南海內，因此決定仍照原樣不動。

毛聽到了北京的情況，立刻決定只在農村開展人民公社運動，城市裡面不搞。但我家的房子還是被充了公。我們的老屋有三個院子，有三十多間房間。母親帶著孩子住在中院北房五間，前院及後院的房子已被強令低價出租。一九五八、五九年冬交之際，居民委員會和房屋管理局及公安局派出所，都來向母親講，除去母親所住的中院北房五間以外，全部「公私合營」，也就是將產權交給公家，每月由公家給極少數補償費。公家將房出租。嫻講，母親很不願意這樣辦，很急，讓我想想辦法。

我同嫻講，這個事情毫無辦法，現在不搞供給制，已算萬幸，否則連她們的生活問題，也解決不了。留下五間房，就湊合著住吧，如果一間不留，我們也沒有法子。何況警衛局早已經提出，在中南海再給我兩間房，將母親孩子搬進來住。如果去講，又會提出這個辦法，說來說去只能接受居民委員會的安排。

我回到家裡，安慰了母親。告訴她，有五間房住，已經很不錯了。不是有的人一間住房都沒有嗎。母親希望我多回家看看，我說我還不行，嫻可以多回來看看。

一九五八到五九年，全國嚴重缺糧，我母親的處境更為困難。那時嫻和我都在中南海公共食堂吃飯。沒有肉，配糧減少，但還可勉強湊合。中南海會是全中國最後一塊被饑荒波及的土地。

我母親那時已年近七十，如想買到米和油，就得經常跑糧店、油店，要去排隊。我母親帶著小孩，很累，身體越來越差，血壓經常很高。我們只好跟鄰居商量，請他們幫我母親排隊買糧。

田家英說我對全國情況不清楚，現在全國都發生糧食緊張。這還只是開始，也不知何時才能解除危機。我原來以為在這種日漸吃緊的情況下，毛會在北京住一陣子。沒料到我又想錯了。

在一月下旬一天，我早起後，騎車到北京醫院，參加一項會診。病人是胡喬木，他有十二指腸潰瘍，因大出血做了胃大部和十二指腸切除術，定期複查。

我走到病房，主治醫生開始報告情況。這時醫務辦公室的一位主任，跑來找我，說一組來電話要我立刻回去。

我匆忙離開病房，騎車剛到醫院大門，正好與李銀橋迎頭碰上。他坐一輛車停在醫院門口。他說：「主席立刻動身到東北去。找你有一個多小時了。只等你一個人了。趕快回去。」說完他先坐車走了。

我騎車趕回中南海，已是一身大汗。這時毛已乘車到機場去了。所有的備用藥箱和醫療用具箱，都由護士長收拾好，先運走了。只有一位衛士等我。他看見我後，立刻拉我上車。他說：「我們快走吧，主席走了怕有十分鐘了。」我說：「我只穿一身夾衣，到東北怎麼成？我回去換厚衣服。」衛士說：「來不及了，主席走時說，叫你快去。」

我同衛士乘車趕到西郊機場。這時毛乘坐的一架飛機已經起飛有十幾分鐘了。第二架飛機，在停機坪上，早已發動。我上了飛機，艙內只有我同衛士兩人。

數小時後，我在遼寧瀋陽下機。在冬季東北的酷寒中，我只穿了夾衣，連毛衣都沒有帶。當夜住瀋陽交際處，據說這裡在偽滿時，是滿洲銀行。毛住在二樓西半邊，我們住東半邊。室內暖氣的溫度很高。但我一出交際處大門，就凍得手足發麻。毛看到我畏縮冷慄的樣子，不禁笑著說：「你是不是在大躍進中，把衣服都賣掉了，還是入了公社了？」好在毛只在東北待了五天。

毛這次出巡煤、鋼鐵產量最大的東北，是為了了解鋼鐵的製造方法，以及看看土法煉鋼究竟可不可行①。毛原本希望用分散全國鋼鐵產量的策略來激發農民的創造幹勁和削減中層經濟官僚日益膨脹的權勢。毛仍未解決如果土法煉鋼可行，為何先進國家要蓋大鋼鐵廠的疑問。

再來高爐的燃料問題也盤旋在他腦中。在中國鄉村，農民早為煉鋼把樹林砍伐殆盡，現在連門和家具都劈下來當柴火。東北有現代化的大煉鋼廠，煤的產量和質量都很好。因此毛想同時看看煉鋼廠和煤礦的情況。我們參觀了鞍山鋼鐵廠和撫順露天煤礦。

毛的東北之行使他看清了真相。只有用優質煤做燃料的大煉鋼廠才能生產出高品質的鋼鐵。但毛並未下令停止後院煉鋼。煉鋼中人力、資源的巨大浪費，以及「土高爐」煉出的成堆無用的「鋼」，都不是他關心的重點。毛仍不想壓制廣大人民的狂熱。

我們自東北回北京短暫停留，隨即轉往天津、濟南，南下南京、上海再抵杭州。這次外出，毛帶了羅瑞卿與楊尚昆隨行。目的也是要他們「受教育」。兩人真是喜出望外。自從一九五六年在游泳問題及警衛工作上對羅嚴厲批評，甚至要將羅調離公安部以後，羅學乖了，再也不多管中南海警衛局的事，更不敢對毛的警衛工作多加過問。這兩年多以來，羅默默勤練游泳，心情沉重，唯恐毛再算「老帳」。

對楊尚昆，則因政祕室的所謂「黑旗事件」以後，撤銷了中國共產黨中央直屬機關委員會，即中直黨委。楊被免去中直常委書記，無異於給予了黨內處分，此後楊給人的印象是，說說笑笑，對於「大事」一貫不發表個人見解。這些年來，楊雖身為中央辦公廳主任，可從來沒有機會單獨見到毛，談談話。這次毛帶他一起出巡，自然是否極泰來，受寵若驚了。

一路行來，沿途參觀學校、工廠、公社。每到一處，當地黨、政、軍的領導人也對毛極盡阿諛奉承之能事。此時全國經濟緊張，但毛的個人崇拜之風反而日漸高漲。老百姓認為糧食緊張是地方首長未盡到責任，不是毛政策上的錯誤。只要毛主席來視察，馬上就會情況大好。天子被奸臣蒙蔽的觀念，早已在中國傳統中，形成根深柢固、牢不可破的定理。

一路南行經天津、濟南、南京、上海而抵杭州，處處都是群眾歡呼「毛主席萬歲」之聲，不絕於耳。

此外，毛帶羅和楊出來，也是要他倆看看毛受到群眾狂熱歡迎的程度。

一次在行車中，楊尚昆、羅瑞卿及我們，在一起閒談。楊又提起毛在各地參觀和談話中，即席講了不少有關工業和農業生產，特別是人民公社的問題。例如糾正平均主義傾向和過分集中傾向，以及不能無代價占有別人的勞動成果等等這麼多的講話，都同政府的現行政策有關係。書記處不知道這些話，無法按毛的意思形成文字指示下達。

這時，毛路經各省市的黨委，紛紛根據毛的談話要點，擬出一些改進建議，向中共中央請示。劉少奇、鄧小平不知道毛講了些什麼，沒有辦法做出決定。楊因此想找個法子，將談話記錄下來，這樣中央可以根據毛的談話，按照毛的意圖下達指示。

葉子龍跟我說，楊讓他去向毛請示，以後外出能不能帶個速記員。毛不同意說：「這是推卸責任，拿我作擋箭牌。」毛通常用講話方式表達他的意思，他清楚他的話所具備的力量。毛說「人民公社好」，全中國農村便紛紛建立人民公社。但他並不想將他的話擬成政策，如此一來，他得擔負的責任太大。

這下就得背著毛安裝竊聽裝置了。困難的是，既然得背著毛安裝，一般的收音喇叭太大，裝上去，毛會發現。於是決定由公安部的專門管理各種先進偵察技術設備的十二局負責技術設備在專列上安裝竊聽裝備。整個安裝實在巧妙，小喇叭放在燈罩、花盆等的裡面，一點都不會暴露出來。還在毛專列的餐車、會客室及臥車內裝收音小喇叭。連接的錄音機也很輕巧，放在隔壁車廂內，絲毫不露馬腳。又從中央辦公廳機要室調一個姓劉的人，專門負責祕密錄音。自此以後，毛每次外出，都有劉作為工作人員之一隨行。劉奉命不得在毛的面前露面，免得被毛看到來了一個生人，查問出來，露了餡。這就要求劉做一個「黑人」，隨時躲開毛的眼睛。後來葉子龍告訴我，毛常去的一些招待所住地也給裝上了竊聽裝置。

葉子龍向我們一組的人交代，這是中央的決定，誰也不許向毛透露。葉同我們說：「這可是中央決定，誰要是向主席講了有劉這人和錄音這事，中央查問起來，誰講的誰承擔責任，不要怪我沒有打招呼。」我們只能如金人三緘其口。誰也不願意引火燒身，將自己牽連進去。何況這是黨的命令，我們只得服從。我們哪知後來竟牽連出那麼大一場災難呢？文化大革命中，安裝竊聽器成了一件滔天罪行，也成了江青多次公開聲明公安部門專政，專到我們頭上來了的罪行之一。

注釋

①其他中國的報導顯示毛於一九五八年二月巡視東北的鋼鐵廠。但李醫生記得此行發生在一九五八、五九年冬交之際。

34

一九五九年四月二日到四月五日，中共八屆七中全會在上海舉行。會議仍是整頓人民公社，決定各級無償調撥的勞動力、糧食等等，都要算清帳目，給予賠償。通過了一九五九年國民經濟計畫草案，其中經濟指標大幅壓低。一九五八年的浮誇指標，在一九五九年降訂得較為切合實際。毛最大的恐懼不是糧食短缺、高指標，或是土法煉鋼浪費人力物力。毛深恐大躍進所激發的群眾創造力會因此消沉下來。即使毛知道中國正面臨大饑荒，他也從未透露一二。我完全被蒙在鼓裡，雖然先前有田家英的警告，我仍以為糧食吃緊只是暫時現象，是低層幹部報告錯誤所造成的結果。我在毛的內宮中渾然不覺百姓疾苦。

上海會議期間，毛的專列停在龍華，毛住在車上沒有住進招待所。原因是，一方面在上海市內，柯慶施給準備的住處「哈同花園」，毛不喜歡；另一方面，根本的原因乃在於，毛與專車上的鐵道部專列局的隨車護士仍打得火熱，所以開會下車，晚舞會後回到火車上。晚會設在茂名路錦江飯店對面的錦江俱樂部。毛那時對自己的私生活已無所顧忌，這位護士公開和他在錦江俱樂部出雙入對。柯慶施替毛引見了許多上海有名的女演員和歌唱家。但這些女人年齡太大，見識廣闊。毛喜歡的是年輕單純、容易控制的年輕女孩。後來柯慶施從葉子龍那了解毛這項癖好，便每晚都安排了文工團女孩子的表演。

在錦江飯店內，南樓和北樓之間的新建小禮堂放映電影，和演地方戲曲。一九五八年毛外出巡視，路經長沙時，便看過有關海瑞的湘劇。這次柯慶施則將湖南湘劇團調至上海再次演出。

當天夜裡，毛對我說：「海瑞被人稱為南包公，海瑞這個人，對皇帝罵的很厲害，海瑞說『嘉靖是家家皆淨也』，他還把這句話，寫到給嘉靖皇帝的上疏裡。嘉靖看了十分生氣，將海瑞關進班房。想殺了海瑞，可是把海瑞的奏文看了一遍，放下。又看一遍，放下。連看了三遍，然後說『海瑞還是赤心為國的』。沒有殺海瑞。

「有一天，管班房的牢頭給海瑞端來酒和菜。海瑞吃了，以為大約是要殺頭了。一問牢頭，牢頭說，恭喜你啦，嘉靖皇帝死了。海瑞大哭一頓，將吃下的東西，全吐出來了。可見海瑞對嘉靖是忠心耿耿。」

毛在會議中，提倡要有海瑞精神。特別叫中央辦公廳將《海瑞傳》印出，發給參加會議的人，並且號召大家學習海瑞的這種精神，毛還說，要找幾個史學家研究一下海瑞。此後由《人民日報》開始，許多報刊雜誌都不斷登載了有關海瑞的文章，又在上海和北京出現了宣傳海瑞的戲劇。海瑞一下子變成全國的英雄。

如前所言，在一九五九年，因「大躍進」、「人民公社」一系列「過左」的措施，伴隨而來的困難已經出現。同時毛也察覺到，廣泛存在著說假話、說大話、搞浮誇的現象。毛同我談到海瑞時說過：「有很多的假話，是上面一壓，下面沒有辦法，只好說。」

當時誰也沒有料到，海瑞這個人物，竟然成了文化大革命和批鬥彭德懷的引燃點。我往後常就這兩件事思考海瑞對毛的意義。毛是個複雜而充滿矛盾的人。毛身為皇帝，認為自己絕對不會錯。至於政策和決策上的錯誤，是「下面」的人說假話，「上面」的人被蒙騙欺瞞的結果。

我看毛之推崇海瑞精神，自有毛自己的策略。毛說海瑞這個人，「剛直不阿，直言敢諫」。海瑞甚至為了國家大義，身首異處也在所不惜，可見護主之心甚切。海瑞近乎「死諫」的行為，益發和嘉靖身邊的「奸臣」形成對比。

毛一再號召「講真話」。即使在今日，我對共產黨的夢想早已全然幻滅之時，我仍認為如果毛在「大躍進」初期便完全了解真相，他可能會及時阻止那場大災難。

但問題在於毛認為現代海瑞應該「講真話」。批評式的諫言或是意欲奪權、心懷不軌的那些高級領導所說的話，無法讓毛接納。只有一心為民、毫無野心的人才會講真話。但這種人很少能在政壇上爬至高位。

毛熟讀中國歷史，深曉宮廷政爭中的奪權傾軋。毛認為他的朝廷自然也不例外，他本人更是玩弄權術的高手。所以即使有的人向毛稟奏了客觀的事實也是忠言逆耳，因為他不相信在朝為官的人能扮演剛直不阿、無私無欲的海瑞。因此毛這次提倡學習海瑞精神，和先前一九五七年他用所謂「引蛇出洞」法，鼓勵知識分子批評黨、替共產黨整風一樣，都是他慣用的策略。只有英明的毛皇帝能決定誰是真正的海瑞，誰只是藉機奪權的造反分子。

但毛的邏輯也有不通之處。毛崇拜一般中國人民厭惡的秦始皇、殷紂王和隋煬帝。大部分讀《海瑞傳》的人視嘉靖皇帝是密處深宮，二三十年不見朝臣的昏庸皇帝。許多毛的親密戰友自認為比得上海瑞對嘉靖的忠心。可是毛認為那些身居高位的中央和地方領導是嘉靖，下面的人應該向這些人提意見。他自己是與下面深深相連的英明領袖。

我在這裡所須指出的是，毛所說，上面壓下面，下面不得不說假話，毛口中所謂的「上面」是其他領導幹部。但其實真正的最大的上面，是毛自己。從一九五六年以後，由中共八大二次會議、南寧會議、成都會議，毛的一系列「過左」、「過急」的批評和講話，都不難看到這點。毛所提倡的海瑞精神也好，直言敢諫也好，是用來對付中央和地方的其他人，並非提倡別人用來對付自己。彭德懷和周小舟這種現代海瑞便是誤讀了海瑞故事。現代的海瑞們下場悽慘，毛對他們毫不留情。

四月十八日到二十八日召開了第二屆全國人民代表大會第一次會議。會前毛趕回北京。會上由朱德建議選舉了劉少奇為中華人民共和國主席，宋慶齡、董必武為副主席。朱德為全國人民代表大會常務委員會委員長。周恩來繼續擔任國務院總理。

一九五九年後，劉少奇也起了微妙的變化。在毛退居二線劉出任國家主席前，大家都叫他「少奇同志」。現在他突然被稱為「劉主席」。「主席」這職位本身就代表極大權力。劉對此頭銜也十分在意，逐漸擴展勢力控制中央日常事務，有時沒有先行請示毛便執行工作。因此可說，毛要確立自己為中國唯一的主席的鬥爭就在此時展開，直到劉被批鬥，取消「國家主席」才告結束。

我們在北京只待了一個月，五月下旬又乘專列南下。

35

沿途景觀大變，不再有火焰沖天的後院土高爐，也沒有穿紅著綠的農村婦女。農田一片荒蕪。眼下不見任何農作物和農民的跡象。王任重所管轄的武漢非常吃緊。我們仍住在東湖客舍。消夜食品用的油炸花生米和醬牛肉不見了，早餐時的生煎包子也沒有了。招待所裡，不但沒有香菸賣，而且也沒有火柴。偶爾有魚可吃，蔬菜罕見。可見庫底都被挖空了。

才幾個月前，王任重還炫耀湖北農田畝產量為一萬、二萬斤的稻穀，現在卻鬧了饑荒。王任重說是「天災」導致饑荒。但湖北天氣一九五八年至五九年真可說是風調雨順。真正原因是年輕力壯的男人都派去煉鋼和修水利，田裡的稻子沒有人收割，放著爛掉。而收割的一小部分稻穀全繳給了北京。

到了長沙，住到省委的蓉園招待所。我們的住房內仍然擺上了中華牌香菸和碧螺春茶葉。不過菸和茶都有些霉味，看來是庫存很久了，現在都挖了出來。這時湖南的日常生活用品的供應，是比湖北好，我們一如以往，仍舊可以吃上湖南臘肉、東安雞。

周小舟可注意到了湖南和湖北的差異。一九五七年毛曾嚴厲批評這位湖南第一書記不學別人種二季稻。這次王任重也隨同毛至長沙。有天羅瑞卿、王任重、周小舟一起閒談時，我也在場。周小舟說：「去年湖北不是一直受表揚嗎？說他們的工作做得好，說湖南就是不行，沒有熱火朝天的幹勁。現在看吧，湖北到底怎麼樣？恐怕有霉味的菸、茶都沒有。他們去年就把庫底挖光了。我們湖南再差，還存了點庫底。」

周小舟說這些話時，很氣憤。我和羅瑞卿悶不作聲。湖北省省委書記王任重也在場，訕訕地走開了。

兩省的街道上也有明顯不同。湖南仍有小食在賣。

毛決定回他的出生地韶山。他從一九二七年，也就是三十二年前，就沒有再踏進韶山一步。

毛的韶山之行是他追尋真理的途徑。他當時已不相信領導幹部。純樸的韶山不會搭起戲台來等他。毛對韶山太熟悉了，熟悉到他一眼可望穿任何欺騙的伎倆。韶山純真的老鄉會和毛「講真話」。毛屬於韶山。他信任他的鄉人。

36

六月二十五日由長沙乘汽車出發，不過兩個多小時到了湘潭。這一路都是砂土小石子鋪的路。第一輛車子還吃不到土，第二輛車以後，就都在灰砂滾滾中穿行。天氣又熱，車子中沒有冷氣裝置，只能打開窗子，吹得全身都是灰土，到了湘潭幾乎成了泥人了。

湘潭地委書記華國鋒來迎接。這是毛和我第一次見到十六年後會成為毛的「接班人」的華。毛擦了擦臉，稍微休息一下，就對華說：「你幹你的事，不要陪我。韶山是我的老家，你是父母官，陪了去反而受約束。」

由湘潭到韶山，只不過四十幾分鐘。毛住到一個原屬於基督教會，在一個小山丘上的房子內，我們住到山下的一所學校內。天氣熱而潮，蚊子很多，夜裡睡覺時，只好罩上蚊帳，很難入睡。

第二天凌晨大約五點多鐘，李銀橋打來電話，叫我們立即到山丘上毛的住處。原來毛一夜未眠，這時正等我們，要出去散步。

我們趕到後，毛立即走出這個小的招待所，向後山踱過去。羅瑞卿、王任重、周小舟和一群警衛也不知道他要到什麼地方去，只好隨後跟行。毛走到一處矮矮的松樹環繞的土壟前，站定了，深深地鞠了三個躬。這時我才恍然大悟，這就是毛的父母的埋葬處了。警衛局派來隨同外出的警衛科長沈同，十分靈活，他迅疾採來一把松柏枝，交給了毛。毛將這把松柏枝放在土壟上，又深深地鞠了三個躬。我們立在毛的身後，也跟著三鞠躬。

毛轉過身來說；「這裡原來有一個小石碑，大約年深日久，泯沒了。」羅瑞卿說：「應該好好修整一下。」毛搖頭說：「不必了，知道這塊地方就可以了。」①

從這裡下山，順路前行，走到「毛氏宗祠」前不遠的地方，毛前瞻後顧，似乎在找什麼，可是沒有找到。我正走在他的身旁。我問他在找什麼。他說：「這裡原來有一個土地廟，我小的時候，生病了，我母親帶我到這裡跪拜，求過籤，討過香灰吃。」公社主任跟上來說道：「這個土地廟去年成立人民公社時給拆了。磚拿去砌了土高爐煉鋼，木頭當煤用，煉鋼時燒掉了。」毛搖了搖頭說：「可惜了。這個廟應該留下來。農民沒有錢，生了病看不起醫生，到廟裡求求菩薩，討點香灰吃，在精神上是很大的支持和鼓勵。人的精神沒有寄託是不行的。」

毛轉過頭來，對我說：「你不要小看這香灰。我常說『藥醫不死病，死病無藥醫』，香灰能鼓舞精神，使人有戰勝疾病的勇氣。」他看到我在笑，正色說：「你不相信吧。你們當醫生的，應該懂得精神作用的道理。」

我的微笑並非表示不贊成。身為醫生，我相信精神狀態對身體健康有巨大的影響。

下午毛去看了他的老屋。當時對毛的個人崇拜還沒有到後來那種發瘋的程度，因此這幾間房子基本上仍保持典型泥牆草頂，農民房屋的原貌。院內廊下，排放著很完整的各種農耕用具。大門上懸掛一長方木匾，上書「毛澤東主席故居」。是一個小院落，共有八間房的住所。依這規模看來，毛的父親是個富農。

毛的父親曾耕種過的農田（農忙時，還要僱人來幫助幹農活才夠），已成為人民公社的一部分。門外樹蔭下是一方池塘，毛指著這池塘對我們說：「這就是我洗澡和飲牛的地方。」

毛回憶他的童年往事，他說：「我父親可厲害啦，動不動就打人。有一次要打我，我跑出來，他追我，我圍著池塘跑。他罵我不孝，我說『父不慈，子不孝』。我母親非常慈祥，很願意幫助鄰舍。她常常同我和我弟弟一起搞『統一戰線』對付我父親。我父親早死了，要是活到現在，至少要被搞成富農，受鎮壓。」

在韶山的時間安排很緊湊。毛看望了兩處他的本族遠房的居房。兩處都只有兒童和婦女，男人們都煉鋼鐵、修水利去了。這兩家一如一九五八年後所見到的農戶相同。做飯的鍋沒有了。甚至連灶也拆掉，據說灶土是極好的肥田土。

毛下午在韶山新建的青年水庫游泳，問當地的居民這水庫起不起作用。一位老人說，這是一九五八年下半年，大搞水利建設時，公社黨委書記下命令，叫大家挖出來的。結果匆忙建成，漏水，而且下大雨時，又存不住水，下面要受淹。

公社臨時派人將男人們叫回來。晚間，毛在招待所的陽台上，擺了五桌飯，請他本族的人和一些老黨員。飯中，交談時，一些老人說，吃食堂大鍋飯，吃不飽。因為飯一拿出來，年輕人一擁而上，等到年紀大的人擠上去，飯已被裝沒有了。毛又問年紀輕的人，食堂這辦法怎麼樣。這些年輕人也說不好，因為飯少人多，雖然能擠上一碗半碗，但吃不飽。尤其大家搶著裝飯，好多飯都落到地上，踩來踩去，都糟蹋了。

毛轉過話題問大煉鋼鐵的土高爐怎麼樣。公社書記叫大家上山找鐵礦，大家找不到。又叫大家找煤礦，只找到幾個煤質量很差的「雞窩礦」，弄不到多少煤。公社書記說，周圍都在煉，我們不能不煉，讓大家將燒水做飯的鐵鍋、鐵鏟都獻出來煉，門板也卸了，當煤燒。煉出來的是些鐵疙瘩，扔在那裡。我們要燒開水，都沒有鍋用。公社的鍋，煮飯都來不及，更不用說煮水了。

毛聽著，默然不語。全場一片死寂。看樣子「大躍進」在湖南施行的效果並不佳。毛沉思了一會說：「食堂裡吃不飽飯，可以散了嘛。這個辦法也太費糧食。修水利，不要處處搞水庫，搞不好，成了害。煉鋼煉不成，就不要再煉了。」

在全國，韶山人民公社可能是第一個解散了食堂，停止了挖水庫和煉鋼鐵的所在。

此時我和毛才開始明瞭全國經濟情況的衰退。毛的重返韶山之行將他自夢中喚醒，清醒地面對災難降臨的現實。回武漢時，毛已不像前一段那樣，意氣風發，興高采烈。但毛仍堅信「大躍進」的基本總路線是正確的，只需要做適當調整即可。毛不願使群眾的沖天幹勁受到打擊。他決定在武漢召開一次會議，提醒領導幹部面對事實，而又不能使全國人民籠罩在一片陰霾之中。照他的說法：「主要是宣傳上的問題。要潑潑冷水，降降溫。」

我們在六月二十八日抵達武漢。王任重建議，七月武漢太熱，沒有冷氣設備，恐怕受不了。王又說，最好到青島，海邊涼快些。但是毛對青島的印象不好，因為一九五七年夏天，他在青島連續感冒有一個多月。

最後柯慶施建議，不如到武漢的下游廬山去開會。因為這時已經有些中央和省市的領導人到了武漢。就近去廬山，省時、省事。毛同意了。

黨將舉行廬山會議。

注釋

①在毛第二次重返韶山的剪接影片中多了一塊墓碑。

37

毛老家韶山的情況比中國其餘各地要好得多。饑荒已籠罩中國。已不是個別地方有人餓死，安徽、河南，連偏遠人稀的甘肅都有。一九五八年毛在天府之國的四川成都開會，仍在大力推行十五年超過英國的空想之際，四川也是餓殍遍野。

我身處備受保護的一組之中，從未親眼目睹饑荒的真實慘況。在隨毛以及數位「首長」乘船而下的航途中，我聽到了饑荒蔓延的慘事。是時去河南和四川調查六個月的田家英已經回來，也在船上。田家英、我、林克、周小舟和王敬先聚在甲板上，議論紛紛。

田家英描述了四川的饑荒情況，並說在北京，工業交通系統的意見最多，鋼的生產指標太高，雖然年產量從兩千萬噸，逐漸下降一千三百萬噸，但是全民煉鋼，六千多萬人上山找礦這些一窩蜂的做法，並沒有停止，尤其一九五九年仍在「大躍進」中，人力物力實在過於緊張。

田家英一語破的，又說：「我們黨一向是提倡說真話，現在是假話滿天飛，越說越離奇，可是越弄虛做假，越受表揚。說真話的，倒不斷受批評。」毛是個傑出的哲學家，戰士和政治家。但在經濟上，毛完全一竅不通。這樣，就自然講到毛的「好大喜功」，甚至脫離了毛自己一貫提倡的實事求是，謙虛謹慎的作風。由此又講到毛的私生活的放蕩，一九五七年開始，繼汪東興之後管警衛工作的王敬先也湊上去講了一些。

我聽了真是無法置信。我知道「大躍進」後物資緊張，但不知饑荒正橫掃全國，吃不飽的人數以千百萬計。聽到對毛的批評也大為驚駭。田家英行事向來謹慎，當時他說話的對象即使是跟我們，也已坦白到危險的地步。我更是對王敬先說的那些放蕩醜事毫不知情。王的責任是保護毛主席，在朋友閒談間，實在不該洩露毛的私生活細節。林克仍對毛在「黑旗事件」中保他一事心存感激，因此沒有吭聲。我則一直保持沉默。

就在這些人閒扯的時候，柯慶施、王任重，以及四川省委書記李井泉，走了過來。柯笑著問，這麼熱鬧，談些什麼。田家英說：「現在可是有的地方餓死了人。」李井泉立刻說：「中國這麼大，哪朝哪代沒有人餓死？」王任重接著說：「人們這麼樣熱火朝天地幹，這倒是歷代沒有的。」柯慶施說：「現在有人就是看小不看大，抓住點缺點，這也不滿意，那也不滿意。真是主席說的『一葉障目，不見泰山』。」

因此，在到廬山之前，就在長江的航船上，已經可以看出針鋒相對的兩種意見。一方面，凡是大躍進以來，積極按照毛的意圖，往下「壓任務」，往上「報成績」的人，都不容許任何人對「總路線」、「大躍進」、「人民公社」所謂「三面紅旗」有批評意見。屬於這類人的，大抵都是省市委第一書記，比如王任重、李井泉、柯慶施之流，因為他們在大躍進中，跟毛跟得最緊，幹得最歡。

另外一種是像羅瑞卿這種並不負責生產建設的中共官員。自大躍進以來羅一直跟毛巡視，對毛的意旨了解得清楚，特別是一九五六年以後，受了不少毛的批評，甚至差一點下放，所以對「三面紅旗」特別「擁護」。楊尚昆則剛在中央辦公廳政祕室的「黑旗事件」犯了錯誤，自不敢貿然說話了。

另一方面，通常批評毛的有兩種人。第一種人以兩位國務院副總理——主管工業交通系統的薄一波和主管經濟發展的李富春為代表。他們是中央負責工農業生產的領導人，經濟生產計畫指標太高，壓在身上，自是苦不堪言。薄一波在「大躍進」初期，原本不贊成不符合現實的生產指標。但他後來一看苗頭不對，只能順著毛的意思講。原來他讓下面給他準備了一大堆意見，預備上廬山後發言。後來他召開了一次全國工交系統電話會議，講了一大通要「鼓足幹勁、力爭上游」之類的話，才上了山。薄其實對毛在經濟上的冒進深感不安，早知後果不堪設想。但他不能向毛挑戰，也不能說真話。薄和李從未公開批評「大躍進」。

第二種是到了下面，認真進行了調查研究，對大躍進的災害感受最深的人。這些人既不是主管經濟的領導人，也不負責執行毛的偉大計畫；他們是親眼目睹農村混亂凋零的見證人。毛的政治祕書——田家英、胡喬木、陳伯達——屬於這第二種人。他們的責任是向毛報告真相。

批評的人只敢在自己人裡議論紛紛。我們在長江船上就是這個情況。但要和持有另一種意見、只會說大話的那批人說通，幾乎是難如登天。看準了問題所在，挺身敢於「批逆鱗」的人，畢竟是寥若晨星。大部分的人不過是見風使舵罷了。知道實情的田家英和深知民害的周小舟也只敢在私下嘟嘟囔囔地批評毛及其大躍進，不敢直接向毛諫言。在船上時，只有田家英講話直切。但是柯慶施、李井泉一開口，田也就不再多說話了。

七月一日凌晨船到九江。那時任江西省副省長的汪東興仍在接受「改造」中。汪東興來接船。毛看到汪東興就說：「到省裡如何？」汪說：「這兩年我是按照主席的指示，多接觸了群眾，確實受教育。」毛講：「人不能總是浮在上面，以後要立個規則，大家輪流要下去蹲點。」

上廬山的公路修得很好，途中下車休息兩次，到山上只不過一個多小時。江西省組織了一個接待班子，由江西省委書記楊尚奎、江西省人民代表大會委員長方志純和副省長汪東興負責。汪指派了一位姓胡的警衛處長，做毛的隨身警衛。汪向胡交代了一些警衛工作方法和規定。胡找到王敬先，向王說明汪的布置和安排。

王敬先聽了以後說：「汪東興同志離開主席已經三年多了，他那套是老黃曆了。不能聽他的。」胡此後真的不聽汪的指揮，只按王敬先的布置去安排警衛工作，並且又將王敬先的話，傳給了江西省公安廳和江西省委辦公廳。這兩地又把王的話告訴了汪東興，由此汪東興對王、胡二人非常不滿。

毛的住處，據說原是蔣介石的別墅。是二層的小樓。我們住到鄰近的另一小樓。山上確很涼快，在山下原來一身大汗，到山上甚至感到一絲涼意。空氣很潮濕。在樓上打開兩向相對的窗子，就可以看到片片白雲，從這邊窗口飄進來，在室內打個轉，又從對面窗子飄出去。

中共中央政治局擴大會議，根據毛的意見，於七月二日開始。毛的意思是，到了廬山，當當神仙，不給出題目，大家漫談，故稱「神仙會」。毛列了十九個問題，讓大家隨便談談。毛參加了大會的開幕，講了話。毛的講話主要是，大躍進取得了偉大的成績，人民群眾無窮盡的創造力不容忽視；過去一年中成績很大，問題不少，前途光明，大家可以議一議。

從毛的簡短開幕詞可以看出，毛認為大躍進、人民公社及總路線取得的成績，對之不能有絲毫懷疑，也必須堅持不懈。對於缺點和問題，可以談談，但更重要的還是要「幹」，要向前看。

最後毛還說了幾句笑話。他說：「有人說，你大躍進，畝產糧食多少多少，為什麼糧食又緊張起來？為什麼女同志買不到髮夾子？為什麼肥皂、火柴買不到？說不清楚就硬著頭皮頂著，鼓足勁去幹。明天各種東西多了，就能夠說清楚了。總的是形勢大好，問題不少，前途光明。」

繼毛的開幕詞後，領導人分成小組討論。為了便於人人發言，參加會的人按地區分組，一般分成：東北組，包括東北各省；華北組，包括華北各省；西北組、西南組、中南組、華東組均如是。

毛當天晚上告訴我，打算開個十天兩個星期的會。因此，我想毛當時的心情，很是輕鬆。毛去了含鄱口、仙人洞遊玩，還講了朱元璋和陳友諒在鄱陽湖大戰的故事。

為會議準備的醫療室由江西醫院院長王壽松主持。王是二〇年代末、三〇年代初的日本留學生。另有四名護士，是廬山療養院的工作人員。王院長十分老實，這四名護士卻十分靈活熱情。每晚舞會她們都必到伴舞。除她們以外，又將江西歌舞團及農墾文工團調來伴舞。不過三、四天光景，四名護士中一位護士，和文工團中一位演員，都同毛混得很熟了，也都分別在夜間被叫到毛的住室「談話」。

會議十分順利，毛玩得興高采烈。他打電話到北戴河叫江青不用來了。毛準備會後去北戴河。

上山的第五天起，衛士長李銀橋在工作人員開會安排工作時，提出林克和我這兩位知識分子不好「伺候」。原因是，我和林克住的樓，沒有裝電話，毛有事叫我或林克時，衛士只好由毛住的樓跑到我們住處來通知我們，衛士嫌麻煩，提出我們最好就在毛住的樓下值班，等毛睡了以後，再離開。

林克與我商量，這辦法不妥。樓下房間少，我們難找到安靜的房間，而且毛要會「客」，我們在樓下很不方便。而且我們如果到毛的樓下值班，又沒有聽到毛的吩咐，毛會發生誤解，以為我們在探聽他的「隱私」。因此我們斷然拒絕，理由就是毛沒有講，我們只能聽毛的吩咐。這就引起我、林克二人與衛士組發生了爭辯。

工作會議只好繼續下去。結果越談，扯得越遠，這幾年積累下來的隔閡意見都談出來了，以至於天天要開會爭論了。

一組內的工農幹部和知識分子之間原本就存在著極大的歧見。工農幹部以李銀橋和衛士為代表，知識分子則為我和林克。

毛前一段對李錫吾廚師做的菜已經很少說不好吃，這幾天來廬山後，卻幾乎每頓飯都發脾氣，說做的不好。因此，一組的工作會內容就更多了。李銀橋是舊話重提，在會上一再說，飯菜不好吃，是大夫和護士的責任，沒有改進伙房和廚師的工作質量。

我們正在爭論不休的時候，一天田家英來到我們住處閒談。他了解到我們的近況以後，說：「現在是大廬山會議，越開越緊。你們這小廬山會議也緊張起來。」

我原來認為，一路上雖然聽了些對大躍進、人民公社的意見，但毛在會議開始時已經講清了他的打算，不會有什麼周折了。我並沒將會議放在心上。我聽過田家英講的情況以後，才回想起這一個多星期以來，毛每晚雖仍然去舞會，但是平時卻不大說話，看得出在不斷地思索。胃口也不大好。

雖然會議沒有說討論什麼主題，隨便講講，可是分組會中，不約而同在發牢騷，而且越講越多，特別對壓下面講假話，有意見，人民公社餓死人也普遍出現了。每天各組有簡報，由祕書處呈主席看，可是開會已經二十一天了。主席沒有再講話，也沒有批示。

其實毛正在一旁默默觀察領導人對「大躍進」的立場。批評毛的人估計錯誤。他們忘記毛在開幕詞中的基調講話——毛認為對「大躍進」的總路線不能有絲毫懷疑，缺點可以改正。他們將毛此時的沉默誤視成默許。事實上，毛的怒氣正越來越高漲。毛常說他不搞「陰謀」，他搞「陽謀」。他認為他在基調講話中就已經把討論方向明明白白設定好了。

這「神仙會」越開越不對勁了。毛的沉默是暴風雨前的寧靜。

38

七月十日又在山上的小禮堂內召開了全體會。毛講了話。他強調了黨內要團結，思想要一致。問題可以討論清楚。總路線完全正確，一年來取得的成績非常大，缺點是有，可是與成績相比，「人不是有兩隻手嗎，一共十個手指頭，成績是九個指頭，缺點只能是一個指頭。」

毛並指出，中國還沒有準備好要進入共產主義。毛說：「人民公社叫公社，按照現在公社的性質來說，可以是大合作社，或者仍然屬於高級合作社範疇，這樣就沒有問題了。我們的問題是將人民公社看得太高，要降下來。」另外毛又強調，在進行一場全新的革命活動，要取得經驗不付點學費是不成的。全國大煉鋼鐵，國家賠了二十多億，可是全黨全民學會了煉鋼鐵，這就是交學費練本領。

毛講過話以後，也沒等大家發言便離開會場。我隨毛退場。但田家英後來告訴我，毛講過話以後，大家就不再多說話了。毛這番講話顯然是個警告，要大家別再批評。

雖然如此，彭德懷仍爭辯到底。七月十四日彭德懷交給毛一封長信，即所謂萬言書。我起先雖不知信中內容，但知道毛心裡很不舒坦，那天他徹夜未眠。

彭德懷的長信內容大致如下：

第一部分是肯定一九五八年大躍進的成績。他列舉了工農業生產增長的統計數字，認為農村公社化過程中所發生的問題，經過一九五八年十一月間一系列會議基本已經得到糾正。多辦了一些小土高爐，浪費了一些資源和人力，當然是一筆較大損失。但是得到對全國地質的一次普查，培養了不少技術人員，廣大幹部得到鍛鍊和提高。是有失有得。

第二部分強調總結大躍進工作的經驗教訓。提出浮誇風氣普遍增長。小資產階級的狂熱性，使我們容易犯左的錯誤，為大躍進的成績和群眾運動的熱情所迷惑，一些左的傾向有了相當程度的發展。

最後信中提到，明辨是非，提高思想，一般的不去追究個人責任。反之是不利於團結，不利於事業的。

彭的信相當切實中肯。可惜彭德懷過於天真了。彭是個軍人，根本不懂得「政治的骯髒」。而且自井岡山時期起，到建國後這幾十年間，毛與彭之間有不少次的意見衝突。毛一直認為彭有「反骨」。這封信正好激發了舊恨新仇。

七月十六日，毛穿著他那件白綢長袍睡衣，光腳穿一雙拖鞋，在住的樓內，召開政治局常務委員會。常委中劉少奇、周恩來、朱德、陳雲都穿戴整齊來參加這個會。彭真是中央書記處常務書記，雖不是政治局常務委員，也列席了會議。

鄧小平此時仍在北京醫院住院療養，不能參加會議。在五一節後一天傍晚，鄧在中南海北門的「高幹俱樂部」打彈子，可能是地板太滑，跌倒，右股骨頸骨折。我送他到北京醫院後，做了手術，打上釘子，上了石膏。

林彪當時尚未上山。他這陣子神經衰弱仍未痊癒，時常生病。我後來才知道林彪一年到頭不洗澡；解大便，不到廁所，在床上坐一個盆子，用棉被從頭頂向下，將全身包蓋起來。他怕風、怕水、怕冷，還怕盧山的白雲。盧山氣候的風吹雨打，對他會是種折磨。

毛重複講到黨外右派否定一切。而在黨內有些幹部說去年大躍進「得不償失」。現在彭的這封信，集中代表了這方面的意見，印發下去，大家來評論這封信的性質。毛還講，如果黨搞分裂，那他就走，組織人民，另外立黨。如果軍隊另搞一套，他可以另組紅軍。

於是會議轉入討論這封信。參加會議的人明白事態嚴重起來，發言都很謹慎。

只有少數人膽敢為彭仗義直言。七月十九日，總參謀長黃克誠和深知民苦的周小舟分別在小組會上發言，認為信的內容總的講是好的，表示同意，有些提法和用語可以斟酌。李銳（李最近做了毛的政治秘書）也發表了意見，認為彭德懷提的問題尖銳，打破了沉重的壓力局面。這三個人發言都很簡短。

到七月二十一日，外交部常務副部長張聞天作了長篇發言，系統說明他對大躍進以來各種成績和缺點的看法。張曾留學蘇聯，一九三〇年初期自蘇返國後，曾是王明路線下所謂二十八個半布爾什維克中的一員，但後來轉而支持毛。他總是贊同毛的意見，為此曾受到別人的譏諷。他說：「真理在誰手裡，就跟誰走。」他曾任中國駐蘇聯大使，後任外交部常務副部長。

張並且不點出名字說：「有的把供給制、公共食堂等同於社會主義和共產主義……」又說：「毛主席說的群眾路線、實事求是，講起來容易，做起來難……」這等於直接說毛言行不一。又說：「毛主席常講，要敢提不同意見。要捨得一身剮，敢把皇帝拉下馬，不要怕殺頭。這些話都很對，可是，誰不怕殺頭，誰能不怕挨剮……」這無異於指出，毛壓制民主，那套話是說給別人聽，毛不會照自己說的辦。

張聞天的發言還明確表示支持彭德懷的信中內容，不同意柯慶施等人對這封信的非難，又強調了：「民主風氣很重要，要造成一種生龍活虎、心情舒暢的局面，才會有戰鬥力……要領導上造成一種風氣、環境，使得下面敢於提意見……『意見書』中心內容是希望總結經驗，本意是很好的。」

張聞天是在華東組中發的言，發言中不斷受到柯慶施、曾希聖、舒同（山東第一黨委書記）等人的打斷和反駁，甚至指責、申斥。但要說張反對毛是不對的，因為張事後說：「要做比干剛強諫死，不做箕子佯狂自全。」這很明顯表現出張的「忠君愛國」思想。

七月二十三日召開全體會。會上毛作了發言，說：「現在黨內黨外夾攻我們，黨外有右派，黨內也有那麼一批人。要勸勸黨內這部分同志，講話的方向問題要注意，在緊急關頭不要動搖。有的同志在大風大浪中就是不堅定，站不穩，扭秧歌。現在又表現出資產階級的動搖性、悲觀性。他們不是右派，但是他們把他們自己拋到右派的邊緣去了，不過還有三十公里，相當危險。」

毛又逐一批駁了彭信中指出的「小資產階級狂熱性」和「有失有得」等的論點。

毛講話以後，氣氛立刻十分緊張起來。對這封信，真是群起而攻之，集中批判彭德懷等人的所謂「右傾」。彭坐在會場的最後一排椅子上，沉默不語。在會議之前，彭德懷曾私下去和毛談過一次話，並當面頂了起來。後來毛告訴我：「彭德懷見到我就說：『這封信是給你一個人的，你為什麼印發給會議。』我說：『你也沒有告訴我，不要印發給全會啊。』兩個人沒有辦法談下去。」

散會時，彭立刻走了出去。毛走出禮堂，向山坡下行走，這時彭又向山坡上走過來。毛立住腳說：「彭老總，我們再談談。」

彭紅著臉，右臂在頭上一甩，大聲說：「現在還有什麼好談的，不談了。」

毛又說：「我們有不同的看法，還是可以交換意見嘛。」

彭匆匆走過，說：「現在沒有什麼好談的了。」

毛決定立即召開八屆八中全會。中央全會是中國最高權力機構。任何批整彭德懷的正式行動，都須經由它核准。

江青本來在北戴河等毛。她給毛打了長途電話以後，坐飛機趕到廬山。二十四日上午葉子龍、王敬先和我約了汪東興乘車到了九江機場，將江接到山上。江神色冷峻，見到我只問了一句話：「主席身體好嗎？」我將最近吃飯不大好的情況告訴了她。又說，經過汪東興從南昌調來了廚師，做了清蒸圓魚（即鼈），這幾天好多了。

江青這次前來廬山身負重大政治任務。過去江抵達一個地方，因神經衰弱，總是要睡個半天再起來。這次一反常態，廬山劍拔弩張的緊張情勢使她精神大振，百病全消。

江青到時，毛正酣睡未醒。江青先去看了林彪。林彪這時已到廬山，但怕冷沒有住在山上。江與林談了兩個多小時才出來。

江立刻又乘車去看周恩來、鄧穎超，然後又去看國務院副總理李富春及其夫人蔡暢（中國婦女聯合會主席、中共中央委員）。最後又到柯慶施住處去談話。

江青從來沒有正式插手過問政治。她和毛在延安結婚時，政治局曾決定，江青不能過問政治。江青的任何行動都需經毛的批准。這次毛竟在廬山派出江青打頭陣，表示毛的確陷入困境。江青到廬山的目的便是為毛披甲上陣。等到江回至住地已是傍晚了。毛已睡醒。

第二天上午江起床後，我去看她。江說：「我很不放心主席，急著趕來。現在看，主席的身體和精神都不錯。你們可是要注意保護他。昨天晚上，李銀橋告訴我，前些天吃飯很不好。

飲食營養可是醫生的責任，不要漫不經心，應該抓緊伙房工作的改進。」

這很明顯，江青一到，李銀橋就搶先告了我一狀。我是醫生，不是營養師，找新廚師不在我的職責之內。我沒有反駁，只是說：「昨天在九江已經告訴你了。現在吃飯還不錯。」江點點頭，又說：「大夫，你同李銀橋他們不一樣。你是個聰明人，又有知識，在政治上可要敏感，不能做糊塗人。在山上不要同外人來往，自己要注意。」

江是好意在提醒我不要亂說話。她說的「外人」自然指的是與毛的意見相左的人，比如我的朋友田家英。

八月二日召開了八屆八中全會。毛講了話。他說：「初上廬山，七月上半月有點神仙會議的味道，閒談一頓，沒有什麼著重點，沒有緊張局勢。後頭才了解，有些人覺得沒有自由，就是認為鬆鬆垮垮不過癮，不得要領。他們要求一種緊張局勢，要攻擊總路線，想破壞總路線。現在有一種分裂的傾向，已經出現顯著的跡象。我們反了九個月『左傾』了，現在基本上不再是這一方面的問題。現在廬山會議不是反『左』的問題了，而是反『右』的問題了。因為右傾機會主義在向著黨，向著黨的領導機關猖狂進攻，向著人民事業，向著六億人民的轟轟烈烈的社會主義事業進攻。」

毛的這次講話，實際上為全會定了調子，要全會批判彭的信、彭和其他幾個人在會中的發言，並且要求他們幾個人說清楚，他們在廬山會議前後「暗地來往串通」的情況。

彭一封切實中肯的信，透過毛的口，被誇大扭曲了。我逐漸了解毛一貫在講述「歷史」時的態度——他口中的「歷史」總是偏離真相。

這就牽出我們從武漢東下，在船上的一些議論，特別是田家英所說的諸如餓死人，說假話等等言論，王敬先「誣衊毛的私生活問題」等等。又因田家英到四川進行了調查，李井泉攻田最猛。陳伯達到福建進行了調查，受到了福建省省委第一書記葉飛的指責。胡喬木是在安徽調查過的，曾希聖批判胡喬木最凶。此外，柯慶施、王任重、陶鑄、羅瑞卿都是發言最多，攻擊最猛的人。羅在會上指著田家英說：「你小小年紀，懂得多少馬列主義？也在胡說亂道。你有什麼資格在中央委員會全會上發言。」羅在一九五八年和毛一起「走遍全國」後，對毛更是忠心耿耿。

李銳在會上想再申明一下自己的觀點，被周恩來制止。周說：「現在開的是中央委員會全會，你一不是中央委員，二不是候補中央委員，你沒有資格在會上發言。」

連續幾天的會，眼看陳伯達、胡喬木和田家英已經要被網羅到「反黨集團」內了。最後的法官是毛。八月十一日，毛又在會上講話。他說：「彭德懷這幾個人對於無產階級社會主義革命沒有精神準備。他們是『資產階級民主主義者』、『黨內的同盟者』、『馬克思主義的同盟者』。」

毛接著又說：「陳伯達、胡喬木、田家英是黨裡的秀才，我們還要用他們。至於李銳，他不是秀才，不在此列之內。」毛的這幾句話救了陳、胡、田。但是李銳卻因之被打入「反黨集團」。

一組的人員也受到波及。八月十二日羅瑞卿召集我們開會。會上狠狠地罵了我們一頓，說：「你們身在福中不知福，在主席身邊工作，是黨信任你們。你們不知自愛，聽說你們之間很不團結，不是互助團結，而是互相推卸責任。再有，你王敬先，口無遮攔，胡言亂語，讓反黨分子利用。這些等回到北京再開會說清楚。」

此外，羅又定了一條規定：有關一組的事，有關毛的事，一律不許對外講；不管對方有多高地位，不許同他們談任何有關主席的情況；不許在一組之間議論。

我預感到當時是山雨欲來風滿樓，還會有更多的撤職和批鬥。

八月十六日，毛又在一件發布中央全會內流傳的文件上批示說：「廬山出現的這一場鬥爭，是一場階級鬥爭，是過去十年社會主義革命過程中，資產階級與無產階級兩大對抗階級的生死鬥爭的繼續。」這就將彭等劃到資產階級範圍內。

四天後中央全會通過了〈中國共產黨八屆八中全會關於以彭德懷同志為首的反黨集團的錯誤的決議〉和〈為保衛黨的總路線、反對右傾機會主義而鬥爭決議〉。廬山會議就此閉幕，隨之就在全國開展起「反右傾」運動。有一大批黨員、幹部，特別是老黨員、老幹部受到了批判和處分。

八中全會的最後決議使我困惑而且憂心忡忡。彭德懷被扣上「階級異己」、「反黨分子」和「右傾機會主義分子」這些帽子，這幾乎將他打成「蔣幫分子」。但我知道彭為人誠懇耿直，是黨的赤誠分子。

我的政治處境非常安全。雖然田家英受到批判，船上那番議論時我也在場，但我始終保持沉默。我從未批評毛，因此深得毛的信任。我在政治上的謹慎和無知救了我一命。

廬山的氣候潮而涼。上山以後，為了毛的飲食問題鬧得心情很不愉快。我原來有十二指腸潰瘍病，從八月初起，經常吐酸水、胃痛，而且大便變成黑色。我到醫務室去查大便，是十二指腸潰瘍出血了。我自己治療，但吃了藥仍毫無起色。

廬山醫務室王壽松院長要我到南昌去住院治療。但這個時候廬山會議正開得緊張。我想不能離開，一是別人會誤以為我出了什麼政治性問題，藉口生病溜走了。二是在這緊張時刻，毛正在觀察每一個人的態度和表現，他不會相信我有病，為看病下山，而會懷疑我怕別人揭發我有「不忠」於他的問題，支持彭德懷，趁機走掉。所以我要食堂給我做了軟飯和一些半流質飲食，開始治療。

但潰瘍出血越形嚴重。黑色大便已經成了柏油樣。等八中全會結束時，我已經瘦得不成人樣，全身疲乏不堪。

八月二十日胡喬木來找我。他有點感冒，要我給他一些治感冒的藥。他一看到我，立刻吃驚地說：「李大夫，你怎麼突然瘦了這麼多？臉色也難看得很。」

我將我八月初以來十二指腸潰瘍病發作，告訴了他。他也有這個病，在五〇年代中，因為大出血，到北京醫院做了十二指腸和大部分胃切除手術。所以他對這個病很清楚。他問我為什麼不快點去醫院。我將我的顧慮告訴了他，並且說，如今還沒有告訴毛。

胡立刻說：「這樣可不行，不立刻好好治，會耽誤的。我同主席去講。」

過了半個多小時，胡來了。告訴我，毛已經同意我去治病，並且吩咐，要治就好好治，回北京住院吧。胡還告訴我，他已經打電話給保健局副局長黃樹則，要黃同北京聯繫好。葉子龍則替我安排好了每天從九江到北京對開的飛機。

我走到毛住的小樓，去和江青告別。我走進江的起居室，她正在看一些她自己的攝影照片。

江注意端詳了我一會，然後說：「大夫，你是瘦多了，臉上也難看。這一陣主席太忙，我也跟著緊張，沒有注意到你有病。還是喬木同志注意到了。」

我說：「主席太忙。我不能再麻煩你們。你自己身體也不好。」

江稍微停頓一會，又說：「我剛才同主席商量了，很快就要下山了，我們還是一同走的好些。」江青此舉其實是出於好意，表示毛仍信任我，他們願意保護我。但我的病實在不能再拖。

我說：「我有病，同大家一起走，會給大家增加麻煩，不如立刻回北京好些。」

江說：「這也說的是。你走了，主席這裡的事誰管呢？」

我說：「我將主席的事交代給黃樹則同志以後，明天就走。」

江說：「這麼快？也好，早走可以早點治療。」

我說：「那麼我就不去看主席了，是不是請你替我向主席告辭一下。」

江立刻說：「不，你還是去看主席一下，看看主席還有什麼吩咐。」

我從江的房內出來，走上二樓到了毛的臥室。毛躺在床上，正在看《明史》。

我走到毛的床邊，說：「主席。」

毛放下書，看到是我，說：「大夫，你來了。這一陣我太忙，找你們胡吹的少了。聽喬木說，你病了。」

我說：「十二指腸潰瘍發作了，出血。」

毛問：「有多久了？」我又說了一遍發病的情況。

毛說：「還是回北京去治好一些，我也住不了幾天了，你先走一步。要治就好好徹底治。」

毛又問我：「我這裡誰來管呢？」我告訴他，可以由黃樹則暫代。毛表示同意，然後說：「回到北京，好好治病，早點治好。記住，廬山的事不要去隨便講。一切要聽組織上的安排。」

然後我去醫務室找黃樹則。我告訴他，毛已同意暫時由他代替我。黃表示很為難，可是也沒有別的辦法。我將這一時期毛的身體情況告訴了黃，又將有關毛的健康紀錄也交給了他。黃說，他打電話給史書翰和北京醫院院長計蘇華。明天他們會去機場接我。

我回到住處後，打電話給羅瑞卿，向他報告了毛說的一些話。羅說：「我告訴汪東興明天送你，你回北京後，要注意保密。生了病要好好治。在政治問題上可大意不得，千萬謹慎小心。」在電話上，我向他告辭。

我又到楊尚昆的住地。楊見到我後說：「聽說一組的『小廬山會議』也開得緊張，你累病了吧？」

楊又說：「一組啊，就是個大染缸，誰去了也都要染上點什麼。廬山的事你都知道了，到了北京，你去看看小平同志，他已經出院住在家裡了。」我心想，羅瑞卿吩咐得很清楚，我是任何人都不能去看，就連鄧小平也不行。「反右傾運動」正要開始，不能自找麻煩，誰也不知道下一步會不會被牽扯到。住進北京醫院，哪裡也不去，是最安全的了。

北京醫院在十九世紀末、二十世紀初由德國人興建。院內有全國最優秀的醫生和設備。當時的北京醫院不是平民醫院，它是專供高級幹部以及郭沫若這類「民主人士」醫療的特權醫院。領導人常在北京醫院療養他們的創傷——北京醫院也成了躲避政治風暴的避風港。我正想藉此機會待在醫院，並離開一組。我想找別的工作。

第二天一清早，江西人民代表大會委員長方志純和汪東興來了。給我一大筐水果放到車上，又交給我十斤有名的廬山特產雲霧茶和十瓶四特酒。我說我的十二指腸潰瘍病不能喝茶喝酒。方志純說，可以帶去送人，這都是江西特產。

車子一路婉轉盤旋而下。我心裡有說不出的高興。總算脫離開這一天到晚緊張得要死的地方了。我對中國和共產黨的夢想隨此會議破滅。毛在我心中的完美形象正在解體。我現在只想救我自己。心境放鬆後，胃痛減輕了不少。我在廬山時常輾轉難眠，但飛機一起飛，我便安然墜入沉沉夢鄉。等我睡醒時，飛機已降落到西郊機場。

我是這班機上唯一的乘客。

39

嫻來接我，史書翰和計蘇華也來了。我在住院前先和嫻去看看母親。

經濟緊張後，老家的情況越來越拮据。近幾個月母親的身體很不好，得了高血壓性心臟病。母親有時一天只吃一頓飯，不單是因物資緊張，也是沒有胃口。我這兩年來東奔西跑，嫻也早出晚歸。母親帶兩個孩子太累，可是也沒有別的辦法讓她輕鬆點。

回到家裡，母親對我的病很擔心（我是她唯一的兒子），看我瘦了這麼多，她哭了。我不想讓她擔心，加重她的病情，回家幾分鐘後就去北京醫院住院。

經過各種檢查，確診是十二指腸潰瘍出血。內科主任吳潔是我的前輩；在成都華西壩我念醫學院時，他已經在教課了。他主張不要手術，我也不願手術治療。開始飲食及服藥結合施治，住院第三天起，大便已經沒有血了。

住在我隔壁的是位部長的夫人，非常健談。她知道我在毛處工作，而且剛從廬山回來，就千方百計套我的話，打聽毛和江青的事，鬧得我很煩，又無法應付。院長計蘇華幫我換了病房。

我住院的第六天下午，嫻打電話到醫院告訴我，母親病重，讓我立刻回去看看。我要了個車子趕回家中。母親是心絞痛，已經垂危。我同嫻抬她到車上送入同仁醫院急救。

母親的心肌梗死範圍不大，急救比較及時而得當，很快脫離了病危狀態，就在同仁醫院病房住下。兩個孩子暫時由我的舅母看管。好在同仁醫院就在北京醫院旁邊，我常常去看她。嫻則每天傍晚先來看我，然後我們一同去同仁醫院看母親。

北京醫院是我的庇護所。此時「反右傾運動」正如火如荼的進行著。住院可以避過這個政治風頭。在北京市市長彭真的布置下，長安大街上，每隔二、三十米就橫掛著紅綢長幅，上寫著「毛主席萬歲」、「總路線萬歲」、「大躍進萬歲」、「人民公社萬歲」。我在衛生部工作的同父異母的大哥已被點名受批判，但是不知道詳細情況。我大哥在五〇年代初期的「三反運動」中被降職處分，但仍任藥品生物製品檢定所所長。我大哥是個忠貞的共產黨員，但從未有一次運動他能倖免於難。嫻要我向保健局或衛生部打聽一下。我說不能打聽，打聽出來也沒有辦法，弄到誰的頭上，也只能逆來順受。別人幫不上忙。

我全心全意想離開一組的工作。我想離開的原因並不是和毛工作上出了問題，而是我和葉子龍與李銀橋之間的勃谿已發展到難以忍受的地步。他倆在一組待久了，與我格格不入。我看不慣他們的行為。但他們對我頤指氣使，要我負責和保健毫不相干的廚師問題。此外，我還得一天到晚做江青和她護士之間的調停人。我已經要四十歲了，我還在做一般的保健工作。我仍想做外科工作。

計蘇華說不要做外科了，目前醫院的保健辦公室沒有人管，不如去保健辦公室。我沒有同意，因為在中南海時做保健，到醫院仍然在保健的圈子裡，豈不是換湯不換藥。我趁住院恢復期間向上海和南京打聽工作消息。

到九月下旬，毛回到北京，九月二十八日李銀橋和毛的機要祕書羅光祿到醫院來看我。他們問我什麼時候出院，並且告訴我，今年是建國十週年，要舉行大慶祝會。過去十個月來，數以百萬計的群眾趕工完成毛的「十大工程」，以迎接十週年國慶。天安門廣場擴建到今日的規模，廣場可容納五十萬群眾。廣場兩側分別是巍巍的人民大會堂和革命歷史博物館。屆時將有壯觀的閱兵和煙火。李和羅都覺得錯過了這場盛會很可惜。但我不想去觀禮。

我沒有同毛上天安門。建國十週年慶典來了又去，我仍住在醫院裡。

到十一月中，母親病情有了變化。一天早上起來後，她自己到衛生間去洗浴，可能水熱了些，她昏倒在浴池內。經急救檢查，是廣泛的心肌梗死。這次可不同於上次了。她處於休克狀態，一直沒有好轉。我趕到同仁醫院病房的急救室，她的血壓已經很低了。內科主任同我說，很難搶救過來了。數小時後，母親於傍晚時分撒手人間。她最後的一句話是，想看看兩個孩子。

我們沒為她舉行葬禮。保健局給聯繫好火葬場。第三天火葬後，我將骨灰盒放在我的書櫃上，不願將它送往八寶山。也許上海或南京那邊的醫院會要我去，如果離開北京，可以帶上一起走。

母親去世，琉璃廠的老家怎麼辦呢？只留兩個孩子在那裡是不可能的。我去找羅道讓。他仍在主管警衛局的行政事務工作。他不同意我住在老家。他說：「主席並沒有說，你可以不必回來工作。你住到老家去，他再叫你回來工作，孩子誰管呢？」我說嫻可以管。羅又說：「你好好想想看，如果主席要你回去，一年到頭常出差，這個家不是散了。不如都搬進中南海來，南樓內再給你一間房子。」

我同嫻商量半天，也只好這樣辦。大孩子已上學，可以騎車子來往。中南海內有食堂，不必自己做飯。小孩子送入衛生部托兒所日夜全托。後來又轉送北海幼兒園，這裡離中南海近一些。

將這些安頓好了以後，嫻勸我再住院治療，我又住到北京醫院。週末嫻帶著兩個孩子來看我。她說：「你要準備真有可能回一組。照你現在的體質，去了又會病，還是再治治好。」

琉璃廠的老家空出來，我們家裡沒有人去住。北京市房屋管理局趁機讓我們交出房產所有權。十年前天真熱情的我回到祖國來服務，十年後我成了名副其實的無產者，被共產了。我感覺十分惆悵和傷心。我失去了珍貴的祖產。日本侵略中國後，我和母親逃往蘇州，一去十七年。我童年時光是在老家度過的。回中國後，最美好的回憶也是根植在老家中。

嫻和我總將老家看作我們的快樂小天地，在這小天地裡可以無拘束地談論說笑。現在我們再也沒有辦法保有自己的這塊自由土地。我們永遠失去老家了。

40

一組在十二月底召我回去工作。衛生部常務副部長徐運北來病房看我。他已經向吳潔了解了我身體情況。李銀橋九月來看我時便想叫我回一組，但吳潔推說我還需要治療。現在副部長親自出馬，吳潔只得同意讓我出院。

徐問我什麼時候出院。我說打算多住些天。他說現在黃樹則的母親去世了，黃去天津葬母，一組沒有人工作。我表示我不想去。

徐立刻說：「現在可正在『反右傾』，外面熱火朝天，你住在醫院裡，又沒有大不了的病，這不大好吧。」

我一聽徐的口氣不大對頭，裡面似乎有「威脅」的意思。我在醫院的四個月內，外頭已有了翻天覆地的大變化。彭德懷元帥被撤職，他手下的總參謀長黃克誠也未能倖免。羅瑞卿升職，接替黃的職位。一九四九年便半退隱的軍事委員會副主席林彪，取代彭成了國防部長。許多人不懂毛為何指派健康狀況不佳的林彪就任此要職。

林彪甫就任國防部長，立即召開了軍事委員會擴大會議。會上林彪發了言，不但批了彭德懷，而且將朱德批了一頓說，朱是什麼總司令，當總司令從來沒有指揮過一次戰役，沒有打過一次勝仗，簡直是個黑司令。林的發言稿是經過毛事先看過的。看來這些提法，毛是同意的。

看情形我如果再堅持住院不回一組，豈不很容易被扣上「右傾」的帽子。

我於是說：「等我辦好出院手續再去。」

有權這樣辦。

徐說：「出院手續辦不辦都可以，我告訴他們就可以了。」徐兼任衛生部黨組書記，自然

毛此時在杭州。王敬先兩天前便打電話給羅道讓，要我隨時動身前去杭州。十二月二十三日，我與李銀橋搭機前往杭州。

起飛不久，遇到暴風雪，飛機顛簸得很厲害，只好在南京降落。我們到機場休息室，江蘇省公安廳洪廳長正在等我們。洪告訴我們，京、滬、杭上空有一個強暴風雪雲帶，飛機通過有危險，他讓我們到招待所住一夜再走。

第二天一早我們乘一輛小轎車在暴風雪中上路，沿過去的京杭國道馳去。下午三點鐘到了杭州汪莊。這時毛仍沒有睡醒。晚上我才見到毛。

毛的情緒不高，而且顯得十分疲勞，兩眼的眼泡腫得比平常高，不斷地咳嗽。毛說：「已經有幾天不舒服了。你怎麼樣？」

我說：「我已經恢復了。主席可能感冒了吧？」

毛說：「不曉得，只是不舒服。」

我說：「我給檢查一次吧？」

毛同意了。我給量了體溫。稍有微燒。聽診沒有異常。心臟、血壓和脈搏都正常。我同毛講，是有些感冒和支氣管炎。

毛說：「馬上要開會了，怎麼辦呢？」

我建議他服點抗生素和感冒藥，防止繼續發展。毛同意了。

次日晚上體溫恢復正常，咳嗽也減輕多了。毛很高興，說：「說嘴郎中還有點好藥。」

我趁機會說：「浙江省委第一書記江華同志建議，明天是主席生日，想大家會餐慶祝一下。」

毛說：「我歷來不主張過生日。不過大家聚聚是可以的。我還沒有全好，你們去會餐，我就不去了。」毛仍為大躍進所引起的饑荒心有愧疚，他不願在一般平民挨餓受苦之際，大吃大喝。

其他幹部可沒有這種胸襟。我出來後，告訴了葉子龍。葉聽了以後，笑逐顏開，抿抿嘴說：「行啊，我們幹它一頓，這次一定把王芳（浙江公安廳長）灌醉。大夫，你幹了件好事啊。」

二十六日毛醒了後，大家一一進去給他祝賀生日。毛已經完全復原，對這次治療很滿意，同意和大家照相。

宴會就在三號樓餐廳內舉行，一共擺了八桌。浙江省的主要領導人都來了。由江華、王芳作代表去看了毛。毛告訴他們，不能鋪張，不要說做壽，只是大家聚聚。

江、王出來後，大家開始入席。這可真成了宴會，浙江省的名菜都擺出來了，其中最突出的是燕窩乳鴿和砂鍋魚翅，確是別有風味。席中葉子龍將王芳真的灌得大醉。王敬先悄悄同我說，現在全國這麼困難，餓死人，我們這樣大吃大喝，太不像話。

我深有同感。在中南海深宮朱牆外，成千上萬的中國農民正在挨餓。一九五九年的秋收比前一年還糟。到目前為止已有數以百萬的人餓死。等這場饑荒結束時，死亡人數會上千萬。在中國哀鴻遍野之際，我和林克、王敬先、葉子龍、李銀橋、浙江省的這批領導人，大舉慶祝毛未出席的六十六歲大壽，眼前桌上擺滿了山珍海味。公安廳長醉得倒了。我心中感慨萬千。

我跟王敬先說：「在這個環境裡，不隨波逐流，就會受嫉。除非下決心，挨整也離開這裡，才能對得住『良心』。林克常說：『魯迅說過，不能赤膊上陣，否則乾挨槍。』看來，不同他們妥協，在這裡無法立足。」

唯一對得住良心的方法是離開一組，但我第二次的努力又告失敗。

一組這個環境可真是中國土地上的一個「特區」。任何紀律、法律、規定，都不能在這裡起作用。這是塊「世外桃源」，真是塊「天不管，地不轄」的地方。

只有毛能統治我們。

還有噬齧著一小撮尚有良知的我們的罪惡感。

41

越來越多的百姓因嚴重的饑荒而餓死時，共產黨變得更形腐敗。剛過完一九六〇年新年，毛離開杭州，到了上海。中共政治局擴大會議定於一月七日召開。專列仍然停在龍華車站，毛依舊住在車上。參加會議的領導們則住在錦江飯店。正如田家英同我說的，已經是「過左」，現在反而要「反右傾」，勢必越反越左，看來虧吃得還不夠，學費還得多繳。政治局通過了一個又一個越來越「左」的決議。生產指標節節拔高。鋼產量又規定是一千八百四十萬噸的高指標。各縣、公社開辦企業，大辦水利，大辦養豬場等。

會議期間一如以往，白天開會，晚上看戲、跳舞。為了將晚會搞得熱熱鬧鬧，調來了南京軍區文工團、江蘇省歌舞團伴舞。上海京劇院、上海舞劇院等演出節目。

大肆採購也是活動之一。上海市委為了使會議更加生色，在錦江飯店沿街的一排房子中，陳列了各式各樣的商品，以較便宜的價格出售給參加會議的人和他們的隨員。這些腳踏車、皮鞋和上好毛料都是外面市場上沒有的短缺貨物，何況這時已進入困難時期，市場上早已是「貨架上空空蕩蕩的了」。

這陣子葉子龍和李銀橋之間的「鬥爭」越演越烈。葉子龍逐漸居下風，李則藉機奪權。李銀橋向毛和江青告了葉子龍的許多臭事。毛沒有講什麼，可是江青卻經常對別人罵葉子龍，說葉「腦滿腸肥，飽暖思淫」。毛最後無法坐視不顧。以後，毛交「女朋友」所「用的錢」不再放在葉處，改交李銀橋管理。這是葉子龍和李銀橋交惡爭權，李取得勝利。

這一段時間，葉時常同我發牢騷，說：「給他（指毛）辦了這麼多年的臭事，弄得這麼個下場，這個地方待不下去了。」

我說：「主席對你不錯啊，他並沒有叫你走。」

葉說：「屁，他用各種辦法擠我，比明白說叫我走，還難受得多。」

多年來，我一直不願去正視毛和這些女孩子交往背後的真相。每次毛有「客人」，我也避得遠遠的。我不想知道實情。葉跟我說了不少事，使我無論如何也無法再假裝不知道毛「拈花惹草」的風流事。

一九五九年底，我回到一組工作，發現除了原來一位女機要員外，又有一名女機要員，隨同外出。後者並不好看，不過皮膚白皙，身材修長。這種外形是毛最喜愛的。她初次與毛見面時，告訴毛，她念小學和初中時，同學有些人罵共產黨，共產共妻，罵毛是土匪頭子，她開始與這些人爭吵，後來動起手來，被那些人打得頭破血流，但她仍大聲說，共產黨好，毛澤東好。這一番話，說到毛的心坎上去了。有一段時期，毛只要一睡醒，就要她陪，直至下次入睡。在上海會議期間，晚會跳舞，她總是坐在毛的身旁。有時跳到半夜一點鐘，毛仍無倦意，舞興還濃，每次都是她睡眼惺忪地拖毛回去。以後毛外出，都帶著她。

她有一大特點，雖然是毛的「女友」，但是見到江青，一直很熱情親切，毫無「怕被發現」或「內疚」的表現。江青似乎也很喜歡她。毛常對別的女孩子們說，要學學這位的「大方」舉止。

批鬥彭德懷已使我對毛主席的信心動搖。現在知道他私生活的醜相後，我對這曾一度敬仰如泰山的人，只有深沉的憎惡。

李銀橋逐漸取代了葉子龍的「總管」地位以後，與一位女工作人員要好起來。上海會議期間，兩人正打得火熱，常常在毛沒有起床時，一起離開火車，乘汽車到錦江飯店買東西。有一次柯慶施到火車上接毛去城裡開會，毛叫李，李不在。等毛下火車時，李剛趕回來。毛當時吼道：「李銀橋，你一天到晚弄著個女人搗鬼，你是幹什麼吃的。」

當時柯慶施大吃一驚，認為葉子龍、李銀橋過於瀆職，長此下去，為毛的安全擔心。柯同北京市長彭真講了，也告訴了周恩來和劉少奇，於是動議將汪東興調回來。

上海會議結束後，大家動身去了廣州，然後才回到北京。

葉子龍回到北京以後，對毛和江青十分不滿意。如前所述，他認為毛用各種方法給他難堪。葉說：「毛不明講讓我走，可是辦什麼事不讓我辦，同一組的人講我這不好那不好，使我沒有辦法待下去了。給他幹了一輩子的醜事，到頭來落這麼個下場。」葉開始活動去北京市工作，已經得到彭真同意。葉到處宣揚毛的「桃色新聞」，終於禍從口出。這事讓劉少奇知道了。劉說：「這是汙衊我們黨，把他拘捕，槍斃。」後來周恩來、彭真等一再關說，才沒有執行。

毛自己的私生活如此，他的隨從只是「上行下效」罷了。毛的衛士們個個長得年輕英俊、眉清目秀，舞會裡也有很多認識漂亮女孩的機會。毛和其他領導人奉行的道德標準，和中下級幹部奉行的有所不同。毛是無法無天，自然可以隨心所欲，但黨對一組人員仍有嚴格的紀律要求。在這種情況下，毛不得不採取行動，叫汪東興回來解決問題。

42

汪東興於一九六〇年十月由江西調回中南海。四年的放逐生涯，使汪吸收了以往的經驗教訓。汪同我講，以後對毛只能唯命是從，「千萬不能逆他的意，他說一就是一，說二就是二。否則把他惹毛了，誰也沒有辦法解救」。

汪又講：「過去可上了不少江青的當。好多事都是聽她聽壞了。以前一直認為她是主席的夫人，聽她的沒有錯。哪裡知道，主席講了，你要是聽江青的，你去給她辦事，我這裡不用你。一九五六年主席批評我時，是江青煽風點火，加油加醋。這次江青可別再想順心了。我走的時候使壞。我沒死，回來了，看你江青還能不能使壞。」

汪回一組後的第一項工作便是鞏固權力，清除敵人，換上忠於他的人。一組此時的腐敗已明顯到連毛都無法坐視不顧的地步。自一九五八年以後，毛外出到各地，各地對一組工作人員，盡力招待；大家便白吃白喝，隨意要東西，不給錢。汪藉此展開內部「整風」，目標是清清他的對手——葉子龍和李銀橋。

汪東興告訴我一件事，很能說明葉子龍的為人。三反運動開始後，一天羅瑞卿召集公安部的幾位副部長開會。羅在會上要求凡是有各式各樣貪汙的人，要自動坦白，否則要加重處理。大家默不作聲。羅大聲吼道：「姓汪的，你為什麼不開腔？你沒有問題？你躲得過去嗎？」汪告訴我，當時在座的，除他姓汪以外，還有一個姓汪的副部長，兩人面面相覷，誰也說不出話來。羅又大聲指斥：「汪東興，你還瞧別人。你不坦白。你過不了這一關。」汪說當時糊塗了，不知道有什麼問題。羅又問：「你拿過主席的東西去賣沒有？」汪簡直是丈八羅漢，摸不清頭腦。羅站起來，指著汪說：「給你點出來，你還不及早坦白，你看這是什麼？」汪拿過來一看，是一張檢舉揭發信，揭發汪將一架送給毛的照相機，賣給了委託寄賣行，賣的人簽名是汪東興。汪沒有幹這件事，因為送給毛的禮，不由汪負責保管，主管人是葉子龍。這事與汪毫不相干。

汪這次回來是看準了毛的意圖。毛這時對葉子龍和李銀橋已經很不滿意了，但是這兩個人都是一組的老工作人員，而且給毛辦過不少「事」，毛不好開口讓他們走，所以要用汪來搞葉、李。當然大家並不知道，一組整風的幕後操縱人是毛。

汪對這兩個人也很不滿意，因為以前這兩個人在毛的面前講了不少汪的壞話，害得汪被下放四年，所以汪正好利用這機會整整他們。這次他一回中南海，便展開整風行動。

我覺得汪的所做所為也是情有可原。因為一九五六年外調江西後，他看夠了人情冷暖。一組的特權和招搖看在他眼中，分外刺眼。此外，全國性的大饑荒終於侵入中南海的深宮朱牆了。每人的配糧一個月減至十五斤。肉、蛋已經絕跡。沒有食油。我們雖可以去市場買瓜類和蔬菜，可是瓜、菜也很少買得到。所以實際上是在挨餓。有辦法的中央機關和軍事機構，都組織人到內蒙去打黃羊，大家都去打，打到的也就越來越少了。

中南海內普遍營養不良，很多人得了水腫和肝炎。嫻的兩腳已經有了水腫，想辦法買了點黃豆，她又捨不得吃，都炒熟後，給孩子做菜了。這時她倒願意我隨毛外出，這樣我的那份定量生活供應品，就可以省出來，留給孩子們吃。

毛自然不受配糧的限制，大家也盡力使他不受影響，但他還是知道了困難時期物資緊張的艱苦。毛每天批閱的文件，件件都在跟他吶喊著真相。自從一九六〇年以後，工農業生產大幅度下降，國家的經濟生活越來越困難。夏天開始，毛又恢復了一九五六年時的老習慣，睡醒以後不起床，精神上常常處於低沉狀態。但我覺得他心理上還是無法面對這個事實。

有一次我告訴毛，現在浮腫病和肝炎病人很多，而且越來越多。毛嗤之以鼻說：「這都是你們醫生閒下來沒有事情幹找事幹，你們找出來兩種病嚇唬人。你們如果不找出點毛病來，你們不是要失業沒有事情幹了？」

我又說明這兩種病是真的，不是醫生找出來的，是人有了病去找醫生，醫生查出來的。

毛說：「查同找還不是一個樣。現在全國缺糧，這裡有一個報告。」他順手拿給我一份「內部參考」，其中有一篇消息，說明浮腫病和肝炎的流行，需要飲食中增加蛋白質和碳水化合物。

年前楊尚昆在中共中央直屬機關講了一次話，要大家有長征時的精神，準備三年挨餓。要求各個單位自己想辦法，糧食不夠，自己找空地種瓜種菜，用瓜菜代替糧食。

楊的這次講話以後，大家在住房前後的空地都種上了青菜和瓜，甚至在上班時間，大家放下手頭的工作，去種這一小片土地。除去市場上買到的一些，加上自己收穫的一些，瓜菜倒有了供應，但是糧食太少。吃瓜吃菜沒有油炒，多吃幾次難於下嚥，而且也吃不飽。

我覺得毛特意漠視橫行中國的疾病，十分殘酷無情。但我不可能打破他的幻象。自此以後，我再也沒有同毛談起過浮腫病和肝炎。這兩種病似乎在中國這片土地上不復存在了。

毛對那些不斷指出局勢「黑暗面」的領導十分不悅。他說：「他們越是說到黑暗面，前途就變得越加黯淡。」毛覺得那些領導是誇大國家的困難，存心給他心理壓力。

毛倒是對饑荒做了一大讓步。毛開始不吃肉了。他說：「大家都餓飯，我不能再吃肉了。」劉少奇、周恩來知道毛不吃肉了，都向汪東興表示擔心。汪要我趁機會「探望」毛的口氣，能不能勸毛吃肉。剛好有天上午，東北送來老虎肉和鹿肉，我藉機勸毛吃一點。

毛笑一笑說：「你告訴汪東興，將這些肉放在大食堂，給大家吃。」

我趁機說：「是不是留一點，交給廚房，做給你嘗嘗。」

毛搖搖頭說：「不必了，我暫時不吃肉。過些天再說。」

毛的犧牲對大饑荒毫無助益。中南海的人員也許因為有老虎肉和鹿肉，有幾次吃得好些了。但這無法使被破壞的農業立刻恢復。儘管如此，毛主席這個姿態仍贏得了大家的讚嘆。

在饑荒中，汪東興展開了一組整風。當時大吃大喝成風，到外地有好東西就無償或以低價買來。沿海省分公安廳破獲臺灣特務向大陸走私的勞力士手錶和徠卡相機，只以幾塊錢賣給一組人員。我們可以買到一般百姓買不到的罕見奢侈品——毛料服裝、絲緞和皮鞋。困難時期一組仍如此囂張，使大家側目以視。

汪為了便於整頓，向毛報告不要葉子龍參加。汪同我講：「葉子龍的官同我一樣大，他在主席處工作的年頭比我長。他參加整風，對他一點辦法沒有。他在裡頭一搗亂，弄得我更難辦。」如果汪同時批整葉和李，這兩人可能會聯合起來反擊他。因此汪決定採用各個擊破法，先將葉放在一邊，集中對李開火。

毛的意見，葉子龍可以不參加，但是大家可以給葉提意見，然後轉告給他。汪覺得也不要給葉子龍提意見了，提了也沒有用。

這次整風會從十月底開始，每天在毛入睡後開，每次開三、四個小時。連著開了兩個月。衛士們值班侍候毛，就向毛說明會上誰發了言，說了些什麼，給李銀橋提了些什麼意見，李銀橋怎麼檢查自己的，如此等等。然後毛又給出主意，開會要說些什麼。

毛讓衛士在會上揭發李銀橋，在上海時，丟下毛處工作不幹，到錦江飯店小賣部去搶購東西，買那麼多東西，那裡來的錢？

鼓動一組人員點名批判李銀橋並不難，他平日樹敵甚多。但整風會提的意見也只是點到為止，大家都不想讓李下不了台。我也只大致批評了他工作上不負責任。

但整風會卻整出了意想不到的後果。葉子龍沒有參加會，可是通過會上一些發言，大家都知道了葉在北京有一個吃喝小集團，葉是這個小集團的主要成員。這兩個月期間，葉坐臥不安，他時常從各方面打聽會上的發言有沒有涉及到他。

汪東興的這一舉動，立即給他帶來了很大的聲譽，都說他敢在一組這太歲頭上動土，這把火放的好。周恩來、劉少奇大為讚賞。

一九六〇年十二月二十六日，毛六十七歲生日那天，這場整風落了幕。

毛生日前兩天，汪東興向他報告了整風情況，主要是這幾個人跟著毛，在上面時間久了，不知道下面生活的困難，又不自覺自愛，搞得對外影響很不好。好像一組的人都這麼差勁。現在糧食很困難了，大吃大喝，白吃白喝，太特殊了。

毛生日時，我正巧趕去廣州看江青的病。汪後來告訴我，十二月二十六日下午，汪東興、葉子龍、李銀橋、王敬先、林克、機要祕書高智，還有護士長吳旭君跟毛一起吃飯過生日。這時毛還是不吃肉，所以菜色都很簡單。

汪說：「吃飯當中，主席說，給你們講個故事。戰國時候張儀和蘇秦是同學好朋友。張儀在秦國當了丞相，就是等於總理吧。可蘇秦還是個窮光蛋，也找不著工作。蘇秦想，既然張儀闊了，是個大官了，為什麼不去找張儀呢。蘇秦到了秦國，大約就是現在的陝西咸陽。打聽到了丞相府。找門官，就等於現在的傳達室，一報。張丞相說先住下吧。一送，送到了招待所，這等於北京飯店。蘇秦一住，住了兩個多月，張儀也不見他。蘇秦心裡的火大了。好啊，張儀你不講交情，不見就不見，不求你，老子回家。招待所長送蘇秦回家。到家裡一看，房也修了，家裡也有飯吃了。招待所長同蘇秦講，張丞相的意思，怕你留在秦國沒有出息，所以不見你。他勸你，到六國去遊說，就是耍嘴皮子，讓六國聯合起來打秦國。這樣，張丞相在秦國穩當了，你蘇先生在六國也穩當了。蘇秦一聽，真有道理，就這樣做了。

「主席說，講這個故事，不是說你們是蘇秦，我是張儀。這是說明，再好的朋友，也不能靠著過下去。要自己努力，打開出路，互相配合，才能成功。

「現在國家有了困難，沒有糧食，老百姓在餓飯，你們下去，搞些勞動，同時進行調查研究，看看老百姓有些什麼問題，告訴我。

「在座的也不全去，葉子龍、李銀橋、王敬先、林克、高智你們去，衛士小封也去。現在山東很困難，你們到山東去。要是你們餓得快嗚呼哀哉了，告訴我，立刻叫你們回來。

「第二天主席寫了個條子，叫他們不要去山東，改去河南信陽①，參加勞動鍛鍊，說信陽情況可能好一點，去了不會餓飯。」

毛實在也是個極善表演的演員，不但善於看什麼人說什麼話，而且嘻笑怒罵，流淚嘆息，都是他用來收拾人心，達到他的一定的目標的手段。毛對於在他身邊工作，或同他有「特殊關係」的人，在處理上很有策略手段。一般先讓這個人去學校甚至到蘇聯學習，學習完結，即調到別處工作。再有就是用「到下邊」調查研究，勞動鍛鍊，按毛的說法是「冷一冷」，再調到別處工作。在這個人去學習或下去勞動以前，毛必然要找來談談話，表示「關心」，甚至「流淚」，表示「捨不得」離開。這樣，這位被「處理」的人，自然感恩戴德，雖「走」猶榮，還常常拿這點向別人誇耀。葉他們要求過了春節再走。但毛叫他們月底就出發。

葉他們走前，汪東興還在名單上加上了他另一位對手——羅道讓。羅在一九五六年汪受批評下放江西時，便任警衛局代局長，後又建議要特別會計室主任賴祖烈兼警衛局局長。為了這些原因，汪回來以後，就想將羅除去，但是沒有機會。

一天汪從政事堂辦公室走回南樓，路上遇著羅道讓，很明顯，羅是要賣乖，隨便向汪說：「一組的人下去不少，我們什麼時候有這麼個鍛鍊機會？」

羅這樣一說，汪立即順水推舟說：「那好，我報告主席，你同他們一起去。」並立即去了一組，報告了毛，毛同意了。

葉子龍和李銀橋下放後，汪徵得毛的同意，一組的事情由汪負總的責任。衛士組仍由剩下的衛士輪流值班。汪將行政處長毛維忠及辦公室主任田疇提為副局長，主管行政事務及中央領導的生活服務。辦公室主任則由汪的心腹武建華擔任。徐濤的妻子護士長吳旭君固定在一組工作，以便於隨時從吳了解到毛的日常「動態和情況」。

汪東興在一組鞏固他的權力，並利用整風機會撤走彭德懷的原有勢力。汪東興一向非常重視中央警衛團這一支武裝部隊。這支部隊雖然編制是團的名稱，可是兵力有兩千多人，裝備精良。而且負責警衛的地點都是中央最高領導人的住地和經常活動的地點，如中南海、新北京、玉泉山、北戴河。而警衛團的戰士和幹部大都是彭任國防部長時，徵集來的。汪於是大加調換，給毛擔任武裝警衛的一中隊，基本全部調換了，汪的心腹警衛團團長張耀祠升任為警衛局常務副局長。

汪雖權力日漸坐大，控制全局，也無法打贏這場反腐敗的戰爭。一九六一年年初毛路過長沙，在黑石鋪停了一天，毛叫劉少奇和周恩來來湖南，在火車上開了會，沒有下車，第二天就走了。湖南省委招待處向省委報帳，吃了兩千多隻雞。汪知道了，找新任湖南省委第一書記的張平化（張是周小舟挨整後接任的）問，毛、劉少奇和周恩來，加上隨從人員和警衛，肚子再大，一天也吃不了兩千多隻雞。張平化說去查一查。

後來張告訴汪，可能是二十幾隻，多寫了。汪說，那天大家一口雞都沒有吃到，是誰吃的？湖南省公安廳廳長李祥同汪打招呼，說毛在火車上開會，那一夜鐵路沿線和飛機場，加上周圍三個縣的民兵，統統值班巡邏站崗一共有一萬五千多人，天氣又冷，不能不給他們吃點。汪說，吃就吃了，不能算在毛主席頭上。李祥說，不算在毛主席他們三個人的頭上，報不了帳。

所以汪說下面搞鬼搞得厲害，毛揹黑鍋。

汪東興重新整頓完畢後，中南海、北京，甚至全中國境內的三大關鍵組織——一組、警衛局和中央警衛團——完全在他的控制之下。在汪的指揮下，又將一些警衛團的幹部調入警衛局，以作局團合一的準備。又一步步醞釀將公安部八局合併入警衛局。汪的勢力不斷擴大，在宮廷鬥爭中成為舉足輕重的要角。六年後，文化大革命開始，毛派遣八三四一部隊（即中央警衛團的代號）進駐軍管主要的工廠和大學，這些都由汪辦理。

汪回來以後的又一改革是：因為毛老了，需要增加活動身體。經過毛同意後，將每星期六晚的一次跳舞會，改為星期三晚及星期六晚各一次。

原來伴舞的是中央辦公廳裡的一些機關幹部，如機要人員、生活服務人員、招待人員、醫務人員、保衛人員等。另有專業文工團員，主要是北京軍區戰友文工團。這時汪又找來鐵道兵文工團和空軍政治部文工團。一九五九年國慶日，人民大會堂啟用。原來的北京廳改為一一八廳，廳堂寬敞，成為毛專用的房間。人民大會堂的女服務員也成了他的「外寵」。這時他結識「女友」的範圍和人數大為增加，再也不需要中間人了。那年毛是六十七歲。

一九六〇年五月，英國第二次世界大戰時的元帥蒙哥馬利來到北京。毛在那次會談中，第一次公開討論自己死亡的各種可能性。毛對蒙哥馬利說：「人總是要死的。我想我會怎麼死法呢？第一是有人開槍把我打死。第二是飛機掉下來摔死。第三是火車撞翻撞死。第四是游泳淹死。第五是害病被細菌殺死。」

注釋

①信陽實際上因饑荒而凋零不堪。

43

汪東興在北京鞏固個人勢力時，我正在廣州陷入一場個人鬥爭中。一九六〇年十二月中旬，江青打電話給毛，說身體不好，要我去廣州給她看病。江青在廣州過冬，抱怨頻頻。她說她有病，怕風、怕光、怕聲音。她的護士、隨從、衛士都不肯盡心照顧她。她要我去給她看病。

江青找我次數過多，連毛都起了疑心。自一九五九年底我出院回一組工作以後，一直有人議論紛紛，說江青對我好，太不尋常。葉子龍和李銀橋也在中間加油添醋。毛聽到江青要我去廣州時說：「讓他們去好嘛。」便叫我去。

我實在不想去。我很了解江青，她根本沒有什麼病，而且脾氣古怪，難伺候。她的身邊工作人員都有滿肚子委屈，我的調停很少能起作用。我每跟江青在一起時，總覺如坐針氈。我知道毛起了疑心，更不想給別人說三道四。

但我沒有選擇餘地。毛叫我去，派了一架空軍專機送我到廣州。

我到了廣州小島招待所。這次同江青一同在廣州的是警衛處的科長孫勇，衛士，和兩位護士。我一到，他們就跟我一直訴苦。他們幾個人都說，江青這個人沒有辦法伺候，沒有她如意的時候。怕光、怕風、怕聲音，都是假的。

廣東省委書記陶鑄常開舞會。江青一跳可以跳三、四個小時，廣東省領導全部下去伴舞，上從廣東省最高領導幹部下到衛士、隨從，個個都得陪她跳上一曲才行。江青跳舞可以跳三、四個小時，看電影可以連看兩、三個片了，這時候什麼都不怕了。

江後來見了我，說了一遍身體上的各種症狀，然後就講護士們如何如何不好，沒有人管她們，指導她們。

我向江青說明，我是毛派我來給她檢查身體，完了以後就回去。江當時面色沉下來沒有說話。

第二天江還沒有起床，護士跑來找我，說：「大夫，你昨天同江青講了些什麼？她一晚生氣，拿我們出氣，還說，這個大夫真莫名其妙，他到廣州來，簡直想潦草應付一下，搪塞了事，真是不知天高地厚了。」

我於是不再向江談給她檢查身體，也不提回北京。天天就同江看看電影、散散步、照相、週末跳舞。江每天近十點、十一點才起床。下午二、三點睡個午覺，然後接下來吃晚飯。我們沒有一起吃飯，但我跟江青在小島上都吃得很好，絲毫不覺外面的人正在挨餓。

十二月二十六日是毛的生日（也就是毛在北京下放葉子龍和李銀橋的同時）。陶鑄及他的夫人曾志請江和大家吃飯。這樣一連下去，過了新年。小島風景優美，日子舒適，但我卻百般無聊，忐忑不安。我看得出來養尊處優的江青非常不快樂。

江的病的根源，首先毛有不少「相好的」。江心裡有氣，又怕毛不要她了。又恨又怕，精神不會正常。

其次江極不滿意她的級別定低了。在中共政權中，行政級別分成二十五級。一級到六級是高級首長，七級到十三級是高級幹部，十四級到十七級是中級幹部，十八級以下是一般幹部。

江青的級別是九級。她非常不滿意。她有天對我說：「葉子龍、汪東興兩個大老粗都是七級。楊尚昆太不公平。」

黨沒有給江青掌大權的地位，她心裡不痛快，不服氣，又沒有辦法。這兩點加在一起，自然這裡不如意，那裡不舒服。誰有辦法治她這種心病呢？也只能毛表示永遠要她，勸勸她，才好一點。可是讓她掌握大權，我看毛也不可能自己開口，就是毛想這樣辦也難，何況江青眼高手低，什麼本事沒有，還不願在別人領導下工作，脾氣又大又愛教訓人，同誰也合作不好。

因此江青的神經衰弱其實是種「政治病」，她野心勃勃，卻無法伸展。如果她痊癒了，她就得去工作，九級的幹部沒有真正的權力地位。但如果她是以毛主席夫人自居，別人儘管心裡不尊敬、不喜歡或不願意，也得對她卑躬屈膝，唯唯諾諾。

最後我終於了解江青不生病是不行的。只有生病，她才能予取予求，支配身邊的人。她也需要毛以為她真的有病，否則她就得去工作。

到小島快三個禮拜以後，一九六一年一月十日，上午江青起床後，叫我去。我走進三號樓她的休息室。她正坐在躺椅上，喝著茶。我進去後，她叫我坐下。然後說：「大夫，我們談談。你已經來了三個星期，無所事事，你有什麼打算？」

我說：「我在等著，什麼時候你覺著合適，我給你查身體。」

江青說：「我今天要你來，是商量一下長遠些的事情。主席身體很好，並不需要經常有醫生在身邊照顧。主席自己也說，並不必要有個醫生。可是我身體不好，徐濤走了以後，沒有醫生做系統觀察和治療，我需要醫生，可是沒有醫生在這裡。我同你商量，你以後跟著我，兼管主席。你覺得那個護士順手，可以由你調來。」

我本來這幾天就看出她有這個打算，所以聽了她的話，並不意外。我說：「我調到一組來工作時，領導上交代，是給主席保健，負責主席的健康。領導上說的清楚，這是組織給我的任務。江青同志你的意見，同領導上談的不一樣。這樣改變，領導上沒有同我談，主席也沒有同我談。我不知道何所適從。我覺得不妥當。」

江青說：「這件事我已經報告主席，主席同意了。你沒有別的意見，領導上容易辦，我同他們說一下就可以了。」

我說：「這件事還得要思考。這樣辦我覺得不妥當。」

江大聲說：「有什麼不妥當？你是不是眼睛裡只有主席，沒有我？你看不起我這裡嗎？」

我怕的是蜚短流長。如果我真的做了江青的保健醫生，一組裡的謠言便成了有根據的事實。我覺得事情緊張起來，我委婉說：「根本沒有看得起看不起的問題。當醫生誰有病都得去看。我認為照你的辦法，會有不好的反映意見，對你、對主席都不好。」

江聽我講完，忽地立起身來，圓睜兩眼，急促問我：「你說有不好的反映意見，是什麼意見？」

我說：「不必說了，是一些流言蜚語，講了沒有好處。」

這時江青急了，厲聲說：「大夫，我一向對你不錯，為什麼有話不明說？你講，你講出來。」

我說：「江青同志，你既然一定要問，我告訴你。自從一九五九年底我出院回來工作後，一直有人議論說，你對我好，這不尋常。而且有人告訴我，這人還將這話告訴主席。主席說，讓他們去好嘛。江青同志，所以我認為這麼辦不合適。」

江青聽了以後，倒沉靜下來。她問：「是誰這樣講呢？」

我說：「算了，就不管他是誰了。」

江青說：「大夫，你太糊塗，我對你是特別照顧些，這是因為主席同一個醫生能合得來很不容易，我是照顧這大局，才對你特別將就些。現在有人就是製造流言，不顧大局，到底是誰呢？」

我說：「是葉子龍這麼講，後來李銀橋也講。」

當天夜裡，江青給毛打了一個電話，流了不少眼淚。幾天後，也就是一月十二日，我就乘空軍專派飛機回北京了。我跟江青告別時，江青警告我說：「這事不要再提了。」

回到北京，到處冷冷清清。看到家裡人，似乎都瘦了一圈，面色又黃又灰。嫻的兩隻腳腫得更厲害了。自我走後，他們每天的定量糧食都吃不飽，沒有油，更沒有肉和蛋，青菜也不容易買得到。能夠得到一點黃豆，煮著吃，就是美食了。一九六一年的春節，嫻弄了點白菜，和一些大米，煮成稀飯，湊合過去。

我決定過幾天再去見毛。毛準備在一月十四日召開八屆九中全會。毛要求各級領導深入基層進行調查研究，解決大躍進以來的問題。直至今天，我仍然相信毛發動「大躍進」真心是想促進中國進步。問題在毛沒受過現代教育，他以為「土煉鋼、高產糧、人民公社、大躍進」這些烏托邦的空想是中國邁向二十世紀現代化的道路。毛的思想仍停在十九世紀，領導國家全憑毫無科學根據的主觀想像。現在他想緩一緩，思考對應的方法。

九中全會對毛是個打擊。參加的領導認為黨首要的工作在恢復農業生產①。在餓殍遍野中，毛的迅速工業化只是空想。「民以食為天」是不變的道理。

會議結束後，一月十八日夜我去看毛，告訴毛我在廣州時的情況，與江的談話。我對毛說：「我忍耐了很久了。葉子龍、李銀橋說我同江青關係不正常，他們有什麼根據？我認為他們不是醜化我，而是醜化主席。他們的用意到底為了什麼？」

我一邊說，我看毛在瞇著眼睛。我說完後，毛說：「前兩天江青打電話來，告訴了我。這事我清楚了。你不用掛在心上。常說『誰人背後不說人』呢。葉子龍、李銀橋要下去鍛鍊了。過兩天他們就走。」

我很納悶，汪東興為什麼不告訴我這件事呢？我出了毛的臥室，立刻去找汪，向他問個究竟。（後來汪跟我解釋了此事的由來始末，見前文。）

我一月離開廣州回北京後，江青一再提出身體不好，保健局幾經商量後，派了北京醫院院長計蘇華、上海華東醫院院長薛邦祺和上海精神病防治院院長，精神科醫生，神經科醫生粟宗華到了廣州，住在小島河外的公安廳大樓中。他們到了一個多月，江青卻遲遲不見他們，更不要說檢查身體了。

等毛、汪東興和我到廣州時，已經是二月底。我們到了以後，這三位立即找我說，保健局派給他們的這個任務，很是光榮，可是太艱巨了，見不到病人，沒有辦法出力。而且醫院裡忙得很，大家都急著回去。我將這些話轉告江青，她沉下臉說：「這些醫生架子太大。」

後來江青總算同意身體檢查，但吩咐不能一天檢查完，要分三天。最好是查一次，休息一天，隔一天再查第二次。再隔一天，查第三次。一共用一個星期。第一天計蘇華查的外科，實際上沒有什麼好查的，用了不到一個小時就完了。等二天內科由薛邦祺檢查，除去做心動電流圖稍微費點時間以外，也沒有用多少時間就結束了。只有第三天粟宗華做神經精神科檢查用了不少時間。但江青很狡猾，避重就輕，規避了許多能讓醫生了解她心理狀況的問題。

檢查完畢，我去見了江，告訴她，三位醫生想當面向她說明檢查結果和治療辦法。江表示同意了，然後問我，三位醫生查出什麼病。我說三位醫生檢查身體的結果，沒有發現有什麼重要的不正常，身體情況在好轉。

江冷笑一聲說：「他們的話你已經替他們講了，不必見了。他們檢查身體的結果，你先不要同主席講。讓他們寫一個報告給我。」

我告訴了他們江要一個書面報告，不談了。他們說，不談也好，反正只有這麼幾句話，當面碰釘子更不好辦。於是將以前的檢查身體報告取出來，將辭句修改了一些，強調江青仍在原位癌放射治療後的恢復期，有神經衰弱現象，建議她仍持續原先的文娛活動，然後整個繕寫出來，交給汪東興看。

汪看過以後，不同意這寫法，說：「你們還是老一套，什麼同意看電影、跳舞、聽音樂。江青搞這些倒成了合法的了。你們不要出這些主意。」

我終於和醫生們起了爭執。原先保健局派這幾位醫生來照顧江青，好好治病時，我也在場。我氣憤地告訴醫生們不必再迎合江的反覆無常，只要坦白報告她的健康完全無恙。醫生們並不知道江青待人的無禮，改寫了報告。

這份報告交給江後，當天退回來。江青說：「這三個醫生寫的什麼東西，完全不負責任。他們是幹什麼來的。叫他們回去。」

廣東省委書記陶鑄出面請他們三人吃了一頓飯，表示感謝他們到廣州來。他們知道江青不滿意他們的報告，但未料到江青長久壓抑後的憤恨宣洩出來時，會有多可怕。

這三位醫生在文化大革命中都受到極大的打擊。計蘇華被毆打，關在醫院中的小木屋內，最後以早老性痴呆去世。薛邦祺也同樣受到批鬥。文革結束後不久，便因心臟病發去世。

粟宗華受的迫害最嚴重，一直被關押被毆打。粟受迫害後，給我寫三次信，證明他在廣州給江看病時，認真負責，沒有任何「反黨、反江青」的活動。我當時處境也很困難。我寫證明寄給上海精神病防治院，沒有結果。最後粟不堪虐待自殺死亡。

送走了三位醫生後，我成為江青所有不滿的唯一發洩管道。護士們不斷向我說，江青對這次檢查身體非常不滿意。她們說，江青認為這次檢查身體，是醫務界有意與她為難，其中特別是我，在對待她的態度上，有了截然不同的變化。

江並且舉出一九五八年在武漢時，我考慮到她的身體衰弱，勸毛不要讓江隨同一起去參觀大學這件事說：「李大夫全變了。那個時候我覺得他真正關心我的身體，為我著想。現在跟我在作對。大概那個時候，葉子龍、李銀橋加上一個傅連暲整他，他拿我當後台支持他。現在葉子龍、李銀橋走了，傅連暲不工作休息了，汪東興調回來，李大夫是不是拿汪東興當後台來整我呢？還是他有別的看法哪？」

我對江青「看法」是有，只是我的看法同她說的看法，完全不是一回事。因為我本來就不願意在一組工作，根本談不上找汪東興做後台來鞏固我的工作地位。我從來就不喜歡江青。江青的養尊處優，無病裝病，對人呼來罵去，刻薄暴虐，在在都使我深為憎惡。

當時共產黨的電影和歌劇《白毛女》中，描寫惡霸地主婆虐待丫頭和女傭人的這一類的宣傳事例，說地主和資本家如何如何剝削壓迫人，那麼江青同這些有什麼區別呢？

我自然也明白，江青如此目空一切，完全是仗著她是毛主席夫人的地位。我越來越憎恨我四周的偽善，偽道德。共產黨一再咒罵「資產階級的腐朽生活方式」，又一向自詡「共產主義道德品質」，那麼這些共產黨領導在人民普遍挨餓受凍之際，還窮極奢華，大吃大喝的行徑是屬於什麼樣的「生活方式」呢？我夢寐以求的「新社會」、「新世界」完全幻滅了。

江青以為我對毛仍崇敬如泰山北斗的看法也不正確。我對毛的私生活日益清楚以後，對毛的品德十分厭惡。毛的行為又是屬於什麼樣的「道德品質」呢？他批鬥彭德懷——一個對共產黨赤膽忠心，全心奉獻中國的偉大革命領袖。

而中國人民呢？共產黨一天到晚宣傳「人民」兩個字，似乎一切為了「人民」，要求幹部們「做一個有高尚道德的人」，「做一個毫不利己，專門利人的人」等等。但實際生活中，權力者可以毫無顧忌、毫無限制地滿足自己的私欲。受迫害、受壓榨的人們，只能忍受一切苦難和恥辱，逆來順受是唯一能生存下來的辦法。所謂「人民」不過是廣大求告無門的奴隸的代名詞。這就是共產黨的「新社會」、「新世界」。江青說的很對，我是不將她放在眼裡。只是她不知道，我其實對毛和一組深惡痛絕。

這幾年的生活，對我的精神是極大的打擊。我所期望的「新中國」已經是《紅樓夢》中的賈府。

注釋

①糧年產量從一九五八年的二億噸，銳減至一九五九年的一億七千萬噸。六〇年的一億四千三百萬噸，六一年略為回升，一億四千七百萬噸；但直到一九六六年，糧年產量才又超過一九五七年的總數。

44

在空前的大災難當中，毛在聲色的追逐上卻變本加厲，而且已經越來越不加絲毫掩飾。

中南海春藕齋重新粉刷裝修，晚會的場所由暫時遷移到懷仁堂內北大廳又回到春藕齋。春藕齋舞廳旁新修了一間「休息室」，裡面放了床鋪。我那時仍是每場舞會必到。常在舞興正酣的時候，大家都看見毛拉著一位女孩子去「休息室」。待在裡面，少則半小時，長則一個多小時。

這時人民大會堂的北京廳剛好改名成「一一八會議室」。這是一大間會議室，裡面的裝潢、家具、吊燈遠勝於克里姆林宮的規模，是我見過最豪華的房間。在人民大會堂內，毛又有一些「女朋友」。

許多女孩子以與毛有這種「特殊關係」為榮。這些女孩子大多是貧農出身，或是從小由「政府」養大，思想上非常崇拜毛。毛的臨幸自然會讓她們感覺到莫大的恩寵。

但是也有一些女孩子拒絕毛的要求，通常她們是年紀較大，教育水準較高的女青年。有些護士認為與病人發生親密關係，有違職業道德。

毛的「女友」之一有一次同我談起她的童年。她是黑龍江省人，幼年時父親死去，母親帶著她討飯過生活。東北「解放」以後，母親在工廠有了一份打雜工作，生活上算是有了保障。她九歲考入空軍政治部文工團，做了歌劇演員，雖只擔任配角，但是她已經心滿意足了。

毛另一個「女友」是鐵道兵政治部文工團團員。她父母都是「烈士」，從小由「政府」養大，小學沒有畢業，十二歲就考入鐵道兵政治部文工團。

對這些女孩子來說，黨的「解救」已經是大恩大德。現在有讓毛「寵幸」的機會，更是感激莫名。對中國人來說，光是站在天安門廣場，看一眼毛在城樓上的英姿，便是終生難忘的經驗。一些跟毛握過手的人，好幾個禮拜不洗手，親友們扶老攜幼地趕來和他握手，彷彿這樣他們也沾到了一些「神明」的光彩。文化大革命期間，工人將毛送的芒果供奉起來，用一小塊芒果煎成一大鍋水，大家喝一口，共享領袖的關懷。一般人民狂熱如此，何況是有幸和毛發生「特殊關係」了。

那些年輕女孩子對毛的敬愛不是一般的男女之愛，而是對偉大領導、民族救星的熱愛。大部分的女孩都知道這「特殊關係」只是暫時的。她們開始「服侍」毛時都極為年輕（十多歲到二十出頭），而且未婚，等毛厭倦了，就會安排她們跟年齡差不多的人結婚。

在毛「寵幸」期間，他要他的「女友」們對他忠貞。雖然有的也會自行結婚，卻仍會被毛叫去陪伴。

毛從未真正了解這些年輕女孩對他的看法。毛分不清身為她們的偉大領導和一個男人之間的差別。有位「女友」有一次笑嘻嘻地跟我說：「主席這個人真有意思，他分不清楚人家對領袖的熱愛和男女的相愛。他認為這是一回事。你看滑稽不滑稽？」

這些年輕女孩在敬畏毛的政治權勢外，也傾倒於毛的性能力。毛在六十七歲時，陽萎問題完全消失。毛在那時成為道家的實踐者——性的功用是延年益壽，而不單是享受。

道家學說是毛性放縱的藉口。我不可避免地知道了毛的許多「臭事」。他的「女友」平時則大肆宣揚這種「特殊關係」，而且說話露骨。毛常把《素女經》拿給他的一些女人看，這成了他的「教科書」。有的女孩子很年輕，文化程度又低。這部書字句艱澀，與現代語言有不少差別。她們常拿一些看不懂的字詞來問我。這些都是很難解釋清楚的，也無法說清。有天一個女孩子毫無遮掩的告訴我：「主席可真是個偉大人物。他樣樣都偉大，真使人陶醉。」

年輕女人既多，有位年輕衛士便惹上麻煩。有天半夜的時候，一位文工團團員來衛士值班室給毛取安眠藥。這位衛士開玩笑的摸了「女友」的臀部一下，說她長得很白很嫩。她立刻變了臉，罵了一聲：「流氓」，匆匆走了。她回到毛的臥室，向毛全部都說了，當夜毛將汪東興叫來。

汪從毛臥室出來後，便衝進值班室，對衛士吼說：「你怎麼什麼事都要插一手啊。這不是老虎嘴裡拔牙？」

衛士問汪怎麼辦。汪說：「聽主席的。不過你也不要著急，沒有什麼大不了的事。」但是停止了衛士的值班，叫衛士休息，聽候處理，並且取走了衛士的手槍。毛原本想將衛士關起來，汪建議不如辦得緩和一些，太急太嚴，怕出人命，並且提出，將衛士作為正常工作調動，調出北京。毛同意了汪的意見。過了兩天，汪東興找衛士正式談話，將衛士調走。

我們在上海逗留的時候，毛住在錦江飯店南樓第十二層樓。整個南樓只有一組人員居住。這次同行的有一位女機要員。

毛在一九六一年正跟這位機要員很熱火，二月時毛在她的民兵服相片背面寫了一首〈七絕：為女民兵題照〉：「颯爽英姿五尺槍，曙光初照演兵場。中華兒女多奇志，不愛紅裝愛武裝。」她當時就想拿出去發表，被毛阻止了。

一天凌晨四點，新調來的一個年輕衛士慌慌張張跑到我的住房將我叫醒，說：「不好了，我到主席房裡去給他的茶杯倒開水，我也不知道有人睡在他的床上。我一進去，她光身掉下床來，嚇得我立刻退出來。你看這怎麼辦？」那位衛士才來一組不久，不清楚毛的生活規律。他說他不曉得毛房裡有女人，他也沒看得很真切，只是從放在房門後床前的屏風縫隙裡瞧見她。

我起來說：「別急，主席看見你沒有？」

他說：「我也不知道他看見沒有。我剛一進去，她掉下來，我就跑了。」

我說：「也許主席沒有看見。只要他沒有看見，她怕難為情，也不一定告訴主席。就算告訴了，也沒有關係。主席還不是明白，大家心裡有數。」我又勸他，以後不可大意。進房以前，一定要清楚裡面有沒有人。

衛士說：「我剛來，也沒有誰向我說明，該什麼時候進去，該怎麼辦，全憑自己揣摩，自己摸索。我又不知道會有這種事。」一面說，一面哭。我又安慰他，問他告訴汪東興沒有。他說還沒有。我告訴他，明天趁空告訴汪東興，可是不要再同別人講了，免得傳來傳去，就成了大問題。又告訴他，他現在已經知道了，以後可要小心了。毛的房裡有女人，千萬不可進去，以免誤會。

衛士說他不能幹下去了。我說幹不幹自己作不了主，汪東興也得聽毛的。那衛士只有十九歲，很天真老實。最後他說：「萬一有什麼事發生，你要證明我確實不了解情況。」我答應下來，他匆忙趕回十二層樓。

衛士從我八樓的房裡出來後，回到十二樓值班室。不過十幾分鐘，毛房裡大吵大嚷起來。衛士不敢去看，後來叫得太厲害了，他才走到房門口。她正在大哭，毛看見衛士，叫他進去，說她不尊重他，沒有禮貌，立刻開會，批評她。

原來她與毛都是湖南人，在中南海跳舞時認識的，後來親近起來。她有個朋友，想結婚。毛不讓她結婚。今天早上，又講到結婚的事，她便說毛將她作為洩慾器，是典型的資產階級玩弄女性，過的是腐朽的資產階級生活。毛聽了非常生氣，將她踹到床下，就此爭吵起來。他倆根本沒注意到衛士進去倒了開水。

毛叫汪東興去，要汪立刻開會批評她。但她說如果開批評會，就要公開她和毛關係的內情，而且要公開指控毛是典型的資產階級玩弄女性。汪真是進退兩難。汪便找我商量。

汪說：「這怎麼好。隨便批評一下，傳到毛那裡去，毛說我們敷衍了事，這就說明我們知道內幕，才馬馬虎虎過去。但是批重了，她沉不住氣，說出真相，等於將毛的醜事抖露出來，毛會認為醜化他。」

於是汪想出了一個折衷辦法。由我先找她談一談，說明按照沒有聽從和不尊重主席批評，別的事不要談。她同意了。批評會還是開了。會上她覺得委屈，又哭了一頓，做了自我批評。這事算是就此了結。

但毛仍不讓她結婚。直到一九六六年，文化大革命開始後，毛顧不上了，她結了婚。毛轉而對一位文工團團員發生興趣。這位是江青在外地時第一個整晚待在毛房內伺候他的女人。在一次晚會後，毛將她帶回一組住所，這時江青已去杭州。這位文工團團員白天晚上都住在一組。端茶送飯，完全由她侍候。毛帶著她到了上海以後，仍住在錦江飯店南樓。毛和她正是打得火熱的時候，夜晚便要她睡在他的房裡。

上海市公安局的人、上海市委招待處的人和錦江飯店的負責人都在這裡，再加上飯店的服務人員，這麼多的人，都知道毛留女人住在房裡。這位文工團團員也很得意。她原本就想利用這次外出，將她與毛的「特殊關係」挑明。她同我說過：「過著這種不明不暗的生活，算怎麼一回事哪！」

但汪東興負責安全工作外，還兼顧毛的名譽。那麼多人知道毛留女人在房內過夜，影響太壞。何況人多口雜，不好。汪認為還是勸毛讓這位文工團團員住到別的房間裡好一些。但汪又不敢自己去跟毛說，便叫衛士給毛提意見。汪跟衛士交代，不能將以上的意見說明是出自汪的口裡，只能說是他本人的建議。衛士向毛講了以上的建議。毛很不高興，但是勉強同意了，讓這位文工團團員住到八樓的一間房內。這便種下了將這位衛士調走的起因。

這位文工團團員還給毛介紹別的女人。她名副其實的「內舉不避親」，將姊姊們都介紹給毛。毛曾讓她將大嫂帶來見過一次。這位女子年紀大了，長得也不好看。

一九六一年十二月，毛在我們住的無錫太湖內的梅園請那位文工團團員、她二姊和二姊夫一起吃飯。梅園是一個小島，有一座二層樓，還比較大。另外在旁邊有一座平房。周圍就是花圃，種有不少梅樹，都是枯枝，尚且沒有綻出花朵。外圍則是茫茫無際的太湖，真是煙波浩渺，正在雪後，四望白皚皚，恍如幻境。毛在島上散步一周遭，隨口說：「湖海煙波客。」叫我對下句，急切之間我說：「春閨夢裡人。」毛哈哈大笑說：「根本對不上。大夫，你還得學學對對子。」

毛不在乎二姊是已婚女子，綠帽冠頂的這位二姊夫不但沒有義憤填膺，反而深覺與有榮焉，竊望以此作為升官之階。晚飯後，毛叫他回家，讓二姊住了三晚。在這期間，毛將曾希聖和柯慶施叫來，討論了在農村實行包產到戶的問題，毛表示支持曾希聖的這一建議（但到一九六二年夏，又批評這是資本主義復辟）。

汪東興為此曾憤憤地說：「竟然還會有這樣『忘八式』的男人。」汪東興還譏笑說：「她的媽是死了，不死的話，也會來。這一家子真是一鍋煮。」

自一九六〇年以後，毛的性放縱越來越不顧一切。汪東興一次同我說：「主席年紀老了，是不是覺得活不久了，要大撈一把。否則怎麼有這麼大興趣，這麼大的勁。」

大部分的女孩在初識毛時，仍是天真無邪的年輕姑娘。毛的性生活、特殊性格和至尊權勢，在在都使這批年輕無知的女孩耳濡目染之後，逐漸墮落。多年來，我看著舊戲不斷重演。她們在成為毛的「女友」後，不但不覺得羞恥，反而日異趾高氣揚。與毛的「特殊關係」是這些未受教育，前途晦黯的女孩唯一往上爬、出名的機會。被毛寵幸後，個個變得驕縱，仗勢凌人而難以伺候。文化大革命期間，許多毛踢開的女人，利用與毛有過這種關係而向上爬，在共產黨內「陞官」，奪取權力。

看了這麼多被毛腐化的女孩後，我才開始覺得，江青走過了相同的路。在延安初和毛結婚時的江青也許真的和今日十分不同。也許毛也使江墮落了。

那位文工團團員有陰道滴蟲病。她說，在文工團內，女團員穿的舞蹈服裝，全部是混穿混用的，所以一名女團員有了滴蟲病，很快就傳給了所有的女團員。這種病在男子受染後，沒有什麼症狀，容易忽略過去，但是可以傳給女人。女人在初染急性期，症狀很明顯，但是到了慢性期，症狀就很少了。

毛陰莖包皮過長，平時又沒有清洗乾淨的習慣，很快受到了傳染，成為滴蟲攜帶者。此時及以後，凡是同他有這種「特殊關係」的女人，沒有一個不受到傳染。她們受感染後，請我治療。

我是毛的專任醫生，可以用從西方進口，最好、最先進的藥。我用Flagyl治療她們，她們認為是種特權。

但光是治療毛的「女友」無濟於事。有一次毛問我為什麼原因治不好。我說明，需要他同她們一起治療，在治療中不能發生性行為，只能等待治療完畢，檢查無蟲以後才可以。毛嗤之以鼻，根本不相信他自己已經受感染。他說：「你們醫生就會小題大作。我根本什麼感覺也沒有。」

我向他解釋，這種病一般在男子沒有什麼症狀，成滴蟲攜帶者，對自己沒有特殊的害處，但是可以傳染給沒有這種病的對方。毛聽了以後說：「既然對我沒有什麼害處，那又有什麼關係，何必大驚小怪的哪！」

我又說，一旦傳給了江青，就會成了一個不好說明的問題。

毛笑了笑說：「這不會，我早就同她講，我老了，不行了，辦不了事情了。」

我又勸他將局部清洗乾淨。

他的回答很乾脆又醜惡。他說：「沒有這個必要，可以在她們身上清洗。」

我聽了以後，從心裡感到噁心，幾乎要嘔吐出來。

為了防止滴蟲病蔓延，我建議外地的招待部門，建立起睡房用具的消毒制度。但一者服務人員嫌麻煩，二者他們認為，毛住的地方平常都關起來，毛來時，只有毛和我們住，還有什麼不乾淨的。我沒有辦法說明白，而且再講下去，等於在清潔衛生上不信任當地的服務人員。

此後，一組知道內情的人，都自帶盥洗用具，而且我的藥箱內又得裝入消毒用藥，交給衛士，讓他們自己動手。我交代他們，消毒這事不能讓毛知道。

毛到死前都是滴蟲攜帶者，傳染給他無數的「女友」。

45

一九六一年二月，也就是春節後不久，我們乘毛的專列前往廣州。

汪東興一上路似乎就有不好的預感。毛此行帶了更多的女人。汪東興出發後便跟我說：「兩個女的賽過一面鑼。」

這次隨行的，除車上的女列車員之外，毛還帶上兩個女機要員、一個托兒所的幼兒老師（她教過我的大孩子李重）。在我的印象中，她是一位很善良而老實的年輕幼兒教師。原來她在中南海的舞會上，多次與毛交往，從而密切起來。她是在北京出生長大的，離開北京最遠的地方只到過香山。毛這次帶她出來，是讓她開開眼。

一位高級軍官妻子也同行。她看上去有四十幾歲了吧，黑黑的，頭髮在腦後挽了一個髻，面容沉鬱。那位妻子和毛在延安時就熟識了，一九四九年以後，被送去蘇聯學習，回來以後同軍官結婚。

江青知道這段「往事」，一直想整她和她丈夫。彭德懷做國防部長的時候，江沒有辦法。一九五九年後林彪上台當了國防部長，江借林彪的手，要整她丈夫。這次，這位妻子是向毛求援來的。

一路在火車上，毛曾叫軍官妻子到他的車廂幾次，每次出來，面色都很憂悒。到杭州的當天晚上，毛又叫她到他的住室去了兩個多小時。第二天清晨，一位女機要員來叫我。她說，軍官妻子一夜沒有回房間。我們去找她，發現她坐在湖邊的石頭上哭。毛當天便叫人給軍官妻子買了一張火車票回北京去了。這事我一直弄不清原委結局。

離開杭州，去武漢，中經長沙，火車停在長沙郊外黑石鋪機場。毛召集湖南省省委第一書記張平化和省委幾個人到火車上談話。

毛與幼兒老師在他車廂內廝混很久後才姍姍出現。張平化和湖南省省委書記之一王延春在隔壁車廂裡等了很久。

王是河北省人，保留著農村中蹲著談話的習慣，一直蹲在沙發上。會談開始後，我、幼兒老師、兩位機要員到火車下面散步。

機要室錄音員劉湊過來，同我們一起走。大家正在說說笑笑地走著。劉對著幼兒老師說：「今天我可聽見你說話了。」

她愕然問劉：「你聽見我什麼話？」

劉笑著說：「主席見張平化書記以前，在臥車裡，你不是催他起來穿衣服嗎？」

她又問他：「還聽到什麼？」

劉嘻嘻地笑著說：「都聽見了。」

這時不止是幼兒老師，兩位機要員都呆住了。幼兒老師臉色大變，急忙走回火車上去。張平化他們談過話後，毛說休息一下就開車。幼兒老師馬上去找毛。她向毛講了火車上安裝了錄音設備。

隨後毛把汪叫去他車廂談了大約一個多小時。汪向毛講，他調回來，這是第一次外出，不曉得誰讓錄音的。汪出來以後，專列便向武漢全速駛去。

葉子龍和高智都下放勞動去了，機要祕書只有羅光祿一個人。汪將羅和錄音員劉叫來。

汪說：「主席問我，是誰讓錄音的。我說不曉得。我這次調回來，第一次外出。原來帶些什麼人，照樣帶這些人。錄音員是以前都帶出來的。主席讓我審你們，錄音到底是怎麼回事情。還說，要將錄音員關起來。我說，不要關了，跑不脫。」

汪讓羅光祿說說，錄音是怎麼搞起來的。羅說，他也不清楚，為什麼裝，什麼時候裝起來，都不知道。這事要問葉子龍。

汪說，葉子龍已經下去勞動了，怎麼問得到。汪又問劉。劉說，領導指示他每次跟出來錄音，他照領導的指示辦，別的都不知道。

汪瞪了劉一眼說：「領導上叫你錄，你就錄。主席同身邊人隨便閒談，你錄下音來，也是領導上布置的？」劉不講話了。

汪又說：「這簡直是沒有事找事。你們要錄音，事先又不告訴主席，又亂錄一陣。我怎麼同主席講？」汪讓羅和劉坐著等他，又到毛的車廂去了。

車到武漢是清晨四時多。大家下車到了梅園招待所。汪帶著劉和招待所的一個電工，又趕到火車上去拆除錄音設備。

我因為很疲乏，到招待所後，立刻進房睡下了。等我睡醒，已經是下午兩點多鐘。我走到二號樓汪住室旁的會議室內。室內桌上擺著錄音機、錄音帶、電線、各種小收音喇叭，一大堆放在那裡。毛命令汪東興、康一民（機要祕書室副主任）、羅光祿、錄音員劉站在桌子背面，拍了幾張照片，注明是對毛進行祕密偵察錄音的人證物證，並將照片存檔為證。

康一民是乘飛機從中南海趕來武漢的。康對汪很不滿意。康說汪應該明白，沒有中央幾位領導人同意，無論楊尚昆或者葉子龍都沒有這麼大膽。康認為汪沒有在毛面前說點好話遮掩過去。

汪說，這個事，以前沒有任何人打過招呼，這次是毛發覺的，怪不上別人。吵的結果，由汪去向毛報告，就說是機要室會議科想留下毛談話的資料，以後好寫黨史。

毛聽了以後更加生氣，說：「他們是不是從現在就開始準備赫魯雪夫式的黑報告？」以竊聽他私人對話的方式撰寫的「黨史」，只有可能是「黑報告」。

毛私生活的放縱早是領導間公開的祕密，因此毛最大的恐懼還是在對他權力的潛在威脅。毛經常出巡全國各地，會晤地方首長幹部的做法是種政治策略——以此來越過龐大的黨的官僚體系，直接和地方領導接觸。毛不願意他在地方上的談話被傳回中央。他不願意他隨時講的話，被當作中央制定政策的依據。當然，毛更為憤怒的是，背著他錄下他的講話，可以作為以後反他的黑報告的依據。

毛又要汪將過去錄下來的材料全部收繳焚毀。毛說：「不要留著將來做黑報告的材料。」劉錄音員「坦白交代」，杭州汪莊也裝有錄音設備。汪報告了毛，又派了一中隊丁隊長去拆除。

對有關人員的處分，康一民調離中共中央辦公廳機要室，去中國人民銀行工作。機要祕書羅光祿調至第二機械工業部工作。由機要室調回徐業夫（徐原先被調職的原因，是他公開談論李銀橋說江青去杭州「躲風」的事）做毛的機要祕書。劉下放陝西省勞動改造。

毛自然也清楚，康一民、羅光祿、錄音員劉只不過是奉命行事。對於火車專列、武漢梅園招待所及杭州的汪莊中的人，毛都沒有過問。毛說：「這些人什麼都不懂，什麼也不知道。」

毛認為這是「中央這幾個人」——也就是其他中央常委和書記處——針對他的行動，採取的特務手段。結合這些年來反史達林的經驗，他認為這是反他的準備行動之一。很自然，從這時起，他對「中央」的隔閡增加了，懷疑更大了。這些疑懼都在文化大革命時爆發出來。

使他更為震動的是，錄音安裝了幾年，身邊的人竟然沒有一個向他「通風報信」，最後讓他知道了「情況」的是他的「女友」。由此，他認為身邊的人並不可靠，比較可靠的是「女友」，這些人往往告訴他真的情況。

自此後，毛對我便沒有再像以往那樣信任。

46

毛處理完錄音事件以後，我們便南下去廣州。一路上氣氛仍十分緊張。毛要在廣州召開中共中央會議，中央領導人劉少奇、朱德、陳雲都先後到了廣州。小島上武裝警衛森嚴，如臨大敵。此時全國饑荒四起，黨內不協調，政局不穩定。當時城裡無糧，農村也無糧，因此生怕工人鬧事。

廣州的安全問題棘手。廣州距離香港近，「敵特」可能由香港潛入廣州，來搞「暗殺」或「竊密」。一九六〇年一月上海會議期間，中共中央調查部、總參謀部三部等機構及公安部同時截獲臺灣方面的情報，臺灣知道了中共在上海開會，要「派人破壞」。上海市委第一書記柯慶施大發脾氣，認為內部有人洩密。進行徹查。凡是在此期間寄過信的、打過長途電話、電報的，一律審查。後來查明，原來由北京及各地向上海飛去的飛機過於集中，因此被臺灣方面推測出來。

廣東省委第一書記陶鑄非常緊張。他召集了公安部部長謝富治、汪東興和廣東省公安廳的一些人布置小島的安全警衛。在小島的各個出入口和一些隱蔽處，都增加了武裝哨和流動哨，非指定人員一律不得進入小島。我參加了這個會，小島內的醫療衛生由我負總責。

上午開過會，下午廣東省人民醫院的趙院長來找我，趙提議，要在小島內設立一醫務室，解決工作人員的就近醫療問題。正在商量時，護士小李打來電話，電話上她的聲氣很急，說：「大夫快來吧，江青同志發了大脾氣，叫你快來。」江青的神經衰弱又成了一件大事。

我匆忙與趙告辭，趕到三號樓，進了值班室，護士、衛士都在。他們都緊張得不得了。看見我進來都說：「這回可夠嗆，就像中了邪一樣。護士挨了半天的罵了。」

我問護士是怎麼一回事，護士哭哭啼啼地說：「今天早上起來氣就不順，這也不對那也不對，怎麼做也不行。下午睡過午覺氣更大了，說昨天晚上給她洗澡，故意用開水燙她的屁股，給她吃的安眠藥有問題，是有意害她。」

我向護士說：「不要急，你到一組來工作，是保健局和警衛局通過江西省委調來的，又不是你自己想要來的。何況原來調你是為了給毛主席做護理工作，江青硬要你，這些事情總能講清楚吧。」

我走進大廳，江青正在來回走著亂轉，看見我進去，她將一塊毛巾往桌上一甩，說：「大夫，你們到底用的什麼人，安的什麼心哪？」

我坐在她的對面，問她有什麼事。

江青用手拍桌子，說：「有什麼事，你不知道嗎？」我只好向她說明，我剛剛在開會，不知道發生了什麼事。

江說：「昨天晚上洗澡，護士有意用開水燙我。給我的安眠藥，膠囊紅顏色發淡，這裡面有鬼。」

我說：「給你洗澡，水溫調得不大合適是有可能的，但不可能是開水。而且她們給你沖水前，自己先用手試，如果是開水，她們自己也受不了。何況衛生間的熱水管也放不出開水來。」

江青說：「我只說了一句，你講了這麼多句。難道我講假話？安眠藥的問題呢?!」

我說：「我沒說你講假話。我只是說，水熱了一點是可能的，但是不會是開水。安眠藥是保健局、北京醫院通過香港的華潤公司，從美國進口的。每批貨進口時間不同，不是一個批號，可能顏色上有些不同，但是進來以後會經過藥物鑑定和檢定檢查，不可能有假藥或不純的藥，更不可能有毒藥。你吃的藥全部是經過這些檢驗手續，密封從北京帶來的，藥箱由護士們一同保管，取藥時要兩個人同時去取。她們兩個人，包括她們的家庭和社會關係都經過保健局、警衛局審查清楚，沒有問題才調來工作。她們工作上可能有這樣那樣缺點，但是絕不可能搗鬼。她們如果搗鬼，保健局和警衛局豈不是都有鬼了。」

江青說：「這話可是你講的，我沒有講這些。我看你是包庇她們，她們做了壞事，你不但不管，還要替她們辯護。我不同你辯，把汪東興同志請來一同講。」

汪東興一反以往與江對立的姿態，笑著說：「江青同志，有什麼事情要辦。」

江青說：「老汪，你是公安部副部長，又是警衛局局長，主席這裡的事情都交給你管，我可要領教一下，你手下的幹部，到底應該用什麼態度對待服務對象。」

汪又笑了笑說：「江青同志，有什麼問題都可以商量著辦，不要急。」

江青說：「老汪，我慢慢講，你們的這位大夫都頂來頂去，我還能急嗎？」

我剛一開口說：「事情是……」江青立刻插嘴說：「你不要再喋喋不休了。老汪，我剛才同大夫講，護士小姐的工作太差，洗澡的水溫度不好好調，安眠藥換了批號，也不向我解釋說明，這些難道不應該批評教育嗎？我向大夫訴苦，你是大夫，起碼也應該安慰病人啊。大夫倒好，一股勁教訓我，完全不把我看成個病人，大呼小叫，這是什麼態度？一點對待病人的同情心都沒，是全心全意為人民服務的醫務工作者嗎？」

江青停下來，我又開口說：「事情的過程……」江青立刻又插嘴講下去說：「醫務人員的根本職責是關心愛護病人，怎麼能同病人辯論？而且是盛氣凌人，難道真想讓病人精神上受折磨嗎？」

我又開口說：「江青同志……」

沒有等我說出一句話，江青又大聲說：「你不要再辯了，停止同我爭論。」

這時我已忍無可忍。我站起來，對江青說：「既然是談話，每個人都有說話的權利，不能制止、壓制我說話。不准許我講話，我沒有必要參加這次談話。」我橫了心，不幹了。

我走出室外，將房門重重一關，轟地響了聲，我隱約聽到江青講：「你看，你看，當著你們部長的面，都敢這樣態度。」

我走出來以後，在院子裡走了幾圈，冷靜下來，心想，可不能吃眼前虧，要立刻同毛講講這個過程。在相互告狀這事上，毛往往是先入為主，他認為誰先將事情經過告訴他，誰講的就是真話，後講的人，多半與事實有出入。因此，我不能等待江青先去講。正在這時，衛士走來說：「汪部長和江青同志請你去。」我只好又走回三號樓大廳。

剛推開室門，江青看到我就說：「我已經同你們部長說了，停止你的工作，關你的禁閉。」我說：「好吧。」我立即退了出來。事不宜遲，停止了工作倒沒有關係，如果關了禁閉就不好辦了。

我立刻走進一號樓，毛臥室旁的衛士值班室。衛士正在。我問衛士，毛醒了沒有。衛士說剛醒，今天睡的不錯，喝過了茶。我走進毛的臥室。毛卻是閉著眼躺在床上。我走近床邊，叫了聲：「主席。」

毛睜開眼，看到是我，說：「李大夫，怎麼樣，有什麼新聞沒有？」

我說：「有。江青停止了我的工作，還要關我禁閉。」

毛半欠起身，頭放在床欄上，拿起菸吸起來，說：「這麼厲害啊，什麼起頭搞的？」

我告訴毛，自從給江檢查身體以後，江對於醫生們說她身體已經基本恢復了，十分不滿意，拿護士撒氣。我向毛說：「她吃的安眠藥同你的完全一樣，怎麼會有鬼呢？」

毛吸了兩口菸，說：「我常說，江青這人有三點，第一是個鋼鐵公司，一點彈性沒有；第二是個紙老虎，頂她一下，沒有什麼了不起；第三她是刀子嘴菩薩心。嘴上厲害，心裡還是好的。江青這個人就是不講道理。你告訴了我，就可以了，不要向別人說，我會同江青講。你先避開幾天，不要出頭露面，不給她點面子，也不好下台階。你同護士們說說，不要怕。」

我走入衛士值班室時，江青正從正門走到毛的臥室。

隨後我休息了三天，正巧陶鑄請毛到佛山市去參觀，因為佛山是廣東省市容整頓最清潔的，燒瓷也很出名。毛告訴我，不要同他去了，以便向江青表示處罰過，就可以了結。

那天朱德要看電影，我隨朱在禮堂看了《日正當中》。我很喜歡那部電影，賈利古柏是我最欣賞的演員。

第二天上午護士打電話來，說江青叫我去。我走到二號樓江的休息室。

江青倒是改變了態度，叫我坐下，然後說：「我知道主席在他的醫療上相信你，你也不必這麼驕傲。主席昨天晚上讓我告訴你，好好安心工作，過去的就算了，要向前看。」然後又拿了一本「內部參考」說：「主席要你看看圈的這個消息。主席說，要注意國家大事。」

47

一九六一年三月，中國最重要的大事是全國性的饑荒，各地餓死數以百萬計的農民。中共中央工作廣州會議的目標便在於調整農業政策。毛二月裡大都在起草一份農業計畫，趕著在工作會議上提出討論。

毛要我看的那份「內部參考」是有關安徽為克服饑荒，在農業組織上所做的應變改革。安徽省委第一書記曾希聖是大躍進的狂熱支持者。到一九六一年春，安徽全省大約已有將近一千萬農民挨餓，隨後數月，上百萬人餓死，幾萬人逃荒到外地謀生。曾對大躍進幻想全部破滅，力求恢復農業生產。

這時在安徽，按社員的勞動底分承包土地，按實際產量記工分，也就是將田地分給個人耕種，田間的農活由個人負責，打下糧食分配時，還是大家分。因此，曾認為這仍是公社化式的「社會主義」。這點在無錫時，已經得到毛的同意。

一九六〇年初上海會議時，毛講話中提出，可以將農業高級合作社時候實行的田間管理農活，包產到戶的辦法，恢復起來。這新辦法實行後效果不錯。安徽的農產量上升。毛的廣州會議草案中，未曾提到責任田制或是當時中國其他地區實行的包產到戶辦法。在三月十五日，曾希聖向毛匯報了責任田的好處以後，毛表示，可以試驗，並且說：「如果搞好了，可以增產十億斤糧食，日子好過些。」曾立刻自廣州打電話到安徽省委，推廣責任田，還講，已經通天了，放手幹，不要怕。

事實上，會議上很多人對這個辦法意見不一致，其中反對最激烈的是華東局第一書記柯慶施（上海市長）。柯慶施對曾希聖十分不滿意，安徽省委屬華東局管，曾直接通知安徽省委，沒有事先同柯商量，柯認為「曾目中無人，而且責任田是反公社化的手段，公社化才是社會主義方向」。

中央各領導的信念在廣州會議上仍不明顯，但個別的意識傾向則可一目瞭然。一九六一年三月，我第一次聽到鄧小平發言表示支持曾希聖的責任田制，他說了一句「名言」：「管他黑貓白貓，只要抓住老鼠就是好貓。」這是在青年團一次會上講的。原是黃貓黑貓，不知怎麼改成白貓黑貓了。鄧小平首要的目標是提高農產和結束饑荒。

劉少奇的發言雖沒有鄧有力生動，也逐漸表明他的態度。在廣州會議上，他傾向於支持包產到戶的方法。

廣州會議並未解決這些分歧。領導人決定親自深入農村，調查研究，以求第一手資料，才能決定。會中討論通過毛的「農業合作社工作條例」草案，文中未提到曾的責任田制，但因是以草案方法通過，預留了往後可以加以修改的空間。會議決定五月再重新召開，屆時再做調查報告。劉少奇、周恩來、朱德和鄧小平在議程結束後便馬上下去。領導人們表面上的表現還是團結的。但在幕後，黨內意識形態分裂日異加深。全心跟隨毛主席腳步的人已經寥寥可數了。

我看完這篇消息，直覺感到曾希聖提倡的包產到戶政策會惹禍上身。表面上看來，這政策應該施行，如果將田地分給農民自耕能有效提高農業生產，中國便該實行分田制。農業是中國的命脈，現在餓殍遍野，人民得吃飽肚子才行。大部分的領導人選擇社會主義道路，因為他們相信只有社會主義能戰勝貧窮，提高中國廣大人民的生活水準和促進中國富強康樂。這也是我支持社會主義的原因。我視社會主義為手段，而不是目的。現今面臨嚴重農業危機，許多領導人相信將耕地還給農民可以提高生產，而農產量的確提高時，更是大力支持。

問題是，曾希聖的責任田制傾向於私有制，因此不是社會主義。此時共產黨內因對社會主義定義和中國福祉為何的看法上，意見分歧。對毛來說，社會主義就是社會主義。毛的最高理想是共產、公有、平等——也就是一種原始的共有制。毛也清楚農民要的是自己有田。但他說：「我們要的是社會主義，要的是公有制。現在農田生產上有困難，我們可以讓一步，但是這並不是我們的方向。」

毛堅持公社化，無視於責任田制在提高農業指標方面比公社有效。他說：「還是那句話，古人說『不到黃河心不死』，我是到了黃河不死心。」

毛的話很明顯，他之同意責任田，只不過是「暫時的退卻」，並不是同意了此後就將田地包給農民個人或家庭長期自行耕作。

一九六一年五月、六月在北京召開中共中央工作會議。百姓枯瘦如柴，面容槁枯，營養不良，水腫更形嚴重，到處冷冷清清。這個會決定進一步調整國民經濟，特別是農村工作，精簡職工和減少城鎮人口。這年總計有一千萬城市人口被遷至農村，以減輕城市負擔，並增加農村勞動力。

領導下鄉調查研究的結果並不樂觀。農村情勢非常黯淡。領導人依此更堅持他們的信念。陳雲堅持責任田制。他說：「農民已經有了怨言說：『蔣介石手裡受難，吃飯；毛澤東手裡享福，吃粥。』這說明農民很不滿意。農民分到了田，自然有了乾飯吃。」

會中又修改毛的「農業合作社工作條例」。當時許多地方已取消人民食堂，在會中正式宣布解散。一九六二年又下放一千多萬工人到農村，工業、鋼產指標大幅下降。但決定仍保留人民公社。

一九六一年夏季，毛又回到廬山。這次的廬山議程準備討論工業、糧食、財貿和教育等問題，中心是調整國民經濟，建立新的平衡，才能鞏固、充實和提高工業和農業。毛還說，這次一心開會，再不讓任何人搗亂。

八月廬山會議，毛仍有有力的支持者。毛的忠實擁護者有柯慶施。此外，這時開始，林彪已經在《解放軍報》報頭上，每天刊登毛主席語錄。軍區司令員在軍中展開學習毛主席思想運動。林不斷利用各種講話的機會吹噓「毛澤東思想是馬列主義頂峰」。林又號召全國人民讀毛主席的書，聽毛主席的話，做毛主席的好戰士。

湖北省書記王任重也是支持毛的人之一。成為一個諷刺而不尋常的現象倒是一九五九年被打倒的彭德懷。這時彭到他的家鄉湖南省湘潭縣（也是毛的家鄉）調查後，認為搞責任田或包產到戶是一股歪風。在他的報告中主張「大力發展集體經濟」，保證集體經濟在全部收入中占絕對優勢。

周恩來和朱德是不敢明確提出自己的真正看法的人。他們唯毛的馬首是瞻。

廣東省委第一書記兼華南局第一書記陶鑄拿不定主意。他傾向於支持責任田，但主張只將全省農田百分之三十「借」給農民自耕。陶說：「如果這也叫資本主義，寧願要資本主義，也不要餓死人。」、「你們要搞個貧窮痛苦的社會主義嗎？」

劉少奇是同意包產到戶的，說過：「工業上要退夠（指政策上的降低生產指標和減少投資）。一切有利於調動農民積極性的辦法都可以。不要說哪一種辦法是最好的、唯一的。農業上也要退夠，包括包產到戶，單幹。」

至於鄧小平，仍在重複「白貓黑貓，捉住老鼠就是好貓」這句名言。上海市委第一書記兼華東局第一書記柯慶施批評曾希聖搞責任田說，這是方向性錯誤。鄧小平則說：「華東局的結論下得太早了。」

毛自然不同意劉、鄧的看法，這是很明顯的。一九六〇年五月，英國的蒙哥馬利元帥訪問中國。一次會議上外交部長陳毅巧妙地說，這位元帥很善辭令，他說很想見見你們那位在西方很出名的殘酷無情的暴君。毛聽了哈哈大笑說，很想見見這位元帥。於是二人在中南海頤年堂會見。蒙是瘦小的老頭，穿一件鮮紅襯衫。毛與他握手時說，「你知不知道，你是和一位侵略者握手？聯合國有一個決議，我們被扣上了侵略者的帽子。你同一個侵略者握手，你不在意吧？」蒙神色活躍，說：「不錯，我寫的回憶錄中，曾對閣下有這樣的評論。我問過印度總理尼赫魯，他說你最好自己去看看，毛像個和氣的老人家。今天我看見了，聯合國大約認錯了人。」隨後他們談到戰爭和戰爭的冷酷無情。毛說：「在追求自己的目標的時候，如果不是不顧一切，殘酷無情去獲取的話，就不能達到目的。問題在於你確切要知道，你要什麼，你要做什麼，決定去做什麼，要無情地剷除妨礙實現你的計畫的那些無能，又阻礙你前進的一切事物。」由此也可以看到毛對農業公社化的信念①。

這次的廬山會議倒是很平靜地過去了。毛很少參加會議，神情也不開朗，找了安徽省委第一書記曾希聖談過一次話。曾將這四、五個月在安徽實行責任田的情況，向毛作了匯報。

有一天晚上，毛叫我去讀英文。在談到國內的狀況時，他說了一句使我非常吃驚的話。他說：「中國共產黨裡，好人早都死完了。現在剩下的都是些行屍走肉。」

五年後，到文化大革命時，毛的行動充分證明，當時他說這句話時，是認真的，是經過深思熟慮的。我那時才知道哪些人是毛口中的「行屍走肉」。

注釋

①毛於一九六一年又接見蒙哥馬利元帥。毛邀元帥和他在長江共游，但蒙因消化不良而未成行。

48

毛很少出席盧山會議的討論會。就在共產黨正在激烈辯論如何克服饑荒，而千百萬的農民相繼餓死之際，他從未公開承認大躍進的失敗，也不肯正視總路線所引起的大災難。在這期間，他談話很少，相當沉鬱。毛很少公開露面。但是很明顯，他仍渴望崇拜。在大災難中，這種傾向更為明顯。林彪提倡學習毛思想和那些女孩子們的熱情崇拜，正符合他的心意。

在盧山，毛與江青仍住在上次住過的小樓。晚上天天有舞會，由江西省歌舞團的樂隊伴奏，歌舞團的女孩子們伴舞。因為江青每晚都參加，所以散場比較早，舞場中也比較沉悶。

毛曾經為丁玲、楊開慧和那位身著民兵服的女機要員寫過詩詞，江青很不平靜。毛為了安撫江青，給她寫了一首七絕。〈為李進同志題所攝盧山仙人洞照〉，時為一九六一年九月九日：

暮色蒼茫看勁松，亂雲飛渡仍從容。
天生一個仙人洞，無限風光在險峰。

江青有了這首詩極為得意，到處顯示。並且自己作了一首詩，〈五絕：自題小照〉：

江上一峰青，隱在雲霧中。

平時看不見，偶爾露崢嶸。

江青將自己的名字夾在絕句裡。這絕句正也是抒發其政治野心不能得逞的抑鬱之作。在文化大革命時，這首絕句被她拿來宣揚自己。

這裡附帶說一下，一九六一年，毛的一位女友送給毛一封信，其中抄了陸遊所作〈卜算子：咏梅〉，藉以表明毛已將她拋置了。毛看了以後，也作了一首〈卜算子：咏梅〉給她：「風雨送春歸，飛雪迎春到。已是懸崖百丈冰，猶有花枝俏。俏也不爭春，只把春來報。待到山花爛漫時，她在叢中笑。」這明明是安慰她的一首詞，可是到一九六三年，中蘇關係公開破裂，發表了這首詞，報刊上紛紛認為這是申明：「在帝國主義和修正主義的嚴寒冰雪中，只有中國共產黨堅持馬克思列寧主義鬥爭。」這是典型的將毛作的詞「拔高」。

毛每天起床後，我們陪他到江西省委於一九五九年為毛在廬山造的新別墅旁的水庫裡游水。然後在別墅中「休息」，以避開江青和其他領導人的耳目。這時都是由廬山療養院的一位護士（毛、護士兩人初遇於一九五九年的廬山會議）陪他。

毛為了不讓江青撞見，有兩次從山下乘車到九江，在長江游泳，然後到九江市委招待所和他的「女友」休息。但是天氣實在太熱不能久停，只好匆匆又回到山上。

一九六一年夏季，毛叫他的第二位妻子賀子珍前來廬山①。那年春夏之際，賀子珍曾給毛澤東寫過一封信，其中提到「你一定要注意你身邊的王明一樣的人害你」。賀在與毛分居後便發生了精神病，毛和賀從未正式離婚。賀是少數經歷過長征的女英雄之一。但毛在一九三五年到延安後，很快便對賀失去了興趣。一九三七年賀去蘇聯養病。二次大戰期間，賀在蘇聯與她女兒李敏相依為命。毛兩個兒子毛岸英、毛岸青當時也在蘇聯。蘇聯精神科醫生曾診斷賀子珍為精神分裂症。賀回中國後，精神狀況也一直未見改善。毛安排她住在上海。多年來，賀一直未恢復正常。

毛給賀子珍回了一封信：「……我身邊絕無王明之流的人，我已經把他們下放的下放，送去學習的學習。請你放心。你要好好保重身體，兢兢業業，多看看社會主義建設。」毛安排賀和他見面。

毛將一條三五牌香菸，連同一千元人民幣，讓上海公安局局長交給賀子珍的弟弟，在上海警備區工作的賀敏學，轉給賀子珍。

江西省公安廳派人將賀子珍接到廬山。毛與賀子珍就在半山新修的別墅中見了面。

賀子珍滿頭白髮，步履蹣跚，面色蒼黃。除去剛剛看到毛時，眼色現出一絲狂喜而驚慌的神情外，幾乎沒有任何表情。

毛見到賀子珍進房以後，立即迎上去，拉住賀的雙手。然後拉著賀子珍坐到身旁的扶手椅上。這時賀子珍兩眼開始紅潤，沁出了淚水。

毛拍著賀的肩膀，微笑著說：「你看到我給你寫的信了？錢收到沒有？」

賀說：「信看過了，錢也收到了。」

毛便細問賀在上海的治療情況，和日常的生活情況。賀說話輕聲低緩，每個字和每個字似乎都不連貫。可是時間越長，賀的神情越加激動，臉也現出淡紅色。

毛留賀吃飯，賀搖搖頭。毛說：「我們見面，你的話不多。你回去後，聽醫生的話，好好治療，我們還要見面。」

江西省公安廳的牛廳長陪著賀子珍走了。毛在客廳裡，吸著菸，沉思不語，臉上顯出抑鬱的神態。我看得出他很為賀難過。他最後開口，聲音小得我幾乎聽不到。他說：「老多了，病還是很重。」又回過頭來問我：「是不是上次給江青檢查身體的那位粟宗華院長給賀子珍看病？」

我說：「是的。」

毛問：「到底是什麼病？」

我說：「是精神分裂症。」

毛說：「什麼叫精神分裂症呢？」

我說：「就是人的思想和現實世界相分離。這個病的原因，還沒有研究出來。在治療上，一些藥的效果也不大好。」

毛說：「這不是同毛岸青一樣的嗎？」

我說：「是一樣的病。毛岸青在大連，由保健局派醫生和護士在治。」

毛說：「我看這兩個人是治不好的了。這也是無可奈何啊！」

我只能沉默地點點頭。

一九六二年在上海，我又瞧見他臉上有相似的神情。他那時把五十多年前他年輕時，在韶山老家發生第一次關係的女人找來見他。當年的年輕女孩如今成了白髮老婦。毛給了她二千元叫她回家。毛說：「怎麼變了這麼多。」

就我所知，江青一直不知道這次見面的事。

注釋

①在此之前，一九五九年，毛在上海時曾見過賀子珍一次。

49

一九六二年是毛澤東政治上的轉捩點。一月十一日到二月七日，毛召開了中共中央擴大的工作會議。參加會議的有中共中央、各中央局、各省市自治區黨委及地委、縣委、重要廠礦企業和部隊的負責人，共七千多人，所以又叫「七千人大會」。會上劉少奇代表中共中央作了書面報告和講話。

這次的七千人大會講話，劉少奇（當時劉少奇已出任「國家主席」，毛仍任中國共產黨主席）事先曾呈請毛批閱。毛說他不看。毛說開這個會要「民主」，讓各級幹部依自己省區的經驗發表見解，鼓勵大家暢所欲言。毛叫劉先將講話作為底稿，再根據與會人士的發言整理出一篇報告。

劉的講話出乎毛的意料之外。劉拒絕接受毛的官方說法——天災連連，導致三年饑荒。劉在人民大會堂講話中強調：「天災是一片，人禍是一國，要記取這個教訓。」此外，劉講到那些支持彭德懷的觀點，並反對大躍進的右傾機會主義的領導和地方幹部有翻案平反的機會，只是彭德懷不能平反。

毛為此很不滿意。毛在會議後跟我說：「開會不講階級，不講是走資本主義道路，還是走社會主義道路。脫離這些，講什麼天災和人禍。我看這種講法的本身，就是災難。」

但許多與會幹部都同意劉少奇的看法。中國現況如此慘澹，大家對主要問題的看法不盡相同，七千人大會開了一個多月。

這次會議按照中共的說法是「第八次全國代表大會以來，有歷史意義的一次重要會議」，

「對於統一全黨思想，糾正大躍進以來經濟工作中左的錯誤……克服經濟困難，起了積極作用」。但並沒有指出「總路線」、「大躍進」和「人民公社」是造成全國人窮財盡、餓殍遍野的根本原因。可是會議中，將倡導責任田和包產到戶，使農民稍微得以喘口氣的幾位典型的省市負責人開刀示眾了。

毛只是在大會開幕、閉幕，及劉、鄧、周、林大會發言時，出席大會，其他如小組會等，他都沒有參加。他每早起床後，就到人民大會堂一一八會議室，在大床上由「女友」陪伴閱看小組發言簡報。

基層幹部終於揭開大躍進的假象，面對經濟困難的現實。基層幹部在大躍進的高指標壓力下，掀起一陣浮誇風，浮躁盲進，以免被戴上「右派」的帽子。上面給壓力，下面的基層幹部不得不講假話，結果下面的人承擔了錯誤的大半責任。七千人大會剛好給這些基層幹部發牢騷的機會，將這三、四年對黨領導的怨氣發出來。有人編了一個順口溜，表示會議開的很好，很成功。這句順口溜有四句話如下：「白天出氣，晚上看戲，兩乾一稀（兩頓乾飯、一頓稀飯），馬列主義。」

並沒有人將矛頭直接對著毛。大家主要集中攻擊大躍進的政策。但誰都知道「鼓足幹勁，力爭上游，多快好省地建設社會主義」這總路線是毛提出的口號。批評政策無異是批評毛。

毛對發言簡報大為不滿。他有天跟我說：「該改成『白天出氣，晚上看戲，兩乾一稀，完全放屁』。這就是他們所謂的馬列主義。」

我的值班室就在毛一一八會議室的隔壁。七千人大會期間，實在是無聊極了。坐在那裡沒有事情幹，只好找人天南地北的胡吹一頓，要不就到人民大會堂的各個廳去閒逛。不然只好看書，憋得十分難受。

七千人的大會，大家批評的很多，已經到了由他一手造成的大災難，不得不承擔責任的時候了。雖然沒有人膽敢叫毛自我批評，但毛轉而把此作為一種政治策略。

毛極厭惡承認錯誤，他認為自己永遠正確。在一九六〇年，毛與蒙哥馬利的會見中，我第一次聽到毛坦率地承認自己犯了許多錯誤。毛說：「我們對戰爭有了不少的經驗。可是對於工業和農業的建設，沒有經驗，辦了許多錯事，犯了許多錯誤。」但在面對黨高級幹部和中國人民時，毛心理上難以俯首承認中國的災難是他一手造成的。一九四九年解放以來，毛終於做了第一次的自我批評。

「凡是中央犯的錯誤，直接的歸我負責，間接的我也有分，因為我是中央主席。我不是要別人推卸責任，其他一些同志也有責任，但是第一個負責的應當是我。」毛在一九六二年一月三十日作了以上的講話。話後隨即批評了包產到戶制度。

我認為毛從未相信他的總路線有錯誤。撫今追昔，我才清晰見到他當時極恐懼喪失對共產黨及中國的控制。即使退居二線，毛仍自視為中國的中心。毛讓劉少奇做國家主席是為了考驗劉的忠誠度。在一九六二年七千人大會上，毛判定劉有二心。毛一肩扛起所有的責任，不真是在承認錯誤，只是變相宣稱他的天子地位而已。

林彪是屈指可數的數位支持毛的人之一。林在二月七日的講話，可真是抓住了毛此時的心理狀態。林說：「毛主席的思想總是正確的……事情出了毛病，造成了困難，總是因為沒有照著毛主席的指示去做，毛主席的意見受不到尊重，或者受到很大干擾。」

林講話以後，毛從主席台走回一一八會議室，一路走一路說：「林彪的話，講得多麼好哇。要是黨內的領導人，都有他的這個覺悟，事情就好得多了。」

我聽了毛對林的評論，覺得林彪可真是搔到了毛的癢處。與此同時，毛對劉少奇、鄧小平和周恩來的發言表示很不滿意。

除林彪有心邀寵固位以外，一九五九年我和毛曾第一次見過面的華國鋒卻是誠心誠意的「反包產派」。毛將華在小組會上發言簡報，拿給我看了。華說：「經過一九五八年、一九五九年和一九六〇年的大幹以後，人瘦了、牛瘦了、田也瘦了。不能再大幹了。可是農村要度過困難，必須堅持走社會主義道路，不能包產到戶，更不能搞單幹，否則，將是死路一條。」

毛同我講：「華國鋒是個老實人。他說出了當前的困難。他也說出了解決困難的辦法。他比中央的一些人強多了。」周小舟等人被下放後，張平化接任湖南第一黨委書記。華為湖南黨委書記之一，處理日常工作。

七千人大會決定恢復規模較小的人民公社和農業合作社，工業指標再度壓低，整個經濟重新組織，並糾正大躍進以來經濟工作中左的錯誤，進行「調整、鞏固、充實、提高」的政策。

二月和三月，周恩來受中共中央的委託，以國務院國家科學技術委員會的名義，在廣州召開了科學工作會議，所有的副總理都出席了會議，全國一些知名的科學家都被邀到會。

一九五七年反右運動後，全中國學術界籠罩著一片悲觀沮喪。幾十萬知識分子被打成右派，撤職、降職或勞改。僥倖未遭受政治迫害的人，也是日夜膽戰心驚，不敢越雷池一步，有些人被迫中斷研究，或是不斷參加政治學習會，技術曠久日疏。

國務院副總理陳毅在會議中講道：「別人不敢講，我要講。中國需要知識分子，需要科學家。這些年來，對待他們不公正，要恢復他們應有的地位。」

周恩來作了〈關於知識分子問題的報告〉。這個報告主要說明，中國絕大多數知識分子是屬於勞動人民的知識分子，強調在社會主義建設中，要發揮科學和科學家的作用。並且指出，破除迷信不是破除科學，而要同尊重科學相結合。

不少科學家發表講話，感謝政府對他們的尊重，使他們以後有機會發揮他們的技術專長。特別是一些在這幾年中，受到批判或戴上右派帽子的科學家，對於這次會議，給他們摘掉帽子，恢復名譽的做法，表示萬分高與，簡直是感激涕零。

在五七年發起反右運動時，毛指出知識分子的無知，號召工農幹部破除迷信，破除「怕教授」的心態。周自然知道此事，因此他的發言絕對是經過毛的同意。周的這個報告，事先是中共中央政治局通過，並送請毛批准。

這本來是一件大好事，可以使廣大的知識分子受到鼓舞，解除那種戰戰兢兢、心情頹喪的精神壓力。可是毛卻不以為然。他看過這些簡報以後說：「我倒要問問，是誰創造歷史，是工人農民這些勞動人民，還是別的一些什麼人？」毛仍相信是勞動人民，而非知識分子在創造歷史，農民起義自古以來便是推動中國歷史向前的原動力。

在這期間，毛召集了陳伯達、康生等人，談過一次話。這篇講話太長，只摘錄其中他對局勢的看法和他採取的對策。這篇講話沒有發表過，但很重要。毛說：「……知識分子天天坐在機關裡，住的好，吃的好，穿的好，也不走路，所以鬧傷風感冒……文科大學生，今冬明春分期分批下去，教授、助教、行政人員一起下去。到農村五個月，到工廠五個月……去參加階級鬥爭，才能學到階級鬥爭，學到革命。

「現在社會上很複雜……有人提出包產到戶，這就是搞資本主義。我們搞了這麼多年，才三分天下有其二，有三分之一掌握在敵人或敵人同情者手裡。敵人可以收買人，更不要提那些娶地主女兒的人了。」

我那時摸不清毛的意思，但感覺到他對知識分子和其他高級領導人的深切的敵意。文化大革命以後，江青多次講話中，將這次廣州科學工作會議稱為周恩來和陳毅向資產階級知識分子屈膝投降的黑會，是給知識分子脫掉資產階級帽子，加上勞動人民桂冠的「脫帽加冠」。

劉少奇和毛也越見分道揚鑣。劉要給一九五九年因彭德懷案而受牽連的人翻案復職。這行動在黨內極受歡迎。在七千人大會上——當時我不知情——許多幹部暗暗認為，肅清彭德懷一案有欠公允。有些人將彭比作現代海瑞。

劉也許私下贊同這些看法。七千人大會以後，四月，中共中央書記根據中共常務副主席劉少奇的意見，由中央組織部發一通知，對彭德懷案和大躍進時受錯誤處分的黨員和幹部甄別翻案。這份〈全力加速進行黨員、幹部甄別工作的通知〉，可替至少百分之七十在「拔白旗、反右傾、整風整社民主革命補課」運動中被錯誤批判和處分的幹部平反。但連劉也無法越權為彭德懷平反。當時毛正在返回北京的途中。在火車上，毛同我談到這個通知時說：「這個通知是他們（指劉少奇這些中共常務的人）同意發布以後，才給我看。我看安子文（當時負責平反的中央組織部部長）這個人從來不向中央作報告，以致中央同志對組織部同志的活動一無所知，全都封鎖，成了一個獨立王國。」隨後又說：「從一九六〇年下半年，一九六一年，到今年上半年，都講困難，越講越沒有前途了。這不是在壓我？」

據田家英告訴我，安子文聽到毛的批評後，說：「中央？誰是中央？北京有好幾個領導人——劉少奇同志、鄧小平同志和彭真同志在主管中央日常工作。我向他們報告不就是向中央報告嗎？」

另一個跟毛持不同理念的黨領導人是陳雲（中共中央副主席之一）。陳與毛之間的關係長期緊張，毛認為陳是靠右邊站的人，兩人很少來往。在一九六一年，陳雲就認為包產到戶不能解決問題，而提出要爭取時間，分田到戶。七千人大會後，陳主管財經工作。陳將他的意見詳細寫在財經小組報告中，呈送毛閱批。

毛在上面批了：「將情況說成一片黑暗，沒有光明。此人是店員出身，資產階級本性不改，一貫的老右傾。」

陳雲是黨的副主席之一。毛以主席身分指控主管財經工作的副主席右傾，這種批示對黨內影響太大。田家英為了維護黨的團結和陳的政治安危，下了一個史無前例的決定——田叫林克把這個批件壓下，不要交到中央書記處去，免得以後被拿來用作批鬥陳雲的材料。林確實沒有交出，將這個批件壓在他的宿舍床上的褥子下面。

我不知道誰走漏了風聲，將毛批件的內容洩露給陳雲，陳雲立即前去蘇州「療養」。陳未被撤職，文革中也未遭嚴厲批鬥。但在毛有生之年，陳未再在政壇上扮演要角。直到一九八〇年，鄧小平復出後，陳才重返政治舞台。

一九六四年毛去外地，當時的收發文件的祕書只有林克和徐業夫（六一年錄音事件後，徐成為毛的機要祕書，素與林不睦），毛只帶了林克出去。徐留在北京。徐以清點機密文件為名，檢查了林克的宿舍。在褥子下面找到了這份文件。他將文件轉給了書記處。事後徐對我說：「林克這個人不適宜做機要工作，這麼重要的文件壓在褥子下面。」徐也向汪東興和毛講了這件事，由此造成一九六四年底林克調出中南海。自此後，徐成了毛唯一的機要祕書。田家英此次沒有被牽連。但文化大革命甫爆發之際，田是毛的一組人員裡第一個被批鬥的人。

我目睹我朋友林克遭受的痛苦和聽見那些殘酷的攻擊，我非常慶幸自己當年沒有做毛的祕書。如果我做了，我也會被牽連。

我跟汪東興說，我懷疑毛對其他黨高層領導的希望幻滅。但汪嗤之以鼻，覺得我太敏感。汪說：「我們不是蘇聯共產黨，中國共產黨一向很團結。」但我對毛的話聽得很仔細。情勢正空前緊張。

50

在當時哀鴻遍野、經濟衰退的情況下，毛認為這只是前進中的暫時困難，一些人對局勢右傾、僵化的估計，是階級鬥爭在黨內的反映。因此一九六二年夏季的中共中央北戴河會議，和接下來在北京召開的中共八屆十中全會以前，我有一種預感，毛不知要拿誰來開刀了。

八月六日召開的北戴河工作會議，只有省委第一書記部長以上的領導幹部參加。毛第一天便在大會上講了「階級、形勢、矛盾」。毛在沉默期間，在準備這篇講話，目的是大喝一聲，使全黨振奮起來。

毛認為即使中國實施了社會主義，仍存在著階級。社會主義制度並不能消滅階級，因此階級鬥爭要繼續下去。

在九月二十四日於北京舉行的中共八屆十中全會上，毛進一步修改了他的講話。毛又作了「關於階級、形勢、矛盾」和黨內團結的講話，極其強調無產階級和資產階級之間嚴重的階級鬥爭。毛說：「在無產階級革命和無產階級專政的整個歷史時期，在由資本主義過渡到共產主義的整個歷史時期（這個時期需要幾十年，甚至更多的時間），存在著無產階級和資產階級之間的階級鬥爭，存在著社會主義和資本主義這兩條道路的鬥爭。」（這句話後來成了文化大革命的指導綱領。）他認為，中國正面臨資本主義復辟的危險，因此必須不斷進行階級鬥爭。

毛稍後又說：「黨員的成分，有大量小資產階級。」共產黨已經成了資產階級的避難所。

毛在兩次講話中，全面發動攻擊——毛批評知識分子，並且大反周恩來和陳毅在科學工作會議上的基調。毛在北戴河會議上，將知識分子與地主、富農子弟擺在同等地位說：「還沒有及時對他們進行教育，資產階級知識分子陰魂不散，動搖不定。」

毛又申斥彭德懷搞「要翻案」。彭在六月分時交了一份八萬字的申訴書，說明自己沒有組織反黨集團，也沒有裡通外國。彭「請求主席和中央組織專案審查，處理我這類莫須有的罪名」。毛指控彭不但裡通蘇聯，還勾結了全世界（包括美國）的反動勢力。於是全會發言跟著毛的指揮棒轉，對彭進行缺席批判，說彭和國際反動勢力一起搞反華反共大合唱。甄別平反工作隨之停止。

然後毛將矛頭指向西藏的班禪卻吉堅贊。毛說班禪是「無產階級敵人的反攻倒算」。一九五九年，達賴喇嘛潛逃印度，中共中央鎮壓西藏暴動。一向對北京俯首稱臣的班禪喇嘛給中共寫了一份報告，說明西藏的民主改革中有過左的行動，需要糾正。

中共中央統戰部部長李維漢支持班禪喇嘛的觀點。毛隨即聲討李。毛認為李是「投降主義」，向西藏農奴主投降。李曾在五月向中央提出一個報告，主張工人階級和知識分子的聯盟是最重要的聯盟。毛很不滿意。李維漢被免除職務。班禪後來在文化大革命中被「監護」九年零八個月。

中共中央對外聯絡部部長王稼祥主張，對蘇聯共產黨、東歐國家共產黨及資本主義國家的共產黨都緩和一些，對亞洲、非洲、拉丁美洲國家的共產黨的援助要少加限度。這在北戴河會議上，被毛指斥為「三和一少的修正主義」。此後，王稼祥在中共中央聯絡部雖仍保存部長名義，但實權操到副部長趙毅敏的手裡了。王稼祥就此長期療養休息。

至於主管農業工作的人如國務院副總理鄧子恢，被斥為「十年一貫的老右傾」①。農業部部長、黨組書記廖魯言，因為說過「社會主義國家的農業就沒有搞好的」和「總路線、大躍進、人民公社到底對不對？如果對的話，為什麼鬧成這個樣子？」因此而被斥為「中國的修正主義典型言論」。

地方首長中，安徽省委第一書記曾希聖在會後被撤職。安徽施行的責任田制被令中止（毛指其為「『資本主義復辟』的表現」），原已蕭條的農業生產更為黯淡。

下一個被點名的是寧夏回族自治區區委葛曼。葛於自治區實行包產到戶，頗有成就，農業生產有了起色。甘肅第一書記汪鋒一九六一年春曾到寧夏回族自治區，發現農民「集中居住的共產主義生活」和公社食堂，真正造成了民不聊生。汪、葛兩人因此決定實行「包產制」。毛認為葛和汪都是走資本主義道路的典型，但一九六二年時只有葛受到降職處分。文化大革命後，毛於一九六六年八月第一批點了三個「反革命修正主義分子」的名字，其中之一就是汪鋒②。葛曼也為此被殘酷鬥爭，而自殺死亡。

一九六二年秋季對毛和共產黨來說都是一個轉捩點。毛堅持社會主義制度仍未消除階級，批判黨內異議分子，使理性的聲音噤若寒蟬。七千人大會剛形成的開放活躍氣氛消失殆盡。重視國家福祉，支持分田到戶的人不敢再批毛的「逆鱗」。毛於此時提出的階級矛盾理論，在一九六六年無產階級文化大革命中成為清算鬥爭的指導綱領。不同意毛主席，就是「反革命」、「走資本主義道路」的滔天大罪。

一九六二年九月中共八屆十中全會中，毛仍繼續點名批判，負責人為康生。

康生是老黨員。我第一次見到康生是在一九五八年。他這時才開始在政壇上大展身手。解放後他曾長期在北京醫院療養，直到大躍進初期才出院。康是大躍進的熱烈支持者之一。我在北京醫院負責治療康的幾位醫生朋友後來告訴我，康生有精神分裂症③，不知為何獲准出院。我很少跟康接觸——見面時也是客客氣氣。康常來找毛，兩人私下談話比較多。康總是非常表情冷淡，不像其他一些偶爾來找毛匯報工作的領導那麼神態輕鬆。

一九六六年文化大革命爆發後，康生和江青接觸頻繁。他們常找我一起看江青愛看的美國電影，讓我翻譯其中的對話。江青很尊敬康生，事事都問他的意見，開口閉口叫他「康老」。我從未見過她對誰這麼彬彬有禮。

我盡量避免和康生接觸。我總覺得康生有一股難以名狀的邪惡氣質，讓我感覺，在他眼中，人人都是可疑分子。我覺得康生代表共產黨的黑暗面，我不想跟他有任何牽連。

康生是北戴河會議及中共八屆十中全會期間的活躍人物。毛在十中全會上攻擊國務院副總理兼祕書長習仲勛，藉歷史小說《劉志丹》（著名紅軍高級將領）替高崗翻案。審查習仲勛「反黨」的「專案審查小組」的組長就是康生。在他的審查下，受到這次迫害的黨政軍領導幹部一共有三百多人，包括中委賈拓夫、勞動部部長馬文瑞和第一機械工業部副部長白堅。

我跟習仲勛很熟，「利用寫小說搞反黨活動」和「習仲勛黑爪牙」這些罪名完全是憑空捏造的。康生這次對黨領導幹部的審查，後來成為文化大革命的基礎工作。十中全會後多人被株連或喪命。習仲勛下放河南，後被關押，直到一九八〇年才獲平反。許多被扣上莫須有的罪名而受盡折磨的人被迫致死。

一九六三年五月二日到二十日，毛在杭州召集有部分中共政治局委員和大區書記參加的會議。在毛的主持下制定了〈關於目前農村工作中若干問題的決定（草案）〉，此即所謂的〈前十條〉。

毛認為當前中國社會中出現了嚴重尖銳的階級鬥爭情況，因此提出在農村中推行「四清」運動的社會主義教育，進行「打擊和粉碎資本主義勢力猖狂進攻的社會主義革命鬥爭」。所謂四清工作隊，就是抽調各機關的幹部組成隊伍，到農村的公社進行整風整社和社會主義教育。四清是指對公社、生產大隊和生產小隊進行清理帳目、清理倉庫、清理財物和清理工分（清帳、清庫、清財、清工），要查公社、大隊和小隊幹部有沒有多吃多占、貪汙盜竊等行為。

在一組內，我對中國農村的一切幾乎毫無所知。我只知道大躍進造成餓殍遍野，農村恢復緩慢等等。我無法理解毛所推展的社會主義教育四清運動。

杭州會議後，毛乘專列回北京，在車上我同汪東興和林克談起此事。我認為，現在農民的生活好不容易開始進入正軌，毛又迫不及待地要搞四清運動，折騰個沒結沒完，他就是不讓人過稍微好一點的日子。他這個人不好。當然，我所說的不好主要指他在個人生活上的不檢點。

回北京後，嫻的工作機關西亞非洲研究所要派她參加北京郊區農村的四清工作隊。我雖然在北京，可是以我的工作性質，完全照管不了家裡的事。大孩子剛進中學，還不能完全自立。二孩子還在托兒所，秋季開始入小學，必須有人照看。我感到十分困難了。

嫻是地主的女兒，怎能給農民進行「社會主義教育」？嫻不但不是共產黨員，她的娘家還是階級敵人，為什麼第一個派她去四清工作隊呢？

我先到嫻的研究所，找到所長。他說，正因為嫻不是共產黨員，所以特別讓她去四清工作隊，為的是讓她看看農村如何改造地主和富農的子女，讓她接受教育和鍛鍊，目的是改造她。

每個家庭、每個人都有困難，只能自己想辦法克服困難。如果大家都以困難為理由，那麼四清工作就得取消。可是四清工作是中央決定的，是有關全國的大事，不能因為個人家庭的事，影響中央決定的大事。

九月下旬，嫻隨四清工作隊到北京東郊通縣農村。

嫻走後我向汪東興抱怨：「既然領導上不體諒下情，只知道讓人無日無夜工作，不知道個人的困難實在沒有辦法解決，這哪裡是愛護人的做法。」

汪便同保健局發出聯合公函給所長，說我是毛主席的專任醫生。嫻馬上回了北京。

劉少奇感到〈前十條〉不夠完備。一九六三年九月，劉少奇主持制定了〈關於農村社會主義教育運動中一些具體政策的規定（草案）〉，即所謂〈後十條〉。九月六日至二十七日北京工作會議上通過劉的提案，毛對此很不滿意，多次向我說：「〈後十條〉是他們搞的，我不知道。」我想毛的怒火不是針對〈後十條〉的內容，而是劉竟敢冒大不韙，自作主張地補充了毛的〈前十條〉。毛向來剛愎自用，他自認在〈前十條〉已經把農村問題的解決方案完整提出，任何修定都是多此一舉。毛最氣憤的是劉膽敢擅自修改〈前十條〉，宣告由中央制定。毛覺得只有他自己才是「中央」。一個國家不能有兩個「中央」。

一九六四年，劉少奇派王光美去河北省撫寧縣桃園公社「四清」。毛最為不滿的是，王光美搞了個「桃園經驗」，到處去吹，還召開了萬人大會，全體高級幹部出席，把她抬得比天還高④。當時我暗暗感覺到毛真正的目標是劉少奇和鄧小平，但我覺得難以置信，也不願相信。毛那時仍一逕在批判較低一層的幹部，還未觸動高級領導同志。

諷刺的是，毛雖然批評了劉少奇捧王光美，他卻將江青的政治地位越提越高。

注釋

①李維漢的回憶錄聲稱，雖然毛對他的批評始於一九六二年，他直到一九六四年才遭到撤職。王稼祥直到一九六六年三月才被撤職。一九六二年十一月撤銷農業部時，鄧子恢被撤職。

②某份中國資料顯示汪鋒於一九六六年十一月被撤職。

③中國人對精神分裂症（schizophrenia）的定義，顯然大於其在西方所使用的《美國精神醫學學會：診斷與統計手冊》中的定義。一九四九年後，中國精神醫學界幾乎蕩然無存，只有寥寥數人仍從事此業。

④王光美的報告分別在一九六四年七月河北省黨委員會和一九六四年九月黨中央委員會提出。江青一九六二年便開始公開露面，毛直至一九六四年才批評王光美。

51

江青在中共八屆十中全會開幕後第二天，也就是一九六二年九月二十九日，公開參加政治性活動。

這時印度尼西亞總統蘇卡諾的夫人哈蒂尼．蘇卡諾，到中國訪問。二十七日劉少奇和他的夫人王光美到機場迎接和宴請蘇卡諾夫人。毛與江青隨後和蘇卡諾夫人會面。三十日《人民日報》刊出會見時的照片，毛與哈蒂尼在握手，中間是微笑的江青。江身後遠處立著鄧穎超。毛身後遠處，只露出半面的是周恩來。

在這之前，《人民日報》已刊出數張王光美的照片。江青的公開露面更引起了廣大群眾的注意。從此以後，江青就打破了中共黨內規定：江青不得以毛主席夫人名義參與政治。這次公開露面是江青將在政壇上權傾一時的前兆。她將一手操縱中國的政治文化和藝術，搭起無產階級政治、文化大革命的舞台。

江青參與政治後，她原本的神經衰弱就逐漸消失無蹤，我的日子相對的也好過多了。她很少再向我抱怨，或找我去調停她和護士們之間的爭吵。但江青對我仍舊恨難消，政治權力給了她報復的機會。

一九六三年初，我和江青又發生一次衝突。

這時北京京劇院的名演員趙燕俠演出新改編的京劇《李慧娘》。知名文藝界人士寫了一些頌揚的文章，其中，最突出的是田漢（著名文學劇作家）的一篇〈一株鮮豔的紅梅〉，分析了《李慧娘》一劇中，中國受玩弄的女子的反抗精神和復仇的鬥爭。又有繁星（北京市文化局局長廖沫沙，筆名繁星）的一篇文章〈有鬼無害論〉。①這齣戲在傳統京劇中，名《紅梅閣》。我童年在北京時，名演員小翠花演這齣戲很出名。家裡的大人曾經帶我看過這齣戲，但經過這麼多年，已經完全沒有印象。在記憶中似乎是，演員穿一身長長的白色綢衫翩翩舞蹈。別的完全記不得了。

趙燕俠演出以後，我很想去看看。但是在一組工作，身不由己，根本不可能請假去看戲。也是很巧，在星期三晚會結束後，毛散步回一組，路上對我說，京劇中青衣花衫的戲目中沒有特別吸引人的。不像老生戲，很多劇目都很好看。我順便就將趙燕俠正在演出新編歷史劇《李慧娘》，告訴了毛，並且說了我在童年時，看過這戲還殘存的一點記憶，似乎有一種虛幻飄渺的感覺。

毛說：「這樣吧，在懷仁堂演一次，大家看看。你告訴汪東興安排。」

於是由汪東興布置，在懷仁堂演出了一場。因為毛去看演出，所以所有的中央領導人都去看了。嫻也去看了演出。

當演出至賈似道攜帶眾姬妾遊西湖徵逐歌舞，遊船中途遇到裴生，李慧娘脫口而說：「美哉少年」時，我心知這下不妙了。西湖恰好是毛最喜歡去的地方。接下來演氣憤異常的賈似道殺死寵妾李慧娘。我記憶中演員穿了白衫翩翩舞蹈的一幕，原來就是心有未甘的李慧娘化為鬼魂，向賈報仇的情節。

我看到毛的神態一變。毛除了偶然大發脾氣外，很少讓他的不悅流露於外。但我學會觀察他情緒的變化——鎖緊眉頭，眉毛挑高，身體僵直。我心想犯了忌諱了，好像以戲劇演出來嘲弄他玩弄女性和年老荒唐。這情節使人想起毛不准機要員和她愛人結婚的事，她那時罵毛是「典型的資產階級玩弄女性」。

演出結束，演員謝幕時，毛雖然也立起身來鼓掌，可是表情嚴肅，只鼓掌三四下，就掉頭走了。回一組的路上和到了臥室以後，毛似乎都在沉思，一聲不響。

繼之上海《文匯報》發表文章，批評孟超（《李慧娘》編劇者）和上述肯定這個戲演出的文章，認為這齣戲影射共產黨「用死鬼來推翻無產階級專政」，「是一場嚴重的階級鬥爭」。全國禁演有「鬼」出現的戲劇。毛又對戲劇工作提出嚴厲的批訴，說「文化部是帝王將相部、才子佳人部、外國死人部」。我無意間向毛推薦的京戲，一下子成了政治和意識形態的論爭，代表了毛心目中的新中國裡不斷鬥爭的現象。

我心想，事情大約也就到此為止了，慶幸自己沒有被拉扯進去。

幾個月後，汪東興來找我談。汪說：「這下子可就麻煩了。江青講，《李慧娘》這個戲是個壞戲，是一株大毒草，宣揚有鬼，宣揚迷信。江青說了：主席不會自己要看什麼戲。中央這些負責同志從來沒有哪一個到主席這裡串門談話，除了陳伯達（毛的政治秘書之一）偶爾到家裡有事同主席談以外，其他任何人不會來。一定是能見到主席，能同主席談上話，而且這個人本人懂得點戲的人，才會鼓動主席看這個戲。她講的這一大套，我看，她指的就是你。

「江青還說，她問了主席，是誰出的主意，要主席看這個戲。主席說記不得了。江青叫我查查，問我是誰。我說，我不知道，主席要我組織演出一場，我就組織，我也不懂是好戲還是壞戲。江青不幹，一定要查出是誰出的主意。

「她原來就對你有意見，存心要藉機整你，給扣上『階級鬥爭』的帽子。這下她可不會輕易鬆手放過去哪。」

我和汪只好想辦法將江青對付過去。我們同毛商量，就說是毛看了田漢的那篇文章以後，想到要看這個戲，毛同意了。汪便拿了田漢的文章給江青看。我們未料到，這藉口卻導致了田漢的災難。江這下抓到攻擊田的題目。

江看了汪拿給她的《人民日報》後跟我說：「看戲這事同你們沒有關係，是文藝界這幫人搞出來的。也好，讓這些王八蛋露出頭來，揪住了，跑不了。」她要去上海，和柯慶施等人共同展開一系列的點名批判。

但她走前仍想對我施展「引蛇出洞」法，又套了我一次話。

江青在臨行前問我：「上次演出《李慧娘》，你去看了沒有？你看這個戲怎麼樣？」

我說：「這個戲是老戲，傳奇性很強。同《白毛女》戲異曲同工。」

江說：「這倒是奇談，你說說。」

我說：「這兩個戲都是講受迫害後的復仇的故事，而且都是女性。只不過《白毛女》是人被迫害後，變成了鬼。《李慧娘》是人被迫害死後，鬼變成人。」

江說：「你這可是胡拉亂扯，挨不上邊的事。」

江又說：「有鬼是宣揚迷信，對老百姓沒有好處。」

我說：「戲劇是一種藝術表現形式。鬼的出現只是代表人的不現實的幻想。莎士比亞的

《哈姆雷特》中，也有鬼魂出現，這恐怕不能說是宣傳迷信。」

江開始不高興了。她說：「戲曲中不應有鬼，有鬼是宣傳迷信，是階級鬥爭在劇曲中的表現，這可都是主席的意見。莎士比亞不過是外國的死了的人，他寫的戲也不是真理，也不能代表先進思想，不能說莎士比亞的戲裡有鬼，我們的舞台上也就要有鬼出來。你可要注意，主席講過了，文學文藝部門裡，問題很多，階級鬥爭很尖銳。」

我的資產階級背景在江青眼中太「右」了。江青的話說得很明白，如果我再堅持我的見解下去，自然就成了階級鬥爭的靶子。我那年才四十三歲，但在一組終日傾軋，憂心忡忡的宮闈中，早已是一頭白髮蒼蒼。我必須生存下去。我因此沒有講下去。

江青隨即到了上海，自封為文藝界的「流動哨兵」。對毛忠心不二的柯慶施自然對江傾力相助。柯讓江與上海市委宣傳部長張春橋見了面。也正是這個時候開始，江青天天跑戲院、劇院、舞團、樂團，用她自己的話說：「我不過是一個小兵。不過是毛主席的一個哨兵，在思想戰線經常巡巡邏，放放哨，有什麼情況向主席報告一聲。我就做這麼點工作。」

文藝界對她來說，是個充滿資本主義腐敗、舊社會邪惡勢力的世界。

到十二月十二日，柯慶施送呈〈有關上海曲藝革命化改革總結報告〉，毛拿給我看。毛在上面加上批語：「此件可以看一看。社會主義經濟基礎已經改變了，為這個基礎服務的上層建築之一的藝術部門，至今還是一個問題，許多部門至今還是『死人』統治著。不能低估電影、話劇、民歌、美術、小說的成績，但其中的問題也不少，至於戲劇等部門的問題就更大了。這需要從調查研究著手，認真抓起來。許多共產黨人熱心提倡封建主義和資本主義的藝術，卻不熱心提倡社會主義藝術，豈非咄咄怪事。」

數週後，毛抨擊全國文聯。毛說：「這些協會和他們所掌握的刊物的大多數（據說有少數幾個好的），十五年來基本（不是一切人）不執行黨的政策，做官當老爺，不去接近工農兵，不去反映社會主義的革命和建設，最近幾年，竟然跌到了修正主義的邊緣。如不認真改造，勢必在將來的某一天，要變成像匈牙利裴多菲俱樂部那樣的團體。」

一九五四年匈牙利的年輕工人組成裴多菲俱樂部爭取自由和民主，匈牙利政府予以摧毀。這時毛也已散下瀰天大網，慢慢伸出文化大革命的魔爪來了。

注釋

①早在一九六一年八月，《人民日報》便有《李慧娘》的公演報導和好評（包括廖沫沙的文章）。一九六二年三月，中央委員會發布批示，禁止戲劇裡面演鬼（〈關於停演「鬼戲」的請示報告〉）。同年五月，廖沫沙的文章被公開批判。

52

毛讓江青登上她夢寐以求的政治舞台不是偶然之念。那時毛的私生活正起了巨大變化。在江青以毛夫人的身分第一次參加政治性活動不到一個月內，毛和張玉鳳便打得火熱。

十中全會會後，南下長沙。湖南省委第一書記張平化邀請毛下火車小住，組織了晚會。列車上的乘務員、服務員都參加了舞會。就在這次晚會上，毛開治注意到張玉鳳。毛與張連續跳了幾場舞以後，等到舞會結束，毛攜了張玉鳳的手回到毛的住室，並讓衛士告訴汪東興，張玉鳳留下了，列車上其他的人可以回到車上去。在長沙住了三天後，又復上車。車行駛以後，將張玉鳳調到毛的臥車。

江青不在時，毛身邊總有數個「女友」隨侍在身。這次南下跟張「相好」之後，毛下車時，仍將她留在專列上。毛住接待所時，就由別的「女友」陪侍。六二年秋季，毛當時接近的是兩位女機要員。毛在上海時住的是新建成的西郊賓館，兩位機要員在那伺候他。柯慶施在六〇年初期為毛蓋了這座大賓館。

毛在上海，醒著的時間大都在以前法國租界內的錦江俱樂部休息。下午睡醒後，我們便乘毛那輛防彈、蘇聯製的吉斯車進城往俱樂部。他在那兒閱批公文，和「女友」消遣，凌晨兩、三點再返回西郊賓館。

我們一些隨從一塊同毛乘車去俱樂部。江青那時也在上海，但她都住在賓館裡。毛回去時，她已睡熟。毛和江兩人的作息時間相差太大，很少見面。這幾年毛的私生活越加肆無忌憚，江青也心知肚明。毛天天回西郊去睡一覺只是虛晃一槍，給江青面子。我想毛和江青是做好了協議——只要江青不干涉毛的私生活，毛不會跟她離婚，也准許江青在政治上一逞其野心。毛在政治上無條件地信任江，毛清楚只要摘掉了毛夫人的頭銜，江青就什麼也不是。江青終於向政壇上伸出魔爪了。

張玉鳳多年後才成為毛的專寵。毛一開始時並不完全信任張。張老家在黑龍江省的牡丹江區，她的「父親」是鐵路工人。毛告訴我，張玉鳳曾跟毛說，一九四四年她母親在一個日本牙醫家裡做女傭。張可能有一半日本人血統，因此毛懷疑張是日本特務。我對張的身世不清楚。毛很久以後才對張放下戒心。

我和張玉鳳的關係自始至終都很緊張。一九六三年五月杭州會議結束後，回北京的車程裡，毛有天叫我到他的臥車去。

他躺在床上，穿著睡衣，敞著懷。張玉鳳站在床旁。毛看我進去後，說：「這裡痛得很。」他用手指指左胸，又說：「人也不舒服。」

我俯身下去，看到毛的左胸表面長了一個米粒大小的毛囊炎。我給他量了體溫，並不發燒。我給他檢查，胸部和腋窩都沒有發現有淋巴結腫大，也沒有壓痛。

我問張玉鳳這個小疙瘩是怎麼起來的。

張說：「不知道。」

我說：「是不是抓癢時，掐破了，才感染？」毛有搔癢症，皮膚某一個地方癢的時候，要用指甲掐破，才能止癢。他自己抓不到或不方便的地方，便叫伺候他的人掐。

檢查的時候，張玉鳳將臉背著毛，對我直眨眼。

我給他上了藥膏，放上紗布墊，用膠布固定好。我還說：「這很容易好，也用不著吃藥或打針。但千萬不要抓破。」我建議用熱敷，但毛拒絕了。

到晚上又叫我去了，這時毛躺在床上，滿臉通紅。那疙瘩已有黃豆大小，底部紅硬隆起，周圍泛有潮紅，皮內有一紅線伸向左腋。毛的前額發燙，測體溫是攝氏三十八度七。

我說：「現在感染在向全身擴散，要注射青黴素。」

毛要我立刻給割開。我說：「感染沒有局限化，疙瘩不成熟，不能硬割開，否則越搞越壞。左胸和左腋，還要不斷熱敷。」

毛不同意注射青黴素，於是口服四環素。我又向毛和張玉鳳說：「可不能再擠了，再擠就更加厲害了。」

我很擔心。毛告訴我，張替他掐過疙瘩。現在感染變嚴重了。我跟毛、張囑咐不能再掐，但我不放心，萬一惡化了怎麼辦？於是在火車上我打了電話給保健局局長史書翰，告訴他這一經過情況。史很著急，報告了周恩來，然後又給我打電話，要派些醫生和護士來。我說要來也得報告毛，毛同意了再來。不過目前來了，也沒有別的辦法，只能吃藥加局部熱敷，等待局部成熟了才能做下一步治療。

汪東興插嘴說：「大夫，你怎麼這麼死板、天真。你不讓擠，還是擠了。以後的治療，也不一定都聽你的。讓他們來了，大家負責。萬一再壞了，互相可以有證明，否則有口難辯。這可不是單純的醫療技術問題。」

我向毛說明北京要派醫生和護士到火車上來。毛同意讓北京醫院院長計蘇華來。他說：

「有護士長在這裡，先不要來護士了。」

於是計蘇華坐飛機，趕到南京，上了火車。

毛這時膿腫已經有核桃大小，表面上有五六個膿點，底下腫硬潮紅已經有小桃子那麼大。這已經是癰了。左腋淋巴結也腫脹紅硬。

毛是第一次見到計蘇華。毛為了使計不緊張，讓計坐在床邊，問計的姓名和籍貫，然後說：「姓計的不多見。清代曾有一位文學家和史學家姓計，叫計六奇，是你們一家人吧？」計回答說，不知道。

毛說：「你大概只知道行醫，將本家的人都不知道了。」

計很緊張，滿頭大汗，兩手也顫動個不停。計將毛左胸上的紗布墊揭掉後，一看膿腫就說：「這是擠過了吧？」毛和張玉鳳都不作聲。

檢查完畢後，計悄悄對我說：「這很重啊。」我們商量，如果是簡單的膿腫，成熟了可以切開，讓膿流出來。但癰是棘手問題，開刀時機不對有可能擴大感染，併發可致命的敗血病。毛的臥車沒有地方放器械。我提出仍繼續吃四環素和左胸左腋熱敷，明天再割開放膿。計又徵求毛的意見。毛同意了。

第二天毛左胸的膿腫頂端稍微變軟。計提出將頂部切開一點。

沒幾天就回到了北京。又過了五天，左胸膿腫才完全軟化。切開後，流出很多膿。但左腋淋巴結卻越加腫脹。過了三天，將左腋膿腫切開。以後就是每天換藥。這時已是六月底。

七月中旬時，切口還沒完全長好。我不主張讓毛去北戴河，江青十分不高興。我怕毛到了北戴河，要是執意去游泳，什麼人也沒有辦法擋得了他，傷口再感染了怎麼辦？江青咕噥，毛不去北戴河，其他領導誰都不好動。毛在北京生病時，他們怎能去避暑呢？她抱怨這下度假的事都泡湯了。

毛自己也沒料到一個搔破的小腫塊會變得這麼嚴重，毛同我講：「現在好了。在火車上，你起先給我看，說的毫無問題，最後鬧的成了這麼大的問題。那裡幾天哪，是幾十天。這真是『小泥鰍翻巨浪』。你起先應該這麼講：這個病可能很快好，但是也可能要厲害起來。這樣講就兩面都站住腳了，就不會說不中了。」

我說：「行，以後就這樣講。」

張玉鳳為我不肯替她推卸搔、擠的責任而憤恨不平。我清楚一定是張沒洗手就幫毛掐破而感染，而且不止一次擠過。毛至死前也一直為此事怪她。

53

一九六四年五月，在林彪的策劃下，編輯出版了《毛主席語錄》——裡面收錄了《毛澤東選集》中的一些警句。這樣就將對毛的個人崇拜推向更高的高度。

大躍進的教訓被一筆勾消，建立符合現實的現代經濟方向也被逆轉。林彪的目標是統一意識形態，他對專業技術嗤之以鼻。林提出「四個第一」的口號：人的因素第一，政治工作第一，思想工作第一，活的思想第一。

這一段時間以來，毛對於林彪的不斷「神化」自己，絲毫不加以制止，反而在各種場合，表彰林彪。毛說：「四個第一好。我們以前也沒有想到什麼四個第一，這是個創造。誰說我們中國人沒有發明創造？四個第一就是創造，是個發現。」

毛並令全國學校、工廠、公社、學習解放軍。毛說：「解放軍好是政治思想好。國家工業各部門現在有人提議從上至下（即從部到廠礦）都學解放軍，設政治部、政治處和政治指導員，看來不這樣做是不行的，是不能振起整個工業部門（還有商業部門，還有農業部門）成百萬成千萬的幹部和工人的革命精神的。」毛還說：「我們以前是靠解放軍的，以後仍然要靠解放軍。」

自此以後，在全國範圍內，所有的機關、團體和學校無不設立了政治部，都在學習解放軍，「加強政治工作」。說穿了就是在全國範圍內，一步步加深對毛的「個人崇拜」，將毛「神化」到天上地下唯我獨尊的地位上去。

並非所有的人都同意林彪的「造神運動」。對於林彪的這種做法，中共中央書記處總書記鄧小平和中央宣傳部部長陸定一當時就指出，這是將「毛澤東思想同馬克思列寧主義割裂開來」，是把「毛澤東思想庸俗化、簡單化」。

當時任總參謀長兼中共中央軍事委員會祕書長的羅瑞卿曾明確表示不同意林彪的這些言論。羅瑞卿說：「難道馬克思列寧主義和毛澤東思想不再發展了？」、「說毛澤東思想是最高最活的馬克思列寧主義，難道還有次高次活的馬克思列寧主義？」羅還不同意林彪所提出的「背警句」、「立竿見影」等口號，認為這是「死記硬背，從書本中找現成答案，違背理論脫離實際的革命作風」。

在軍事的戰略戰術、武器裝備、軍事訓練等方面，羅瑞卿反對林彪所空喊的「軍隊要革命化，騾馬化」。此時中蘇關係日益緊張，隨時有可能開戰，林彪要求「軍隊要堅持在一切工作中，用毛澤東思想掛帥」。羅大大不以為然，強調搞好軍事訓練，主張要「擁有現代化一切最新技術設備」。

凡是不同意林彪這種「造神運動」的人，都受到毛的冷落或批評。毛先是找一些替罪羊下手，其中一個靶子就是保健局。

在一九六四年的春夏之交的時候，保健局給劉少奇檢查身體，發現有肺結核病。衛生部副部長崔義田讓我先向毛透露一下劉少奇的病情，看看毛有什麼意見，再寫正式病情報告。

毛並沒有表現吃驚，說話時，他的眼光露出懷疑和一絲幸災樂禍的神色。

毛說：「有病嘛，就休息，由醫生治療就完了。何必大驚小怪。這事不干你的事，你用不著攬進去，由他們去搞。」

但劉的病反而促使毛迅速採取攻勢。毛雖然無力正面痛擊他的敵手，但他可以使劉過得生不如死。毛做了一系列與高級領導的保健工作相關的批示，命中央衛生部撤銷保健局，高級幹部不准有專任醫生，取消保健工作。至於專為高幹設立的北京醫院，毛說：「北京醫院可以改名老爺醫院。」

毛以前就曾批評過保健局和北京醫院。毛提到其他高級幹部的生活方式時說：「這些老爺，平日養尊處優，有人給保健，有了點小病，又受到百般照料。」

這個批件交到保健局局長史書翰手裡。史接到這份批件後，驚得目瞪口呆。高級幹部的保健工作被取消，損害到每個高級幹部的切身利益，其中當然包括劉少奇等人在內。但沒有人敢違抗毛的旨意。但又不能讓其他領導人去一般公共醫院看病。衛生部必須為高級幹部的保健問題另尋對策。

保健局和衛生部黨組連續開會，煞費躊躇，終於有了定案。撤銷保健局和中南海保健辦公室，將史書翰、黃樹則提升為衛生部副部長，仍然主管保健。將原來的醫生和護士們合到北京醫院。結果是人員和機構搬動了地方，各項保健工作照行不誤。北京醫院改變辦法，不只給高級幹部看病，可以向老百姓開放，老百姓可以同樣看門診和住院。

但是這樣一來，又涉及到高級幹部的保衛安全問題。討論來討論去，最後決定只給周圍的機關的工作人員和工廠人員看病，同時要求這些單位，對他們介紹來看病的人，保證審查沒有問題，不是「壞人」。

毛倒是絲毫沒有受到撤銷保健局的影響。我被任命為衛生部醫學科學委員會常委副祕書長。我上午到醫學科學委員會上班，中午以後到一組辦公。那時我跟別人一樣，覺得身為主席的毛應該有特權擁有自己的保健醫生。直到許多年後，我才恍悟其間的極不公平。

但北京醫院的名字成了大問題，毛批的，改成老爺醫院，不能這樣改，這不像個名字。衛生部長錢信忠、史書翰都要我想辦法再同毛說說，能不能不改名字。

我只好又去見毛，告訴他衛生部奉他的「命」所做的改變。我將撤銷保健局的細節報告完後說：「北京醫院的名字不好辦，改成老爺醫院太難聽。而且這個醫院是二〇年代由德國人建立的，從那個時候就叫北京醫院。」

毛笑嘻嘻地說：「仍然叫北京醫院吧，收老百姓就好。」

毛本人雖然沒有受到保健局改組的影響，江青則因為身體「不好」，仍然要有護士伺候她。我繼續做毛的私人醫生。雖然現在我早上都到醫學科學委員會上班，那裡的工作仍和毛脫不了干係。毛最常患感冒和支氣管炎，此後我的精力大都花在治療或預防這兩種病的研究工作上。

我個人生活上最大的改變就是全家搬出中南海。我們原來都住在中南海南船塢，現在既然取消了保健辦公室，就不能再在中南海內住下去了。

我們搬到離紫禁城不遠，原保健局所在地的弓弦胡同。那兒有不少房間空了出來。一九四九年我剛回中國時，就是在這和傅連暲見面的。我們一家四口合住在中院的北房，總共有四間房間。我們小院子的南牆下，是一個花壇。裡面種了一排玉簪花。我們剛搬去後，在門前的小院裡種下了一枚棗核，沒有想到，它竟然萌發出來，抽條長枝。

弓弦胡同靠近隆福寺市場、王府井大街和東安市場，買東西非常方便。但特別有好處的是，我的大孩子已經在北京師範大學附屬中學上學①，從這裡騎車子到學校往返很近。這裡有車可送我往返中南海。這時正巧波蘭駐北京大使館內部整修，出售一些家具。我同嫻挑買了一些，搬入弓弦胡同，在這裡安了我們的家。

我很高興能離開中南海。住在中南海內，因為警衛工作的限定，親戚、朋友都不能到我們家裡來。現在坐在我們新家的窗前，面對著花團錦簇的小院子，我幾乎可以忘記失去琉璃廠老家的傷感。毛與一組的世界恍若離我十分遙遠。我非常喜愛這個新家。

後來有一次，半夜三點多鐘毛找我，我已回到弓弦胡同。第二天毛對我說：「沒有想到，整到我自己頭上了，找你這個人找不到了。」由此，在一組我的辦公室內放了床，有時我就住在那裡。

毛與劉少奇和鄧小平的關係持續惡化。一九六五年一月，鄧小平召開工作會議，研究和總結農村社會主義教育運動的問題。毛在會議期間覺得身體不適，鄧便勸毛可以不參加會議。但毛仍抱病參加會議，並發表一篇談話，其中強調農村問題是「社會主義和資本主義的矛盾」。劉少奇打斷毛的話說：「各種矛盾交叉在一起，有四清和四不清的矛盾，有黨內和黨外矛盾的交叉，很複雜，還是有什麼矛盾就解決什麼矛盾為好。」第二天毛帶了憲法和黨章去開會。毛說：「有兩本書，一本是憲法，我有公民權；一本是黨章，我有黨員的權利。我有參加會議和發言的權利。可是，一個人（指鄧小平）不讓我開會，一個人（指劉少奇）不讓我講話。」一本來首長開會互相插話，是常有的事，但這次不同，問題嚴重起來。周恩來、彭真等人都勸劉少奇向主席承認錯誤。劉作了檢討。黨的分裂已經很明顯了。

一九六四年十二月二十一日到一九六五年一月四日，召開了第三屆全國人民代表大會。在周恩來的「政府工作報告」中，毛增加了三節。這三節後來冠以〈論人類的歷史發展和技術革命〉的題目。原文過長，節錄如下：

「……我們不能走世界各國技術發展的老路，跟在別人後面一步一步地爬行。我們必須打破常規，盡量採用先進技術，在一個不太長的歷史時期內，把我國建設成為一個社會主義的現代化的強國。我們所說的大躍進，就是這個意思……中國的大革命家，我們的先輩孫中山先生，在本世紀初期就說過，中國將要出現一個大躍進……」

由此可見毛對「大躍進」仍然堅持不放。

一九六五年春節後，毛又離京外出。兩位女機要員同行，加上王季範老先生的孫女王海蓉。張玉鳳仍然是毛的那節車廂的列車員。到了武漢，住到梅園。

一天上午我起床不久，王海蓉匆匆跑來找我。她氣呼呼地說：「你們怎麼能讓張玉鳳這樣的人在這裡工作。這個人簡直是無賴潑婦。她對主席太沒有禮貌。昨天晚上主席同我說，張玉鳳簡直要騎在他的頭上拉屎。主席氣得不行。這麼大年紀了，怎麼能受張玉鳳的氣？你們不管的話，我要向中央寫報告。」

我說：「不要急，有話慢慢說。」

王說：「什麼慢慢說，我不能看著主席受這種壞蛋的欺侮。」

說著，王又去找汪東興。

正在吵吵嚷嚷中，衛士小張來了。他說主席發脾氣了，說張玉鳳不像話，讓大家給她開個會，批評她。

汪東興對我說：「總是搞一些爛髒事，這樣的會怎麼開法？」

但是，毛既然發了話，不開不行。可是無法開得好。因為在這種情況，很難說什麼是非曲直的。

這個會在毛的飯廳裡開上了。汪開始講了幾句，說有事就走了。於是由我主持會。

王海蓉首先講，張玉鳳太不禮貌，不尊重毛，甚至罵毛。

這時張玉鳳說，他同我吵架，罵我，還罵我的娘，我才罵他的。

張玉鳳接著還要講下去。我想，這個會越開越不好聽。只好將會停下來。王海蓉還不幹，說沒有分清是非。不能停會。

我只好去找汪東興，讓汪同王海蓉談談，把事情掩飾過去。

我又讓護士長同張玉鳳談，讓張自己到毛那裡承認錯誤。

結果是，王海蓉說我們不敢堅持正義，看著毛受氣不管。一氣之下，王回北京去了。

張玉鳳又不服氣，是毛先罵她，為什麼要她檢討，一氣之下，回到專列火車去了。

一下子頓時清靜下來。可是毛感冒了，發燒，咳嗽，急性支氣管炎發作。經過治療以後，退了燒，咳嗽也好多了，卻又發生了音帶炎，開始聲音嘶啞，隨後發不出音來。

這不是大病，毛卻以為要永遠失音。他很急，要立刻治好。我一再解釋，音帶正在發炎、水腫，不可能立刻緩解。我建議用物理治療，以求局部加速吸收炎症。可是毛嫌麻煩，只做了一次，他就不肯繼續了。於是改用中藥治療，這倒是相當有效。兩天以後，能夠發聲了。再服了三天基本恢復正常。

感冒退燒後，毛堅持在招待所室內游泳池游泳。我一再勸說暫時不游泳，他不接受。等到聲音恢復後，他說，你們的這個療法、那個療法、西藥、中藥，統統不管用，還是我這個游泳療法有效力。

五一勞動節後，毛決定到江西井岡山去看看。乘火車先到長沙，停在黑石鋪，毛到蓉園招待所。張玉鳳仍在同毛賭氣，留在火車上。

從長沙到井岡山，分乘了幾輛汽車。湖南省委第一書記張平化陪同。因為汪東興在江西任副省長四年，對江西很熟悉，所以江西省委沒有派人陪。

中途經湖南省茶陵縣時，天已經黑了。縣政府將整個辦公室騰空，臨時裝上床讓大家住。這次只帶了夠毛一個人住房的滅蚊噴劑。蚊子很多，床上支起麻布帳子，又點起艾繩。睡一夜下來，頭暈腦脹。

在井岡山上茅坪有一新造的兩層樓招待所。我住在另一邊的二樓。

茅坪的中央，是一小片稻田。田南一排土房，陳列著當年朱德挑水用的扁擔。文化大革命後，這扁擔被說成是林彪挑水的。由此可見歷史可以隨時改寫。山上翠竹叢生，還有一家製造竹紙的紙廠。這種紙極薄而透明。我記得幼年時家中用這種紙糊窗戶。

五月二十九日下山。這次井岡山之行正是年初在北京開會總結農村四清工作，訂出農村四清工作二十三條時，毛與劉公開衝突以後進行的。所以此行正明顯表示，毛有決心重建紅軍，重建黨。並不是簡單的舊地重遊。

六月中旬回到北京。

六月二十六日，我去看毛。看上去他的精神不大好。我正想毛可能有什麼事要辦，他突然跟我說：「你告訴衛生部，衛生部只給全國人口百分之十五的人工作，可是這百分之十五的人裡面主要的服務對象，還是中央和地方省市的這些老爺們。衛生部把這些老爺們保健好了，日子好混。可是農村裡的廣大的農民得不到醫療，一無醫，二無藥。

「衛生部不是給全國廣大人民做事的，不是人民的衛生部。改個名字，衛生部的眼光放在城市，放在這些老爺身上，就叫城市衛生部，或者老爺衛生部，或者城市老爺衛生部。

「現在醫院那套檢查治療方法根本不符合農村。培養醫生的方法，也是為了城市，可是中國有五億多人是農民。」毛要全面加速改革保健制度，將服務對象從高幹轉到廣大農民，服務重點由城市轉向農村。

毛再來要進行醫學教育改革。「我現在抓上層建築的改革。整個醫學教育要改革，根本用不著讀那麼多年書。華佗讀的是幾年制？明朝的李時珍讀的是幾年制？醫學教育用不著收什麼高中生、初中生，高小畢業學三年就夠了。主要在實踐中學習提高。這樣的醫生放到農村去，就算本事不大，總比騙人的巫醫要好②，而且農村也養得起。」

毛意猶未盡，又說：「衛生部脫離群眾。工作上把大量的人力、物力放在研究高、深、難的疾病上，所謂尖端，對於一些常見病、多發病、普遍存在的病，怎樣預防，怎麼改進治療，不管，或放的力量很小。尖端的問題不是不要，只是應該放少量的人力、物力，大量的人力、物力應該放在群眾最需要解決的問題上去。

「還有一件怪事，醫生檢查一定要戴口罩，不管什麼病都戴，是怕自己有病傳染給別人？我看主要是怕別人傳染給自己！要分別對待嘛！在什麼場合下都戴，這肯定造成醫生與病人之間的隔閡。

「城市裡的醫院應該留下一些畢業一兩年的『蒙古』大夫，就是本事不大的醫生。其餘的都到農村去，把醫療衛生的重點放到農村去。」

毛的這些話完全出乎我的意外，我將毛的原話，寫了一式二份，一份交衛生部，另一份交中共書記處書記彭真。我那時哪能料到，在文化大革命中，這份材料被稱為「六二六指示」並發動了全國性「赤腳醫生」運動。「造反派」並拿它來在醫學界掀起打倒城市老爺衛生部的依據。

在撤銷保健局的這片緊張混亂中，使毛下此決定的最初原因逐漸被淡忘。毛一得知劉少奇患了肺結核後，便立即撤銷保健工作，我奉命不得參與，也始終不清楚劉後來的治療情形。但我知道毛真正目標其實是劉少奇。

田家英就跟我說：「看這個情況，要說劉少奇同志會接毛主席的班，還言之過早。」田又說：「你很清楚，主席講話，有時候說了不算數。今天這麼講了，明天可能那麼講。誰也摸不清他的真正的意思是什麼。」汪東興也同意田的看法。我們個個三緘其口。我從未告訴保健局裡任何人，毛撤銷保健工作的真正原因是劉的病。毛對劉私下表露的不滿也只在我們之間談及。

注釋

①北京師範大學附屬中學是北京市內最好的中學之一，它只收最優秀的學生——許多是知識分子和高幹的子女。李醫生當時的宿舍遠比其他醫生舒適，許多醫生都是好幾家人擠居在一座大院裡。

②共產黨將農村裡找巫師或靈媒這類民間治療者的習俗視為迷信。但只有少數中國鄉村人民會同意「巫醫」的這種負面涵義。

54

一九六五年六月尾，毛叫我去見他。毛說：「現在農村中的階級鬥爭形勢很嚴重，四清工作搞得如火如荼。你們還穩坐釣魚台，絲毫不動，這怎麼成啊。告訴汪東興，公安部部長謝富治都下去了，你們還不動啊。叫汪東興和你們一起下去。」

我去找汪東興將毛的意見都告訴了汪。汪說：「又是什麼地方讓主席不高興了？來了這麼一手。」

田家英說：「這是怎麼回事啊。看起來，主席這裡的工作人員要大換班了。」

我說：「每次他要打發人走，一定先過渡一下，過渡的方法就是下放勞動一段時間之類。這次大約就要換個地方了。」

葉子龍和李銀橋一九六〇年就是這樣被打發到信陽的。這次大概輪到我們了。

一組裡毛只留下機要祕書徐業夫和服務員兼理髮員周福明，其他的人都下去。江青一聽到要「四清」，病就全回來了，所以她不用去。

田家英說：「換換也好，現在北京政局是山雨欲來風滿樓，還不知道要怎麼變化。走了也好，免得遭池魚之殃。」

汪決定我們去他的老家江西的鉛山縣。毛聽了後，又講：「要走，應該拍屁股就走。用不著什麼準備。六月底集中，七月四日前走。」我要求衛生部副部長之一的黃樹則，在我「四清工作」期間，暫代負責毛的保健工作。毛覺得不必再找一個醫生。毛說：「我的身體好得很，無健可保。我不像那些老爺，動一動都要量血壓、量脈搏，他們惜命惜身，養得腦滿腸肥。他們要保健，我不要。護士可以找一個代替吳旭君，不要到北京醫院找了，到三〇一醫院（即中國人民解放軍總醫院）找找看。」

我同吳旭君到了三〇一醫院，找到了主管保健工作的蒲榮欽副院長。我向蒲說明來意以後，他受寵若驚地說：「人家北京醫院對保健工作比我們強得多，主席他老人家怎麼想起我們來了？」蒲未受過正式醫學教育，只在紅軍時期做過醫務兵。

他叫我們先看看他從高級幹部病房中挑的兩名護士。一個比較沉靜，一個比較開朗。我與吳旭君將這兩個人的照片交給了毛。毛挑了開朗的劉。毛說：「這個人看來靈活，不那麼死板。」

汪東興組織的四清工作隊在七月二日動身。

我們到江西時，這個四清工作隊總共有一百多人，包括了幾處人員——中央警衛局、警衛團、衛生部、第二炮兵部隊人員和江西省省委機關工作人員代表。李訥也同行。

這裡先插敘一事。一九六二年一月，在北京開七千人大會的時候，有一天北京大學有人打電話來，說李訥病了，我匆忙從人民大會堂趕去北京大學。李訥當時是北大歷史系學生。我趕去時發現李訥只是重感冒、發燒。北大的黨委書記兼校長陸平小心謹慎，通知了我。當時歷史系的總書記也在，陸平和他兩人十分擔心。兩人一再向我認錯道歉，他們說知道的太晚了，耽擱了時間。李訥很不高興，在發脾氣，嫌我不早點去看她，還說要是死了，不會有人知道。她一個勁直吵。我最後終於生氣了。

我講李訥：「你已經二十一歲了，不是小孩子。生病，學校的領導們都來看你。北京大學有一萬多學生，都像你這樣子，學校就沒有辦法辦下去了。」

李訥聽了嚎啕大哭。我連拉帶扯，將她弄上車子，送去北京醫院。一路開車，她一路哭鬧。甚至有兩次經過交叉路口時，被交通警察截住，以為出了什麼大事。

後來我跟毛報告此事，毛不高興地說：「北京醫院是高級幹部才能住的醫院啊，她怎麼能住呢？」

我說：「感冒這種病，一般醫院都不會收住院。北京醫院裡的人很熟，只能送到那裡。」毛主張以後不要送北京醫院，我說：「如果不送北京醫院，只好放在家裡，會傳染給你，更麻煩了。」

毛又問我，李敏、李訥和毛遠新回中南海時，在什麼地方吃飯。我告訴他，在他的廚房內，由李錫吾師傅做飯給他們吃。

毛說：「以後做這麼一個規定，他們吃飯都到大食堂，不許再在我的廚房內吃。」

這一次毛叫李訥也去四清工作，就是要證明他的子女沒有特權。倒是苦了汪東興，還得另外安排一個人照管李訥。

打一開始我們在江西的四清工作就是個鬧劇。派了在北京的一組特權分子下鄉調查農村的腐敗情況，領導「階級鬥爭」，只有「荒謬」兩個字可以形容。我們這一路包的火車，住招待所用的全是公費。光安排我們下鄉及吃住，就浪費了不少公帑。數十萬都市人口派下去農村進行社會主義教育運動。和我們一樣，大家全去得心不甘情不願。這運動到頭來，只是金錢和人力的雙重浪費。

我們到了江西後，便分成四組，分別前往四個農村。大躍進後，人民公社依地理位置分成幾個生產大隊，然後再下分為生產隊。我與警衛局副局長王生榮率領的那一組到鉛山縣石溪鎮。江西上饒專區公安處張鎮和處長和鉛山縣縣委書記隨後加入我們。他們二人十分隨和，以後我們都成了時常來往的朋友。

我作夢也沒有想到江西的農民過得這麼艱苦。我已經回祖國十六個年頭了，隨侍毛十一年。我在一組中能知道各式各樣的機密消息。我知道大躍進造成了餓殍遍野，農民民不聊生。我知道民生凋敝，但未料到比我想像中更苦。農民們穿著破爛襤褸的舊棉衣，吃的米飯好像是砂子，咀嚼很久也難以下嚥，只配幾根青菜。茅屋簡陋，漏水，四壁蕭條，家具全無。狹窄的土路一下雨，泥濘四處飛濺。在石溪鎮上沒有小學，也看不到報紙、雜誌，或是書。村中成年人幾乎全不識字，小孩子也沒機會念書。最近的學校在幾里外，上學的小孩只有很少幾個。

四清工作隊有次從外地調來了電影放映機，露天演出了五〇年代中期出品的一部舊電影。農民們各自帶著凳子，周圍四、五十里的人，都趕來看映出。大部分的人都是有生以來第一次看電影。

我們穿去的單衣棉衣都是舊的，可是沒有補綻，生產隊裡的農民看了非常羨慕。一位老農民摸著我的棉大衣說：「什麼時候我們有這樣的衣服穿，就到了共產主義了。」

村民們對我們都很好奇。王生榮一向生活優越，身材比較胖。我們這組的農民個個骨瘦如柴，沒有人見過像王這樣的胖子。每次王從茅屋出來，村民都圍上去嘖嘖稱奇。大人們問他吃什麼才會這麼胖。小孩子們則跟在他的後面歡叫：「看大胖子囉，看大胖子囉。」

按規定，應該與農民同吃同住同勞動。農民家裡太小，很難擠出地方，我們借他們的一個穀倉，搭起木床，墊上稻草，攤開鋪蓋，架上帳子，成了臨時宿處。我們自己成立了廚房，僱請大師傅燒飯。為了與農民的生活相差不遠，我們也吃農民吃的硬乾飯。

我的小組負責的那個生產隊，一共有十二戶人家，共同耕種五十幾畝地。各戶有一點自留地，種自己需要的蔬菜。沒有拖拉機、牛馬，只有幾個簡單工具。耕作全憑腿、手的勞動，幹一天下來，全身酥軟。這種勞動實際上是將人變成牛馬。田地小，耕作技術原始，收穫自然貧乏，再扣去稅糧後，農民更是所剩無幾。

世界在進步，科學技術在發展，可是中國耕種仍然依循幾千年來的舊方法。在這種狀態下，空喊躍進，豈不是自欺欺人。我不懂中國為什麼不將精力和智慧拿來發展節省人力的農耕機器，幫助農民脫離落後和貧窮呢？我跟汪東興提起，我不了解為何解放十六年後，廣大農民仍然如此貧苦？他只說，許多地方更苦。

汪所言極是。在江西有些婦女是一九六〇年前後，從安徽逃荒來的。在安徽沒有糧食，再待下去，會餓死。於是拋下丈夫和子女，逃到這裡，又找人結合生了孩子。這時雖然農村情況稍有好轉，但是她們也很難回去了。

在這一片貧窮景觀中，我們的工作是領導階級鬥爭。大躍進失敗後，毛認為三年困難時期的導因是生產隊的基層幹部貪汙，他們從中揩了農民的上交糧，因此不是錯誤的政策引起饑荒。

而這清理帳目、清理倉庫、清理財物和清理工分的所謂「四清工作」，其實是庸人自擾。我們仔細查了生產隊會計記下的帳。全生產隊只有這位會計認識有限的幾個字，這本帳真是「爛帳」，誰也無法弄清楚上面記的是什麼。好在全生產隊只有十二戶農家，做了世代的鄰居，對彼此瞭若指掌。全生產隊有多少財物，社員都清楚。全隊打多少糧食，每家分了多少，大家也都一清二楚。全隊實在窮得很，就算幹部想貪汙，也根本沒有財物可貪。

這也不是說真的沒有貪汙問題，是有，只是在公社和縣及省一級的幹部。這一級幹部才有權力向農民收稅糧，並為所欲為。他們才有權力腐化。

農村中仍在瘋狂進行著地主和貧農、封建主義和社會主義、資產階級和無產階級之間的階級鬥爭。共黨接收石溪後不久便施行土改，地主和富農被剝奪了所有的財產，全家都受其他村民管制。目的是讓地主、富農(包括他們的妻小)在勞動中強迫改造。

每逢節日假日，地主、富農都要集中起來，聽生產隊負責公安工作的社員或生產隊長訓話。令人最難受的是，隊裡出一點事，例如牛吃草時，雜草內有碎的一枚鐵釘，一同吃下去了。事情沒有查清，就開始不分青紅皂白地鬥這些地主、富農的子女。

我們工作的這個生產隊裡，有一個地主的兒子，一天到晚不聲不響在農田幹活，在受「管制」。我們打聽了他的家史：在一九四九年以前，他生身父母窮得沒有飯吃，將他給了這個地主。地主名義上收養他做兒子，可是實際上是個苦力，苦活、重活都由他做，吃的很不好，穿的是地主穿破的衣服。土地改革以後，給他定為地主子女。

這隊裡另一位，他的祖父是地主，早已死了，父親不是地主，卻仍然屬於地主子女。儘管他幹活努力，早起晚睡，仍然事事受歧視，在我看來簡直在受虐待。但是這種狀況，誰也不能加以改變。

直到我離開的時候，雖然一再替他申訴，也不能解決。甚至有一位「好心人」勸我：「你想想你是主席的醫生，替地主子女說話。如果有人將你這舉動告了上去，你可吃不了，要兜著走。」

任何人替地主說話，即使是被冤枉的「地主」，也有可能因此惹禍上身。這就是毛的階級鬥爭。因為原來的地主、富農，經過這十六年的「管制」，已經只有零星幾人活下來，其他的早已死去，這些「子女」自然成為階級鬥爭的對象。我常想，毛說，階級鬥爭貫穿整個社會主義這過渡時期，要五十年到一百年，那麼這些「子女」的子女的子女，永遠脫逃不了這一鬥爭的厄運。

後來，文化大革命初期，幹部子弟，特別高級幹部子弟提出的口號：「龍生龍，鳳生鳳，老鼠生兒會打洞」（即曾盛行一時的「血統論」），正是這種階級鬥爭觀念的反映。

中國農村的殘敗凋敝，階級鬥爭的荒謬不公，以及我的無力感，在在使我心灰意冷。解放十六年後，中國農村不進反退，共產黨的政權猛苛殘酷。以前在封建時代，平民布衣仍有晉登龍門的機會，而有「帝王將相寧有種乎」的激勵人心的認識。但在共產黨領導下的體制，這些受「管制」的「子女」卻永遠不得翻身。

我的確從四清工作中得到教誨，但不是毛以為的那種。我的疏離感更深。我對共產黨越加不滿。高級幹部在錦衣玉食，極其奢華的同時，農村農民生活之艱難超乎我的想像。共產黨做了什麼好事？毛的革命所帶來的偉大轉變在哪？我的四清工作隊到農村來，是做所謂的「階級鬥爭」工作，又有什麼用？我們離開農村後，農民的日子仍會一如往昔。

我的政治不滿越來越高漲，但我仍保持沉默。

第三篇

1965年——1976年

55

一九六五年十一月底，也就是我到江西三個月之後，北京打電話來叫汪東興回去開緊急會議。我們誰也不知道是什麼事這麼急。我們在農村中幾乎全無外界的消息。汪估計用不了幾天就可以回來。

幾個星期轉眼飛逝。入冬後，極冷，幾乎天天下著細雨。我們無法下田，幾乎無事可做。我的日子越形無聊，憂慮和疏離感加深。

汪在十二月底回來了。

他見到我以後，睞睞眼睛說：「沒有想到我去這麼久吧？」他其實沒去北京，而是去了杭州會毛。

彭真、羅瑞卿、楊尚昆、陸定一都出了問題。現在還沒有公布，只是中央在開會。最後決定楊尚昆撤職，調去廣東（原因是黑旗事件和錄音事件）①，汪接任中央辦公廳主任，並仍任握有實權的中央警衛局局長。汪從未被撤掉公安部副部長的職位，但也未曾復職。三者比較起來，中央辦公廳主任官階最高。

汪告訴我：「我說我不行，可以讓陳伯達做。主席說他不行。我又提出讓胡喬木做主任，我做副的。主席說胡喬木有書呆子氣，仍叫我做。」

我說：「這麼說，你升官了。」

我隨即想到，我到一組工作的主要審查批准人是羅瑞卿和楊尚昆。現在這兩個人都出了問題，對我的影響太大，會不會因此受到牽連呢？但是又想到，第一個審查我，推薦我到一組工作的是汪東興，汪沒有倒，而且還升了官，我不會因羅、楊發生問題而受到牽連。

但我仍惶惶不安。這是共產黨得權後，又一次大規模、最高層的政治動盪，一定會波及到中國社會的許多層面。汪東興也鬱鬱寡歡。他回江西不只是因為四清工作還未做完，也是為了躲避這場政治風暴。他覺得只要大家都待在鄉下，就不會鬧到頭上來。

我一向不願意涉入政治。我學會躲過政治風暴最安全的法子就是掌握政治變向的訊息。目前待在鄉下是很安全，但我想弄清楚中央的動態，以及毛的想法和計畫。在江西鄉下，無法觀測到北京的風起雲湧。

這四位領導同志遭到攻擊，並不完全令我意外。錄音事件後，毛對楊尚昆的信任便大打折扣，毛自然清楚這是更高的領導作的主——鄧小平和劉少奇等——但他採用的策略是順藤摸瓜。

毛一向就不信任彭真。毛幾年前跟我說過，康生告彭有「反毛傾向」。彭為人我清楚，他對毛忠心耿耿，很關心毛的健康。但康生告訴毛，彭真曾說過：「三面紅旗（總路線、大躍進、人民公社）是紅旗，還是灰旗，還是白旗（指是革命還是反革命）？有待證明。」

陸定一是宣傳部部長，負責全國文藝。在毛的授意下，江青和柯慶施對文藝界展開點名批判，陸自是首當其衝。

我跟羅瑞卿一起工作最久，認識最深。羅非常重視毛的安全工作，對毛絕無二心。但他在建軍問題上反對林彪（見前文）——於是被說成反對毛。

我在一九六四年六月便感到羅的政治地位堪虞。那時在北京西郊明十三陵，毛及其他領導人檢閱了由楊勇率領的北京部隊和楊德志率領的濟南部隊的軍事訓練匯報表演，但林彪沒有出席，以示他反對羅的這種軍事訓練（羅當時推行群眾性練兵運動）。

在這次的檢閱中，有些表演項目很驚人，例如攀援四五層高樓，沒有任何裝備，只用手足攀登上去，並且不是少數的人，而是一個排的徒手士兵，相繼攀上去。毛當時就講：「我們目前還沒有現代化裝備，這種訓練很實用。」

毛認為這次訓練表演足以證明，落後未開發的中國，有能力戰勝科技先進的北方大敵。毛說：「可見大並不可怕。世界上任何的龐然大物，都不可怕。蘇聯那麼大，碰他一下，他也沒有辦法。只要知道對付的辦法，貌似強大的事物都沒有什麼可怕的。這話我同羅瑞卿說過的。」

羅汲汲於推行中國軍備現代化，對林彪提倡的「小米加步槍」理論——也就是毛的革命理論——公開予以鄙視，認為不合現代的戰略。毛自然很不高興。毛有次對我批評羅說：「羅瑞卿那麼大的個子（羅身材高大魁梧，素有「羅長子」之稱），白浪費衣服料子。」

汪從杭州帶回了一份由海軍轉交軍事委員會，再呈給毛的文件給我看，我終於清楚羅政治危機的來龍去脈。林彪妻子葉群策劃反羅的活動。毛在杭州時，十一月底，葉群由蘇州乘飛機到杭州，向毛報告羅瑞卿反林彪提出的「突出政治」（即搞「思想」不搞「軍事」）。

毛贊同葉的說法。毛在報告上批：「那些不相信突出政治，對突出政治表示陽奉陰違，自己另外散布一套折中主義（即機會主義）的人們，大家應當有所警惕。」

此後葉群又指使空軍政委吳法憲「揭發」羅瑞卿說：「羅原本就不贊成林彪接任彭德懷，現在又想逼林交權退位。有一次，羅到林總（譯注：對元帥軍銜的，常稱之為「總」）這裡匯報工作，林總身體不太好，沒聽羅講完，讓羅走了。羅在走廊裡大吵大嚷：『病號嘛，還管什麼事！病號，讓賢！不要干擾，不要擋路。』

「原空軍司令劉亞樓病重的時候，向我揭發了羅瑞卿一件大事。羅讓劉亞樓向葉群轉達四條意見：一、一個人早晚要退出政治舞台，林總也是要退出政治舞台的。二、要葉群照顧好林總的身體，勸林總多管一管中央的工作。三、部隊的事情多讓他羅瑞卿負責。四、這件事辦好了，羅瑞卿不會虧待葉群。」

羅在十二月中旬被撤銷了軍隊方面的領導職務。

我很擔憂。羅被撤職絕對是個惡兆。

汪說的一些話也透露出周恩來的憂國憂民之心。周要汪早點回北京去。周主管中央日常工作，早在一九六四年，便跟汪抱怨過：「現在辦事情太困難了。黨的事只有彭真在管，軍隊全靠羅瑞卿，政府只有我。這麼大的國家，就這麼三個人管具體的事，別的人都只是說說，不做事。」現在彭和羅雙雙遭受批判，周自然寢食難安，辦事情更難了。所以周希望汪趕快回北京就任辦公廳主任。

但汪想跟一組的人在鄉下繼續四清工作，一九六六年四月四清工作結束後再回去。我也情願留在江西。現在政治局勢正起了翻天覆地的大變革，誰知道回北京時，會是什麼局面呢？

一九六六年一月一日，因為元旦放假，大家想慶祝一下。早上我同吳旭君冒著細雨，走過泥濘不堪的田埂小路，到汪所在的生產隊後田村去。到時已全身潮濕。只有四清工作隊的人慶祝元旦。農民們不講究過陽曆年。

我們走進廚房時，大家正在和麵、剁肉準備包餃子。我們也參加進去忙起來。就在餃子全包好時，上饒專區公安處張鎮和處長坐著一輛吉普車來了。進到房裡，氣喘吁吁，滿頭大汗。大家開玩笑說：「趕著來吃餃子，也用不著這麼急啊，」

老張對著汪東興、吳旭君和我：「長途電話線路接不通，叫了兩個多小時也叫不到後田大隊。今天早上三點多鐘，省委辦公廳打電話到鉛山縣，說毛主席在南昌生病了，要李大夫和吳護士長立刻去。你們還是馬上走吧。這裡開車去南昌，最快也要十一、二個小時。」

我說：「那麼先回石溪大隊，我取一下行李。」

汪說：「取什麼行李，東西到南昌再買吧。再去石溪大隊來不及了，而且要保密。去一趟石溪，太招搖了。你們直接走吧。」汪決定和我們一起走，他一方面擔心毛的病情，另外一方面也想了解北京最近的政局演變。如果毛的病不嚴重，他就馬上回後田。

汪堅持立刻出發，我們一口餃子也沒吃就匆匆上路。

車在小雨中行駛。都是土路，非常滑。濺起的泥漿，將玻璃窗都沾滿了。到上饒以後，停到了專區招待所。因為是元旦，都放假回家了。老張臨時叫了一些人來，做了飯。吃過以後，又繼續上路。車子已經洗乾淨。此後一路都是碎石子路，車速快多了。

趕到南昌，已經是夜裡將近十二點鐘。

江西人民代表大會委員長方志純，還有省委幾位領導都在等我們。方說：「毛主席來南昌已經有兩星期了，這兩天很不舒服，所以要李大夫馬上來。」

我們隨即到毛住的濱江招待所。這次張耀祠同毛一起出來負責全面工作。隨同毛的還有機要祕書徐業夫、警衛處處長曲琪玉，和服務員周福明來照料毛的生活。毛的幾位女友也在——

護士劉、兩位女機要員和專列服務員張玉鳳。其餘就是三個做飯的廚師，十幾個武裝警衛。毛身邊的人全換一批，氣氛迥然大異，我覺得很不自在。

我認識周福明（周也是毛的理髮員，在進一組前替毛剪過幾次髮。王鬍子已經退休了）最久，周跟我說事情的前後始末。原來十二月二十六日毛過七十二歲生日。下午吃飯時喝了點酒。飯後這幾位「女將」陪著散步，出了招待所後門到贛江邊上，雖然雨停了，可是風很大。毛覺得熱，解開上衣扣子，敞著懷，受了風。不知怎的，毛和張玉鳳又為了一件陳年往事大吵一頓。

一年前，毛發現張和另外一位一組人員來往，於是又嚷得一塌糊塗。為此，張的來往對象在北京待不下去，被調到南京。毛生日那天下午，又因為這件事，和張生氣。

當天夜裡毛咳嗽多了，開始發燒。大家著急，又沒有辦法，勸他找位江西醫生看看，他不同意，最後毛決定叫我同吳旭君去南昌。

我走進毛的臥室。毛躺在床上，滿臉通紅，呼吸急促，咳嗽不停。

毛對我說：「已經有好幾天了，沒有挺過去，只好請你回來，沒有辦法。」我仍是毛唯一信任的醫生。

毛的體溫是攝氏三十九度六，感冒已轉成急性支氣管炎。我提出，最好是肌肉注射抗生素，可以快一些消炎退熱，毛同意了。

早晨五點鐘我與吳旭君回到南昌賓館，汪東興還沒有睡，同方志純幾人在聊天等我們。汪聽完報告後決定，如果明天毛的病轉好，我們三人就回鄉下。

第二天我和汪一起去看毛。毛已經退燒，咳嗽還厲害。他同意再繼續治療三天。毛叫汪東興回去搞四清，我和吳旭君兩人則留下。

汪出來以後有些不高興，後來他對我說：「主席這個人真奇怪，急著忙著讓我們離開北京。這次又催著讓走。可是對四清，一句也不問一下。不知什麼意思。」

當晚汪乘車回鉛山縣。

這次隨毛外出的「女將」有兩位機要員、專列乘務員張玉鳳、護士劉，一共四位。她們輪番陪毛，我很難找到空閒擠進去，看看毛。周福明也很少進毛的房間。他通常將從廚房拿來的飯或茶交給「女將」之一，由她端進去侍候毛。我去看毛時，也小心不撞見這些人。

又連續治療三天以後，咳嗽完全好了，可是又面臨了另一問題。

我發現毛服用的安眠藥量，已經超過以往用量的十倍，這使我十分擔心，因為這一藥量已經是常人的致死量了。毛對安眠藥雖然已經有了耐藥反應，但是如此大量的安眠藥天天吃下去，勢必會發生毒性作用。我如果仍在鉛山縣石溪鎮搞「四清」的話，對於這事情我可以不負任何責任。可是現在我回來了，對此不能放任不管。

一組幾位人員告訴我，自從政局開始緊張後，毛的安眠藥藥量逐漸加大。毛的失眠和政治總有密不可分的關係。去年十一月底，葉群趕到杭州向毛告了羅瑞卿，十二月八日到十五日，毛到上海主持了中共中央政治局常委擴大會議，撤銷了羅瑞卿在軍隊方面的領導職務，由楊成武代總參謀長。在這些天裡，毛經常日夜不睡，即使增加安眠藥量，也不易入睡，而且養成了這麼一種習慣，不打算睡覺時也吃安眠藥。

我回南昌後一星期，有天半夜我去見毛。毛躺在床上看《後漢書》。他看見我進去，將書放下。毛說：「病已經完全好了，你這個郎中還是有點好藥啊。」

我笑了笑說：「藥還是很普通，主要是對症。」

毛伸手拿了一本小冊子，交給我。我一看標題是《評新編歷史劇〈海瑞罷官〉》。這是刊登在一九六五年十一月十日的上海《文匯報》的一篇文章的排印本，作者是姚文元。這篇文章我在鉛山時就讀過。

我弄不清姚這文章的意圖。毛曾親自大力鼓倡海瑞的戲。這齣戲的編劇吳晗是北京市副市長兼北大教授。除此之外，吳還是全國首屈一指的明史專家。毛對明史一向極有興趣，常找吳來閒談討論，許多次我也在場。毛曾批評吳一部早期作品《乞丐皇帝》。他對吳說：「你這本書沒有寫出歷史真實。朱元璋參加紅軍不是偶然的。他運用的戰略戰術有突出的成就。用無賴加在他身上不妥當。用這點影射蔣介石更不妥當。北洋軍閥混戰割據，蔣初步統一中國，是一大功勞。蔣有民族氣節，對美國人並不屈從，認為中國只有一個，不能分割，這完全與我同調，是志同道合。不能完全否定蔣的歷史作用和地位。」這新編的《海瑞罷官》一戲，是吳晗響應毛的號召。我無法了解為何會遭到批評。

毛告訴我，這文章是江青和張春橋共同商量，由姚文元執筆寫成。

這文章醞釀多時，始於六二年一月的七千人大會以後。當時會上有許多幹部將彭德懷比作現代海瑞，並認為毛和嘉靖一樣，沒有接受批評的雅量。江青敏感地嗅出戲劇家的所謂「反毛」傾向。她在看了《海瑞罷官》之後，立刻認定吳晗暗暗支持彭德懷。

然後江青找北京市委第一書記彭真、中共中央宣傳部部長陸定一和副部長周揚，提出組織寫作力量，批判吳晗寫的京戲《海瑞罷官》，沒有得到彭、陸、周等人的支持。毛向江青授意，可以找上海市委第一書記柯慶施。但柯於一九六五年四月突然去世。江青便找了上海市委宣傳部部長張春橋辦理。張指定上海《解放》雜誌編委姚文元按江青的意圖寫作。毛直到要刊出前才看到這篇文章，事前並不知道內容。這文章主要批判吳晗及同情彭德懷的人。其他各報此時理應群起響應轉載，但它們竟然置之不理。

毛那晚極為光火地跟我說：「《文匯報》上發表過，北京的各報就是不轉載。是我講了話，過了十九天才在北京見報。你看，他們厲害不厲害。」

我聽了這些話，好像「丈二和尚摸不清頭腦」，弄不清毛的意圖。我當時自然不會知道姚這篇文章會成為毛吹響無產階級文化大革命揭幕的號角，尤其不知道毛說的「他們」指的是些什麼人。直到文化大革命開始以後，我才完全明白，毛所說的「他們」，包括了劉少奇為首的中共中央領導人。

我跟著又說：「另外還有一件事。這個時期，安眠藥吃得太多了，已經超過以往用量的十倍。」

毛說：「有這麼多嗎？」

我說：「我查了每天的用量，照這樣下去，會發生不利的作用，對身體不好。」

毛說：「那麼怎麼辦呢？」

我說：「在最近一段時間，我們給你重新調整藥量。」

毛問我怎樣調整法。我說：「我準備用一些葡萄糖裝在外形相同的膠囊內。這樣真假夾雜服用，可以減下安眠藥量。」

毛說：「那好，你去準備，向護士長和護士交代清楚。」

我剛要退出去，毛又「喂」了一聲，說：「我看這裡有毒，不能再住下去了。告訴張耀祠，立刻去武漢。」

我多年前於成都便意識到毛似乎有被迫害妄想症，他那時懷疑游泳池被下了毒，現在看來毛的情形是更嚴重了。毛以為他在南昌生病是因為招待所被下了毒。在我看來所謂的毒是「政治」——高層共黨領導之間的明爭暗鬥。

我去找了張耀祠，說明毛要立即動身去武漢。隨後趁專線電話還沒有撤銷，我打電話給衛生部，是已升任該部副部長的史書翰接的電話。我將毛這次病情和安眠藥重新調整的辦法，告訴了史。

史說：「原來發了這麼高的燒，咳嗽這麼厲害。會不會有肺炎啊？還是照張愛克斯光片子才能放心。順便跟周總理報告一下，請專家來複診。」

但我覺得毛的身體已無大礙。我較為擔心他的安眠藥劑量過量和被迫害妄想症兩事。我覺得，現在的局勢有點緊張，而且聽毛的口氣很不順；不能提照胸部愛克斯光，免得節外生枝。

至於再派二、三位老專家來。我認為這更不妥當。如果這樣辦，一者，毛會以為我不肯負責任，叫別人來，是推卸責任；再者，毛或許以為還有別的病，我對他隱瞞，要找人來商量。沒有經過毛的同意，就向周恩來報告，都很不利，會造成誤會。

我終於說服史書翰，這一事到此為止，並叫他不用擔心。

注釋

①一九六五年十一月，楊尚昆正式被撤掉中央辦公廳主任的職位。一九六五年十二月，羅瑞卿被正式撤職。一九六六年五月，兩人在中央委員書記處的職位被撤。

56

當夜開車，第二天中午到了武漢。機要室派來送藥和文件的飛機早已到了。張耀祠、吳旭君、我、周福明、徐業夫和四位「女將」一起，和毛住進了梅園招待所。

現在整個一組的內宮氣氛和以往大大不同。以往汪東興一向控制全局，對毛的動靜瞭若指掌。張耀祠的作風卻是膽小怕事。現在政治局勢緊張，張畏畏縮縮，以求自保。張不讓我向他講明毛的健康情況。毛醫務上的事，張說他是外行，管不了，也搞不懂，他只管警衛上的事。

這次一起出來的警衛局警衛處長曲琪玉，為了打探毛的一切，同這些「女將」很接近。我和吳旭君處於一種「被排斥」的狀態。我覺得他的狂妄自大令人難以忍受。

毛開始採用了新的安眠藥服法。經過五天，安眠藥量恢復到以往的用量，同時睡眠也調整過來。

吳旭君同我商量，病治好了，再待下去，恐怕會有不愉快的事發生，不如見好就收，回鉛山去繼續搞四清。我們商量好了，先告訴張耀祠。張面露難色，說：「你們回來以後，我總算知道了點情況，老曲他們對我封鎖得厲害，什麼都不告訴我。」

我又去見了毛。我說：「你的病全好了，安眠藥恢復到過去的常用量。我同吳旭君參加四清工作隊的事還沒有完。我們還是到江西鉛山去，搞完這項工作。你有事時，我們可以再來。」

毛沉吟了半晌，說：「四清雖然沒有完，也差不多了。現在的問題不是四清了，要比四清大得多。你們留下有好處，我隨時有事找你們辦。」

我聽完後瞠目結舌。四清是自土改以來最大的運動，動員了上千萬城市人口下鄉。看樣子這件事已經不重要了。難怪毛問也沒問汪東興四清做得怎樣。我開始明白，正在發生一場我尚不了解的大事件，雖然不完全知道這事件的內幕，但毛說比四清大得多，那麼其規模之大就可以想見了。

我很躊躇。留下來，跟這幫隨同來的人可能難於相處；但既然要有「大事發生」，毛的羽翼無疑是個避難所。

我想了又想，還是決定回鄉下去。那裡更安全。

我說：「可是我與吳旭君換洗衣服都沒有帶，每天穿這身棉衣服，很不方便。」

毛說：「你告訴張耀祠，將你們的衣服由北京帶來，這好辦得很。等我叫你走的時候，你們再走。」

政治變動的脈搏清晰可感。毛退隱到他的房間裡，整日與「女將」廝混。曲禩玉在毛四周築起一道無法突破的藩籬。我盡量不去值班室，免得和這些人多接觸。毛叫我，我才去看毛。我在政治邊緣上，納悶著會出什麼大事。

57

一九六六年二月八日，毛在武漢梅園招待所聽取文化大革命五人小組中的彭真、陸定一和康生匯報經過北京中共政治局常委討論同意的〈關於當前學術討論的匯報提綱〉（後稱〈二月提綱〉）。中共中央在一九六四年設立了「文化革命五人小組」，組長是中央書記處常務書記彭真，另有中共中央宣傳部長陸定一、副部長周揚、中央政治局候補委員康生、新華社及人民日報社社長吳冷西等成員。毛主持這個會議，並讓我坐在後排旁聽。

毛在會議上說：「去年十二月二十一日我就同陳伯達、康生說過，姚文元的文章很好，但是沒有打中要害，要害是『罷官』，嘉靖皇帝罷了海瑞的官。一九五九年我們罷了彭德懷的官，彭德懷也是海瑞。」

毛又問彭真：「吳晗這個人是不是反黨反社會主義？」

康生搶著說：「吳晗的《海瑞罷官》是一株反黨反社會主義大毒草。」

別人都不講話。

毛接著說：「當然，不同的意見都可以『放』出來，可以比較鑑別，好壞自明。你們可以放。讓各種意見都可以放出來。」

彭真說話了，他想為他拿來的〈關於當前學術討論的匯報提綱〉提出辯護。這份提綱中強調，在學術討論中，要堅持實事求是，在真理面前人人平等的原則，要以理服人，不要像學閥一樣武斷和以勢壓人。彭真說：「學術問題還是照主席的指示，『百家爭鳴，百花齊放』，才能使學術空氣活躍起來。」北京中共中央政治局已討論同意這一提綱，現在就等毛批准。

陸定一說：「學術討論和批判不能隨意提到反黨反社會主義的結論，否則就鴉雀無聲了。」

此後沒有人再講話。

三人已劃清陣線——康生認為吳晗事件屬於階級鬥爭，想發動批鬥吳晗及其同夥的運動。彭真和陸定一則認為大家對此戲的各種意見，應該看作學術辯論。幾分鐘的寂靜後，毛決定散會。

彭真說：「是不是寫一個『中央批語』，請主席看過，發全黨。」

毛說：「你們去寫，我不看了。」

我馬上就知道大難要臨頭了。毛設下圈套。他不看便表示他不贊成。但彭真不了解毛。彭真和陸定一正步步涉入險境之中，這個「中央批語」一發全黨，就完了。

二月十二日，這份〈二月提綱〉上有彭真及陸定一寫的〈中央批轉文化革命五人小組關於當前學術討論的匯報提綱的批語〉，批發到全黨。

當晚毛對我說：「看來還是我的那句話：反動的東西，你不打，它不倒。」毛準備給彭、陸兩人迎頭痛擊。彭真這份〈二月提綱〉往後成為惡名昭彰的反社會主義宣言，並導致他的崩潰。

58

就在彭真他們走了以後，毛的睡眠又壞了，往往二十四個小時不入睡。飯也吃得很少，有時一天只吃一次飯。我很擔心，對毛這樣年紀的人，睡眠少會發生不利影響。這樣又不得不重新安排安眠藥的服用時間。於是，不到一個星期，毛便恢復到原來的睡眠和吃飯習慣。

我剛剛感到心情鬆弛下來，張玉鳳跑來說：「主席講，臥室的天花板上藏著人，天天夜裡上面有響動。是不是有壞人啊。」

我不禁心裡暗笑，在這樣警衛森嚴的布置下，怎麼可能有壞人爬到天花板上去。

我想可能是老鼠在上面作怪，我去找隨同外出的警衛一中隊隊長。他說，最近在院子裡站崗的警衛，常在地上看到像貓的足跡，可是比一般的貓足掌大得多，可能是野貓。

於是警衛們在院子裡架石磨，用細木棍支起來，下面用了一條魚做餌。接連兩天打死兩隻野貓，一隻很大，像小花豹；另一隻小一些，但也比家貓大。這很明顯，這座招待所是專為毛修建的，周圍是些草木樹叢和花卉。平時空在那裡，沒有人住，只不過有一些哨兵看守，時間久了，自然成為野生動物的棲息所。

一中隊的隊員將這兩隻野貓放在院子裡的凳上，他們的意思是想讓毛看看。毛起床以後，隔著玻璃窗看過了。我認為所謂有壞人這問題可以結束了。可是沒有想到，當天夜裡又傳出話來。毛說，這裡不安全，立刻出發到杭州去。

數小時後，我們便在往杭州的路上。

毛到杭州以後，開始忙碌了。我感覺到氣氛緊張起來。有事情正在匆忙進行，正在發生，可是我說不出是什麼事。

葉群從蘇州打電話來，葉說有重要的情況要向毛匯報。第二天葉乘飛機到了杭州。毛在大廳內同葉談了三個多小時，葉又匆匆回蘇州去了。

毛與葉的談話，只有他們兩個人，誰也不知道談些什麼①。但是夜裡毛吃飯的時候，說了幾句話，使我越加感到事態嚴重起來。

毛說：「鄧小平管的書記處，不知道是管的誰人的書記處。書記裡頭壞了多少人啦。過去的不算，現在的彭真，他管的北京市委是針插不進，水潑不進。陸定一管的中宣部是個閻王殿，左派的文章休想過關。羅瑞卿在軍隊裡頭搞折中主義。楊尚昆往來傳遞消息，蒐集情報。這就是鄧小平的書記處。」從「錄音事件」以後，毛一直懷疑楊是個特務。

一、二天後，江青來了杭州。這次我見到江青，她似乎完全變了一個人，我看她精神旺盛，步履很快，已經完全沒有「病態」了。江青見到我的時候，只是點點頭，打個招呼，沒有說話。江青的隨從人員只有一個護士、一個服務員和上海市公安局派給她的一位警衛員。

護士對江青的健康情況透露了些。她說，這一段時間，江的身體很好，怕光、怕聲音、怕風都基本上沒有了，也沒有了頭痛、耳鳴的症狀，所以沒有帶醫生出來。

江青只住了一夜，第二天便趕回上海。隔幾天後，也就是二月下旬，江第二次來杭州，我才知道毛和江討論了什麼。

原來二月二日到二十日，林彪委託江青在上海召開了一次部隊文藝工作座談會，江青前來詢問毛對這個會的〈紀要〉的意見。這份文件毛拿給我看過，中心內容是針對著陸定一主管的中宣部。〈紀要〉中提出「……建國以來文藝界是一條反黨反社會主義的黑線專了我們的政……」。

我看了這個文件，倒沒有奇怪，因為毛同我已經講過對陸定一的中宣部的意見。但是我沒想到，林彪透過這種方式，利用江青出頭，將毛的意見公開出來。這同時，林也將江青推上了政治舞台。我感到十分不安。握有大權的江青會是個極為危險的人物。

我從未見過林彪。解放後，林雖然身兼數個高級領導職位，但他已在半退休狀態，有「病」，五一節和國慶日一律不上天安門。七千人大會中，我也只從後台聽到他的演講，遠遠瞥到了他一眼。但林是中國十大元帥之一，以善戰聞名。我很敬仰這位軍事天才。

一九六六年三月，江青二度拜訪毛後患了感冒，要我去上海替她看看。毛讓我先去上海，說：「我隨後也要到上海去去，在一個地方住久了不好。」毛的被迫害妄想症使他無法久居一地，覺得杭州也是危機四伏。

江青只不過是輕度感冒，我看她並不在意，吃點感冒藥就好了。我到上海的第二天傍晚，林彪突然來了。說是知道江青生病，特意來看看。

我是第一次看到林彪。我印象最深的是他那身軍服，緊得幾乎是貼在他身上，他的李祕書跟他來到前廳，林脫下毛大衣。中等偏低的個子，瘦瘦的身材，青灰色的臉。林因為禿頭十分明顯，在屋子裡也戴著軍帽②。腳上套著厚皮靴。林幾乎沒注意到我，也未發一言。雙眼十分黑湛有神，瞳孔和虹彩幾乎是同一顏色。

林彪雖說是來看望江青的病，但他與江談話近三個小時才走。李祕書告訴我，林以前有神經衰弱，怕光、怕風，從不出門。不過，最近一段時間，活動多起來，身體比以前好多了。那些症狀也都消失了。林彪和江青一樣，完全變了一個人。我想林的病也是「政治病」。

但林也未變成百病不侵的鋼鐵之軀。那年八月中旬，文化大革命正狂熱地展開時，林彪正是權傾一時。汪東興正設法接近這位毛即將欽定的新接班人。林彪此時病了，汪要我同他一起去林的住地毛家灣看看。

我們走到林的住室。林躺在床上，頭放在葉群的懷裡，哼哼唉唉地哭著。葉群在撫慰他。那時我對林彪的觀感完全改變——從一位驍勇善戰，運籌帷幄的元帥，變成不適合治理國家的精神上十分脆弱的患者。

這時許殿乙和吳階平醫生也到了。葉群、汪和我三人退到客廳。經過檢查，是輸尿管結石。治療以後，林逐漸安靜下來。

在治療時，葉群跟我說了林的一些情況。葉說，林原來吸鴉片煙，後來改成注射嗎啡。一九四九年以後，到蘇聯去，才戒掉的。自此後便沒有再復發，但林的舉止仍然令人難以理解。林怕風、怕光，所以很少外出，更別說去開會。怕水怕到令人匪夷所思的程度，只要看見水或聽到水聲就會拉肚子。因此，根本不能喝水，只能用饅頭泡濕了吃，代替喝水。大便不能上廁所，要用便盆放在床上，用棉被從頭下蓋全身，在被子內大便。

我心中很納悶，這明明是一個精神上不健全的人，怎麼能讓他來管理國家呢？

回去中南海以後，我將林的病情告訴了毛。毛面無表情，什麼都沒有說。我也從未和別的領導或醫療同事討論過林的病情。洩露國家高級領導的有關情況是種政治罪行。

三月江青的感冒完全恢復後，我留在上海。張春橋幾乎每天來同江密談。不久，姚文元、戚本禹（新任中央辦公廳祕書局局長）、關鋒（《紅旗》編輯之一）也一同來了。

三月十五日毛來到上海，十七日到二十日召開了政治局常委擴大會。在會上，毛擴充江青的論點：學術界和教育界是資產階級知識分子在把持著，真正代表左派的意見和言論發表不出來。會上並點名吳晗、北京大學歷史系著名教授翦伯贊、北京副市長鄧拓、廖沫沙都是身為共產黨員，實為國民黨。最後提出，文、史、哲學、法學和經濟學要在學術和政治上，開展「文化大革命」。

這是我第一次聽到「文化大革命」這一個名字。我把事情看得太簡單了，我認為毛是要在文藝學術界搞一次運動，同醫學界關係不大。因此，雖然感覺到形勢嚴重，卻似乎又與我很遙遠。

三月底，毛連續召集康生、江青、張春橋談話，主要提出，彭真等的〈五人小組匯報提綱〉（即所謂〈二月提綱〉），混淆階級陣線；要撤銷。北京市委和中宣部包庇壞人，要解散；「五人小組」也要解散；開展文化大革命。

由此可見，毛一方面固然召開了中央常委會，可是他卻通過康生、江青等人在與中央常委和書記處唱對台戲。毛這招出人意料之外。毛從未對高級領導發動全面攻擊。

毛在四月初又回到杭州，並在十六日到二十日之間召開了中央政治局常委擴大會議。會上提出彭真的反黨問題，重新成立文化革命領導小組，會中氣氛緊張萬分。

我非常忐忑不安。一組的人已全被撤換，我既不認識也不信任新的工作人員。我很少見到毛，毛的新警衛處長曲祺玉仍封鎖毛的一切消息。汪東興仍未回到一組工作。沒有汪的保護，我真如身處汪洋大海中的一葉孤舟，孤立無援。因此在杭州會議期間，我到西泠飯店去見汪一面，一方面打聽現今政治局勢，另一方面也催汪回一組。

我到西泠飯店時，汪正和周恩來開會。周劈面就對我說：「這是什麼時候，你怎麼跑到這裡來了？」

我說：「我想將主席這一段時間的情況，匯報一次。」

周哎了一聲說：「這個時候怎麼還能匯報主席的情況？」

汪說：「是我讓他來講一下主席的健康情況。」

周說：「快一點，不要時間長。康老（康生）和陳夫子（陳伯達）都在，不能讓他們等。」周一邊說，一邊走向會議室，又回過頭來說：「李大夫談完了立刻就回汪莊去。」

周這麼緊張使我很驚訝。我問汪到底發生了什麼事。汪說：「這一段時間，你聽到了一些，也看到了一些。這是中央的事，不要多問。主席的情況怎麼樣？」

我扼要說了這幾個月中毛的情況，然後說：「張耀祠壓不住陣腳，現在一組內部工作很亂。你什麼時候回來？」

汪說：「主席沒有叫我回，我不能回。開完會，我到汪莊來看看大家。」

我回到汪莊以後，想到周恩來的緊張神色，和他特別提出康生與陳伯達在等著開會，都說明我去西泠飯店可以貽人口實。我隨即去見了毛，說明我到了西泠飯店找了汪東興，向汪說明毛的身體很好。

毛淡然一笑，問我：「他們在做什麼？」

我說：「我聽說在開會，汪東興同志是從會議室內出來見我的。後來周總理也出來了一會，叫我趕快回來，免得有人誤會我夾著什麼使命去的。」

毛說：「去一趟有什麼要緊，用不著這麼大驚小怪。」

我這次向毛及時說清楚，做的是十分必要。到一九六六年底，由中央文化革命領導小組發動，打倒汪東興的時候，康生轉給毛一封所謂揭發信，是浙江省公安廳一個人寫的，揭發我在中央會議期間，曾去西泠飯店找過周恩來和汪東興，是在「暗中勾結，通風報信」。

毛將康生轉來的這封「揭發信」給我看了，然後說：「這件事你告訴過我了。這信放在汪東興那裡，你去交給他。」

我明白毛的意思是給汪打個招呼，毛在「保」我和汪。

四月二十四日，毛又召開了政治局常委擴大會議。會上通過了由陳伯達起草，毛修改後的〈中國共產黨中央委員會通知〉。毛宣布撤銷〈二月提綱〉和「文化革命五人小組」，重新成立「文化革命小組」，隸屬於政治局常委會，並號召向黨、政、軍、文各界的資產階級代表人物「猛烈開火」。

這通知後交五月四日到二十六日在北京召開的中共中央政治局擴大會議討論。五月十六日擴大會議通過這份通知，稱之為〈五、一六通知〉，即後來文化大革命的指導綱領。毛並未參加擴大會議，那時我們在杭州。

毛給我看中共中央文化革命領導小組名單：組長陳伯達，顧問陶鑄和康生，第一副組長江青，副組長王任重、張春橋，組員王力、關鋒、戚本禹、姚文元。毛告訴我，這個名單是林彪提出來的，原來沒有陶鑄和王任重，是毛加上去的。

我看到這個名單，內心緊張起來。江青有了實權了。自從一九六〇年以後，她對我積怨很深。以她的為人殘酷來說，她不可能輕易饒過我。我今後會有什麼遭遇呢？

毛藉機開導我，要我對江青表示對她的「忠心」。毛遠新便很識時務。毛遠新對江青一向十分冷淡。每年暑假回到北京的時間，他從來沒有主動去看江青，或和江青談談話。文化大革命爆發後，他立刻給毛寫了一封道歉信來。毛遠新向毛作深切的自我檢討，說明經過這一時期文化革命的開展，他看清楚了，江青是毛的忠實的學生，表示對江青從心裡敬佩。

毛看了很高興，將信轉給江青。

毛遠新當時在黑龍江哈爾濱的軍事工程學院讀書。毛遠新的這一手很靈，此後他成了江青指揮下的戰將，短短幾年中，便竄陞到瀋陽軍區政治委員。

反過來，我和江青之間舊隙難以擺平。毛遠新是毛的侄子，江青將毛遠新納為麾下大將之後，聲勢也得以日漸壯大。但我對江青的看法絲毫未變，何況我也不屑於平添她的政治力量。我無法對她卑躬屈膝，曲意奉承。她早晚總會對我伸出魔爪。我真有長日將盡的感覺，江青一定會想法子毀了我。

注釋

①葉群顯然曾兩度造訪毛：第一次是在一九六五年十一月，李醫生並不在場；本書此處所描述的是第二次，即

一九六六年初。

②林彪的禿頭也許是年輕時代曾患頭癬（即俗所謂禿瘡）的結果。

59

一九六六年五月，毛攪得翻天覆地後，又開始隱居起來。

〈五、一六通知〉通過後，毛跟我說：「讓他們去鬧，我們先休息一下。」這是毛一貫採用的以退為進法，好整以暇地隔山觀虎鬥，靜待他的敵人一個個現出原形。

我們便避開政治的紛紛擾擾，在杭州待了下來。

毛的以靜制變使黨領導群龍無首。文化大革命需要毛的領導。我想此時毛發動文革的真正目的仍讓領導之間摸不著頭緒。

六月初，劉少奇和鄧小平到杭州來過一次，向毛匯報文化革命運動的情況。劉、鄧走了以後，毛曾經說：「讓他們去處理運動中的問題，我還在休息。」

我當時聽了毛的這兩句話，立刻感覺到，毛似乎置身事外，採取了放任不管的態度。那麼北京亂起來，不正是必然出現的結果麼。

在杭州住下來，仍舊是每星期兩次舞會，有時候去爬爬丁家山。我看他沉思的時候多，說話少了，但是精神上卻顯得很好。

六月十五日由杭州動身，乘火車西行。十八日到湖南省湘潭縣，改乘小臥車駛向韶山。

一九五九年六月，毛回到韶山時，到山下的水庫游泳，曾說過：「等到我老了退休，可以回到這裡搭個茅棚子住。」當時中南局第一書記陶鑄決定，自一九六〇年開始，在滴水洞修建了別墅。這就是毛的「茅棚」。

這裡四圍環山，長滿了青翠的喬木和灌木。附近沒有居民，是個遠絕人世的山谷。毛說：「這裡我小的時候來放過牛，也砍過柴。大石鼓山上有一塊大石，叫石頭乾娘，小的時候，每次路過都要拜一拜。另一座山上有個虎歇亭，我小的時候常到這亭子裡來躺著。」

住到滴水洞賓館以後，消息更加閉塞。每隔兩三天北京派來機要通訊員送文件一次。他們帶來北京的報紙，我也從他們口中知道一些北京的事情。他們說北京現在各學校都亂了，學生們鬧得很厲害，沒有人管得了。我想再問時，他們也不願意多說。

但我聽說了傅連暲的事。他在文革初就被鬥。一九五八年傅已被強迫退休。由於以前所施行的保健制度，他樹敵不少，領導同志沒有一個人喜歡他。但主要對傅懷恨在心的是林彪。解放初期，傅勸林戒毒癮林不聽，傅向中央寫了報告。又一次，林患腎結石，傅組織會診，葉群要求查小便，傅不同意，是一位醫生私自去化驗尿後才確診的。因此林、葉對傅恨之入骨，想方設法要置傅於死地。自一九五八年後我就很少聽說他的事。他挨鬥後，給毛寫了一封信來。

毛說：「傅連暲告訴我，有人鬥他，自殺一次，救回來了。他讓我救救他。其實傅連暲這個人是好人，已經退休不管事了，還有什麼鬥頭，這個人要保一保。」又說：「這次恐怕又要有千把人自殺。」

事實上毛的這個保一保，是白說了。到一九六六年底，總後勤部革命造反派的一些人，將傅抓到西山，此後音信皆無，屍骨無存①。

我們到韶山十天後，六月下旬，湖南天氣很熱。滴水洞因在山谷中間，每天鬱熱潮悶，沒有冷氣設備，只靠幾台電風扇，解決不了問題。毛於是決定遷移到武漢。

到武漢後，和外界的聯絡頻繁多了。機要通訊員每天由北京來一次，帶來大量文件、報紙、雜誌和信件，我收到了嫻的一封信，我們已經有一年沒有見面了。毛在武漢隔岸旁觀文化大革命在北京的發展，十分高興。他的敵人正逐漸落入他的圈套，他趁此養精蓄銳，準備擊潰他們。從我與他的談話和他給江青的信中，我都暗暗感覺到這點。

起初毛對文革並沒有計畫。但由這封給江青的信可以看出毛對當時局勢的看法，對文化大革命運動的開展，對今後中國可能發生的變化，都作了分析，特別充分肯定了他自己在這些方面所起的作用。而毛向江青，而不是向別人，講出了心裡話，更加抬高了江青的政治地位，表明毛對江青的信賴。我認為這封信，極為重要，可以看成是毛在政治鬥爭中的宣言，也是他在政治鬥爭中發出的遺囑之一。

毛在武漢的遁隱生活中寫道——

江青：

六月二十九日的信收到了。你還是照魏（文伯）、陳（丕顯）的意見，在那裡（即上海）住一會為好。我本月有兩次外賓接見，見後行止再告訴你，自六月十五離開武林（即杭州）以後，在西方的一個山洞裡住了十幾天（即在滴水洞）消息不大靈通。二十八日來到白雲黃鶴的地方（即武漢），已有十天了。每天看材料，都是很有興味的。天下大亂，達到天下大治。過七、八年又來一次。牛鬼蛇神自己跳出來。他們為自己的階級本性所決定，非跳出來不可。

我的朋友（指林彪）的講話，中央催著要發。我準備同意發下去。他是講政變的問題。這個問題，像他這樣講法，過去還沒有過。他的一些提法，我總感覺不安。我歷來不相信，我那幾本小書，有那樣大的神通。現在經他一吹，全黨、全國都吹起來了。真是王婆賣瓜，自賣自誇。我是被他逼上梁山的，看來不同意他不行了。在重大問題上，違心地同意別人，在我一生還是第一次，叫做不以人的意志為轉移吧。

晉朝人阮籍反對劉邦，他從洛陽走到成皋，嘆道：世無英雄，遂使豎子成名。魯迅也曾對於他的雜文說過同樣的話。我跟魯迅的心是相通的。我喜歡他那樣坦率。他說：解剖自己，往往嚴於解剖別人。在跌了幾跤之後，我亦往往如此。可是同志們往往不信。我是自信，而又有些不自信。

我少年時曾經說過：自信人生二百年，會當水擊三千里。可見神氣十足了。但又不很自信，總覺得山中無老虎，猴子稱大王。我就變成這樣的大王了。但也不是折中主義。在我身上有些虎氣，是為主。也有些猴氣，是為次。

我曾舉了後漢人李固寫給黃瓊信中的幾句話：嶢嶢者易折，皎皎者易汙，陽春白雪，和者蓋寡，盛名之下，其實難符。這後兩句，正是指我。我曾在政治局常委會上，讀過這幾句。人貴有自知之明。

今年四月杭州會議，我表示對於朋友（指林彪）的那樣提法的不同意見，可是有什麼用呢？他到北京五月會議上還是那樣講，報刊上更講的很凶，簡直吹得神乎其神。這樣，我就只好上梁山了。我猜他的本意，為了打鬼（指毛在黨內的敵人），借助鍾馗。我就在二十世紀六十年代，當了共產黨的鍾馗了。

事物總是要走向反面的，吹得越高，跌得越重。我是準備跌得粉碎的。那也沒有什麼要緊，物質不滅，不過粉碎罷了。全世界一百多個黨，大多數的黨不信馬列主義了。馬克思、列寧也被人打得粉碎了，何況我們呢？我勸你也要注意這個問題，不要被勝利沖昏了頭腦。經常想一想自己的弱點、缺點和錯誤。這個問題我同你講過不知多少次，你還記得吧，四月在上海還講過。以上寫的，頗有點接近黑話。有些反黨分子，不正是這樣說的嗎？但他們是要整個打倒我們的黨和我本人，我則只說對於我起的作用，覺得有一些提法不妥當，這是我跟黑幫的區別。此事現在不能公開，整個左派和廣大群眾都是那樣說的，公開就潑了他們的冷水，幫助了右派。而現在的任務，是要在全黨、全國基本上（不可能全部）打倒右派，而且在七、八年以後，還要有一次橫掃牛鬼蛇神的運動。爾後還要有多次掃除。所以我的這些近乎黑話的話，現在不能公開，什麼時候公開，也說不定。因為左派和廣大群眾是不歡迎我這樣說的。也許在我死後的一個什麼時機，右派當權之時，由他們來公開吧。他們會利用我的這種講法，去企圖永遠高舉黑旗的。但是這樣一做，他們就要倒楣了。中國自從一九一一年皇帝被打倒以後，反動派當權總是不能長久的。最長的不過二十年（蔣介石），人民一造反，他也倒了。蔣介石利用了孫中山對他的信任，又開了一個黃埔軍校，收羅了一大批反動派，由此起家。他一反共，幾乎整個地主、資產階級都擁護他。那時共產黨又沒有經驗，所以他高興地、暫時地得勢了。但這二十年中，他從來沒有統一過。國共兩黨的戰爭，國民黨和各派軍閥之間的戰爭，中日戰爭，最後是四年大內戰，他就滾到一群海島上去了。中國如果發生反共的右派改變，我斷定他們也是不得安寧的，很可能是短命的。因為代表百分之九十以上人民利益的一切革命者是不會容忍的。那時右派可能利用我的話，得勢於一時。左派一定會利用我的另一些話，組織起來，將右派打倒。這次文化大革命，就是一次認真的演習。有些地區（例如北京市），根深柢固，一朝覆亡。有些機關（例如北大、清華）盤根錯節，頃刻瓦解。凡是右派越囂張的地方，他們失敗就越慘，左派就越起勁。這是一次全國性的演習，左派、右派和動搖不定的中間派，都會得到各自的教訓。結論：前途是光明的，道路是曲折的。還是這兩句老話。

久不通信，一寫就很長，下次再談吧。

毛澤東

一九六六年七月八日

這信先交給周恩來及康生。江青獲信後，欣喜若狂。雖然信中也有涉及對她的批評，她仍將信在少數核心領導人中印發流傳，以求進一步鞏固她目前的政治地位。毛知道後，命江青收回，禁止流布。我在將信還給辦公廳前就抄了一份下來，保存至今日。

以後二十五年中，我常常回想這封信的內容。今天，親身經歷過那些政治動盪，仍覺得此信足可證明毛在政治上有他自己的真知灼見。毛從未完全信任林彪。毛只是暫時利用林來借刀殺人。林沒多久後，背叛了毛。毛死後，所謂的右派終於奪回權力。

每次政治運動時，我都盡量躲避，免得惹禍上身。這次我本來想，同毛在外地，可以不攪到運動裡面去了。現在看來，要躲是躲不過的。

七月初，毛已經離開北京有數月之久。北京一片混亂，他正準備要回去。他對我說：「北京現在熱鬧起來。我在這裡再住幾天，你先回北京去看看，只看文件和材料不行，要親眼看看，才能分清好人和壞人。你準備一下，明天回去。」毛要我對北京的文革活動進行調查，然後向他報告。他一月不讓我回石溪時，口中所說的「事」，就是這件任務。

我說：「從送來的材料上看，政治局和書記處已經控制不住局面了。現在誰是好人，誰是壞人，也弄不清楚。我回北京去以後，找什麼人才好呢？」這時中共的領導們都在手忙腳亂。在這個政治的大漩渦中，到北京後找誰呢？

毛沉吟了一下，說：「陶鑄調到北京。他是中央政治局常委、國務院副總理、中央宣傳部部長，又是中央文革小組的顧問。你去找他，就說是我叫你去的。讓他給你安排去看看群眾的革命造反活動，和張貼的大字報。等我回來以後，你講講你的看法。」

我仍然不怎麼放心。在毛的保護下，我可高枕無憂，一旦單獨行動，去調查一個根本不了解的運動，心情真是如履薄冰。毛幾週前和我說過：「我看，這次要死個千把人。現在是天翻地覆了。我就是高興天下大亂。」

我不願見到天下大亂，文革使我提心吊膽。第二天，我在離開北京一年多後，坐飛機回到了北京。

一九六六年七月十六日我正在北京。那天，毛在長江游水，轟動全球。我跟毛游過好幾次水，因此幾乎沒有注意到這條新聞。我當時並不知道許多抱著懷疑態度的外國人，對一個七十三歲的老人能創下超越奧林匹克冠軍紀錄的驚天動地之舉，覺得不可思議。我並不以為然。長江武漢那段水流湍急，毛仰游在水面上，浮起的大肚子可一路順流而下，一下就漂過好幾十里。

對我來說，毛的長江游水意味著他自我放逐的結束。這也表示毛不滿中共領導，正發出戰鬥的訊號。兩天以後，也就是七月十八日，毛回到北京，整裝親臨政治鬥爭的前線，又一次重大的災難正式揭幕了。他開始親自指揮文化大革命。

注釋

①傅連暲死於一九六八年三月。

60

回到家裡，嫻十分高興，兩個孩子放了暑假都在家裡。當晚全家吃了一頓團圓飯，但嫻很擔心。江青現在已經握了實權，我明白她為我和全家的安危發愁。但她似乎心裡還有別的煩惱。

夜裡嫻輕輕說：「告訴你一個不好的消息，田家英已經自殺死了。」

我吃了一驚。田家英是我的好朋友，我們在很多事情上看法一致。自從公布了中央文革小組的名單以後，我為我自己擔心，有時也想到田今後的日子會不好受。長期以來，田與陳伯達及江青積怨甚深，互相攻訐，相持不下。田家英對大躍進很反感，自毛一九五九年批鬥彭德懷後，田幾乎已被排擠出中共政治核心。我知道他會被鬥，但沒想到他這麼快就死了。十年文革中，田家英是我的熟人裡，第一個走上死亡這條道路的。

我說：「我在外面怎麼沒有一點消息呢？誰都沒有告訴我。」

嫻告訴我五月十六日中央通過文化革命通知以後，汪東興按照周恩來的布置找田家英談過，並派戚本禹等人去田家英家清點接收田的文件——這是要批鬥田的確定訊號。當晚田家英就上吊了①。

嫻說：「這次叫你先回來，可能看看你對文化大革命的態度。我勸你心腸放寬，遇到再大的困難，也不要採取田家英的辦法。我們全家只有四個人，你要是自殺，我們就全完了。」

共產黨黨員是不准自殺的。自殺是叛黨行為，自殺者的家人往後也會被戴上叛黨分子家屬的帽子，抬不起頭來。如果我自殺，嫻會被開除，送去勞改，兒子們也會被下放。嫻又說：「你一倒，可就完了。」

我說：「我不會自殺，真到鬥我關我的那一天，你立刻同我離婚，這樣可以保住你和兩個孩子。」

事實證明，我的這一想法，還是將共產黨估計得太好了。隨著文化革命的開展，被鬥的人沒有一個不是家破人亡。用離婚的辦法躲不過去。

嫻說得對，毛叫我先回北京就是要看看我的態度。

第二天我立刻去找汪東興。我將毛的話告訴了汪。汪說，陶鑄要第二天才由廣州到北京②。汪約我次日與他一起去接陶，又要我同他一起到中南海的西樓去看看給陶布置的住室。

到飛機場接陶後，在去中南海的車上，我將毛的話告訴陶。陶說話痛快：「明天我叫中央文革小組派個人，同你一起去大學裡看看。」

我心裡直發虛，誰知道中央文革小組是什麼一種狀態。我不能攪進去。

這時汪東興說：「主席可是叫他找你，沒有讓他找中央文革小組。還是不找的好。」

陶點點頭說：「現在我主管中央宣傳部，衛生部屬中宣部管，你可以去找錢信忠，去看看醫學院。我叫中宣部派一個人同你一起去好了。」

當時中國醫科大學（前北京協和醫學院）已經鬧得無法控制。整個學校喧騰混亂。衛生部部長錢信忠、我，和中宣部一位徐同志一到學校便引起騷動。學生已罷課，教學大樓內貼滿大字報。其中有一張大字報指出錢信忠是國民黨的殘渣餘孽。其中提出，錢信忠原是國民黨軍隊中一名軍醫，一九三四年在安徽大別山地區被共軍俘虜，加入共產黨。共黨在過去很歡迎國民黨的「投誠者」。

我看了這張大字報的內容，不禁嚇一跳，這種「揭露」，完全是人身攻擊。而這種攻擊使對方無法解釋，只能被打倒。由此我想到我自己。如果我陷入到這裡面，被「揭露」，被攻擊，就不堪設想了。

走進禮堂，學生們已經坐滿了。大家喊口號，情緒沸騰。我默默坐在後面座位，錢走上講台。我看到中宣部那位姓徐的，已隱在學生們之中，後來看不見了。學生們開始向台上的人叫罵，提出尖銳的問題。我聽到學生們指控錢和衛生部只為「老爺」服務，忽視廣大群眾的保健。他們特別提到毛的〈六二六指示〉。那時我才驚悟到我寫的那份報告，現今被拿來用作攻擊錢的利器。

在會場上我坐立不安，感到很內疚。沒有所謂〈六二六指示〉，錢信忠可能不會被鬥得這麼慘。那天全會場的人，只有身為衛生部部長的錢信忠知道那所謂的〈六二六指示〉是我寫的。只有他知道是陶鑄，也就是毛派我陪他到學校。也只有錢知道我是毛的私人醫生。我全身顫抖地離開會場，決定不再參加這類會了。萬一我被鬥，被揭發所有的過去（我及我父親的國民黨史，嫻是地主的女兒），我就完了。我向汪東興說明我的想法。汪說，先休息一下也好，等過幾天再看看。

至十二月底，陶鑄受到中央文革小組的攻擊，已經搖搖欲墜。起因是一方面陶做事不願受江青的壓制，另一方面陶支持許多被批鬥的黨委（包括錢信忠和王任重）。陳伯達寫了一封信給毛，附有中宣部那位徐同志的一封揭發信。毛給我看了。信中大意說，我與陶鑄有密切關係，陶派我去醫科大學保衛生部黨委。我立即向毛說：「回京找陶鑄是你讓我幹的。」

毛笑笑說：「論關係嘛，你同我的關係倒有些密切。」毛叫我寫個大字報揭發錢信忠，我沒有照辦，也沒有告訴毛。反陶鑄事件中，毛保了我。但許多跟我一樣無辜的人，都遭到迫害。

七月十八日毛由武漢回到北京，七月二十二日毛叫我到他的菊香書屋。他對我說：「明天你同李訥一同到北京大學去看看大字報，和同學們談談，看看他們到底是不是反革命。」

毛在杭州和武漢養精蓄銳時，領導文化大革命的劉少奇在北京的各大學裡派了工作組。但毛懷疑工作組不但不支持學生運動，反而鎮壓學生，將他們打成反革命。

我說：「李訥原來是北京大學歷史系的。好多人認識她，我們去了，豈不讓大家聯想到你。」

毛說：「那有什麼關係，聯想一下也好。你們可要支持學生。」

第二天我們到了北京大學。李訥找到她認識的同學和老師。大家圍坐在學生宿舍裡議論。議論中，我很少說話，都是李訥同他們交談。校長陸平是他們的主要議論對象。

他們說，打倒校黨委以後，由中央派來的工作組取代了校黨委的位置，繼續鎮壓學生，將學生打成反革命。

聽完學生的議論後，我們在北大裡繞了一圈，大字報太多，也來不及看。有幾處演講台，圍著許多人，有的在台上辯論。

我對這些毫無興趣。我認為根本的問題，發生在高層領導內部。有任何分歧，應由他們自行解決，憑什麼要將問題推到學生間呢？

但毛並不作此想。毛與領導內部意見分歧其來有自，早在一九五六年，毛就發現黨內整風也起不了多大用處。他動員知識分子幫共產黨整風，反而倒戈相向。他號召「百花齊放，百家爭鳴」時，知識分子竟敢質疑起社會主義，還將批評的矛頭紛紛指向毛。這次文化大革命，他決定越過黨官僚的重重關卡，直接鼓動這些崇拜他的年輕人起來造反。

我不禁想到，我離開武漢前，毛同我說的一些話。他說：「看來只有年輕人才有衝破舊勢力的勇氣。要靠這些娃娃們造反、來革命，否則打不倒這些牛鬼蛇神。」

回到中南海，將所見所聞告訴了毛。毛的神態似乎洞察一切，成竹在胸。他並沒有仔細聽情況。我總感覺，毛叫我去北京大學，並不是為了了解情況，向他匯報，而是通過此行，讓我接受「群眾教育」，測量我對文化革命抱什麼樣一種態度。他最後問我一句話，說：「將學生打成反革命對不對？」

我說：「自然不對。哪裡會有那麼多的學生反革命？」

毛說：「是啊，問題就在這裡。」

我於是通過毛給我的第一個考驗。

毛回北京後，越來越常在公開場合露面。七月二十九日在人民大會堂召開了「北京市大專院校和中等學校文化革命積極分子大會」。萬人禮堂裡坐著來自各學校的學生「積極分子」，包括前一段被工作組打成反革命的學生。會上首先公布北京市委撤銷工作組的「決定」，接著劉少奇和鄧小平因在毛離京期間在各學校分派了工作組，而做了自我批評和檢討。

毛並未出席，他不願學生認為他和劉、鄧是站在同一條陣線上。領導和學生們都不知道毛去了大會堂。就在大會開始前，他隱身坐在幕後，我也隨侍一旁，毛不露聲色地聽著劉少奇的自我批評。

劉的自我批評和一九六二年毛在強大的壓力下，不得不承擔困難時期的責任的那個自我批評，十分類似。劉並沒有承認犯了錯誤，更沒有說是嚴重錯誤，只說是「老革命遇到了新問題」，「對於如何進行文化大革命，我不知道」。

毛聽了嗤之以鼻地說：「什麼老革命，是老反革命。」

我聽到以後，心中一沉。現在完全明白了。毛發動文化大革命的目標是針對劉少奇和鄧小平，他倆是黨裡的「反革命」，「走資本主義道路」的人。

這時周恩來在台上宣讀毛提出的文化大革命的任務③。毛本來打算走回一一八廳，但是突然停住，說：「要支持革命群眾嘛。」

待到周一講完，幾個隨從人員把幕拉開，毛閃的現身，像變魔術一樣，從幕後走到台前。全場學生歡騰不已。毛舉手向台下的學生們打招呼。

學生們著魔似地狂呼「毛主席萬歲！」「毛主席萬歲！」毛在台上左右行走，面如石蠟。歡聲雷動中，毛以勝利者的姿態走回一一八廳，周恩來像忠犬般尾隨毛後。毛從頭到尾沒有正眼看劉或鄧一眼。劉、鄧呆立台上。毛的這一行動，最明確不過地在群眾眼前，表現他與劉、鄧的分歧。

三天後，八月一日，毛給清華大學附中一位學生寫了一封信。附中幾位學生在五月組成了一個造反組織，自稱為「紅衛兵」。毛對反動派表示熱烈的支持，並倡導「造反有理」。毛的話在學生刊物上爭相轉載，立刻激勵了中國各地的年輕子弟。紅衛兵組織如雨後春筍般，在全國中學大學成立起來。

為了支持校區的大字報運動，毛也寫了一張——〈炮打司令部——我的一張大字報〉。中央立即發布。這張大字報的內容主要是「五十多天裡從中央到地方的某些領導同志……站在反動的資產階級立場，實行資產階級專政，將無產階級轟轟烈烈的文化大革命運動打下去。」毛號召全中國年輕人擴大文化大革命。由此可見，學生的革命和造反，是毛在支持著。

毛八月十日在中南海西門的中央接待站會見群眾。爾後毛於一九六六年秋季，在天安門八次接見來自全國各地的紅衛兵，每次都有我陪同。有兩次毛是乘吉普車巡行檢閱。林彪也在，看來神經衰弱全好了。北京的秋天太陽最烈，天安門城樓上風很大。但林彪變得不怕光，也不怕風，次次和毛一起向城下的紅衛兵揮手致意。

我這時才完全明白，毛在一九五六年第八次全國代表會議上就對劉少奇及鄧小平深為不滿，現在毛的敵意越來越明顯，劉、鄧兩人即將垮台。但對大多數的中國人而言，毛發動文革的動機仍是混沌不明。

毛私底下和我及其他少數人說劉是「反革命」。但是在語言上卻另有一套。例如八月一日至十二日的中共八屆十一中全會上，他說：「黨外無黨，帝王思想；黨內無派，千奇百怪。」又說：「要允許人犯錯誤，允許人改正錯誤。」這些話，好像不同派別的存在，是自然的，而且寬恕了劉少奇。有些人誤信了他的這番語言，成了文化革命運動中的絆腳石，成了保劉少奇的「保皇派」，因之也就被打倒，被鬥。

「冰封三尺，絕非一日之寒」。多年後，毛才一一擊潰他所有的敵人——有些還是解放前結下的樑子。為了最終的勝利，毛不惜將全中國捲入一片混亂中。

注釋

①中國資料來源顯示，汪東興在五月二十二日下午派王力和戚本禹去清點接收田的文件，搜查直到夜間才結束。據報田在五月二十三日清晨自殺。

②陶鑄於一九六六年五月二十三日被任命為中央書記處常務書記。其他資料來源則指出，陶於六月四日抵達北京，六月九日往杭州。本書此處所描述，陶返回北京的時間，大約是在他被中央任命後六個星期。

③其他資料來源提供另外的發言人順序。一種說法是李雪峰、鄧小平、周恩來、劉少奇。另一種說法是李雪峰、劉少奇、鄧小平、周恩來。李醫生就記憶所及，認為第二種說法才屬確實。

61

一九六六年下半年，紅衛兵興起了抄家風。我在弓弦胡同原保健局宿舍的家因此不得安寧。我住的宿舍院內有三位衛生部副部長住在裡面，醫學院的學生和許多外地到北京的醫療衛生人員，三天兩頭到我們住的宿舍來抄家。有時敲錯門，找到我們家。中央文革小組常派出人，化裝成學生，參加抄家和捉人。我不是目標之一，但現在天下大亂，紅衛兵起了串連狂飆，滿天栽贓誣陷。嫻勸我少回家，多待在中南海。只要我跟毛在一起，就很安全。不過我平時寫的日記這時已經有了四十幾本，都有關我的工作和毛的情況。嫻認為留在家裡太危險，一旦被紅衛兵抄去，就立刻可據為反革命的證據。我帶到中南海內，全部燒了。

毛知道了我的處境，特別給我一個工作。毛讓我和吳旭君篩讀每天由全國各地如雪片般湧來的各種小報，挑選一些送給他看。此時全國文革運動如火如荼的展開，文件數量太多，毛的幾位祕書也看不完。我很願意做這件工作。這些文件刊載各式各樣的消息，甚至有的連中共中央的機密文件及會議都登在上面。這些小報都是由各種革命造反紅衛兵組織所編發。我可以從這許多小報得知各地方文化革命動態以及許多領導被批鬥的大會記錄。棲身中南海內，也正好暫時躲開這亂糟糟的外面世界。弓弦胡同那份寧靜之美，已被打得粉碎，我覺得很難過。但同時我很慶幸有中南海的保護。

沒多久，中南海也變得不安全了。每個人都遭到懷疑。

這時，周恩來也受到以江青為主的造反派的圍剿。他們給他戴上反黨的帽子。事情原委是一九三〇年代上海《申報》，曾刊載一篇伍豪（周當時的化名）宣布正式脫離共產黨的啟事。周有次來室內游泳池見毛，當時我也在場。周腋下夾了一份圖書館借來的《申報》，跟毛談這件事。周說這篇文章是國民黨造假誣陷，刊載時他人不在上海，已經到了江西蘇維埃革命根據地。這是國民黨捏造的，康生可以證明。毛從未對我談過對此事的看法，但我知道周直到死前，心頭都有這個陰影。

田家英的事還沒有完全結束。田在中南海的人緣很好，許多人都為他的自殺感到悲傷和震撼。田是反黨分子，因此，所有和他有關的人都被懷疑有反黨嫌疑。周恩來更是深恐中南海內藏了想謀害毛主席的反黨分子。為了毛住在中南海內行動安全，周恩來讓汪東興將原中共中央書記處和中央辦公廳除警衛局以外各局的一些受懷疑的工作人員，集中起來，稱為學習班，由宇光主管。在這個班上要坦白交代反毛、反共產黨和反社會主義的言論及行動，同時還要揭發別人的這類言行。

九月中旬，田的遺孀董邊寫信「揭發」我。田自殺身亡後，她必須和其劃清界線，以示對共黨的忠心。董為了自保而「揭發」我。董說我同田家英過從極密，平時無話不談。但其中沒有指出具體的事實。因田家英已自殺，是個「反黨分子」，我同他「密切」，自然可疑了。

另外，田家英的祕書逄先知揭發我早在一九六三年，由武漢回北京的專列上，我、毛的祕書林克及汪東興閒談。那時三年嚴重經濟困難剛剛有些好轉，毛又開始推動在農村搞社會主義教育運動，一時又人心惶惶。我說：「主席這個人就怕大家過好日子。現在剛有口飽飯吃了，又在折騰起來。」隨後我又講：「他這個人為人不好。」後面這句實際指的是毛在男女關係上的不正當作風。

回到北京以後，林克將我說的這些話，告訴給田家英及逄先知。這時逄寫成了揭發材料，證明我的反毛言論。這份材料如果落到中央文革小組手裡，他們會將我作為反革命分子捉起來。

汪東興告訴我這兩件揭發信，他收藏起來。汪的「保」我，有他的道理。我到毛處工作，是他首先推薦的，我成了反革命，他的責任不輕。其次，我講這些話，是當著他的面說的，汪自己也有不少反毛、反江青的話，我知道得十分清楚。我如被捕，坦白出去，正好讓江青抓住。

汪多次同我談過，叫我不要怕江青和中央文革對我下毒手，他說：「怕什麼？頂多你同我一起坐牢。坐牢有吃有住，又可以不工作。怕什麼？」

何況，有這兩份揭發材料握在他的手內，抓住我的辮子，永遠不敢「背叛」他。

汪不能把那兩封信燒了，因為他也怕別人說他燒一些不利於他的文件，對抗文化革命。汪把這兩封揭發信鎖在宿舍的保險櫃裡，並叫辦公室的人與已調到新華社的林克談話，叫林克不許亂講。然後讓宇光在學習班，將逄先知訓斥了一頓，以後不許這樣胡說八道，再胡說的話，加重他的罪行。一九六七年五七幹校成立，汪將逄先知跟第一批人一起下放到江西。逄直到十多年後，一九七八年才被調回北京。

但是到十一月，在中央文革的操縱下，警衛局內有相當一批人組成了革命造反隊，目標是打倒汪東興。中南海內貼滿了聲討汪東興的大字報。鬥得最凶的是警衛局下屬警衛處及行政處的一些人。汪怕被抄家，他將這兩份材料送到周恩來處保存。周說：「你這不是交給我兩把火嗎？」但還是鎖起來了。到一九七六年一月，周去世後，汪在清理周的文件中，又將這兩份收回來，他告訴我，燒掉了。

毛親自出頭保護了汪東興。毛同我說：「警衛不能亂。警衛亂了套，哪裡還有安全呢？」又由周恩來反覆向我們講：「凡是在首長身邊的人，不允許參加革命造反組織。」一次外出到人民大會堂，乘車回到游泳池，毛下車以後，對司機說：「大字報說『火燒汪東興』、『油炸汪東興』，火燒、油炸都可以，可是不要燒糊了，炸焦了，糊了、焦了就不好了。吃烤鴨，誰也不會吃糊焦鴨子。你回去同你們交通科和別的地方的人都講一講。」

毛的這些話，是發出「保」汪的信號。警衛局不能亂，否則可能危及毛的安全。在文革一片混亂中，毛自然是從他自己的安全觀點來衡量大局。於是，支持汪、支持警衛局黨委的人，組織起來，由中央警衛團協助，將警衛局內革命造反派鎮壓下去。就我所知，在文化大革命中，原黨委沒有被打倒，原黨委負責人沒有被打倒，僅此一家而已。

待劉少奇、鄧小平被打倒，其他中央領導人也被批鬥後，中共政治局完全解體。由中央文革小組召集碰頭會，參加的人除中央文革小組成員以外，還有周恩來、謝富治（國務院副總理、公安部部長）、汪東興、葉群，實際上起著政治局的作用。

62

毛的確需要汪東興。毛在對他敵人全力反撲時變得越來越沒有安全感。上次錄音事件，毛懷疑菊香書屋也被安裝了竊聽裝置，他便對自己的住房失去安全感。他決定搬走。

一九六六年七月，毛回到北京後不久，一組搬到了北京市外玉泉山一號樓。沒住幾天，毛說這裡有毒，搬到了釣魚台國賓館。這裡蓋有數棟別墅，樹林葱鬱，有一個大池塘。文化革命小組的辦公室設在釣魚台內。江青、陳伯達、康生、王力、關鋒、戚本禹，和其他小組人員早已遷入。毛住到附近的十號樓，江青住在十一號樓①。

又沒有住多久，毛仍覺不安全。於是搬到人民大會堂一一八廳。這裡住得比較久，到接近年底的時候，搬到中南海室內游泳池。這是他最後的住地，在北京沒有再換住處。

可能是文化大革命提倡的禁慾主義使然，毛回北京後，有很短一段時間，沒有跟女人廝混。但中南海仍為他每星期舉辦兩次舞會。有次江青從上海回來，也參加了舞會。毛點播了京戲唱段「遊龍戲鳳」——在當時已被禁演。這裡使我回想起毛對我講過一段歷史上他的看法。他說：「明朝正德皇帝到山西、雁北一帶，並不是為了遊樂，目的是鞏固西北邊疆，開拓邊陲。在這一偉大目標下，興之所至，偶爾『戲鳳』，也在所難免。」他說的「戲鳳」，就指的是京劇中的這齣「遊龍戲鳳」。

江青現在成了文藝界的仲裁者，整個人都改頭換面。江青的服裝大變。過去她一貫穿西裝、半高跟皮鞋，現在換成了近似所謂毛服的上衣及長褲，腳踏平底鞋。她看到我的時候，顯得很嚴肅，好像她已掌握了一切，可以決定一切。現在的江青不容許舞會這類活動。八月底時，她讓毛不再組織舞會。

毛不久後跟我說：「這下我做了和尚。」

自從停止舞會活動以後，毛沒有了尋歡作樂的地方。短短數週後，他開始用人民大會堂的一一八廳作為他消遣的所在。如前所述，他在人民大會堂內，有一幫「女朋友」，即各個廳，如福建廳、江西廳等的女服務員，她們輪流來陪他。因此，外面的文化大革命正在如火如荼地進行，毛依然故我，過著帝王般優哉游哉的生活。

毛許多女友在文革時遇上困難，多來尋求毛的保護。

張玉鳳是第一個——一九六六年十一月初，張帶著準備送毛的茅台酒和巧克力到了中南海西門。張打電話找吳旭君。張此時仍是毛專列上的服務員，但毛已在北京住了下來，所以兩人有數月未曾見面。張這時二十出頭，已經結婚。

原來鐵道部專運處裡面，也在革命造反，專運處黨支部形將瓦解，支部書記羅將被打倒，張玉鳳自文化大革命運動一開始，就是支持黨支部，保支部書記羅的。張本身也受到攻擊。

吳旭君將事情原委轉告毛後，毛同意讓張到游泳池談談。她回處裡報告與毛談話經過時，沒有人敢懷疑其真實性。說毛主席認為支部書記屬於不該被打倒之列，羅便馬上復職。張從此高枕無憂。

空軍政治部文工團的劉是第二個。也是由吳先去見她。劉和另外陪她來的兩位女團員一見到吳就放聲大哭。劉抽抽答答地說出她的事。

自從文化大革命運動深入到軍事系統以後，各地的軍事院校學生紛紛自行組織起來。文工團中也分了兩派，一派是造反的，另一派是「保皇派」的，劉她們少數人屬於後者。造反派在文工團奪權後，就將三人趕出宿舍。吳和她們見面時，她們已經在街上轉了三天。

毛見了劉及另外兩個，說：「他們不要你們，我要你們。他們說你們是保皇派，你們保的是我嘛，我就是那個『皇』囉。」

劉從和毛的「特殊關係」中得到不少好處。毛命中央軍委文革小組葉群替劉及另兩個女孩平反。葉不但照辦，還找來空軍司令吳法憲，任命劉為空軍政治部文工團革命委員會主任。劉在短時間內便成為紅極一時的人物。

自此後，劉和另外兩個女孩在中南海進進出出，常常一住下來就有五天十天。一次正在大被同眠的時候，江青突然從釣魚台國賓館住地來了。游泳池門口的警衛不敢阻攔，江進到游泳池以後，才由吳旭君跑到裡面通知毛，這幾個女孩子抱著衣服躲起來了。

毛為此大發脾氣，毛要我告訴汪東興：「中央別的人要見我，都是先打電話請示，我同意了才來。江青為什麼要自己闖來呢。告訴汪東興，沒有我的同意，門口的警衛不許放她進來。」這一條成了規定，江青只好遵守。

劉後來與葉群過從甚密。一九六九年劉懷孕生產時，葉群親自送劉住進空軍總醫院高級幹部病房，每天送雞送肉，讓劉保養。劉產下男孩後，葉群十分高興。葉說：「主席生了幾個兒子，死的死，病的病。這下可好了，有這個男孩可以傳宗接代了。」有些人也說那孩子長得跟毛一模一樣。這完全是臆測胡說。

我和吳旭君也去醫院探望劉。我的工作使我不得不和毛的數位「女友」保持良好關係。劉對我說了葉先前的那番話。她以為我也認為那男孩是「龍種」。我從未向任何人透露毛早已喪失生育能力之事。

注釋

①康生住八號樓，陳伯達住十五號樓。

63

一九六七年一月，全國陷入一片混亂。武鬥不斷在各地爆發。黨組織和政府機關完全癱瘓。工廠生產下降，有些地方則完全停頓。運輸交通中斷。林彪和江青領著造反派喊出「打倒一切」和「全面內戰」的口號。工廠和學校分成兩派——反黨組織的造反派，和支持黨組織的「保皇派」。黨組織內部也四分五裂。各地黨領導彼此攻訐、奪權。但保守派仍占優勢。黨組織多年來凝聚的力量並不容易被打倒。這一場革命根本跟意識形態鬥爭扯不上關係。

一月底，毛告訴我，已經決定要抽調人民解放軍，到機關、學校、工廠，去支持革命左派。他說：「左派得不到支持，文化大革命結束不了。你告訴汪東興，要抽調中央警衛團的官兵去工廠支左。支左的情況我要了解，你同他們一起去，隨時告訴我一些消息。」短短數個月內，兩百萬左右的官兵被派去「支左」①。

汪所率領的中央警衛團——即八三四一部隊②——聽命於汪東興。毛直接下達命令給汪東興，而不需透過林彪或是總參謀部。但毛、汪並沒有天天見面，毛就叫我告訴汪。

一九六七年春天，我向汪東興講了毛的意見。隨即由中央警衛團政委楊德中組成支左辦公室，抽調了近八十名官兵，成立軍事管制委員會，一位參加過長征的警衛團副團長古遠新任主任，警衛團政治部副主任孫任副主任，經過北京衛戍區調度，開到北京東郊紅廟北京市針織總廠開始軍管③。

毛叫我去參加軍事管制支左，我不能不去。他要我做他的「耳目」，回來向他報告工廠支左的情況。我實在很不想去。我甚至懷疑，這是江青他們布置的一個圈套，待我鑽進去，到時候再收緊這個套子。

這一段時間，江青經常宣揚我對文化大革命不積極，只待在中南海內，是個逍遙派。毛讓我去，大約是聽了江青的這些話。只有這樣他才能搞清楚我的態度。他還說，加入革命風暴，是我自我改造的機會。

我於是想出一個折衷辦法來避免捲入政治是非之中。我說：「我是醫生，我帶一個醫生、一個護士，可以成立一個醫療小組，給工人和他們的家屬看看病，這樣可以更容易接近他們。」

毛認為這辦法很好。

軍管會的官兵進廠幾個星期後，也就是七月初，我才到工廠。

北京針織總廠位於北京市東郊。從中南海騎腳踏車大約要半個小時，分成南廠和北廠，分別生產棉織和尼龍針織內衣內褲。總廠還外銷女性內衣褲到羅馬尼亞。紡織廠有將近兩千個工人。工人分成兩派。廠黨委已被鬥垮。廠長和副廠長都被批鬥後，下放在車間監督勞動。兩派正在爭奪全廠的領導權。

雖然名義上每個工人都參加了一派，可是實際上每派中鬧得歡的，只不過百把人而已。其餘的人到時上工、下工，並不積極參與這場「革命」。這兩百人鬧得很凶，管理秩序蕩然無存，工廠仍在進行生產，但看得出車間內的工人們神情壓抑。此時兩派已演變到武鬥動手的地步。軍管會對此一籌莫展。我一去，他們便想到用我來調停聯合兩派。他們可以說我代表毛來的。

軍管會的官兵，採取的辦法很簡單。他們向兩派的頭頭和一些主要分子洩露說：「我們是毛主席親自派來的。不信？你們看，毛主席的醫生也來了。」這些造反派將毛檢閱紅衛兵登在報上的照片拿出來，對出了我。又派人跟蹤我，看到我回中南海。他們相信了。

這一招很靈，根本用不著什麼馬列主義和毛澤東思想，兩派就在軍管會的調停下，開始討論聯合了。隨即成立「革命委員會」。

我將這事的原委告訴毛。毛笑著說：「工人階級內部沒有根本的利害衝突，應該聯合起來。」針織總廠就是在這種情況下兩派聯合起來，毛為此寫了「同志們好」。

我將紙條拿給汪東興，他拿給工廠的「革命委員會」，委員們如獲聖諭，欣喜若狂，馬上開了一個全廠大會，將紙條亮給工人看。他們邀我坐在台上，我不肯。工人們聽到毛主席親筆寫了「同志們好」時，掌聲歡聲雷動。毛的紙條貼在工廠院內的告示板上，每個人都前去瞻仰。然後廠長將紙條照了相，把照片放大到跟一面牆一樣大。放大的照片就掛在工廠入口。

革委會被褒揚為毛主席親自領導的模範。汪東興由此獲得很大聲譽。幾週後北京幾家大工廠——北京針織總廠、新華印刷廠、二七機車車輛廠、北郊木材廠、北京第二化工廠、南口機車車輛廠——便在汪的支左軍管之下，很快被宣傳是毛親自領導的典型。

許多人突然一窩蜂的擁到八三四一部隊軍管的工廠，這是很光榮的。人民大會堂的女服務員和中央辦公廳工作人員——其中有些是毛的「女友」——是第一批去的人。一一八廳的一位女服務員也去了。這些女孩子們穿上軍服，風風光光地去了工廠。各報紙派記者來採訪，《人民畫報》和《解放軍畫報》也派了攝影記者。他們很喜歡拍一些漂亮一點的女兵像④。

後來江青翻看《畫報》，發現有女服務員的軍裝像，於是在中央文革碰頭會上質問汪東興，讓女服務員穿上軍裝，假裝解放軍去支左，誰是這件事的後台。汪回答得很乾脆：「這是毛主席的意思。」江青似乎吃了一記悶棍，不作聲了。

葉群和當時任總參謀長的黃永勝，都到這裡來參觀，由軍管會副主任孫接待。葉、黃對孫大加讚揚，說孫該提升為軍一級的幹部，並要孫去軍委和各總部報告軍管工作經驗。於是孫與葉、黃來往日益密切。葉、黃各派一名他們的祕書住在廠內。

我同汪東興講：「針織總廠是毛主席抓的廠子。葉、黃插手進來搞，孫與他們來往密切，又到處去作報告，這些會不會引起主席的誤會，認為是跳槽呢？」

汪東興覺得應該不會。文革後汪的權勢日益坐大，他也在拉攏可幫他達成目標的人。汪仍恨江青入骨，他最後目標是鬥垮江。林彪在他的長程計畫中占重要地位。汪也抓住每個可與這個毛的候選接班人政治聯合的機會。

一九六六年八月，我陪汪去探望過林彪後，汪告訴我，他又到毛家灣去了一次，這次是毛叫汪去看看林好了沒有。

汪說趁這個機會，將自己在毛處工作這麼些年的情況，都向林講了。汪特別向林談了他自己和江青的尖銳矛盾，和文化革命運動以來，江青利用一些機會攻擊汪的情況。林告訴汪，不要憂心，林會照顧他，以後毛處有什麼消息要及時告訴林。

我說：「這麼辦可是危險，走露出去，就會大禍臨身。」

汪說：「江青這個人，我不將她扳倒，我這汪字倒寫。走露風聲，誰會走露？我不會，你也不會。」

就我所知，從此以後，汪凡是遇到林彪和葉群的時候，他們總是親熱地打招呼。我看了很不安。我從不喜歡林彪的領導，也深知毛要求他的身邊工作人員必須忠貞不二。汪東興此舉無異於玩火。

注釋

①周恩來在與愛德加．斯諾的一席談話中，確定支援「支左」的軍人數目為兩百萬。見前引Edgar Snow, *The Long Revolution, lp.* 103。

②中國的軍隊皆有祕密代碼。許多中國人相信中央警衛團被任命為八三四一部隊的原因在於，有位算命師曾預言毛將活到八十三歲（的確如此），他將領導中國共產黨長達四十一年之久（自一九三五年算起）。就我所知，沒有任何證據可以證實這個說法。

③根據中國當局的資料，汪東興的八三四一部隊於一九六七年六月二十六日進駐北京針織總廠。

④這張照片刊登在一九六八年《人民畫報》第四期上。據報導，革命委員會於一九六七年九月十九日成立。

64

我和毛的關係也開始疏遠。毛認為我不積極投入文化大革命是對他不夠忠心。

一九六七年七月十三日毛第一次具體表現出對我的疏遠。毛那天要去武漢，他沒有要我去——這是我做他醫生以來第一次不讓我隨行。林彪建議毛帶空軍總醫院內科主任和解放軍總醫院外科主任同行。

我覺得危險步步逼近，汪東興也有同感。汪覺得這其中一定是江青在搞鬼。林彪不清楚狀況，不會出這種主意。一定是江青跟林建議的。汪怕江是想趁毛不在時整我。雖然汪管轄下的六個工廠很平靜，但文革的暴行仍在各地蔓延，武鬥逐步升級。武漢的造反派和支持陳再道的一派群眾鬧得不可開交。毛澤東親自南巡，南下武漢。

北京也處在混亂邊緣。毛一走，就是江青在主事。汪怕我會被江的人綁架。他叫我不要回針織總廠。江可以派人在那捉我。汪說：「你就住在一組你的辦公室。如果有事，你立刻就來武漢。」在中南海裡我萬一出了事，還有法子和武漢聯絡。

我搬回中南海，卻親眼目睹了汪的恐懼成真。江青的文革小組把向來平靜的中南海鬧得個底朝天。劉少奇是造反派的主要目標。中南海西門外，有許多造反派學生在示威，喊口號：「打倒劉少奇」，紅牆上貼滿了打倒劉的大字報。人越聚越多，西門外的府右街斷絕了交通。入夜以後，這些人就露宿在街上。府右街完全變了樣。當時是七月，天氣酷熱，幾十萬造反派的學生擠在這兒舉行「揪鬥劉少奇誓師大會」。街上腐壞的食物，人潮的汗味，臨時搭的公廁，混合散發出的臭氣熏天，令人作嘔。我睡在我的辦公室，輾轉難安，不知道明天會是什麼光景。中華人民共和國建國以來，中南海從未被包圍過。雖然示威群眾越來越多，負責守衛的警衛崗哨仍鎮定如昔。

七月十八日終於有了巨變。上午我正在辦公室內看報紙。一中隊值班的人跑來告訴我，劉少奇被鬥了。我衝到國務院小禮堂前，這一帶人都擠滿了。警衛團也來了不少官兵。劉少奇和王光美正在草場上挨鬥。鬥他們的人大都是祕書局的幹部。警衛們袖手旁觀。劉的頭髮被扯亂，上衣扣子掉了兩個，被人將兩臂向後拉住，腰彎下來，頭幾乎碰到地上。這就是所謂的「坐噴氣式飛機」。這時還有人上來，踢劉幾腳，打了一個耳光。警衛還是沒有插手。我實在看不下去了，劉少奇已經六十多歲，他是堂堂的國家主席。

我走到鄧小平住的院子，及陶鑄的院子。鄧和卓琳，陶鑄和曾志，也都在挨鬥，但情況沒有劉少奇嚴重。他們都被推來扯去，或是冷嘲熱諷，沒有人打或踢他們。

楊德中也在場。我向楊說：「怎麼突然鬥起來了？」楊說：「昨天晚上中央文革小組通知今天要鬥爭。我連夜打電話給汪（東興）主任了。現在還沒有消息。」

汪其實是進退兩難。他不能跟毛直接報告中南海的暴亂，這樣就無異於與勢力龐大的文革小組為敵。那時沒有人敢冒大不韙批評造反派。何況，汪與毛的關係因劉少奇的問題長期緊張。一九六三年，汪曾陪劉和王光美訪問印尼。此事雖經毛正式同意過，汪回來也向毛如實報告，但毛總疑心汪和劉關係「密切」。汪自然也不想和毛要打倒的人站在一邊。我心中暗自揣度，怎麼會毛剛離開北京，就圍困中南海，就開鬥爭會，毛是不是都事先知道？

七月二十一日，汪東興打電話給我說，空軍司令部已經派了一架飛機，在西郊機場等我，要我立刻去上海。

幾小時內，我就到了上海，住進毛和其隨從人員住的西郊賓館。毛的警衛密密實實，這是多年來未有的現象。一中隊來了有一百多人，還加上上海市公安局的人。祕書、通訊員人數也大增。西郊賓館上上下下，滿滿都是人。

毛有點支氣管炎，陰部生了疱疹。毛的「女友」太多，我和他最近不經常在一起，所以無法追蹤出傳染者是誰。我用中藥替他治療疱疹，注射頭孢菌素（Ceporan）治療支氣管炎。我跟毛說明疱疹會經由性行為傳染，但毛不聽。他覺得問題沒那麼嚴重。

毛問我北京有什麼新情況。我將造反派圍困中南海，和揪鬥劉少奇、鄧小平、陶鑄的事告訴了他。他當時沒有說什麼。他的沉默也顯示他對北京的事不滿意。

入夜，毛又叫我將以上情況說了一遍。他說：「文革小組做事不聽打招呼。不要他們當面鬥，不聽。」我因此知道公開批鬥劉、鄧、陶是文革小組自作主張。不是毛的本意。他的本意是，背對背鬥，即蒐集劉的各種人證、物證，以據之判定劉是「反革命」。

我跟毛在上海停留了將近一個月。他要再回武漢。毛七月十四日去武漢後，武漢鬧了「七・二〇事件」。周恩來急忙派飛機來，倉皇送毛到上海。

在此之前，武漢兩派人員武鬥十分激烈。當時造反派大肆攻擊武漢軍區司令陳再道。毛去武漢前，文革小組派了極左分子王力（原中共中央對外聯絡部副祕書長）和公安部長謝富治去緩和對立的群眾，逐步聯合。但王力卻轉而支持造反派，將對方稱為反革命派。支持陳再道的群眾大怒，把王力捉了起來。當日周恩來隨即到武漢，並勸說釋放王力。一些支持陳再道的群眾游到毛住的梅園小島上，想跟毛陳情，武裝保衛毛的戰士們把這些人全關起來。毛知道後，叫把人放了。造反派說這些群眾想謀害主席，但毛相信這些群眾真心崇拜他，陳再道也對他忠貞不二。毛的意思是見見兩派，調停聯合。周恩來很緊張，這些群眾都有武器，為了毛的安全，周匆忙將毛送去了上海。

經周協調後，王力被釋放。王力和陳再道後來雙雙去了北京。

八月二十日由上海動身，乘飛機又到武漢。毛在飛機上說：「我看武漢這兩派，沒有哪個是反革命。上次讓王力一挑，兩派打起來了。我就不信真有反革命派。看來王力、關鋒、戚本禹（此三人都是中共中央文革小組成員）都不是好人。」

毛為了顯示不會有誰謀害他，他是公眾衷心擁戴的領袖，從飛機場乘了敞篷吉普車穿行市區，然後到了武昌東湖梅園招待所。我坐在後座，車子四周有上百名便衣武裝警衛。兩派的群眾夾道歡迎，熱烈喊著：「毛主席萬歲！」「毛主席萬歲！」按毛的說法是「接見了兩派群眾」。

毛不在北京時，北京完全在文革小組的控制之下。他們將矛頭指向外交部長陳毅元帥。陳毅與其他軍事領袖曾在一九六七年二月召開的「碰頭會」上，公開批評文革，不讓軍隊涉入文革，並譴責紅衛兵造成「紅色恐怖」。八月，王力和關鋒在江青的支持下，組了「首都紅衛兵五一六兵團」，占領陳毅的外交部奪權，並將英國駐華代辦處燒成灰燼①。

毛八月回北京不久，便下令先後逮了王力、關鋒和戚本禹（戚在次年一月被捕）。

王力、關鋒和戚本禹是極左派，屬不爭事實，但他們也只是替罪羔羊。文革小組的真正權力握在康生、陳伯達和江青三人手中。毛顯然對江青有所不滿。我們還在武漢梅園招待所時，毛每天看《魯迅全集》。有一天他突然講了一句：「葉群是阿金式的人物，江青也差不多。」

雖然毛對江青鬧得天翻地覆的行為不安，他還是沒有採取任何阻止她的行動。

注釋

①許多西方人認為「紅衛兵五一六兵團」從來不曾存在過。李醫生不認識兵團的人，但聽過對它的諸多指控。不管怎樣，陳毅被打倒，英國駐華代辦處的確化成灰燼。

65

一九六八年春天江青將魔爪伸向我時，毛一開始是袖手旁觀。問題出在嫻身上。康生的反革命分子黑名單把嫻也列了進去。大家都知道嫻的背景，因此康生不費吹灰之力就發現嫻在美國人和英國人底下做過事，有英、美特務的嫌疑。她的家裡人在臺灣，看起來有國民黨的特務嫌疑。在文革碰頭會上，康生提出，應該立案審查。

江青也要審查我。江青說，李志綏也有政治歷史的問題，是歷史反革命，也要審查。我的案子便交到汪東興手中。

汪東興回答康和江說，這兩個人的政治歷史都由警衛局審查過，可以再審查。汪跟我說：「江青這是有意在搞鬼。這事由我來辦理，你們都不要急。」但我知道江青不會輕易放過我。

七月一日是中共的建黨日，江青主持，在人民大會堂演出革命樣板京劇《沙家濱》。散場以後，江青對汪東興說，牙痛幾天了，要找醫生看看。汪找我。我說不好辦，這是牙科，我治不了，何況江青正在找我的麻煩。再來，我懷疑這是江青設下的圈套。江青鬧牙痛也是種政治陰謀。

汪自然也想將江青鬥垮，但他目前還不敢輕舉妄動。汪說：「給她找個牙科醫生看看。你給她組織一下，這樣會把關係緩和下來，不是更好些嗎？」我同意了。

我請了解放軍總醫院口腔科的洪主任和朱副主任，一同住進釣魚台。

我們住進去後，一連等了六天，江才讓他們檢查牙齒。他們認為左下第三個牙齒已極為鬆動，不能保留，應該拔掉。江同意拔除。洪提出，最好先注射一天抗生素，第二天再拔除。下午由新來的護士給江做了皮膚敏感試驗，沒有反應，便給江注射了第一針。

過了將近半個小時，江忽然說全身發癢，立刻叫起來說，這藥有毒。護士是新來的，年紀很輕，聽得全身顫抖，哭起來。我給江做了檢查，沒有發現任何不正常的徵象。

我取一粒鎮靜藥給江吃。江拒絕了，吩咐祕書給汪東興打電話。

不久汪由中南海趕來。江見到汪的第一句話是：「李志綏用毒藥害我。」汪隨即叫我到大廳去等。

過了一會，汪來到大廳，問我詳細情況。我講了以後，汪認為可能是過敏反應。我不以為如此，因為皮膚、血壓、脈搏、心臟都是正常的。我說：「我要立刻到主席那裡說清情況。」汪說：「不行。江青要我打電話報告主席，你搶先去講了，江青會鬧得更厲害。不如就在這裡，等待主席來了以後再說。」汪對毛還不完全了解，毛一向是先入為主，汪不讓我先去見毛是錯的。

汪說完，就打電話去了。

我獨自一個人在江的住所內的大廳等毛來。江青的警衛和工作人員都被江青歇斯底里的行為嚇壞了，對我是避之唯恐不及。過了一個小時，毛還是沒來。我真是如坐針氈，心情如同犯人等待處決一般。

這時毛從大廳外走了進來，吳旭君扶著他。我迎上去打招呼，毛瞪了我一眼，昂頭走過去，進了江的臥室。

汪來到大廳。我問他是怎麼樣向毛報告的。汪說：「我就說江青打了針，有反應，請主席來。」

我一聽，非常生氣。我說：「我同你講了，身體檢查都正常。你為什麼不報告呢？這明明是江藉機會要整垮我。」

我與汪正在交談的時候，毛走了出來，仍然瞪我一眼，走出大門，回中南海去了。

汪對我說：「你回針織總廠，不要到廠子外面去。廠裡警衛團的人多。你只要在廠裡，江青就不可能派中央文革的人綁架你。」

我趕回家裡，嫻還沒有回來。我給她留下一個條子，只說最近有事，短時間不能回家，然後到了針織總廠。

我在廠裡躲了兩個星期，實在是悶得發慌，又提心吊膽。最後我跑去找汪東興。以下的情況就是汪告訴我的。

我離開釣魚台去針織廠後，江青先將她的祕書、警衛、護士、廚師召集起來，讓他們「揭發」我下毒的罪行。每個人都簽了字。

當夜林彪和葉群來看她。她向這兩個人說，李志綏是歷史反革命分子，又是現行反革命分子。然後將沒有用完的藥交給葉群，讓葉拿去化驗，並且一再強調，這是毒藥，要寫個化驗證明送來。

葉回到毛家灣住地，給汪東興打了電話，說，江青的口氣要出一個化驗是毒藥的證明。汪說，還是找化驗部門認真化驗，是什麼就是什麼，這藥是從警衛團管轄的藥房中取出來的。我們有規定，醫生不親手取、送或使用藥品，醫生只管開處方。藥如果有問題，那是我們的藥房的責任。

葉將藥拿到軍事醫學科學院化驗，正式報告為：經過化驗，送的藥品與標籤上藥名相符，未驗出任何有毒成分。

葉拿著餘下的藥和這份報告，到了釣魚台，送到了江青的手上。江青看了報告，勃然大怒，將藥和報告扔在地上說，軍事醫學科學院裡有壞人。葉說，這是林彪當面交給院長去辦的，他們不敢不認真辦。於是不歡而散。葉將化驗報告和藥送到汪東興處備查。

此時江青與林彪的關係開始有了裂痕。汪東興是傾林派的。我只是他們政治鬥爭中，身不由己的棋子而已。

江青的牙病還沒有治完，由林彪和周恩來推薦了吳和卞兩位醫生。江青將經過的情況告訴了他們，讓他們寫證明，李志綏使用了有害藥物。他們被逼得沒有辦法，找汪東興問怎麼樣辦。汪說只能照科學態度，一是一，二是二，不能胡謅。結果，江對這兩位大為不滿，趕他們走了。

江又找了周恩來，拿出祕書和警衛們寫的「揭發材料」，要周立刻簽字逮捕我。周說，李志綏是毛的醫生，如果逮捕他，不先請示毛不行。江讓周去請示。

周回來以後，給汪打了電話，商量怎麼辦。汪堅決主張周去見毛，問毛的意見。並且說，藥是從警衛團藥房拿的，因此汪要避嫌，不能為這事同毛談。

周當天夜裡去見了毛，將江青要逮捕我的意見告訴了毛，然後表示，李志綏已經在這裡工作這麼多年了，大家對他很了解，工作中會有缺點，可是不會害人。毛同意周的意見，並且表示：「李志綏一天到晚在我這裡，為什麼不害我，要害江青呢？害我不是更方便嗎？上次江青為了安眠藥中有假的，就說醫生、護士害她，我說我的也有假的，這辦法好，可以少吃安眠藥。」

江對我說：「這個事情暫時告一段落。可是江青不會死心，你還是不要回家。江青這個人還會下毒手，找人綁架你。好在有衛生員小李同你在一起，有什麼事隨時告訴我。」

我又到了針織總廠待了兩個月。每天都在提心吊膽。江青和文革小組權傾一時，無法無天，連毛都約束不了她。毛對江青的所作所為並不是樣樣清楚。她可以叫別人綁架我，然後辯說不知情，把責任推得一乾二淨。

66

一九六八年七月二十七日，我仍躲在北京針織總廠。毛下令他親自領導的六個工廠組織工人宣傳隊，由支左的警衛團官兵（即八三四一部隊）率領開到清華大學，接管清華。現在毛決定要正式軍管清華和北大兩所大學。（譯注：即「六廠二校」經驗）。

清華在國內以理工學院聞名。清華大學學生的造反聲勢也不落於北大之後。一九六六年春天，王光美是清華工作組的組員。當時她支持黨委並反對造反派學生。一九六七年五月，心懷憤恨的紅衛兵領袖蒯大富在清華召開了一場盛大的「批鬥王光美大會」。

一九六三年，王光美隨劉少奇訪問東南亞，會見了印度尼西亞總統蘇卡諾。王是中國國家主席夫人，因此穿了件旗袍，戴了項鍊。紅衛兵說這就是她資產階級頹廢生活方式的鐵證。在這次清華園批鬥大會上，王光美被迫穿上一件過緊的旗袍，戴上了用乒乓球串成的項鍊。台下數以千計的紅衛兵叫囂著要她下台的口號。自此後，清華大學便處於無政府狀態。毛決心施行軍管。

下午四點，工人宣傳隊和八三四一部隊官兵到了清華。本來我是不用去的。但我想親身體驗清華軍管的過程。

軍管會孫副主任負責這次行動。

孫召開了全廠大會，由各車間抽人，一共抽出男工一百五十多人，分乘幾輛大卡車開到清華大學。其他廠的工人宣傳隊也都陸續到了。總共有上百輛大卡車。後來據報有三萬人之多。

在校外臨時成立了領導小組，楊德中也到了。整理好隊伍，向校內行進。

我和衛生員小李夾在人叢中。起初行動得很有秩序，但是快要走近物理系大樓的時候，前面的隊伍忽然混亂了。小李到前面去打聽，是學生們設了路障，不讓宣傳隊前進。

停頓不久，傳來命令：衝破路障，繼續前進。已近黃昏，周圍景象逐漸暗淡。我隨著人潮向前走去。

突然一聲巨響，前面喊道，炸死人了，接著抬下來血淋淋三個人匆匆過去。

天色昏暗下來，隊伍已經凌亂，仍然慢慢向前挪動。忽然我聽到像是颳風的聲音，很多人都抱著頭，或用上衣將頭包起來。我還莫名其妙的時候，小李脫了上衣，將我包住。這時我才發現大如鵝卵、小如雞蛋的石頭像大雨一樣從對面拋來。人群四散躲避，天已全黑，石頭不斷襲來。小李拉著我向後退，到校門口的時候，已經找不到自己的隊伍。天色太黑。我同小李坐在路旁，下了暴雨，全身淋透。

打散的隊伍逐漸聚在一起，大家都在昏黑一片的雨淋中休息。

到清晨四點鐘的時候，突然開來一輛臥車，沿途叫我的名字，我應聲而起。車停下來，毛的司機張從車上下來，看到我說：「快走，叫你哪。」我問他是誰叫我，張說：「還不是主席？在人民大會堂一一八廳。也叫學生們的頭頭去。」

我上了車，隨他到了人民大會堂。我一走進一一八廳旁邊的隨從人員休息室，大家哄然說：「大夫受苦了啊，挨了幾塊石頭？」

我淋了雨，頭很痛。吳旭君給我止痛片，又給我清涼油。我用清涼油擦了額角和眉間。大會堂的服務員給我端來一碗熱湯麵說，先吃暖和一下。

吳旭君又來了說，毛叫我立刻到他那裡去。我走進一一八廳，毛坐在沙發上看書，見我進來，立起身。我急忙走過去。我這時感覺到毛是真的喜歡我。

毛拉住我的手，仔細端詳我的全身，說：「怎麼這樣狼狽，全身都濕了？」我說，外面在下大雨。

毛又說：「你辛苦了。沒有受傷吧？不要哭了。」

我猛然沒有明白他的話，稍一沉吟才想到我擦了清涼油，眉心、眼角油光光的，可能毛誤以為我在流淚。我說：「我沒有受傷，可是有三個人被炸了，不知死了沒有。」

汪東興在一旁插話說：「死了一個，其他兩個救過來了。」

毛說：「你先休息一下，換換衣服。我已經叫人通知清華大學的蒯大富、北京大學的聶元梓、北京師範大學的譚厚蘭、北京航空學院的韓愛晶、北京地質學院的王大賓來這裡開個會，中央文革的人參加，你也參加。」①

毛決意要「保」我。林彪、周恩來、康生和江青都會參加這個會。我和毛一起參加，是表示我是毛的下屬，這樣他們想搞暗的也不行了。也許我不用再鎮日擔心被綁架了。

這次會議，江青和所有的人熱絡地打招呼，唯獨對我似乎不屑一顧。她仍為所謂下毒一事懷恨在心。這對我倒無所謂。無論如何，目前她奈何我不得。

我算是暫時通過了這次考驗。

毛與紅衛兵的這次會議在文革中是個里程碑。毛要學生停止武鬥，並進行聯合。毛警告說，如果再一直分成兩派鬥爭不休，每個學校就會一分為二，成為兩個清華、兩個北大或是兩個北京師範大學。

會的當中，韓愛晶發言說：「現在大家都在引用毛主席著作中的一些話，來證明自己行動的正確性。在引用時，可以有不同的解釋，甚至完全相反的解釋。主席在的時候，容易解決。主席不在了，該怎麼辦？」

韓的話剛完，康生與江青就立刻斥責說：「你大膽胡說八道……」

這時毛接過來說：「這問題很好，我年輕的時候，就愛從不同角度看問題。至於我說過的話，今後肯定會有不同的解釋，必然如此。你看從孔老夫子到佛教、基督教，後來還不是分成許多派別，有著許多不同的解釋。任何事物沒有不同的解釋，就不會有新的發展、新的創造。否則就停滯，就死亡了。」

但毛這次會議的目的卻沒有達成。紅衛兵仍四分五裂，毛似乎決定不再信任年輕人。八月五日，毛為表示對工人的關懷，經汪東興給了他們一些巴基斯坦外交部長胡珊送的芒果。毛的這一行動顯示毛已對各成派系、相持不下的學生失去信心，轉而寄望於工人。不久後，數以百萬的中學和大學生相繼下放農村。毛認為學生該跟貧下中農好好學習，接受再教育。

汪東興把芒果分給北京各廠的工人代表，其中也包括北京針織總廠。工廠工人舉行一個盛大的歡迎芒果儀式，唱誦著毛語錄裡的警句，然後把芒果用蠟封起來保存，以便傳給後世子孫。芒果被供奉在大廳的壇上，工人們排隊一一前往鞠躬致敬。沒有人知道該在蠟封前將芒果消毒，因此沒幾天後芒果就開始腐爛。革委會將蠟弄掉，剝皮，然後用一大鍋水煮芒果肉，再舉行一個儀式，工人們排成一隊，每個人都喝了一口芒果煮過的水。

在那之後，革委會訂了一個蠟製的芒果，將它擺在壇上，工人們仍依序排隊上前致敬，沒有絲毫差別。

我跟毛說了芒果的趣事，他大笑。他覺得膜拜芒果無傷大雅，這故事也很有趣。

注釋

①當時西方對此次會談多有報導，並認為它是毛與造反派學生關係的轉捩點。

67

毛雖然又保了我，但我不能每天都見上他一面。他此時不需要我的醫療服務，我每天同衛生員小李和護士背著藥箱到車間和工人宿舍巡迴醫療，每隔幾天才去向毛匯報一次。文化大革命雖然仍在進行中，但是從廠內看，正如毛同我說的：「什麼文化大革命，人們還不是照舊結婚、生孩子。文化大革命離他們遠得很哪。」

文化大革命對我來說似乎也變得很遙遠。許多人對文化大革命不敢表示出厭煩，可是顯然在淡漠下來。但是一些大城市內，兩派之間武鬥不停，而且規模越來越大，甚至動用了機關槍和大炮。對這些人來說，文化大革命依然在不停地進行著。如果中央不插手干預，武鬥將無止無休。

一九六八年十月中，一天汪東興給我打來電話，要我立刻到游泳池去看毛。毛牙痛要我去看看。

回一組後，反而有種陌生感。一組完全變了樣。汪在他的南樓辦公室三樓給我整理了一間臥室。我原來在一組的值班室那排房子，毛遠新全用作他的臥室和辦公室。毛的隨身工作人員全調換了。徐祕書、服務員小周、警衛員和護士長吳旭君全部被毛派去二七機車車輛廠參加軍事管制工作。

身著軍服的八三四一部隊仍在室內游泳池周圍保衛毛的安全。但最令我驚訝的是，毛身邊的女友更多了。我不熟悉那些服務員和警衛，但我看得出來那批新人都很崇拜毛，就像我剛替毛工作時一樣。我猜想舊的人和我一樣遭到幻滅的痛苦——跟毛越久，越無法尊敬毛。只有不斷調換身邊的人，毛才能保證他會永遠受到愛戴。

我替毛檢查口腔。因為長年不刷牙，牙垢很厚，牙齒上似乎長了一層綠苔。沒有辦法判斷是什麼問題。

我說：「我不懂牙科，是不是請一位牙科醫生看看。」

毛說：「你給看看就算了，不必再找別的醫生來了。」

我想，我不懂牙科，馬馬虎虎治療，豈不是笑話，何況盲目治療有害無利。我又講：「牙科是一門專科，不懂的人，可能治壞。」

毛不置可否，我退了出去。我走進南樓汪的辦公室，他在等我的消息。我將毛的話告訴他。汪說：「自從江青一心想將你打成反革命以後，這可是主席第一次找你看病。身邊的人全換了，把你又叫來，你要用心搞好。江青還沒有罷手。」他讓我到三樓給我準備的房間去休息。

我走到三樓，突然看到吳旭君。原來江青下命令將吳從二七廠調到釣魚台。江青知道吳旭君和我共事多年，一直逼吳寫揭發信或簽已寫好的文件，證明我想毒害江青。吳堅不肯簽，江青說她包庇壞人，要審查她有什麼問題。吳去找汪東興，汪讓吳搬回南樓。在這種情形下，還能夠不顧自己而仗義直言的人，可是太少了。我十分感謝吳。

第二天我同吳一起去游泳池見毛。毛見到吳很奇怪，問吳怎麼從二七廠回來了。吳將這些經過告訴了毛，說：「現在我也到了反革命的邊緣。」

毛大笑說：「好，我這裡專收反革命分子。你們兩個反革命就在我這裡吧。」隨後毛又說：「大夫你不要管江青的事了，讓她自己另外找醫生。護士也讓她自己去找。」

我問毛，我如果碰到江怎麼辦。毛說：「遠遠的你見到她，避開就是了。」這點我沒有聽毛的。此後即使對面相遇，江是視若不見，但我並沒有躲避。

北京醫院當時仍然很亂。院內分成兩派，院長和黨委書記都被打倒，還沒有領導接管。我請任何一派的牙科醫生，都會表示我——以及毛——是支持那一派的。我也不曉得該支持誰。因此我從上海華東醫院調來一位牙科醫生。

我一再向毛推薦上海來的這位醫生，最後毛光火了。他對我吼說：「我不同意讓這位醫生看。你一再要他看，你這是強加於我。怪不得江青要整你一下。」我心裡很不服氣，我想：你說我強加於你，可是你勉強讓我做不是本行的事，還不是強加於我。

我只好一方面請教牙科醫生，一方面翻看牙周病教科書給毛治療。毛的牙床一直在惡化。我能做的只有叫他用消毒水漱口，將表面食物殘渣清理乾淨，在感染患部抹藥。一個月以後，症狀就好多了。

毛的病痛不只是生理上的，也是政治上的。一九六九年四月準備召開中共第九次全國代表大會（即九大）。此時中央內部矛盾已經完全表面化。一九五六年「八大」所提出的綱領到此時仍未被官方扭轉——支持集體領導，反對個人崇拜，毛思想不再是中國的領導意識形態，並批評毛的「冒進」。這些綱領長久以來都是毛的緊箍咒，而念咒語的人就是劉少奇和鄧小平。

這十三年來，毛一直想取掉這個緊箍，而無產階級文化大革命就是他這一努力的後果。在籌備第九次全國代表大會期間，對毛的個人崇拜已是登峰造極。人人胸前都佩戴著毛的像章，手中持著紅皮的毛的語錄本，背誦毛語錄——甚至在店裡買樣東西，也要互相背上一段。中國人每天都要在毛像前鞠躬，「早請示、晚匯報」。上下班時，大家都背誦一段毛語錄。毛主席的思想早已超越意識形態，而成為宗教經文。

「大冒進」？毛的大躍進創下人類歷史上最龐大的死亡人數。據估計至少有二千五百萬到三千萬人餓死（有人估計高達四千三百萬人）。文化大革命造成中國社會大混亂，摧殘生靈，拆散家庭、友誼，中國社會的基本聯繫蕩然無存。

國家主席劉少奇不但在文革初被批鬥，一九六八年十月開除黨籍，還遭到極不人道的虐待。一九六九年四月，我並不知道劉被「關押」在哪裡，也不敢問。後來在「九大」結束後許久，我才知道劉在一九六九年十月被押往開封關禁，重病纏身，到十一月去世前，都沒有得到醫療。

鄧小平也被流放到外地。政治局常委只有毛、林彪和周恩來沒事，其餘的都被打倒或「靠邊站」。省委被撤銷，軍隊領導的革委會接管省政日常事務。八大選出的中央委員會已大部分被打倒。

一九六九年第九次全國代表大會扭轉了十三年來八大制定的綱領，毛成為最高領導，毛澤東思想成為指導中國革命的唯一的意識形態。會中選出新的中共中央委員會，再從委員會中選出政治局常委。毛的意志透過九大黨章成為官方意識形態，但他所發動的文化大革命尚未正式宣告結束。

我給毛治療牙周病時，黨內已開始在籌備召開中共第九次全國代表大會。中央分成兩大派。一派是中央文革小組，另一派是林彪和他的親信。周恩來則跨在中間，兩面調和。為了什麼人進入中共的中央委員會和政治局，兩派爭奪相當激烈。

毛尚未表示意見。

我看得出來周恩來頗為苦惱。周從未和我議論過政治，但有天夜裡我在南樓遇見周，周關上門問我毛對人事安排上講了些什麼話。我說：「他沒有多講，只說人事安排交給文革小組和文革碰頭會辦。」文革小組成員全在碰頭會裡，因此江青在碰頭會裡正是權傾一時。先前圍剿周的事也是江青放第一把火，我覺得我有必要警告周，江居心難測。

我告訴周：「自從文化大革命以來，江青的打擊目標就是你。江青提出來『文化大革命就是新文革和舊政府的矛盾』，這舊政府指的還不是你。江青他們鼓動全外交系統反你，主席說『五一六』是反革命組織，要文革召開萬人大會說明，不能反你。江青他們幾個人到游泳池外間休息室商量說，用不著開這麼大的會，找個幾十名代表來談談就可以了。這不是明顯還要搞下去。」

周嘆了口氣說：「我對江青仁至義盡。一九四五年我在重慶，江青要看牙齒，我特地飛回延安將她接來。她一九四九和一九五六年到蘇聯治病，還不是我給安排的。」

周又說：「你的這些話同別的什麼人講過。」我告訴他，除了對汪講過以外，沒有對別人說過。周說：「那好。記住，不要同任何別人講。」

周恩來對毛處處小心謹慎，唯恐不合毛的意圖。林彪有一次當著汪東興面批評周「像個老當差的，不管誰當了領導，周都會唯唯諾諾，必恭必敬，唯命是從」。

一九六六年十一月十日，毛第七次接見紅衛兵，因人數有二百五十多萬，已不可能在天安門廣場檢閱。周恩來提出，讓紅衛兵分別排在天安門前東西橫貫北京的長安大街，和向北郊去的二環路上。毛則乘敞篷吉普車巡行檢閱。

為了說明行車路線，周帶了一張北京市大地圖來到人民大會堂一一八廳，將地圖在地毯上攤開，跪在地圖前，為毛指點方向。毛站在地圖旁，一面吸著紙菸，一面聽著周的解說。

我站在旁邊，心裡很不是滋味。以堂堂一國的總理，怎麼能舉止像個奴僕一樣呢？毛的態度帶著一絲嘲諷，似乎在享受著這一切。毛的專制極權在毛與周的君臣關係上表露無遺。毛一方面要求周的忠心，事事按毛的意旨辦，因此周也才能保住地位；另一方面又因為周過於忠心，毛完全沒有將周放在眼裡，毛不認為周有攫取權力的野心，所以周能夠被打而不倒。

周對江青也是唯唯諾諾。一九六六年十二月，周恩來在人民大會堂的江蘇廳開會。江青來了，要找周。從延安時期就給周任衛士和衛士長的成元功迎了上去。成請江青先休息一下。江青勃然大怒說：「你成元功是總理的一隻狗，對我是一隻狼。馬上給我抓起來。」

這事給汪東興處理。汪堅決不肯逮捕成元功。汪說可以調動成的工作。鄧穎超代表周告訴汪：「一定要逮捕成元功，說明我們沒有私心。」汪仍未同意。後來汪同我說：「成元功跟他們一輩子。他們為了保自己，可以將成元功拋出去。」後來成元功去中央辦公廳所屬的五七幹校下放勞動。

汪東興是第九次全國代表大會政治鬥爭中的關鍵人物。在江、林爭權裡，汪支持林彪。一來因為汪痛恨江青，二來毛仍因汪隨同劉少奇去印度尼西亞而疑竇未消。九大召開之前，汪被提名為政治局委員。周與汪平日走得也很近，周起初也支持汪的提名，說凡是參加碰頭會的人都是政治局委員。

審議期間，汪東興突然發作十二指腸潰瘍大出血。周要我和吳旭君一起去向毛報告，因為生病的嚴重情況，只有醫生才說得清楚。

當我說到出血很多，比較危險的時候，周說了一句：「汪東興是個好同志。」接著唏噓起來。我同吳旭君很難過，也哭了。可是我發現毛一句話也不說，臉上表情木然，似乎無動於衷。

冷場一會後，毛說：「有病就照醫生的辦法治。別的有什麼辦法？」

我們走後，毛告訴護士劉說，這三個人簡直如喪考妣，真是奇怪。我們三個一哭，毛懷疑周、汪、吳及我四人是不是在搞派系。

我將毛說的「如喪考妣」的話告訴了汪。汪說，不怕，我們都是為毛做事情，又沒有為別人幹事。接著汪說：「你不要以為周總理可靠，他這個人是見風倒。周來看過我，說江青、康生不同意我當政治局委員，他們讓周總理來說服我。周還真叫我表示態度不當政治局委員。你看他這個人真是見風使舵。」

一九六九年四月一日至二十四日，中共召開了第九次全國代表大會，兩派最後被迫達成妥協。會上汪東興由黃永勝出面支持，被選上中共中央委員會委員和中共中央政治局候補委員。林發表政治報告，並被官方欽定為毛澤東的「親密戰友和接班人」。毛澤東思想自「九大」

後，成為中國的「指導綱領」。

林彪的兒子林立果，也步步高升。會議結束後不久，林立果升任為空軍作戰部副部長，並被刻意吹捧成「中國革命的第三代當然領袖」，毛的一位女友的丈夫在空軍司令部工作，他將林立果的一些演講紀錄經這位女人交給毛看。林立果在空軍的盛名僅次於林彪。空軍內一再宣揚要無限效忠於林彪和林立果。

九大後，我的心情更加抑鬱。毛要扭轉「八大」路線的目標終於實現。「九大」是毛十三年來，進行政治鬥爭的結果。百分之八十的前中央委員會委員被撤職——他們都是我最敬重的黨代表——新委員大多是江青或林彪的黨羽。我認識的很少了。中國在他們的領導下前途渺茫。

68

林彪此時越來越接近權力的巔峰，全中國進行全面軍事化。軍隊擔任恢復秩序的重任，軍管全中國社會各階層的政府機構。原來主管省政的黨委書記，換成省軍區司令員或政委擔任。中共龐大的官僚體制中，從上到下，清一色都是軍人。即使在毛常去的招待所也是如此。全中國在林彪的領導下背誦毛語錄，學習解放軍，形成熱潮。警衛局納入軍隊編制，全部穿上軍裝，我自然也不例外。只有毛還穿著他的睡袍，在公開露面時，有一兩次換上軍裝，以表示支持軍隊，以後又換回中山裝。

那時中國仍有兩大敵人——蘇聯和美國。一九六九年三月分發生了中蘇黑龍江邊境珍寶島武裝衝突事件。數月內，全中國處於備戰狀態。一些有問題的幹部，還有那些遭批鬥的知識分子和教師，全下放到五七幹校接受勞動改造。幹校的目的在於使下放的人體驗農村真實生活，並向貧下中農學習，日出夜息，擔負著力所難及的重度體力勞動。誰都知道五七幹校名為學習，實為處分。中學生和大學生這些年輕知青則被送去「上山下鄉」，以「接受貧下中農的再教育」。

一九六九年八月發起城市中「深挖洞」，以作為空中轟炸甚至原子彈的庇護所。北京市下挖築了網絡密布的地下通道，可以容納下所有北京市民，而工程兵部隊則修建了「五一九工程」（見前文）。

就在這時，毛有天向我提出了一個問題，要我思考以後回答。毛說：「你想，我們的北面和西面是蘇聯，南面是印度，東面是日本。如果敵人都聯合起來，從東南西北，四面八方進攻中國，那麼中國怎麼辦呢？」

這個問題問得很突然，我從來沒有想到過，而且也不知道毛的本意指的是什麼。第二天我同他說，我回答不出。

毛說：「日本的後面實際上是美國。可是東面的美國，離我們遠得很哪。我看，還是照我們老祖宗的辦法才好，叫做『遠交近攻』。」

我說：「我們的報紙幾乎天天對美國口誅筆伐。越南又在同美國打仗。這怎麼能交往得起來呢？」

毛說：「美國同蘇聯不同。美國沒有占過中國一塊土地。美國新總統尼克森上台了。此人是個老右派，老反共分子。我是喜歡同右派打交道的，右派講實話。不像左派心口不一，說的和做的完全不一樣。」

我同汪東興閒談時，也談到毛的這番話。汪以為這是隨便說說，並沒將這些話當成大事。朝鮮戰爭於一九五〇年六月爆發後，中美關係持續互存敵意，中國認為美國帝國主義想在亞洲以武力建立霸權，對美帝從未稍緩詞色。我根本想不到毛的對外政策，會有大幅度的改變。

尼克森也正在改變美國的中國政策。尼克森總統請巴基斯坦總統葉海亞．汗、羅馬尼亞總統齊奧塞斯庫給毛帶話，美國反對蘇聯建立亞洲集體安全體系，反對蘇聯給中國做「根治手術」，即破壞中國在新疆的原子彈基地。毛與尼克森的看法不謀而合。

毛說過：「什麼亞洲集體安全體系？這是亞洲戰爭體系，無非是向中國進攻。」

毛還放過狠話，對蘇聯還以顏色：「中國的原子彈、導彈打不到美國，打蘇聯可容易得很。」

一九六九年十二月上旬，周恩來送來中國駐波蘭大使館的一份報告：波蘭華沙舉辦一個時裝展覽會，在開幕的酒會上，美國駐波蘭大使向中國駐波蘭使館出席酒會的人表示，希望同中國駐波蘭代辦會談。毛批了同意。這個文件給我看了。毛說：「中美在華沙會談，自一九五八年停止，到現在已經十一年了。現在可以重打鼓另開張，認真談一談。看來尼克森有誠意，幾次他帶話來，願意同中國對話。」

我趁毛想改善中美關係的機會，提出重新訂閱美方醫學雜誌的要求。我告訴毛，文化大革命以後，美國的醫學雜誌都不許進口，所以我們對醫學的新進展一無所知。毛年紀日大，我的保健工作會越來越棘手。我必須盡量吸取國外新知。

毛說：「美國千方百計打聽我們的消息。我們就這麼蠢，自己將自己捆住手腳。你寫一個訂外國雜誌的報告交給我。」

毛將我寫的報告批交周恩來和康生。毛對我說：「我要讓他們認真想一想我們的對外，特別是對美國關係。」

中國官方仍不斷攻擊美國，並舉兵幫助北越。中美關係卻在檯面下暗地展開。毛正在貫徹他的遠交（頭號敵人美國）近攻（蘇聯老大哥）戰略。

69

全中國此時處於備戰狀態。毛計畫和美國緩和緊張關係。毛對他的「接班人和親密戰友」林彪越形不滿。九大結束後不久，我在一趟南巡中，第一次察覺毛對林的敵意。

中南海仍由汪東興率領的八三四一部隊負責守衛。即使人數確有增加，也不容易覺察出來。對我來說，從針織總廠回一組後，最令人注意的是毛的女友更多了。外面的文化大革命正在激烈地進行著，毛仍然過著他一如既往的逸豫生活。

一九六九年五月毛又出巡，一路到武漢、杭州和南昌。招待所的服務員全部換上穿軍裝的女孩子。這次南下，浙江省文工團的兩位女孩成了毛的「密友」。這兩人甚至把自己的妹妹分別從溫州、紹興調來，充任毛的服務員。文化大革命時期奉行「簡樸」的生活綱領。但黨的教條越道德化，毛主席私生活越是「資本主義化」。

就在他招待所臥室咫尺之外，身著軍服的軍人來回巡哨。這次南下時我發現，軍隊軍管後，放眼望去，到處都是軍人。從武漢、杭州到南昌，上自省領導人，下至服務員，清一色全是軍人。

毛對招待所裡換成了清一色的軍人，很懷疑這種做法的動機。他同我說過：「搞這麼多當兵的來作什麼？」毛知道軍人會向上級如實報告他的活動。毛自然痛恨被「監視」。他要這些軍人撤走。

我認為毛對軍人的敵意，來自於他對林彪日益坐大的不滿。我將這話告訴了汪東興。汪說：「這有什麼可以懷疑的。軍隊搞軍管支左，奪了各級的領導權，自然要換上軍隊的人。警衛局沒有軍管，可是穿上了軍裝。」汪一向政治敏感度頗高，但他不相信毛、林兩人關係已漸漸出了裂痕。

一九六九年十一月發生的一樁小事，使我肯定毛對林持有嚴重敵意。九月底回到北京，住了不到兩個星期，十月上旬出發到武漢。十月下旬起，不斷有寒潮南下，氣溫驟然下降。到十一月中旬，已經很冷了。我從多年經驗知道，不開暖氣，毛一定會感冒。但他不同意，認為室溫低，正是鍛鍊身體耐寒的好機會。這時汪東興因病，回北京住院去了。張耀祠怕負責任，打電話給葉群，讓葉將這件事告訴林彪。林也建議要開暖氣。

張將林彪的話向毛講完以後，毛一言未發，似乎不置可否。等到張走出去以後，毛對我說：「什麼事都向人家報告。人家（指林彪和葉群）放個屁，拿來當成聖旨。」從這句話，明顯看出毛對林已經有了明顯裂痕。

十一月底，仍舊沒有開暖氣，毛感冒了，不肯讓我治療，於是又引起慢性支氣管炎急性發作，不得不接受治療。毛很快恢復了，這才同意開暖氣。

毛叫我給他寫一個書面報告，寫明這次生病的源起和治療經過。他說：「這個報告是說明，我這次生病，起源的責任不在你們，是我不讓開暖氣。」

在此同時，我也替汪東興與林彪的關係日形密切而疑慮重重。我警告過汪幾次，但他不以為然。汪對毛絕無二心，但汪野心勃勃，力求與任何可使他達到政治目的的人建立關係，以擴大勢力。在文革的風聲鶴唳中，汪意圖與林鞏固關係是招穩棋。林彪是毛的親密戰友，林曾說過「毛主席的話一句頂一萬句」，跟林合作也等於為毛做事。這是合理的推論。

但政局又在風雲暗起。這次汪東興竟沒有馬上察覺。

70

一九七〇年初，一組內流言蜚語，盛傳毛的一位女機要員和毛的某位隨員過於接近。汪覺得這影響很不好。汪的私生活毫無可議之處，他對他妻子非常忠心。因此他無法了解毛「哪來那麼大的勁」。毛既然是個特異人物，汪便也不以一般常理來看待毛。但他對一組的人則是一絲不苟。四月在杭州時，汪要我開個會，批評兩人。

我認為這件事辦不得。我喜歡那位女機要員，她是個天真純樸的女孩子。我並不相信那些指控，她和那位隨員只是說笑閒聊罷了。而且，開會批評儘管是好意，但受批評的人，心裡一定不滿意。傳到毛那裡，毛會認為這是指桑罵槐，因為毛本身就有這個毛病。汪不以為然，說我膽子太小，頂多惹得毛不高興了，不在這裡幹工作，還可以到別處去幹。他是我的領導，我只好奉命開了會。

事情果如所料，儘管語言和緩，但是批評總使人不舒服。女機要員非常不高興，於是聯合了張玉鳳，到毛那裡去告狀，我不知道她們告些什麼。但不久，我就知道我犯了大錯。

幾天後在從杭州回北京的專列上，毛找我談了一次。毛說：「你太蠢了，不該你管的事，你要管。我看你還是缺少鍛鍊。回北京後，你組織一個醫療隊，到農村去搞搞巡迴醫療。多接觸社會，受受貧下中農的教育，會好一些。」

我決定去黑龍江。現在那裡的人正忙著挖深洞的備戰工作。我可以觀察一下當地備戰的實際情況。

能去黑龍江讓我鬆了一大口氣。雖然有毛的保護，我在北京的情況仍岌岌可危。這段期間，我住的衛生部宿舍內，給部長和副部長開車的司機在一九六九年也造反了。他們切斷了水源和暖氣。這樣，日常生活也難以維持。衛生部內另一派搶得了會計室的鑰匙，凡是取工資的人，就得加入這一派。我拒絕加入任何一派，保持中立。

我同毛講了我的困境。毛讓我轉告汪東興，將我和吳旭君的人事關係全部轉到中央辦公廳警衛局，宿舍也搬到位於西單附近的中央辦公廳宿舍內。

結果一波未平，一波又起。五七幹校成立後不久，嫻的機關全部搬到黑龍江省離中蘇邊界不遠的肇遠縣農村中，我只好請一位老保母照顧兩個兒子。

嫻不但體力勞累，還得不斷承受精神上的打擊。她每天從早到晚，要在農田裡和年輕的壯年男子一樣地耕田勞動，晚上還要參加思想批判會。會上有些人的發言總是旁敲側擊，提出她的政治歷史有大問題。我們都知道，只因為我仍在毛處工作，所以才沒有將她的名字點出來。可是這種精神上的折磨，真讓人受不了。

所以如果我去黑龍江，我可以去看看嫻，順便安慰她。就算我的醫療隊駐在不同的地方，總比我在北京要近得多。只要遠離北京的政治緊張，我們總能找到法子見面。

我這次去黑龍江是帶著被流放的心情的。牡丹江市向南大約一百多公里是寧安縣，滿清時代叫做寧古塔，是流放政府官吏的所在。因此我選擇了寧安作為我巡迴醫療的地點。

汪原本不想讓我去。汪說：「這把我們的計畫全打亂了。現在北京醫院還沒有恢復秩序，主席有了病，沒有地方可以住院。我們已經將養蜂夾道的高幹俱樂部（位於中南海外北海附近）

接收了，正在這裡組建一個醫院，名字叫解放軍三〇五醫院，這是專為主席和其他領導人準備的。已經同意任命你（指我）為院長。」

但我仍為下放黑龍江一事怪汪。汪一定要我開會，導致我的下放。毛已對我日漸失去信任。江青和康生也一直在攻擊我。我覺得自己其實是個替罪羔羊。汪東興跟林彪走得太近，沒有注意到毛對他兩人都有了戒心。我多次告訴汪，毛對林的敵意時，汪總是嗤之以鼻。這次我確定毛是拿我來代替整汪。

我從北京醫院抽了一位內科醫生侯，一位婦產科醫生杜，從三〇五醫院抽了一位外科醫生牛，一位手術室護士小邵，警衛團派了一位大隊政委張，加上我和衛生員小李，一共七個人，帶上器材藥品，六月二十九日乘北京到哈爾濱的直達快車出發。

71

汪的辦公室事先已打電話跟黑龍江省革命委員會打過招呼。我們到哈爾濱後，一切都安排得很周到，光參觀哈爾濱市就足足有一個禮拜。我們參觀了工業區，工廠的工人組成了民兵，發了槍和彈藥，隨時準備迎戰蘇聯。地下的地道連成一片，開始覆蓋上水泥，成為永久性建築。我們也去看了近郊的幾個野戰醫院，房屋和設備都很簡單，但用作急救站是綽綽有餘的。我想去看珍寶島的提議被拒絕。省革委會主任說，中蘇邊界仍然時有小型衝突，戰爭的氣氛很濃，還是不要去的好。

從哈爾濱又乘火車到牡丹江市。這是一個小城市，但是很整潔安靜。我們在鏡泊湖住了一夜。這是一串湖泊連在一起，景色宜人。當地人告訴我，文化大革命前，這裡還有些白俄居住，靠獵熊和東北虎維生，文革以後都離開中國了。由市革委會鍾司令招待參觀和款宴十天後，我們乘車到了寧安。我們人員增加了，黑龍江省衛生廳派了一位醫生，牡丹江市又派了一位外科醫生和護士。我們一起在農村走家串戶，進行義務醫療。我這下真成了「赤腳醫生」。

我住在人民公社的辦公室裡，和衛生員小李同一個房間。李對我像對父親一樣照顧我。黑龍江平原遼闊寬廣，一望無際。北國景觀與南方的片片畦田，村落集聚的情趣迥然大異。黑龍江的黑土豐沃，適合種植玉米和大豆。

農民的土屋也和南方不同。屋子用泥土砌成，稻草覆頂。屋內有個大炕，一家男女老少都一起在上面吃飯和睡覺。黑龍江省不像國內其他地區，森林未遭到濫砍，因此家家有足夠的木材做柴火。炕下有個煮飯的火爐，煙囱冒的熱氣可以暖炕。

寧安縣有漢人，也有朝鮮族人。朝鮮族人有不同的習俗。他們用一種彩紙貼在炕上，讓炕台看起來乾淨，屋內也顯得整潔。中國人習慣鋪一層稻草在炕上，所以看起來髒亂。公社的農民沒有江西窮，但手頭也很拮据。沒有醫生，如果生了病，得走去寧安城裡看病。但沒有人想到要去看病——醫藥費太貴，城也太遠。現代醫療觀念在此並不存在。

秋收時，有天有個老農婦被麥芒扎穿眼睛的角膜，我沒有適當的醫藥或設備，我要她去城裡的醫院看看。但她沒有錢，不可能去。

我是大部分農民平生僅見的醫生。我從一村到一村，走家串戶，用最基本的器材藥品進行義務醫療。他們看到我們時總是笑逐顏開，十分親近。公社內有兩種病肆虐——肺結核和條蟲病。農民養豬，在田裡野放，不設豬圈，常食生的糞便而染上條蟲。農民吃豬肉，總不煮爛，因此很容易染上條蟲病。

我雖然喜歡這裡的義務醫療生活，卻沒能見著嫻一面。嫻所在的五七幹校由於戰備，已經從黑龍江遷到河南省沈丘。我非常思念我的家人。冥冥中，似乎命運的魔掌一直在把我們分隔開來。從嫻的數封信中我得知她日子很不好過。我下放到黑龍江後有不少傳聞。一個說法是說我因政治問題被調；另一個說法是說我向蘇聯「投誠」，或遭俄國人綁架。我的家人和我都為這些惡意中傷而感到沮喪。但寧安的封閉生活非常平靜。寧安似乎是文化大革命紛擾世界中的桃花源。

我已經到寧安四個月了。一九七〇年十一月六日我們正在村子裡給農民看病，一輛吉普車開來。鍾司令從車上跳下來說：「我你足有兩個小時了。我們從一個村子到一個村子，真難找啊。」

我問他什麼事。他說，北京中央辦公廳來了長途電話，有緊急狀況，要我立刻回去。我將醫療隊交給張政委和牛醫生，同鍾司令上了吉普車。到牡丹江市已經是晚上九點多鐘了（這一地區只有牡丹江機場）。鍾司令一定要給我餞行，我推託不掉。但我一點也吃不下去，我不知道叫我趕回北京是什麼事情，會不會有了新的周折。

到飛機場已經快十一點鐘了。一架蘇聯製伊爾六十二飛機停在機場跑道上。我登上飛機，機艙中只有我一個人。抵達北京西郊機場已經深夜二時多。毛的司機老張正在等我。

座車在空蕩而黝黑的街道上疾駛向中南海。我仍穿著一身厚棉軍衣。車子停在室內游泳池前時，我已滿身大汗。吳旭君迎上來，對我說：「他老人家坐在大廳裡等你。你見過他，我再告訴你詳細情況。」

72

毛坐在他的書房兼會客室的正面沙發上，面色潮紅，呼吸急促。他問我在什麼地方巡迴醫療。我告訴他在寧安，就是滿清時的寧古塔。他說，那就是顧貞觀寫的那首詞：「季子平安否」給吳漢槎的地方了。我說是的。他說：「我可是不行了，病了，所以請你回來。你先叫護士長把我的愛克斯光片子拿出來看看，明天再給我檢查，說說你的意見。」我向毛報告了一下在寧安的義務醫療工作，說在那裡不苦，做「赤腳醫生」是個很好的學習經驗。我表示想馬上看看片子。

吳旭君在值班室內拿出毛的胸部愛克斯光照片，對我說：「李院長，這回可出了大事了。」

我不禁愕然。我說：「你怎麼叫我李院長呢？」

吳說：「是李院長，已經下了任職命令了。」我流放期間，總參謀長黃永勝、總政治部和總後勤部已同意通過任命我為解放軍三〇五醫院院長。

我問吳旭君：「到底出了什麼大事？」

原來是當年八月到九月在廬山召開九屆二中全會（也就是我去黑龍江後不久）的事。毛退居二線後，一九五九年劉少奇出任國家主席。一九六九年底，劉少奇遭凌虐至死。林彪想經由此會再次提出設立「國家主席」的建議。毛幾次打招呼不設國家主席，廢除這個職位。

林轉而尋求汪東興的大力相助。後來汪跟我說，上廬山以前，葉群同他打招呼，要主張設國家主席，「否則沒有林的位置了」。葉知道毛決定撤除國家主席這一職位，便慫恿其他領導人提議。這樣主張的人多，毛也不能不尊重多數人的意見。

林彪集團主要成員，除了葉群以外，有總參謀長黃永勝、空軍司令吳法憲、海軍司令李作鵬和總後勤部部長邱會作，以及陳伯達。汪東興告訴我，一九七〇年八月上廬山以前，他們就已商量好，要主張設立國家主席，並要在會議的各分組發言中首先表態，用以左右全會的代表們的發言。

原文化革命小組組長陳伯達，中共第九次代表大會以後，任中共中央政治局常委。陳事先與林彪和葉群商量好，由陳編選馬克思、列寧和毛的一些講天才的語錄，經林彪審定的「天才論」的材料，陳在小組會上宣講。文中吹捧毛的天才，鼓吹毛復任國家主席，並刊登在華北組第二號簡報。

一時會議代表都以為這是毛的意旨，紛紛發言，主張設國家主席。早在一九七〇年初，毛就向政治局常委表示，他絕不再出任國家主席，也不要設國家主席。但大部分中全會的會議代表並不知道。一旦恢復設立國家主席而毛又不出任，在這種情況下，只有林彪為唯一可能人選。這便是林的如意算盤。林彪這下犯了和劉少奇一樣的政治錯誤——以為中國可以有兩個主席。在毛眼裡，想和他齊頭並立是犯上作亂。

八月二十五日毛召開中共中央政治局常委擴大會議，決定收回華北組會議第二號簡報，嚴厲批評陳伯達，隨之開展「批陳整風」①。

汪在華北組會上，吹捧林彪，主張設立國家主席。毛發了大脾氣，說汪是林彪一夥的。把汪臭罵了一頓，現在汪等於停職反省。汪在家裡寫檢討，閉門思過，並把葉群找他談的話全告訴了毛。為此毛表彰了汪，也就解開了懷疑汪的疙瘩。

這期間周恩來同楊德中談了話，叫楊準備接管警衛局。周想順著毛的意思，撤銷汪的職務。康生則找了中共中央辦公廳政治部主任王良恩，讓王準備接管中央辦公廳。楊德中為了準備接管警衛局，找了局辦公室主任武建華和在清華大學支左的遲群講了周的布置。武與遲二人卻向汪透露了這個消息。汪因此極恨楊與王良恩。

汪對我說：「我犯了大錯誤了。現在在家裡寫檢討。這也好，閉門思過，休息休息。主席已經生氣了，現在後悔也來不及了。」但汪因此對周恩來和康生恨之入骨，又憤憤地跟我說：「他們這幾個人等著瞧。」

汪的事在一組掀起的餘波不小。毛還叫吳旭君揭發汪的問題，說吳是汪的一夥。吳說：「我一天到晚在你這裡值班，汪搞些什麼，我怎麼知道。」吳確實不知道汪的活動。但毛從此對她不信任了，不讓她值班。

毛的女友劉和她兩位空軍政治部文工團的朋友，都不再允許進入中南海。劉和葉群、林彪關係密切，毛懷疑劉是林彪的特務。林立果現在在空軍權傾一時，毛認為她們三人都是林立果派來的。毛有一次對我說過：「這些人都靠不住。」

張玉鳳從這時開始，才搬進中南海，給毛正式值班，照管毛的日常生活。

兩位外交部的女孩子——外交部禮賓司司長王海蓉和外交部美洲大洋洲司副司長兼毛英文翻譯唐聞生，幾乎每隔一兩天來一次。也是從這時開始，毛接見外賓都由她們二人經管。甚至周恩來要向毛呈報一些事，也都經過她們向毛報告，並轉達毛的意見。

我有時很奇怪，江青為什麼不再來查訪毛的私生活。我問吳旭君。吳說，在廬山會議時，毛和江談了一次話，有了「協議」，毛向江點明了自己的私生活問題，毛要江不要過問毛的私生活，代價是毛在政治上提拔和保護江。

八、九月廬山會議所爆發的黨內政治鬥爭餘波未平。林彪聲望逐日下降。毛像身處往常的政治鬥爭中一般，在鹿死誰手、局勢未定之前，十一月又生了病。

在廬山大鬧一場以後，毛就開始不大舒服，到十月下旬越來越重，周恩來派了三位醫生來看，照了愛克斯光胸片，已經注射了抗生素。他們的診斷是肺炎。那時毛的被迫害妄想狂已經十分嚴重。毛一聽就火了，說他們是林彪派來的，是按著林彪的指揮治病，連著發了兩天脾氣。張玉鳳向毛提出來，不如叫我回來看看。毛同意了。汪東興其實早就想叫我回一組了，但汪不能提，否則疑心病重的毛會將我和汪連在一起。這樣我才從黑龍江趕回北京。

我拿起片子一看，是肺炎的影像。可是在當時的激烈政治鬥爭中，毛的精神處於高度緊張和懷疑狀態。按照科學態度，應該實事求是說明診斷，但是如果這樣做的話，我也就成了林彪一夥了。因此我同他講，看來仍舊是老毛病，慢性支氣管炎急性發作，只要打打針就好了。

我講完以後，我看他一臉焦慮的神情立刻放鬆了，然後用雙拳猛扣前胸說：「林彪大約希望我的肺爛了。你再拿著片子去看這三位大夫，看看他們怎麼說。這三位太可笑，一個只管檢查，不說話。一個只是說話，不檢查。另一個戴個大口罩，既不檢查，又不說話。如果是肺炎，我就停止打針，看死得了死不了。」

我去找了三位醫生，將我與毛的談話告訴了他們。我說，在目前，如果一定堅持是肺炎，他接受不了；只要他同意繼續治下去，就達到了目的。他們都同意了。

中南海門診部主任說：「我們也不知道廬山上發生了什麼事，誰也沒有想到將病和政治連在一起。真是倒楣。其實都是總理在指揮。」

我又回到游泳池，向毛說了，三個人都同意我的看法。毛很高興，當夜請我吃飯。我巡迴醫療期間原定是一年，現在毛不要我回黑龍江。毛說：「你不要去了，我這裡可能還有事要你辦。」我當時認為，我為汪受過，被流放到黑龍江，很不公平。我向汪說：「主席還是用我啊，為什麼我的愛人不能回北京呢？」於是一、二週後，汪東興安排將嫻由河南調回北京。我們一家總算又團圓了。

一九七〇年十二月十八日，毛接見了他的老朋友愛德加．斯諾。接見期間，毛對我說：「斯諾這個人，看來是美國中央情報局的，讓他知道點中國的內幕，有好處。」②

毛利用這次接見機會來促進中美關係，並傳達他願意邀請尼克森來中國或接見美國其他高級官員。他也想藉此使中央情報局知道，中國內部政治鬥爭目前十分緊張，看看美國有什麼反應。毛在談話中指出：「喊我萬歲的人有三種。第一種是真心喊，這種人不多。第二種是隨大溜，這種人最多。第三種嘴上喊萬歲，心裡希望我早死，這種人很少，可能有那麼幾個。」

我於一九八八年在美定居多時後，才知道斯諾在一九七〇年訪問中國當時，他在自己的家鄉是個不受歡迎的人物。中美建交後，他才將這段話轉告美國政府。我想斯諾極有可能也不了解毛上段話中的深意。毛指的第三種人正是林彪。

注釋

①包括陳伯達和汪東興在內，無人明白支持林彪出任國家主席，即使議論中的言外之意昭然若揭。議論公開集中在是否該恢復設立國家主席。

②沒有證據支持毛認為斯諾為美國中央情報局一員的猜測。斯諾對這次與毛會晤的說法，見前引 *The Long Revolution*, pp.169-172。

73

到一九七一年八月時，毛對林彪的不信任達到極點。清華大學革委會副主任謝靜宜的丈夫小蘇在空軍黨委辦公室工作，通過謝傳來消息：林立果在空軍成立了祕密組織，包括「聯合艦隊」、「上海小組」和「教導隊」，在做武裝奪權的準備。小蘇要毛注意。毛決心南巡，趁南巡的機會和大軍區的領導人及省的領導人打招呼。

林彪個人任命的黨羽多半在中央，也分布在各省及軍區。毛自信以他的威望仍可以得到省和軍隊領導人的支持。這點毛講的很清楚。他行前同我說：「我就不相信，這些司令員們就都跟著林彪走。難道解放軍就都會造反不成？還是那句老話，如果解放軍不聽指揮，我再上井岡山打游擊去。」

八月十四日專列循京廣線南下，途中停過武漢、長沙、南昌、杭州、上海。一路上，毛同沿途各地黨政軍負責人作了多次談話。談話的主要內容是，毛指出：「廬山這件事，還沒有完，還沒有解決。有人急於想當國家主席，要分裂黨，急於奪權。」

毛從未挑明想奪權的人是林彪，但他的暗示已昭然若揭。另一方面，毛對林為他大肆吹捧的個人崇拜的背後動機也起了疑心。毛諷刺地說：「我同林彪同志談過，他有些話說的不妥嘛。比如他說，全世界幾百年，中國幾千年才出現一個天才，不符合事實嘛。馬克思和列寧不是在幾十年內相繼出現的嗎？什麼『大樹特樹』（指楊成武寫、由陳伯達修改的一篇吹捧毛的文章），名曰樹我，不知樹誰人，說穿了是樹他自己（指林彪）。

「我一向不贊成自己的老婆，當自己工作單位辦公室主任。林彪那裡是葉群當辦公室主任。那四大金剛（指黃永勝、吳法憲、李作鵬、邱會作四人）向林彪請示問題，都要經過她。做工作要靠自己動手，親自看，親自批。不要靠祕書，不要把祕書搞那麼大的權。」

林彪想奪毛的領導權，要分裂黨——毛的話中影射這些已明顯出現的問題。毛說林彪對這件事（指廬山會議之事）「當然要負一些責任」。但是毛仍留有餘地。毛說：「對這些人怎麼辦？還是教育的方針，就是『懲前毖後，治病救人』。對林還是要保。不管誰犯了錯誤，不講團結，不講路線，總是不太好吧。回北京以後，還要再找他們談談。他們不找我，我去找他們。有的可能救得過來，有得可能救不過來。大凡犯了路線錯誤的人，是很難挽回的。看，陳獨秀、王明、張國燾，他們回頭了嗎？」

此次南巡離開北京將近一個月。一九七一年九月十二日傍晚到了北京豐台。回中南海前，毛又找了北京市和北京軍區的負責人作了豐台談話。主要的內容仍是林彪。談話以後，回到中南海游泳池已經快到晚上八、九點鐘了。

汪東興接到從北戴河打來的電話時，我正在游泳池內整理我的器械裝備。那時是晚上十點多鐘。

這電話是中央警衛團副團長張宏由北戴河打來的，說林彪的女兒林立衡（又名林豆豆）講，葉群和林立果要綁架林彪外逃。

74

汪東興立刻給周恩來打了緊急電話。

周恩來此時正在人民大會堂福建廳開會，接到電話後，立刻奔往中南海。周十一點到游泳池。毛仍不知道這件事。周恩來向主席報告林彪叛逃，我在一旁聽著。

周恩來向毛報告，林彪的女兒林立衡密報給北戴河的張宏，葉群和林立果綁架林彪上了座車。葉群剛才打電話給周，說林彪要移動一下，但是說沒有飛機。但周查了空軍，有一架三叉戟飛機就停在北戴河外山海關機場。因此周懷疑葉群這是聲東擊西法，用來掩飾他們的潛逃。這些都說明情況有變。

毛一聽到周說林彪要潛逃，全身一震。但他隨即表情自若，靜聽周的報告，看不出他內心的感受。

周建議，毛還是搬到人民大會堂去住。林彪逃走的目的仍然不明，林彪的人在北京不少，如果他們計畫政變，可能隨時會爆發武裝攻擊。看樣子，人民大會堂比較安全，容易防衛。

毛同意周的建議，轉移到人民大會堂。汪調來八三四一部隊，增加了崗哨和機動武裝人員。汪又規定，任何人沒有得到他同意以前，不許同外面聯繫，不許外出。

毛的隨身工作人員都在凌晨前抵達一一八廳。汪東興和張耀祠在隔室設了辦公室。汪一直在等北戴河的後續報告。周恩來也在等待消息。

毛在看史書。

到十三日凌晨零時五十分，張宏打電話來說，林彪乘紅旗車跑了。張等開了輛吉普車尾追，並曾對有防彈設備的紅旗車開槍，但攔不下來，不起作用。紅旗車是十二個氣缸，吉普只有四個缸，無論如何也追趕不上。半路上那輛防彈的紅旗車突然停了下來，林的祕書李文普被猛然推下車，車裡有人對他開了幾槍。（李後來被送往三〇五醫院救治，右臂上中了一槍。汪東興下令將李隔離審查，後來不知關到何處。）等張他們尾隨直追入山海關機場內時，林的飛機已駛入跑道。

周提出要用導彈打下來。

毛不同意。毛說：「天要下雨，娘要嫁人，有什麼辦法。林彪要跑，隨他去吧。不要打。」我們只好等待。

旋即又來報告說，飛機緊急起飛，燃料不夠，最多只有一噸油，飛不了多遠。而且起飛時，飛機右翼撞壞了停在滑行道旁的加油車上的油罐蓋。右機翼上的燈撞破，右起落架撞壞，降落會有困難。副駕駛員、領航員、無線電通訊員都沒有上飛機。雷達偵測到飛機航路。飛機航向的報告如雪片般湧進汪的臨時辦公室。林彪乘坐的那架飛機往西北蘇聯方向飛去。

凌晨二時，周向毛報告，林彪乘坐的那架飛機已經越出國境，進入外蒙古領空。飛機在偵測儀上失去蹤跡。

毛看上去沉著而冷靜，只說了一句：「不過是張國燾、王明以外，再加一個罷了。」

在當天下午，周恩來送給毛，蒙古人民共和國照會中國駐蒙古大使許文益的報告：有架中國飛機，在聶滋爾庫礦區以南溫都爾汗墜毀，機上八男一女，全部死亡。

等到十六日駐蒙古大使館通知周恩來，經核對牙齒後，確定墜機死者之一為林彪。毛只是輕鬆地說了一句：「跑得好嘛。」

汪東興則從內心表現出喜悅，說：「死的好，要不然還會有很大的麻煩。」

確定林彪墜機死亡以後，周又說：「這樣的下場很好，解決了大問題。」

周恩來負責事後的調查逮捕行動。此時林彪密謀叛變一經曝光，大家紛紛和林劃清界線，以求自保。周其實和林的關係也很「密切」。

一九七〇年十一月，毛將我從黑龍江調回，給他治病。等到病好以後，毛又讓我開展研究和治療慢性支氣管炎工作。我同毛講，這樣的工作，一個人很難成，需要通過國務院，由全國有關醫務人員共同協作。這樣，就要同周恩來講清楚。毛同意，但是補充說，告訴周不必同林彪講。那時他曾對我說過，前一段給他治病的醫生是按照林彪的指使進行的，林彪其實心裡希望他早死，他怕林彪想毒害他。

這兩件事我都告訴了周，並且說，毛對林彪已經有了很大的戒備心，希望周不要同林講。當時周沉吟了片刻，同意了。但是過不到一個星期，葉群突然打電話給我，問毛的健康情況，說她和林都支持在全國範圍內開展慢性支氣管炎的防治工作。

我聽葉群的話，很吃驚，我想葉既然可以給我打電話，說明她已經知道了毛的意圖。這件事我只告訴周一個人，可見周露了口風。我去看了周恩來，告訴周，如果讓毛知道了，毛會懷疑是我向葉、林通風報信。

周凝視著我說：「這是我報告林副主席的。每個人都有自己的組織和領導，林副主席是我的領導，我怎麼能夠不報告他呢？」

等到林彪乘飛機逃跑後，周向毛報告了情況，決定遷移至人民大會堂。行前，周特別向我打招呼說：「李院長，主席的身體健康情況，我們可是都沒有向林彪講過。這點我們還是有警惕心的。」周這是在警告我，不能告訴毛，周向林報告了毛的健康情況。

周既然可以違背毛的意旨，向林透露毛的健康情況，那麼可不可能還向林透露別的有關毛的言行呢？

汪東興告訴我，他派八三四一部隊搜查毛家灣林彪住宅中，搜到了許多鄧穎超、周恩來和林、葉的合照。汪親自將照片拿給鄧。鄧則一再向汪表示感謝。

汪也搜到不少江青和林彪與葉群的照片。汪也拿給江青，江叫人把照片燒毀。

毛是二十二日回到中南海游泳池。這時參與林彪密謀政變的人都已經被捕。

林彪墜機死亡，也就是所謂「九．一三事件」，以後經過周恩來數月的調查查證，林彪、葉群、林立果在一九七一年三月擬定了武裝起義計畫，代號為「五七一（即武裝起義）工程」，策劃以武裝政變，逮捕或殺害毛澤東，奪取政權；如果不成，就飛到廣州，另立中央。

我早就懷疑林彪，小蘇也密告過林立果的「祕密組織」的事。林想下手的時機是毛在七一年八月的南巡。毛原本相信地方軍區領導人都會支持他，南巡是向他們打招呼。

按照中共中央揭露出的材料，毛澤東八月十四日出發南巡，沿途祕密講話矛頭直指林彪。這個講話的內容，由武漢軍區政委劉豐全部透露給由北京陪外賓來武漢的林彪手下大將之一的李作鵬。李趕回北京，經過黃永勝密電在北戴河避暑的林彪、葉群。

林、葉立即策劃暗殺毛的計畫。他們有數個方案——在毛的南巡途中以飛機轟炸火車，在上海由空四軍軍長王維國槍擊毛，和以炸彈炸毀上海虹橋機場毛的列車停放處的油庫，或在蘇州附近的碩放鐵路橋下安裝炸彈，炸毀通過橋時的毛的專列。

我不曉得這份鉅細靡遺的暗殺計畫的正確性。

我一向清楚，想暗殺毛可謂難如登天。毛的警惕性極高，行蹤祕密而又隨時改變，使人無法預測他的行止。在林彪黨羽還沒有來得及下手以前，毛已回到北京。在這種情況下，機會已失，全盤皆輸，林彪乘飛機北逃。林彪深知成為毛敵手的悲慘下場——當時我不知道，劉少奇被單獨關押在中南海後運至河南，飽受凌虐、病魔摧殘而死。暗殺計畫失敗，林彪無異是簽下了自己的死刑判決。林唯一的生路便是逃往國外。

林立衡密報其父親林彪是被綁架一事並不正確。林立衡深愛其父親，卻與葉群關係非常惡劣，竟懷疑葉不是她的生母。林立衡無法接受林彪擬定武裝起義計畫以及會叛逃的事實。

數月後，「九．一三事件」和中共中央文件的披露，對每個人都是極大的震驚，我也不例外。固然如前所述，早在一九六九年中共第九次代表大會以後，我就察覺毛對林有明顯的厭惡和戒備心。廬山會議以後，毛的言行，更加說明正在開展一場新的黨內鬥爭。但是想不到有這樣的結局。

事後有不少朋友問我，在一九七一年八、九月陪毛南巡途中，我怕不怕。朋友們很想知道和毛一同藏身於人民大會堂，直至林彪死亡，參與政變的餘黨被捕為止，那段期間我的感覺。坦率講，我沒有一點怕的感覺，因為當時我只知道毛這方面的活動，對林彪一方面的暗殺計畫和行動毫無所知。

75

林彪的策劃武裝政變和死亡，對毛無疑是一次巨大的精神打擊。一九七〇年十一月，毛將我從黑龍江召回北京替他治肺炎，從此他就沒有完全恢復。毛的體質上有了驚人的變化。在林彪的黨羽陸續被逮捕，毛的安全確定後，他又像一九五六年反右運動時那樣，一天到晚睡在床上，表情憂鬱。毛話變得少了，無精打采，一下子蒼老了許多，步履遲緩，站起來的時候背駝得明顯，睡眠更加紊亂。

長期以來，他的血壓保持在高壓一百三十毫米汞柱上下，低壓在八十毫米汞柱上下。這時，偶爾高壓上升到一百八十，低壓則為一百。兩個小腿和兩腳都有輕度浮腫，在足踝處可以看得很清楚。感冒、咳嗽、濃痰不斷。胸部聽上去，滿是囉音。肺部顯然有反覆的感染。痰培養沒有特殊的致病細菌，只是些正常人都有的非致病菌類。這表明毛本身的抵抗力大為減低，對正常人不會致病的菌類，在毛的肺上卻引起了感染。心臟雖然沒有雜音，但是有時有心律不齊。

我建議毛做一次全面體格檢查，至少照一次胸部愛克斯光片子，和做一次心電圖。他不同意。我又向他建議，服用人參，提高全身抵抗力。他說，他不相信中醫。

但是肺部的反覆感染，不加以控制的話，會越形嚴重，而且能引發心力衰竭。我向毛說明，肺部感染不能不設法控制，提出肌肉注射抗生素。他說，他不願意打針，只同意口服抗炎藥。於是開始口服抗生素。只是吃吃停停，厲害時吃，稍一減輕就又停止。這種辦法無異於鍛鍊細菌對抗生素的抵抗力，使肺部感染更加不易控制。毛全身情況是越來越虛弱了。

到了十一月二十日，北越總理范文同到北京訪問。毛在人民大會堂一一八廳會見范，電視上照出毛行走的步態。很多人都問我，為什麼毛走路那麼困難，兩條腿像是兩條木棍子似的在挪動。

毛在床上抑鬱終日，此時又在構想新的政治戰略。五年多前，也就是一九六六年春天，文化大革命爆發後，黨內精英凋零殆盡，許多高階層官員被迫害致死，有些人下放，有些人遭批鬥。但真正思謀叛變的人竟是毛最親密的戰友——林彪。許多領導人早就對毛發出警告，他們認為林不適合做接班人。他們曾大力反對林提出的對毛的極端個人崇拜，及其所主張的軍隊驟馬化和滿嘴空洞愚蠢的政治口號。毛在床上輾轉了四個月，他決心要那些被他批鬥的老同志回到他身邊。

76

毛計畫讓大部分的老幹部復職。陳毅元帥的追悼會是毛發出的第一個訊號。

一九七二年一月六日，前外交部部長陳毅因結腸癌去世。陳毅一生忠心耿耿，直言敢諫。他曾痛陳文化大革命的錯誤、紅衛兵的暴行以及林彪的錯誤領導。

一九六七年二月前後，國務院副總理譚震林、李富春、李先念、元帥陳毅、葉劍英、徐向前、聶榮臻在中南海懷仁堂開會，對江青及文革小組等人提出強烈批評，不滿於文化大革命的一些做法。二月十七日，譚震林給中央寫了一封信，說他當年不該加入革命行列，不該加入紅軍，不該在一九三〇年初和毛一起上井岡山。林彪將這信轉給了毛，上加批說「譚震林最近思想竟糊塗墮落到如此地步，完全出乎意料之外」。

毛讀過信後，召集了部分政治局委員開會，嚴厲批評了在懷仁堂會議上提意見的這些人，指責他們搞復辟、搞翻案。林彪、江青等人便藉機鼓動「反擊全國自上而下的復辟逆流」。大規模地批整各級領導幹部。此後中央政治局停止了活動，由中央文革小組碰頭會取代。這一事件被文革小組稱為「二月逆流」。

陳毅在那時被迫離職。一九七二年陳毅去世時，仍未平反。（譯注：陳毅在一九六八年後蹲點勞動，下放石家莊，一九七〇年中央同意陳回北京治療癌症。）

追悼會定在一月十日下午三時在北京西郊八寶山殯儀館舉行。（中共建國元勳大都安葬於八寶山。）毛可以不出席。原定由周恩來主祭，葉劍英元帥致悼詞。葉劍英送來有關追悼會的文件，請毛審閱。毛看過後，將悼詞中「……有功有過……」四個字勾掉，這等於是讓陳平反。

到下午一點多鐘，毛睡醒覺，突然決定參加追悼會，而且立刻就走。他的這一突然決定，使我們措手不及。

他那時光著身子，只穿了件睡衣就走。向他說外面很冷，要穿好衣服，他並不考慮。只好用一件夾大衣穿在睡衣外，戴上帽子。我們陪他上車，往八寶山去。汪東興打電話給周恩來，說明這一突然變化，並且叫楊德中立即趕去八寶山設法解決取暖問題。

到了八寶山公墓的休息室，除陳毅的夫人張茜和她的四個孩子在另外一個休息室外，別的人都還沒有來。毛讓張茜和她的孩子們到他這裡來。

張茜進來以後，毛的服務員將毛從沙發上扶起來，迎上去。張疾步前趨。毛拉住張的兩隻手。

張滿臉淚痕，向毛問好。

毛擠著眼睛，咧開了嘴，說：「陳毅是一個好同志啊。」

這時周恩來、葉劍英、朱德等人紛紛趕到了。我聽到旁邊有人說：「毛主席哭了。」大家不禁唏噓起來，整個休息室充滿了抽噎聲。

但是我沒有看到毛流下一滴眼淚，儘管毛又嚎了幾聲。我常想，毛是極善於表演的，如果他是位演員，他可以成為一位名演員。他能夠在不同的環境，對不同的人，做出不同的控制和影響對方情緒的表情變化。

流亡在北京的柬埔寨西哈努克親王也來參加追悼會。毛同西哈努克握手，向西哈努克說：「我的親密戰友在去年九月十三日，坐了一架飛機要到蘇聯去，可是在蒙古的溫都爾汗摔死了。」接著又說：「我的這位親密戰友就是林彪，他反對我。陳毅支持我。」

毛又說到陳毅是反對林彪、陳伯達這些人的。毛還說到所謂的「二月逆流」實質上是陳毅這些老同志反對林彪、陳伯達和王力、關鋒、戚本禹。由於毛的這番講話，將「二月逆流」完全平反過來，也給一些高級幹部的解放鋪平了道路。

很明顯的一個例子是，在陳毅的追悼會後，前代參謀總長楊成武、前空軍政委余立金和前北京警備司令傅崇碧三人隨即平反。林彪於一九六八年三月二十四日晚召見解放軍各總部、國防科委、國防工辦、各軍兵種、駐京各軍事院校、北京軍區部隊所屬各單位團以上幹部、各軍區參加學習班和開會的幹部，以及在北京參加「三支兩軍」的幹部，共一萬多人，在人民大會堂開會，宣布撤銷楊、余、傅的職務，並將余立金逮捕法辦。毛說：「楊、余、傅都要翻案。這些人的問題，都是林彪搞的。」

毛還讓汪東興向楊成武轉達了他的話說：「楊成武，我了解『楊、余、傅』事件搞錯了。」

羅瑞卿（譯注：羅於一九六六年上海會議被批鬥後，曾跳樓自殺，所幸只是左腿骨折）亦平反。毛說：「林彪說羅瑞卿搞突然襲擊。林彪對羅瑞卿還不是搞突然襲擊。在上海，是我聽了林彪的話，整了羅瑞卿。有許多問題我聽了一面之詞，就是不好，我要做自我批評。」

可以這樣說，林彪事件的發生，促使毛回頭看看這些被打倒，或靠邊站的幹部。在毛的「幹部政策」指揮下，周恩來奉命使大部分老幹部恢復了工作。由此可見，雖然他口頭上並沒有承認，但是在客觀上，他的這個行動卻在某種程度上，起了否定文化大革命的作用。

77

一九七二年，毛的健康狀況持續惡化。我們從陳毅的追悼會回中南海以後，毛就生病了。八寶山殯儀館室溫很低，雖然用一大空汽油桶，裝滿燒紅的煤塊，但起不了多大作用。追悼過程中，毛一直站立著。到追悼會快結束時，他的兩腿已有些抖動，並且開始連續咳嗽。會後，出門上汽車，幾次抬腳，都蹬不上車，最後由我在後面向上搬腿，才算是上了車。這在以前是從來沒有發生過的事情。

回來以後，明顯的肺部感染加重，而且有了低燒。我提出肌肉注射抗生素，他拒絕了。只好口服抗生素。症狀沒有一絲好轉，兩腿兩腳浮腫越來越重，肺部鑼音滿布，心律不齊增加。又建議他檢查身體，再請醫生會診。毛不同意，而且說：「你是想推卸責任。」

口服抗生素服了五天，毛給停下來了。他說：「吃了不頂用。」

毛已經不能平臥，只能靠在沙發上入睡，而且有時迷迷糊糊，好像時醒時睡。

一月十八日近中午的時候，吳旭君叫我，說，毛的脈搏摸不清。我跑到毛的臥室，細測他的脈搏，已經到了每分鐘一百四十跳上下。我立刻打電話給汪東興和周恩來，並且說，毛不同意做必要的檢查，可是毛的情況已經很危急，再有突然變化，就會措手不及。

周決定成立醫療組，任我為組長。從北京阜外醫院調麻醉科主任尚德延和北京醫院麻醉科主任高日新和一些急救護士，暫時住在中南海門診部。又讓我向毛說明，讓北京醫院內科主任吳潔及中南海門診部醫生胡旭東參加治療工作。又請來中醫研究院西苑醫院內科主任岳美中做必要的中醫治療。同時讓我再勸毛做心電圖檢查。

我將周的建議向毛說了，開始時毛不同意。後來我講，現在治療，可以很快恢復，再拖下去就不容易恢復了。他的浮腫已開始向上擴散。毛同意了做些簡單檢查，但只限定做心電圖和體檢。

病的診斷是很清楚的，是因為肺部的感染，引起心臟受到損害，也就是發生了肺心病，並且已經有了充血性心力衰竭和肺性腦病。腦部沒有足夠的氧氣，所以迷迷糊糊，時睡時醒。心電圖顯示有陣發性心動過速。

毛說話還清楚，但是顯得十分疲憊。過去，毛見到不大熟識的人，總要說幾句笑話。這次可不同了。他急躁，不耐煩。中醫岳美中給毛看了脈，然後按中醫理論解釋病情。毛沒有等岳說完，就講：「可以了，你們出去研究。」大家退出去以後，他又將我叫回去說：「我看，中醫起不了什麼作用，讓他走吧。」

我想這很不好辦，岳美中是有名的中醫，當時已經近七十歲了，對這樣一位老中醫可不能呼之即來，揮之即去。

我和汪商量。汪讓我將岳美中送到他那裡，給他看看病，同時談談毛的病情。這樣才使岳沒有受到精神上的打擊。

我與吳潔、胡旭東商量後，向毛提出要消炎（注射青黴素，即盤尼西林），強心（先肌肉注射，然後口服洋地黃製劑）及利尿（服用利尿劑）。毛只同意前兩項，他說：「不要搞得這麼緊。你們的辦法都用完了，下一步就沒有辦法了。」

毛仍然不放心。他要我去問康生是用什麼藥治病的，毛想用同樣的藥。林彪事件後，當時也是中共中央政治局常委之一的康生，突然陷入重度的精神憂鬱症。他待在釣魚台的房裡，整天坐在沙發上，一動也不動，一語不發。康的情況和毛的病完全不同。

我找到康生的保健醫生顧。他說，康生什麼藥都不信，只信抗生素。回來以後，將康生的只信抗生素告訴了毛，毛說：「你看嘛，不要用那麼多種的藥。」因此，洋地黃製劑只注射了一次，就停下來。

只用青黴素注射，當然解決不了心力衰竭的問題。驗血報告顯示毛缺氧度嚴重，遠遠低於正常水準，有生命危險。到一月二十一日，我打電話給周恩來，說明照這樣拖下去，很危險，希望周來游泳池，勸毛加強治療。同時，我又說明，這麼多年來，給毛治病，從來不告訴江青。毛一向同意不要向江青講，免得她干擾治療。周同意不向江青講。

到晚上七點多鐘，周恩來到了游泳池，可是江青也同時來了。當時我一怔。江青來了後，去上廁所。周恩來同我說：「主席病重，江青同志是政治局委員，而且是主席的夫人，如果不告訴她，一旦主席出了事，我怎麼交代啊。何況每個人都有自己的組織，我在政治局裡，不向她講怎麼行呢？」

我和吳、胡三個人，向他們二位講明毛的病情，提出如不加強抓緊治療，就會有危險了。周恩來問得很仔細，特別對治療方法上提了不少問題。

江青心不在焉地說：「前幾天去八寶山參加追悼會，還不是很好嗎？去年一年精神好得很。主席身體的底子好，不會有什麼大的毛病。不要製造緊張空氣。」

周又解釋，從林彪事件以後，毛的身體就不太好。周又提出要我陪他和江青一起到毛的臥室，由我說明需要加強治療和治療方法。

我第一個走進毛的臥室。毛穿了一件睡袍，前襟敞開，坐在單人沙發上，頭靠在沙發背上，閉著眼睛，嘴半張開，胸部起伏不止，兩臂、兩腿伸直，似乎癱在沙發上，兩頰蒼黃。

我走到毛的面前輕聲說：「主席，周總理和江青來看你。」

我與周、江各搬了一把椅子，圍坐在毛的沙發前。周轉頭看看門外。外面汪東興、張耀祠等人都在張望傾聽，周把他們噓走。

毛嗯了一聲，大聲咳嗆，終於有了一口痰咳出來。毛的習慣是別人拿痰盂湊上去，吐在痰盂裡。我用痰盂接上去。江青跟毛長年分居，不曉得毛用痰盂的習慣。江青哼了一聲，用小毛巾去接。毛拿手猛力推開江青的手，然後向我送上去的痰盂將痰吐出。

毛斷斷續續地說：「你們來，有什麼事情，講吧。」

周向江看看。江端坐在椅子上，不聲不響。周說：「我們剛才在外面研究了主席的身體情況，想將研究的結果向主席匯報。」

毛說：「有什麼好研究的，你們又不是醫生，啥也不懂，還不是要聽醫生的。」

周望了望江青，江仍然一言不發。周接著說：「剛剛他們三位……」

毛說：「什麼三位？」

周說：「就是李志綏、吳潔、胡旭東三位醫生，向我和江青同志講了主席的病情。」

毛慢慢張開兩眼說：「什麼病情？」

周說：「主席受了涼，肺部有感染，拖的時間長了一點，心臟受了影響。還要增強治療才行。」然後，周向我說：「你再給主席說說病的情況，和治療辦法。」

我答應了一聲，還沒有開口，毛對著我說：「你原來給我吃的是什麼藥，弄得我一點也不想吃飯。現在又打什麼針，打得屁股上又癢又痛。」

江青這時惡狠狠地說：「一九六八年李志綏用毒藥害我，你當時講『為什麼他只害你，不害我，害我不是比害你更容易嗎』。現在你看，他害你了。這不是清楚得很嘛。」

毛嗯了一聲，對我說：「這你可是立了一大功啊。」

我聽了毛的這句話，胸口似乎縮了進去，立刻嘴裡乾得要裂開，氣都透不出來了。

江青馬上對我說：「你出去，不要再在我們這裡攪鬼了。」

這時我倒坦然無所謂了，下一步無非是將我逮捕，定個謀害毛的罪名，然後處決罷了。我終於得以離開一組了，這就是結局。我慢慢向門口走去。我看周滿臉蒼白，兩手微抖，全身僵住了。

我剛走到門口，毛嗯了一聲，大聲說：「不要走嘛，有話當面說嘛，有什麼話要背著人講哪。」他這話是對著江青說的。

當時我真可以說是一塊石頭落了地。雖然不能說是心花怒放，但是心境開闊。只要我在場，在毛的面前，我可以申辯清楚。我看周的表情放鬆了。

我又坐下，說了一句：「目前心臟力量不足，血液回流不好，身上有浮腫，內臟包括胃和腸都會缺少氧氣和水腫，食欲自然不好。也因為血液循環不好，打針的地方，吸收藥慢一些，是會有癢痛的感覺。」

毛好像並沒有聽我講話，只是搖著頭，右手拍著沙發的靠手說：「江青，你送的藥給我吃。我吃了以後要吐，你的藥也不好嘛。」吃荷梗煮水是康生建議的。

毛說完了以後，我可真是心花怒放，全身通泰，喜從中來。我側眼看江青，她全臉發青，一副煞氣，掏出一方手帕，擦著額頭，呼吸急促起來。

毛將頭完全靠在沙發背上，說：「我看你們兩個人給我吃的藥，都沒有起好作用。」然後對著我說：「所有的藥都停了。誰要是再說藥的事，就給我滾。」

我放開的心，立刻又縮在一起。毛生病了，不吃藥，會有生命危險。他一定得趕快好起來。

毛將頭轉向周恩來說：「我不行了，全靠你了……」

周立刻插話說：「主席的身體沒有大問題，還是要靠主席。」

毛搖搖頭說：「不行了，我不行了。我死了以後，事情全由你辦。」

我看江青雙眼圓睜，兩手握著拳，全身好像要爆炸了。周恩來則兩腿縮回，兩手撐在膝蓋上，上身挺直，微微前傾，好像凝固起來。

毛的這些話，明明是將國家的黨、政、軍大權交給了周恩來，而且是當著江青的面講出來的。我那時還餘悸未定，全身大汗，沒有體會到毛那時話中的意思。今日走筆，我想這是毛第一次面對自己的死亡。

毛又說：「就這樣定了。你們去吧。」

我隨著周、江走出毛的臥室，穿過毛的書房兼會客廳，走到護士值班室外面的小休息室。汪東興、張耀祠一幫人都在。

江青將帽子往地下狠力一扔說：「這是個特務集團。我要查清楚。」然後對周恩來說：「到懷仁堂，馬上召集政治局會議。」說完，氣勢洶洶地走了。

周對汪東興說：「東興同志，馬上通知在北京的政治局委員，立刻在懷仁堂開會。」這時是晚上九點多鐘。

78

到了十一點鐘，政治局會議進行了兩個小時。汪東興要我與吳潔、胡旭東立即到懷仁堂東休息室外廳。我們到了以後，吳階平和卞志強大夫隨後也來了。我們坐在那裡，相對無言。

過了一會，中央政治局委員姚文元從裡面走出來。姚說：「我是受政治局和江青同志的委託，找你們談談。吳階平、卞志強大夫，你們二位沒有參加毛主席的治療工作，也可以聽一聽，判斷一下嘛。

「毛主席身體一貫健壯。他每次參加集會和接見外賓，我們在發表新聞消息時，都一再說明，毛主席紅光滿面，神采奕奕。這不是空話。你們看。」姚從皮包內拿出一張毛會見北越總理范文同時握手的照片說：「你們看看，主席這手握得多麼有力。有點感冒受涼，並不是大毛病。你們有什麼根據，說主席的肺臟和心臟有病不好，而且還是什麼心力衰竭。這明明是謊報軍情，動搖人心。只是這點，我不講你們有什麼政治問題，至少也是在政治上製造混亂。你們是要負政治責任的。」

姚問我們有什麼話要說。我沒有作聲，因為姚的這些話，已經在政治上給我們下了結論，是無理可講的了。姚轉而又問吳階平和卞志強大夫，有什麼判斷。他們兩人也是悶不說話，不表示任何態度。

姚說：「你們都沒有意見，你們回去吧。等待政治局會議後，有什麼結論，會通知你們。」

我和吳、胡回到游泳池，這時已經是一月二十二日凌晨二時。我們毫無睡意。吳潔嚇得全身顫抖，坐立不安。吳已經六十四歲，比我大十二歲。吳潔在一九四九年中共攫取政權以前，是北平醫院院長，又是國民黨員。為了這兩件事，文化大革命初期，他被批鬥，挨打，關進類似監獄的所謂「牛棚」。到一九六九年汪東興住北京醫院時，才將他解放出來。他對我說：「難道我又要被抓起來鬥了嗎？」

我勸他不要急，因為急也沒有用，何況整個過程，包括體檢和治療，都得到了毛的同意。毛雖病重，但沒有死，根本沒有謀害的證據。話雖如此，我自己也很焦躁，因為毛已停止治療，而且我不知政治局會議，會產生什麼樣的結果。

凌晨四時許，懷仁堂打來電話，又叫我們去。這次我們帶上毛停止治療前一天趁機做的心電圖。圖形上已看出有間或的心室性早搏和心肌缺血的現象。

這次見我們的是葉劍英和李先念。

葉說：「政治局讓我們再同你們談談主席的情況。你們不要有顧慮，給我們講清楚。」葉對我十分尊重有禮，總是稱呼我為「李院長」。

我將林彪事件以後，毛的身體變化和目前的狀態，向他們講了。我拿出最後的這次心電圖，交給他們。

葉曾經多次住院檢查心臟。他學會了看心電圖。他將毛的心電圖看過以後說：「心臟明明有病了，怎麼能說是沒有病，怎麼能說是醫生謊報軍情？」

葉又詳細問到頭天夜晚，我與周恩來及江青向毛報告病情及治療的情況，然後說：「你們沒有錯，主席停止治療的責任不在你們。你們放心回游泳池去，好好準備下一步的治療。特別注意準備好急救的藥品和用具。從今天起我每天到游泳池去值班，你們有事情找我好了。」

然後葉問李先念有什麼話。李是從始至終沒有說一句話，而且面無表情。葉於是讓我們回去。這時已經是早晨七點鐘了。

經過一夜的折騰，心緒極壞。葉的話使我如飲甘露，焦躁情緒一掃而光。吳潔也露出了笑容。我們一邊往回走，一邊討論下一步的治療對策。回到游泳池後，我們隨便吃了點東西，就睡覺了。

到下午三點多鐘，我醒來時，葉劍英已經到了。我走到大廳，吳潔和胡旭東早已來了。葉說：「我來值班，還要同你們談談。」然後對著我說：「李院長，你在主席這裡已經十八年了，我們都了解你，你放心，大膽去工作。哪一個人沒有受到挫折的時候？」又對著吳潔說：「吳主任，你做了幾十年的醫生，搶救了多少病人。比主席年紀大的，你也搶救過來了。難道就治不了主席的病？」

吳潔立刻說：「只要主席肯治，一定治得好。」

葉笑了笑說：「那麼好。主席現在不治，是生了氣，氣過了還是要治的。」又對胡旭東說：「我不認識你，三個裡面你最年輕，要多做點事。」胡旭東那時才四十歲。

葉坐到五點多鐘才走。吳、胡二人暫時搬到門診部。我仍住在游泳池的一間換衣室裡。

晚飯後，汪東興問我今天怎麼樣。我告訴他，今天沒有見毛，要等他消了氣，才能說上話。汪同意我的意見說：「不能急，急了只壞事。」

汪跟我說了昨夜政治局會議的情形。

汪說：「昨天夜裡從游泳池到了懷仁堂，在京的政治局委員都趕到了。江青一入場就大聲吼叫，說主席身邊有一個特務集團，要政治局審查。王洪文、張春橋、姚文元都隨聲附和，亂成一團。我要講話，葉帥坐在我旁邊，用手按住我的腿，擺動著。我知道他的意思是，不要這時辯論。周（恩來）說，有話慢慢講，不要急。江青立刻對著周說，主席身體很好，你為什麼要逼他交權。這時全場又亂起來。江青又說，讓姚文元代表政治局，找醫生們談。還提出，叫吳階平和卞志強兩個醫生參加，從醫學角度判斷。

「這時葉帥問到底發生了什麼事情。周將毛主席和你們三個人談話，簡單說了一下。葉帥說，這有什麼要緊，主席身體不舒服，講幾句話，有什麼關係。江青這時才慢慢安靜下來。葉帥提出，他要同先念同志再和醫生們談談，而且要每天到游泳池去值班。江青同我講，主席那裡，沒有主席同意，誰也不能去。今天我起床立刻給葉帥打了電話，勸他算了，不要去游泳池值班了，免得又惹麻煩。」

汪接著說：「我找你來是告訴你，只要有機會，就要向主席建議治療，不能再耽誤了。」

我回到游泳池。毛已經醒了。毛現在已不能躺下，只能坐在沙發上睡。呼吸聲音就像抽風箱一樣。醒是醒了，可是坐在那裡，有時候又睡著了。

我進去看毛。我走進毛的臥室，他坐在沙發上，頭斜靠在沙發背上，呼吸急促，痰鳴很響，口唇周圍發青，閉著眼睛。毛到此時仍不肯治療，我只好退出房間。

我走回大廳，安靜得很。這時徐業夫祕書走進來。他將送毛審閱的文件交給了吳旭君後，走到我的房間。

徐說：「老李啊，你看滑稽不滑稽。今天江青關照我和張玉鳳說，主席這裡有個特務集團，要我們提高警惕心。還讓我住到裡面的小休息室，看守好主席。我說，我不懂醫，守在這裡也沒有用。我同汪（東興）主任講了。他說不要聽江青的，不能睡在小休息室裡。我看他們之間有矛盾。弄得我們不好辦事。」徐又叮囑我，不要同別人說，免得惹事。

從那天起，我真是日坐愁城，寢食不安。毛的水腫越來越重，頸部、前額都有了明顯的浮腫。張玉鳳每天出去，即使在游泳池，也避不見面。後來我才知道，她正通過北京市市委書記兼市長吳德，將她父母和妹妹張玉梅的戶口由牡丹江遷到北京來。

這樣熬過了十天。到二月一日下午，毛要我到他那裡去。

毛稍微睜開眼睛，說：「你看我的病還有救嗎？可以治得好嗎？」

我說：「只要你肯治，當然有救，可以治得好。」我感到毛大大鬆了口氣。

毛讓我摸他的脈搏。脈很細，而且不規律。

毛說：「怎麼治法呢？」

我說：「以前向你報告過了，要採用消炎、強心、利尿的方法。要打針和吃藥。」

毛說：「還要打針？」

我說：「不打針，肺部的炎症控制不住，去不掉病根。」

毛說：「那好，開始治吧。」

我心裡的陰鬱一下子一掃而光，歡喜若狂，精神也為之一振。在毛拒絕醫療的這些日子裡，我關心的不只是毛的健康。幾星期來一個中國人民仍不知道的天大祕密壓在我胸口上。中國歷史將會有重大變化。美國尼克森總統將於一九七二年二月二十一日訪問中國。我還有三個禮拜的時間使毛恢復健康。我們立刻展開醫療行動。

這裡我要回溯到一九七一年。該年三月下旬，世界乒乓球比賽在日本名古屋舉行，日本乒乓球協會邀請中國派隊參加。三月十四日，國家體育運動委員開會討論。這時中日之間沒有外交關係，會上大多數人認為日本右翼分子和國民黨會搗亂，危及運動員，表示不同意參加。周恩來想派中國隊去。周向毛寫了一個報告，取得同意。毛並說：「告訴運動員，要一不怕苦，二不怕死。」這是自文革以來，中國第一次派運動員出國參加比賽。

接近比賽結束時，一些美國隊的運動員向中國隊隊員表示，他們很想訪問中國，希望得到邀請。中國隊向國內請示。周恩來批示，告訴美國隊，將來有機會訪問中國。這是一種有禮貌的拒絕方式。四月六日中午，毛看了周的報告，同意周的意見，並將該報告退回給周。但是到了午夜，毛服用安眠藥後，開始吃飯。當時毛已經昏昏欲睡，語言不清，他斷斷續續地講，讓吳旭君打電話給外交部禮賓司司長王海蓉，立即邀請美國隊訪問中國。吳恐怕聽得不明白，向毛重複了一遍，毛點點頭後，深入睡鄉。

這是第一次中國向美國發出明確而公開的友好表示。周恩來後來說：「一個小球轉動了大球。」意思是邀請美國乒乓球隊一事牽動了今後世界未來的局勢發展。此事件以後也被稱為「乒乓外交」。

79

我立刻叫吳潔和胡旭東從門診部趕來游泳池。自從幾星期以前，江青暗指我是個特務後，我明白我不能再單獨替毛治療。這樣毛就算出了事，也是我們三人一起分擔，江青沒法子只對付我。我們讓尚德延醫生在門診部準備好急救用具。我給毛在左前臂皮膚作抗生素過敏試驗。沒有過敏反應。於是由吳旭君在毛的左臀部肌肉內注射了第一針。

過了二十幾分鐘，毛咳嗽起來，但是咳嗽無力，不能將痰咳出。痰堵在喉嚨中，呼吸短促，毛暈厥過去。

大家立刻將毛的上身扶起，胡旭東用拳連續猛叩左前胸，叫喊「主席、主席」。胡的叩擊過猛過重，毛年紀老了，很容易造成肋骨骨折。我擔心他的慌張失措會引起其他在場非醫務人員的混亂。我馬上打電話到門診部，叫急救人員帶著氧氣瓶、呼吸器和吸痰器來游泳池，同時給毛做靜脈輸液，加上呼吸和心臟急救藥物，並且注入激素，緩解氣管痙攣，提高身體的應激能力。

十幾分鐘後，還不見尚德延等急救人員來到。我趕到游泳池外，向門診部跑去。外面正下著大雪。到了門診部前面，這些人正在等車。我急了，叫他們隨我跑回去。

趕到游泳池書房內，毛還沒有清醒，喉中的痰仍卡在那裡。尚德延用吸痰器插入喉部，開動馬達，將痰吸出，然後給毛戴上面罩，接上呼吸器。

痰出來以後，毛睜開了眼睛，立即用手扯掉面罩，說：「你們在幹什麼。」我問他怎麼樣，毛說：「我像是睡了一覺。」他發現左肘的輸液針，又要去扯。我說：「這可不要去掉，去掉以後，就不能注射藥到血管裡去了。」毛沒有再扯，只是說：「怎麼這樣多的人在這裡，用不著嘛。」於是室內只留下我和急救的醫生和護士，其他的人退出去了。

毛暈厥後，汪東興打電話給周恩來。周正在人民大會堂開會。周一聽到這消息，當場大小便失禁，都拉在褲子裡。等周換好衣服趕到游泳池，毛已清醒過來。

周恩來到了以後，先去看了毛。看到毛已經安然無事，就走了出來。張玉鳳攔住周，說有事同周談。

周同張談話後，走到大廳，面容嚴肅。他叫我和吳、胡走到大廳南端談話。

周首先詳細問了發生暈厥的情況和搶救過程，然後說：「張玉鳳剛才同我談了，她認為是打抗生素針的過敏反應。你們再研究一下吧。」

這時尚德延醫生走過來，周讓尚坐下，又講了一遍。尚立即說：「這可不是過敏反應。我將痰吸出來以後，主席即時喘過氣來，才清醒的。」

周說：「這樣吧，你們寫一個報告給我，將發生這次危急病情的經過，你們如何搶救，你們的診斷，都寫清楚。這樣，我可以向政治局報告。」歇了一會，又說：「出了這麼大的事，政治局還不知道。如果沒有搶救過來，可就成了大問題了。像尚（德延）主任他們負責急救，為什麼不早點到游泳池來，直到發生了危急情況，才趕來。這多耽誤事情。幸好搶救過來了。這是誰的主意？」

我說：「原來張耀祠同志告訴我，張玉鳳說，主席只同意吳潔和胡旭東進游泳池，別的人不許進。氧氣瓶和吸痰器機器，張耀祠同志都不同意拿進來。這游泳池裡面沒有醫療設備，我們進行治療非常不方便。可是怎麼講也講不通，這些事也不可能由我一一向主席說明，經他同意再辦。他病重了，不可能想到這些事情。」

周沉思了一下說：「要把游泳池這裡面再改進一下，適合醫療工作。我同汪東興同志講一講，你們安裝必要的醫療設備。」

給毛繼續注射抗生素針以外，又服用了強心劑和利尿劑。張玉鳳跑來問什麼時候可以排出小便，可以排出多少。我們按照平時的臨床經驗告訴她，一般四個小時可以排出大約二千毫升（西西）小便。

張玉鳳冷笑說：「你們有把握嗎？」

我說：「治病不是算命。我們根據病的程度和所用藥量能起到的作用來分析。最重要的是，按規定的藥量和時間服藥。」

張說：「吃藥我不管，這是護士長（指吳旭君）的事。」說完，她到書房裡面去了。

吳潔問我：「這個張玉鳳是什麼人哪？說話這麼沒有禮貌。」

我說：「時間長了，你就會知道了。」四小時後，毛開始排小便，第一次排出一千八百多毫升（西西）。大家都有了笑容。

毛很高興，叫我們去他的臥房，詳細問了他得的到底是什麼病。我們將病情向他解釋清楚以後，他說：「看來這個病可以治好。美國的尼克森總統要來，你們知道嗎？」

我說：「周總理講過。」

毛說：「就在這個月二十一日來。我能夠在這個以前好嗎？」

我說：「只要堅持治下去，會見尼克森沒有問題。」

毛說：「那好，你們給我治下去。」然後請我們一起在游泳池吃晚飯——清蒸武昌魚和涮羊肉。我們用餐時，毛問吳潔是不是黨員，吳說不是。毛問為什麼。吳潔說，以前加入過國民黨。

毛笑了說：「我以前也加入了國民黨。這有什麼關係？」然後對我說：「你向北京醫院打個招呼，叫吳潔入黨，我是介紹人。」

吳潔就這樣入了共產黨。

晚上周恩來到游泳池，看到治療見效，十分高興，主動同我們照了一張合影，又說：「我謝謝你們。我和小超大姐（即鄧穎超）請你們吃春節餃子，外加一個大蛋糕。」臨走前，周又說：「二月二十一日美國總統尼克森到北京，你們一定要讓主席恢復到能夠會見。」

80

尼克森總統於一九七二年二月二十一日抵達北京。從二月一日毛決定接受治療開始，醫療組輪流晝夜二十四小時待命，盡全力使毛恢復健康。毛的身體大有改善。肺部感染控制住了，心律不規則現象也減少了。水腫還只消退一部分，只好訂做了一套寬大的新衣服和鞋子。但毛仍喉嚨腫脹，說話困難，體力很差。毛在尼克森來訪的一星期前，開始做身體鍛鍊。他開始練習起立，蹣跚走路，後來已經可以讓服務員攙扶著起立和走一點路了。

尼克森抵北京的那天，我從未見過毛這麼高興過。毛一早起來，眼睛一睜開，就開始不斷詢問尼克森抵達時間。周福明給理了髮，刮了鬍子。頭髮上還擦了些香味的頭油。（毛上次理髮到這時，已有五個月）毛坐在他游泳池內的書房兼會客室的沙發上等著。報告尼克森行蹤的電話不斷打進來。等到尼克森的飛機抵達飛機場，毛立刻讓護士長吳旭君傳話出去，告訴周恩來，立刻會見。周非常為難，在電話中說，要向毛說明，尊重國外的禮賓習慣，客人是先要到住地，稍作休息，換衣服，再行會見。毛對此並未反對，只是不斷地催促，並詢問客人的情況。

周恩來為尼克森舉行了午宴。宴會結束，尼克森回到釣魚台國賓館，毛決定即刻會見。

醫療組為這次會面做了萬全的準備。毛原來書房兼會客室內的氧氣瓶、呼吸器（季辛吉一九七一年七月祕密訪問中國後，由他帶來的）等醫療用具全部搬走。我們把毛病重時用的大床拆掉，並將醫療用具搬到會客室與臥室之間的內走廊上，又準備了一些小型輕便的急救設備，將氧氣瓶藏在一個大雕漆箱裡，其他設備則置於室內的大盆景後面。不仔細看是很難看出蹊蹺。這樣萬一有突發狀況，我們可以在短時間內將急救器具組合起來。周恩來只跟尼克森說毛有支氣管炎。但我想美國總統並不完全了解毛當時的病情。毛也只告訴他，他不能很好地說話。

尼克森與周恩來乘坐的紅旗車抵達時，我已等在毛書房外的游泳池大廳。翻譯是唐聞生。尼克森是第一個進門的美方人員，隨後是季辛吉，再來是後來成為美國駐中國大使的溫斯頓·羅德（Winston Lord）。我看見羅德時很吃驚——他看起來只像是二十出頭的大學生。國務卿羅杰斯（Rogers）沒有隨行。尼克森當時重用季辛吉做他外交政策的第一發言人，因此周恩來安排羅杰斯會見中國外交部部長姬鵬飛。

尼克森總統進門時，我點頭打招呼，並領他到毛的書房。然後我立刻到放急救設備的內走廊上。會談中曾有短暫騷動。隨同尼克森來的一位保安人員，被外交部禮賓司的人引進游泳池改造成的大廳。這個大廳的屋頂是鋁製的，四周門窗全部密閉。這位保安人員是後進來的，他很急，用報話機同釣魚台的美國代表團聯繫不上。警衛人員不懂英語，叫來禮賓司的人才知道，由於尼克森走得太快，這位保安人員沒有看見總統到哪裡去了。

書房和內走廊只以幃幔相隔，因此我聽到了所有的談話內容。會見尼克森的情況，在尼克森的回憶錄裡，有詳盡的描述（這次會晤原本只預定了十五分鐘，後來談了六十五分鐘），在此不再贅言。但有一事，我至今仍然印象深刻。毛向尼克森解釋，雖然中美關係大有改善，但雙方的媒體仍該不斷地互相攻訐，放放空炮。因為兩國人民敵意已深，不能馬上接受結交友好的事實。臺灣問題仍懸而未決。

送走尼克森以後，毛十分高興。換上睡袍，坐在沙發上。毛主動伸手讓我測量他的脈搏。脈搏洪大有力，搏動規律。毛問怎麼樣。我說，脈跳得很好。

毛問我：「你聽到我同尼克森的談話了嗎？」

我說，我一直坐在書房門旁，聽到了。尼克森來中國使我十分興奮。我想一個新時代來臨了。我從小到大受西方教育，對美國深具好感。中美關係在一九四九年以前一直十分良好。朝鮮戰爭爆發後，中美交惡。尼克森與毛的會面表示雙方願意結束敵意，開始友好關係。

毛說：「我很喜歡尼克森這個人。說話直截了當，不拐彎抹角，不像那些左派，口是心非。尼克森說，美國和中國改善關係，是為了美國的利益。這話說得多好啊。這比那些滿口仁義道德，一肚子心懷鬼胎的人好得多。中國何嘗不是為中國的利益，才和美國改善關係嘛。」說完後，他笑起來。

北極熊的威脅使中美雙方為共同利益尋求結合。

電視和報紙發表毛和尼克森握手言歡的合影。不明真相的記者說毛「紅光滿面，神采奕奕」。許多人以為毛胖了，更覺得那表示毛身體情況良好。知道毛生病、說話困難的美國媒體，則猜測毛是患了中風。但雙方媒體都錯了。毛患的是心力衰竭所引起的水腫，此時還沒有完全消退。

毛打了一次外交勝仗後，健康大為好轉。在不間斷的治療下，到三月中旬，水腫完全消退。肺部感染痊癒，不再咳嗽。重病期間戒了菸，咳嗽和支氣管炎未再復發。毛的精神高昂。這期間我常和他見面。我仍住在游泳池的換衣室裡。

毛談的最多的是中共和美國的關係。他認為在三〇年代初期，中共和美國沒有來往，而美國也不像英國、日本、俄國那樣在歷史上就插手中國內部事務。到三〇年代後期，中共和美國官方還沒有來往，可是有了一批像愛德加·斯諾和馬海德這樣的人通過民間渠道，來到陝北。馬海德後來還加入共產黨，入了中國籍，娶了中國妻子。

到第二次世界大戰後期，美國派了一個軍事代表團到陝北；直到大戰結束，中共和這個團相處得很融洽。由於這種關係，才能實現一九四五年八月毛去重慶與蔣介石會談，簽訂了和平建國的會談紀要（就是雙十協定）。

美國的羅斯福總統是與中共保持友好的總統，當然也包括那個時期的美國駐華大使館，和美國軍事代表團中的一些人。羅斯福總統去世以後，杜魯門總統就任，美國對中共的政策大變，給國民黨經濟和軍事援助，要消滅中共。這才使中國內戰大規模爆發而不可收拾。如果羅斯福總統沒有去世，國共歷史和中國歷史可能不會是後來發生的那個樣子。中共和美國的關係，可能也要重寫。

毛還多次談到日本。他說，我們（中共）要感謝日本；沒有日本侵略中國，我們就不可能取得國（民黨）共（產黨）合作，我們就不能得到發展，最後取得政權。好多日本人見到我們，都要賠禮、請罪。毛說：「我們是有你們的幫助，今天才能在北京見你們。」這就是壞事變成好事。

毛又說道，每個國家所遵循的社會政治制度是一回事，國家與國家的關係是另外一回事。不能因為國家的制度不同，就互不來往。南朝鮮人喜歡吃辣椒，中國的辣椒多得很，每年出口給他們三十萬噸，這不是很好嘛。

他認為全球是三個世界之間不斷的鬥爭。美國和蘇聯是第一世界，日本、歐洲、加拿大、澳大利亞是第二世界。亞洲除了日本、整個非洲、拉丁美洲都是第三世界，中國屬於第三世界。美國和蘇聯的原子彈多，也比較富。第二世界的國家，原子彈沒有那麼多，也沒有那麼富，但是比第三世界要富。第三世界人口最多。中國窮，只能廁身於第三世界。

在這種形勢下，戰爭是要發生的，中國要準備打仗，準備美、蘇在世界上鬧事。不能相信有持久的和平，或者所謂一代人的和平。

毛強調，中美關係突破以後，在全世界會發生很大影響，會發生一系列連鎖反應。一九七二年毛的另一次外交勝利，是日本首相田中角榮於九月抵達北京訪問。中共與日本的非官方關係已進行多年，雙邊貿易持續增長。

毛說，日本生氣了，因為美國打破中美關係的僵局，事先沒有告訴日本。日本通過廖承志和高碕達之助辦事處商談，已經同意，田中首相九月來訪問，實現邦交正常化。

日本內閣首相田中角榮和外務大臣大平正芳，在九月二十五日至三十日訪問中國，發表了聯合聲明，建立了大使級外交關係。

毛接待田中首相的禮遇，一如接待尼克森。毛並認為，他與田中的交談，較之尼克森更為融洽。當田中為日本大戰期間的侵華罪行道歉時，毛說如果沒有日本侵華，也就沒有共產黨的勝利，更不會有今天的會談。毛跟田中說，他的健康狀況不佳，活不久了。這仍是毛的政治遊戲。毛那時仍相信自己會長命百歲，這麼說是想探探國外對他的死亡會有的反應。

毛說，田中與他相同，都沒有上過大學，都是經過艱苦的實踐，鍛鍊出來的；也只有像田中首相這樣的人，才有魄力不顧日本自由民主黨內反對中共的傳統政策，做出建立中日外交關係的決定。

尼克森總統和田中首相也有一點頗為類似。兩人都是在任期之內被迫去職。但毛仍歡迎他們去訪問中國，並將他們視為「老朋友」。中美關係沒有如毛所願，進展到正式外交階段。美國對臺政策仍未改變。直到一九七九年，美國吉米．卡特總統任內，中共和美國才建立正式外交關係。那時毛已去世三年。

81

毛的水腫全消以後，人瘦了很多，好像去掉了一大圈。原來體重是八十二公斤左右，這時只有七十公斤。圓圓的臉變成尖下頷。肚子上的皮垂下來，不再像以前那樣豐滿。兩手手背、掌骨間下陷，顯然手上的肌肉萎縮，右手特別明顯。

毛很注意鍛鍊身體，但是身體衰弱，只能由人扶著，由臥室走到書房，或到外面的大廳走幾步。兩腿、兩手沒有力氣，有時候會自發地顫動。我發現毛口水好像多了，常流出來。

毛感覺，眼睛看東西模糊。看文件和書用的放大鏡，倍數越來越大，可是仍然模糊。

我特別擔心肌肉萎縮，不自主顫抖，並怕有別的毛病。我向毛建議，最好請神經內科和眼科醫生檢查一次。講過幾次，毛都不同意，最後只答應讓眼科醫生給檢查一下。

我請了北京同仁醫院院長張曉樓醫生來檢查。毛堅持要在書房中檢查，但房間狹小容納不下各種必要的光學儀器。張院長只好用一個眼底鏡和一套驗光眼鏡進行檢查。

張見到毛以後，因為心中無數，所以很緊張。毛先說一些笑話，然後問張的名字，然後說：「你的這個樓小了一點吧。」毛並說，如果張醫生把他治好，要給同仁醫院蓋一棟大樓。

張的眼睛驗光檢查繁瑣費時，忙得一身大汗。他發現毛的右眼角膜有輕度角膜雲翳。張初步診斷，毛可能有白內障。他提出要再用些儀器檢查，以明確診斷。毛不耐煩，說：「查個半天，還不就是這個樣子。不查了。」

但張無法得到肯定的診斷，也就無法對症下藥。他還需要檢查毛的眼底視網膜和視神經。

張覺得不弄清楚，說不過去。

我將這些情況，向周恩來說了。周也沒有辦法。上次病變時，他和江青去講了，江青反咬他逼毛交權。他覺得還是不插手為妙，不如由我慢慢同毛談通。眼科檢查於是拖下來。

毛大部分的時間都和張玉鳳在一起。毛自一月病重後便常和張一起吃飯。江青和別的領導要見毛都得先透過她。江只好通過張玉鳳打聽毛的情況，傳遞消息，取得毛的支持。為此，江送給張玉鳳很多東西，像手錶、西裝、衣料之類。甚至張生孩子所用的尿布，江也送去。據同在毛身邊做服務工作的孟錦雲說，江青讓張玉鳳在毛面前多說江的好話，使毛多見見江。張也很賣力向毛說了，鼓動毛多見江。但是張不明白毛的心理狀態。

張和我一向就相處不好，她對毛的控制力越來越大，我們關係便日益緊張。她要毛每頓飯喝一小杯茅台酒。我反對，怕烈酒容易引起咳嗆。但毛說他已戒菸，以前也不太喝酒，一點點茅台不會怎樣的。喝一點對睡覺可能有幫助。張很喜歡喝酒，在她的鼓動下，毛完全聽不進我的話。

一九七二年底，張玉鳳懷孕了。張耀祠跑來找我商量。汪東興和他都提出，要好好照護張玉鳳，能平安生育下來。

我向張耀祠說，毛早已沒有生育能力了，何況這時已近八十歲，又在重病以後，體力虛弱，這不可能是毛的孩子。

我說：「在我這方面沒有什麼照顧好不好的問題。張玉鳳的行政隸屬在鐵道部，鐵道部有自己的公費醫療醫院，她可以去做產前檢查，可以在那裡生產。」

張耀祠說：「正是這件事要你辦。張玉鳳講，主席說了，要給她送到一個好些的醫院去。

所有的費用，由主席的稿費出。」

我看汪東興、張耀祠兩個人都是這種態度，再爭下去，也沒有用處。於是我將張玉鳳介紹到北京協和醫院婦產科。醫院看到是我介紹的，認為張玉鳳來頭不小，可能是那位首長的夫人，或是文化革命中竄紅上來的「新貴」，自然要待如上賓。到八月張玉鳳生產的時候，給她住進高級幹部病房。

張分娩以後，的確有許多政要顯貴來探望，其中還有張的丈夫劉愛民。江青和張耀祠都去了，送了吃的和尿布等東西。江青一再向張玉鳳提出，及早回去上班。張產假期間，由她妹妹張玉梅代替工作。張玉梅比較單純，沒法子替江青向毛傳送消息。

中國共產黨歷經長征的建黨元勳都在一一老化。毛已經快八十歲了，他的許多戰友也老了。

康生是第一個生重病的政治局常委。許多黨員都不齒康生的邪惡殘酷、手段毒辣，並認為他該為文革許多無辜的死者負責。一九六七年康的小姨子蘇枚自殺時，有五十多人被審查批鬥。北京醫院一名負責搶救蘇的醫生被捕入獄，關押了十三年，至一九八〇年大規模平反冤案時，才被釋放。康生的死訊只會讓全國額手稱慶。

一九七二年五月中旬，周恩來告訴我，康生照了肺部愛克斯光片子，懷疑有肺癌。周要我一同去向毛報告康生的病情。我向周建議，不如等確定診斷，再向毛報告較好。周也同意。接著康生做了膀胱鏡檢查，確診為膀胱癌。醫生的意見是手術切除。

有一條不成文規定，政治局常委或是毛的一組人員，都得經過毛的同意才能開刀。周恩來負責布置康生的醫療工作，但得由毛批准手術。

毛說：「得了癌是治不好的，越治，死得越快。不要告訴他本人。本人知道了，精神緊張，死得也快。不告訴，不要開刀，還會活得長久一些，還可以多做些工作。」

但康生已經知道他患有癌症，醫生也勸他馬上動手術。在康生一再催促下，只做了膀胱鏡局部燒灼治療。

周因此也做了身體檢查。周照了一次愛克斯光肺片，並勸毛也照一張。毛不肯，我們只替毛做了尿細胞檢查。經過反覆多次的尿細胞檢查，毛的尿液中沒有不正常的細胞。但是周的尿液中確定有癌細胞存在。

周的病情是由汪東興和張春橋向毛報告。開始時毛並不完全相信。他認為好多病是醫生吃飽了飯，沒有事情幹，找來的麻煩。正是天下本無事，庸人自擾之。他曾問我，為什麼查尿可以看出癌來呢，而且那麼肯定是膀胱癌。他又認為，周外表上看來絲毫沒有病容，怎麼可能得了癌症。

後來經過多次解釋，毛似乎同意了這項診斷，但是對於進一步的檢查和治療，仍然抱著不贊成的態度。他說，既然是癌，那就無法可治了，何必再檢查，再治療，給病人增加精神上和肉體上的痛苦。不如聽之任之，倒可以活得愉快些。他說：「我得了癌，絕不治療。」

他堅持不再做檢查。他說：「以後不要多查了。查這裡，查那裡，無非查出一些新的病。誰人曉得查得準不準。你們醫生，就是喜歡大動干戈，不鬧得雞犬不安不止。我是不要你們檢查。一般看看就可以了。」

此後毛一直拒絕檢查身體，心電圖、愛克斯光胸片這些最簡單的檢查都沒有做成。

我對周雖然有些意見，但我和大家一樣，都很擔心周的病情。周精力充沛，長時間伏案辦公，主管中央的日常事務，睡眠極少。黨中此時優秀的老幹部都還沒有復職。中央只有周真正在做事。周的責任繁重，按照毛的指示總管全國的工作。

汪東興對我說，在毛的心目中，只有毛一個人不能死，誰死了也無關大局，毛自有解決問題的辦法，不要杞人憂天吧。

從一九七三年起，毛除去體力衰弱，呼吸急促，視力模糊以外，說話的聲音逐漸低啞，口齒逐漸不清。毛的身體越來越虛弱，稍微活動一下，就喘個不停，口唇發青。我們在臥室、書房都放了大氧氣瓶，接上塑膠管和口罩，間斷給他吸氧。他的視力一天天更加模糊，看書少了。江青提出來，將毛的書房改成小電影室，毛便看了一大堆由香港、日本、美國進口的庸俗不堪的片子。毛最愛看的是功夫片。

但毛的頭腦很清楚，思路也很敏捷。

82

文化大革命開始以後，毛對鄧小平是有意見，認為鄧應該「整一整」，但是他從來沒有將鄧小平與劉少奇等同起來。一九六八年中共八屆十二中全會上，劉少奇被開除黨籍。林彪、江青曾竭力主張將鄧小平開除出共產黨。毛不同意林、江的意見，而保留了鄧小平的黨籍。毛說，鄧小平人才難得，政治思想強。可是，毛又說鄧右得很。由此可以看出，毛對於鄧小平，是又打又拉，有褒有貶，使鄧能為他所用。

我是在一九七二年一月陳毅元帥的追悼會上，預感到鄧有可能復出。那時毛不再與我多談話，我都是透過汪東興知道重要政治動態。在陳毅的追悼會上，我聽到毛對陳毅的夫人張茜說，鄧小平與劉少奇不同，鄧屬於人民內部矛盾，由此給鄧的復出打下基礎。

周恩來的癌症是促使鄧小平復出的原因之一。另一個原因則是，林彪死後，政治局勢日漸複雜。當時正是以江青、張春橋、王洪文、姚文元為一方，周恩來、葉劍英為另一方，正在明爭暗鬥得不可開交。他們雙方在林彪事件的看法上意見相左，涇渭分明。

周恩來批林彪是極左，在工作上就要校正文化革命中的極左做法。江青、張春橋等一再宣稱林是極右，周則是「右傾回潮」。毛在此事上支持江青。在一九七二年十二月十七日，毛在一次談話中說：「林彪是極右，修正主義，分裂，陰謀詭計，叛黨叛國。」

毛自一九七二年初當著江青和周恩來的面交代交權後，似乎就對周疏遠了。他警覺到周似乎是個修正主義的右派。一九七二年七月四日，毛批評外交部「大事不討論，小事天天送。此調不改動，勢必變修正。」毛還說再這樣下去，中國會變成修正主義國家。同年十二月，毛又再度批評了周恩來。（譯注：「九一三事件」後，周恩來批林彪的「左」；整頓經濟，情況確有改善。）

從此江青等人不斷整周恩來，藉批林彪之機，發動了「批林批孔（夫子）」，又進而「批林、批孔、批周（周，明指為周公，實指周恩來）」。江青並說周恩來是「現代大儒」。

周恩來處境危艱。周恩來主持中央日常事務以後，除去毛接見外賓，周作為陪見，待外賓走了以後，才得趁機向毛匯報請示工作，平常見不到毛。在江青等的圍攻之下，他想得到毛的指示和支持，但中間又有張玉鳳把關。他因此想通過外交部的王海蓉、唐聞生向毛反映情況，以求得毛的意見。然而王、唐二人與毛的接觸自比張玉鳳少得多。所以雙方較量起來，王、唐要遜一籌了。

一九七三年三月十日，根據毛的提議，政治局決定恢復鄧小平的黨組織生活和國務院副總理的職務，鄧逐漸回到權力核心①。毛更進一步讓許多在文革中被打成右派的老幹部復職。一九七三年八月二十四日到二十八日召開中共第十次全國代表大會（簡稱十大）期間，我一心一意只擔憂毛的健康，沒有注意到此會的政治意義。

在開會期間，我們進行了大量準備工作。毛的缺氧症狀十分明顯。在他乘坐的車內，裝備了特製的氧氣瓶。為了使毛在人民大會堂的休息室、一一八廳，和大禮堂的主席台上，能保持不斷輸送氧氣。我們在一一八廳下面的地下室內，安裝了中心供氧設備。用管道接至一一八廳和主席台。在主席台的幕後，我們還設立了急救站。

在開幕式的那天，散會時，代表們全體站立鼓掌，毛幾次試著立起來，都不成功。毛不起立出場，代表們不會循序退出。周恩來很急，問我們怎麼辦。我們建議，周向代表們說主席要目送代表們退場後，他再回去。等代表們全部退走後，我們才攙扶毛回到一一八廳。代表們自然不知道毛已患重病。

直到會後，我才了悟領導核心已發生了重大轉移。會後，大家議論中央委員會委員名單，其中固然不少是文化大革命中造反起家的人物，但是「老革命」亦復不少。中共中央副主席，只有王洪文和康生兩位是原文革小組成員。另三位副主席是周恩來、葉劍英和李德生將軍。所以就整體而論，開完十大後，江青四人幫並沒有占據多大優勢。毛沒給他妻子太大的權勢。

毛仍繼續他的政治人事調動。從一九七三年十二月十二日起，中間經過十三日、十四日、十五日，到二十一日，毛連續召開了中央政治局會議，決定八大軍區司令員對調②。這些軍區司令員在地方上做了很久。文革期間在林彪領導下，軍方權力高漲。毛的講話對整頓軍隊有很大影響。

毛的講話，全文過長，節錄如下：

毛說：「一個人在一個地方搞久了不行。搞久了，就油了……我想了好幾年了，主要問題是司令員互相調動。

「政治局要議政，軍委要議軍，不僅要議軍而且要議政。

「現在請了一位軍師，叫鄧小平，發個通知，當政治局委員、軍委委員。政治局是管全部的，黨政軍民學，東西南北中。我想政治局添一個祕書長吧。你不要這個名義，就當個總參謀長吧。

「我們現在請了一位總參謀長，有一些人怕他，但是辦事比較果斷。他一生大概是三七開。你們的老上司，我請回來了。政治局請回來了，不是我一個人請回來的。

「你（指李德生），人家有點怕你。我送你兩句話，柔中寓剛，棉裡藏針。外面和氣一點，內部是鋼鐵公司。過去的缺點，慢慢地改一改。

「我還可以打仗，要打就打。天下大亂，包括中國。我能吃飯，也能睡覺。所以要打，我最歡迎。準備打仗，內戰、外戰都來。

「人家的導彈打幾千公里，一個氫彈就把北京消滅了。我估計他們不會打北京，美國打日本，選了兩個小城市，一個廣島，一個長崎。東京、大阪這樣的大城市他不打。

「仗打起來就可以分清誰是真正願意打的，誰是勾結外國人，希望自己做皇帝的。

「我同季辛吉講了差不多三個小時，其實只有一句話：當心北極熊要整你們美國。一整太平洋艦隊，二整歐洲，三整中東。

「蘇聯現在又跟我們拉關係。最近有個什麼文化部的招待會上，他們跟我們駐蘇武官處的人談話。我們的條件主要是兩條：一要撤兵，撤到赫魯雪夫死時那樣。二要承認錯誤，從布加勒斯特會議開始。

「我們這個黨不要殺人，包括反革命。保存活證據，不要殺。犯點錯誤，改了就好。

「對內團結大多數，不要搞陰謀詭計。要守紀律，要少數服從多數。對外是要反對帝國主義、修正主義和反動派。要堅持原則，但又要有靈活性。」

布加勒斯特會議是指一九六〇年六月，在羅馬尼亞的布加勒斯特舉行的社會主義國家共產黨和工人黨會議上，赫魯雪夫帶頭攻擊中國共產黨。

鄧小平上台後，毛因身體日漸衰弱便沒有再參加任何會議。王海蓉和唐聞生做毛的聯絡員，向毛報告政治局勢，並在毛和周恩來之間來往傳送文件。毛退到幕後，但權力並未稍減。

鄧小平協助周主持政務以後，江青四人幫加緊他們對周恩來的圍剿。一九七四年剛剛開始，就進入了一場「批林批孔」的政治運動。一月十八日，毛澤東批准，由中共中央轉發江青主持選編的《林彪與孔孟之道》，號召全國學習這一文件。在一月二十四日和二十五日，在北京分別召開部隊和中共中央直屬機關、國務院各機關的「批林批孔」大會。

我藉口毛身體不好，不能離開，沒有去參加。

據汪東興告訴我，會上主要是姚文元講話，當中江青插話。最後由遲群、謝靜宜講話。講話的火藥氣極濃，矛頭對著周恩來和大批老（右派）幹部。汪說，最不可理解的是，周還帶頭喊「向江青同志學習」，還檢討說，這次會開晚，「抓晚了」。汪說周是個膽小鬼。

江青的「批林批孔」運動未形成氣候。自從一九四九年解放以來，一個政治運動接一個政治運動，一個比一個更風聲鶴唳。文革後批鬥誣陷，冤獄遍布，連毛最親密戰友林彪也企圖武裝起義，叛變奪權。中國人民實在是搞疲了，也很厭煩了。人民了解到，這些政治運動只是赤裸裸的高級權力鬥爭，和他們一點切身關係也沒有。「批林批孔」運動只不過是江青等煽動一些人，謀求打倒周恩來，奪取黨權、政權、軍權。大家都是應付了事。這次運動是個大失敗。

毛對江也有批評。這些批評當時已流傳到社會上去。我只舉一例：一九七四年三月二十日，毛見到江給他的信以後，覆信說：「不見還好些。過去多年同你談的，你有好些不執行，多見何益？有馬列書在，有我的書在，你就是不研究。我重病在身，八十一了，也不體諒。你有特權，我死了，看你怎麼辦？你也是個大事不討論，小事天天送的人。請你考慮。」

我當時全心全意投注在毛的疾病上，無暇顧及這些政治鬥爭。毛的健康正在迅速惡化。

注釋

①鄧小平一九七三年二月返回北京，四月第一次公開露面。一九七三年八月中央委員會正式恢復鄧的職位，十二月任命他為政治局委員和軍事委員會委員。一九七五年一月十屆二中全會正式通過鄧的任命，並通過鄧為政治局常委和黨副主席。

②有些消息來源指出，軍區司令員互調是鄧的主意。傳說，毛召見王洪文和鄧小平。毛問他們：「我死了會怎麼樣？」王回答：「以階級鬥爭為綱，建設國家。」鄧回答：「天下大亂，軍閥混戰。」

83

一九七四年七月，我們得知毛活在世上的時日不多了。

進入一九七四年以後，毛兩眼的視力已下降到只能分辨光亮與黑暗，手指放在眼前都看不見了。說話不清楚，舌頭似乎運轉不靈，即使相當熟的人，也聽不清他在講什麼。嘴經常半張著，口唇很少閉攏。兩手兩腿，特別是右側，更加無力，手掌的肌肉和小腿肌肉明顯萎縮。

經過多次向毛建議，毛同意再檢查眼科，也查神經內科。張玉鳳提出，聽說四川醫學院（原華西協合大學醫學院）的眼科好，最好請來看看。這很好辦，只要肯檢查，找哪裡的醫生都可以。我通過衛生部從成都四川醫學院請來方醫生，又請了四川省立醫院的羅醫生。他們二位到北京後，都住在三〇五醫院裡。

在這期間，毛先檢查了神經內科。由解放軍總醫院神經內科主任黃克維和北京醫院神經內科主任王新德檢查。檢查結束，毛問他們是什麼病。他們躊躇了一下說，要先討論，再向毛報告。毛讓他們討論以後，寫一個報告。

我同他們回到三〇五醫院以後，他們都覺得毛的病很不好辦。在檢查以前，他們設想可能是帕金森氏症，或者是有過小的中風。但是檢查以後，他們共同認為是種罕見的運動神經元病（motor neuron disease），在西方稱之為肌肉萎縮症（amyotrophic lateral sclerosis）。也就是大腦延髓和脊髓內，主宰喉、咽、舌、右手、右腿運動的神經細胞逐漸變質死亡。他們為了明確診斷，提出最好請上海第一醫學院的腦神經內科主任張沅昌來共同研究。

張沅昌來了以後，黃、王二位將他們的檢查結果告訴了張。他同意運動神經元病這一診斷。在中國人中，得這種病的人極少，張的臨床經驗已經有三十年，只見過兩個得這種病的人。

我問張，這種病的預後如何。張說，因為他自己對這個病的經驗有限，在國外文獻報告上的統計，這種病如已侵犯到喉、咽、舌的運動神經細胞，最多只能活兩年。毛的右側會持續癱瘓。他目前的病情已到前述階段。因為喉、咽、舌癱瘓，不能吞嚥，不能正常飲食，最好早點安裝胃管，以保證必要的水量和營養。吞嚥困難，食物和水易流入氣管而囤積肺內，引起肺部反覆感染。最後階段，無法吞嚥，主管呼吸的橫隔膜和肋間肌肉麻痺，病人無法呼吸。這種病沒有任何有效的治療方法，只能稍微延長病人的生命。安裝胃管可阻止食物囤積肺內。呼吸器可幫助病人呼吸。病人的任何活動都要注意，可能因摔倒而導致骨折。

張沅昌的這些話，使我、吳潔、胡旭東都愣住了。這時的問題是怎麼向毛寫文字報告了。這是一種極罕見的病，一般的醫生都難於弄清楚。如何用通俗的語言，說清楚病的所在和性質，使不懂醫的領導人能夠明白。最重要的是，如何跟毛說他只能再活兩年。

我們先向汪東興報告檢查結果。只是病的名字，就解釋了半個多小時。再說到病的位置和性質，他完全不懂了。怎麼樣說明，也是沒有用處。汪說：「怎麼得了這樣一個怪病呢？」講到預後可能只活兩年，汪不相信。他說：「現在還能吃能喝，怎麼會只再活兩年？」

在講到沒有辦法治療時，汪說：「你們查了半天，就是這麼一個結果。怎麼行呢？總要想想辦法。」

第二天我們向葉劍英報告檢查結果。我們帶上了神經系統的掛圖、腦和脊髓的模型，同時也帶上了眼球模型。葉問得十分仔細。他對照著掛圖和模型，很快了解了病情。葉對醫生一向十分信任，也比其他大部分的領導人了解我們的解說。他說：「眼睛如果是白內障，好治。如果還有別的眼病，治不好，頂多就是看不見，不會有生命危險。但是這個運動神經元病，可是大問題了。」他主張在幾個大城市裡，分設治療組，專門收治這種病的病人，總結出比較好的治療方法。

隔了一天，周恩來叫我們向他報告病情。他也很快知道了病的性質和預後不好。周那時的身體也不好，在等毛批准他動手術。據化驗員分析，周每天從尿中要排出不下一百毫升的血。周想做手術，醫生們也認為不能再拖下去了。可是原來毛已有話在前，不同意做手術切除。沒有毛的同意，周不敢開刀。這時尿血已經這樣明顯，沒有人向毛報告。最後是鄧穎超找化驗員小李，讓她向毛說明情況，爭取毛同意。小李也是醫療組的一員，因為不是醫生，沒有「醫生專嚇唬人」的嫌疑，而且尿血是她在檢驗，情況了解得比較清楚。李向毛說明以後，毛同意了。周在一九七四年六月一日住進三〇五醫院動手術。

周對毛很關心。周提出可以讓在紐約的中國駐聯合國代表團蒐集西方這病症的治療辦法①。我們說明，美國至今也沒有辦法。周說：「這就是絕症了。」我們都默不作聲。最後周說：「你們還是抓緊時間，研究些辦法。不能治好，也要想法延長生命。」

一九七四年七月十七日，我到三〇五醫院和醫療組討論下一步的辦法。我們一方面從內科和神經內科定出治療和急救方案，另一方面又請了北京同仁醫院院長徐蔭祥和耳鼻喉科主任李春福參加進來，由他們擬出喉肌麻痺，特別是呼吸肌麻痺後的應急措施。最後醫生們都同意最好馬上安裝胃管。

張沅昌特別強調，目前病變的範圍涉及控制喉、咽、舌、右上下肢的運動神經細胞，一旦主管呼吸肌肉運動的神經細胞受到病害，立刻就會呼吸停止，有生命危險了。

醫療組開會的同時，政治局會議也在舉行。我稍後得知，就是在這個會上，毛批評了王洪文、張春橋、江青、姚文元四個人搞小宗派。這也是「四人幫」一詞的起源。

政治局會議結束時，我們正在全力制定治療和急救方案。張耀祠突然通知，毛要到外地視察，立刻準備好，兩個小時以後出發。汪東興說，只同意我、吳潔、胡旭東和兩位成都來的眼科醫生一同隨行。神經內科醫生回原來的醫院待命。

我愣住了。毛的情況隨時可能危急。研究治療的辦法還未討論完畢，醫生們也得寫報告，而且仍未決定如何處理所有的緊急狀況。毛要走是誰也阻止不了。但專家們應該隨行。當前主要的病是神經內科方面的，所以神經內科醫生應該去。耳鼻喉科醫生也應該去。也要帶上內科醫生、急救器材和氣管插管（以防毛呼吸困難）。我跟張費盡唇舌解釋以上各點。

張說：「汪（東興）主任說了，停止研究。誰去誰不去，都已經定下來了。再需要，也沒有用。就按領導上的決定去執行。」

我看再講無益，便通知了吳潔和胡旭東，用車將他們接來。又讓兩位眼科醫生打點行裝，帶上必要的眼科檢查器具，一同出發。

我們隨同毛乘專列前往武漢。

在武漢一住兩個月，症狀更加明顯。毛的喉、咽部肌肉麻痺加重，吞嚥困難，已經完全靠張玉鳳餵飯，只能左側斜臥才能讓食物進入食管。有些食物吸入氣管，引起肺炎。但毛不肯讓我們替他治病，不肯見任何醫生。吳旭君每天見得到毛，總轉告我毛的情況。她也代我向毛傳話，要毛見見醫生，接受治療。

毛說什麼也不肯。

最後我寫了一個詳細報告，將他的病講清楚，並附有圖表解說。我請張耀祠交給毛。但我沒有指出運動神經元病的預後情形，中國醫生很少跟病人說他患了絕症。醫生們相信對死亡的焦慮會縮短病人的生命。給病人一絲希望，也許反而能延長生命。沒有醫生願意跟毛主席說他患了絕症。我的工作是延長毛的生命。

毛看到這個報告十分不高興。他說，醫生只看到黑暗面，看不到光明面。嚇唬別人，也嚇唬自己，起不了好作用。毛認為自己沒有大的毛病。他想到一九六五年春天，在武漢曾因受涼引起聲帶炎，說不出話來。我同他解釋，這兩種病不同。但是毛並不相信。他只同意眼科檢查。

毛照例和眼科醫生說了笑話，態度很客氣。但說話不清楚，沒有人聽得懂。

眼科醫生診斷毛得了白內障。

毛問他們，除了白內障，裡面就沒有別的病了吧。他們回答要動手術將眼內已經混濁的水晶體去掉，才能看出眼底、視網膜有沒有病。毛聽了以後，大不高興。兩位醫生退出去以後，他說，讓他們走，看來醫生們沒有什麼好主意。從此以後，毛不再叫我們檢查，連我也見不到他的面了。

我真是坐困愁城。萬一毛出了狀況，我得負全責。心情低沉，輾轉難眠，食而無味。我自覺對毛健康盡心盡力，毛卻認為我們庸人自擾。我又跟汪東興解釋了武漢行前我和張耀祠說過的話，另外要汪找一位麻醉師和外科醫生加入醫療組，以防毛有骨折情形。汪最後同意了我的意見。由湖北省委在武漢醫學院（即原來在上海的同濟大學醫學院）組成了一個以耳鼻喉科、外科和麻醉科醫生為主的急救組。但在武漢以後的日子裡，他們也沒有見上毛一面。

很多人都不相信毛病了。在武漢的時候，毛接見了菲律賓總統馬可仕的夫人伊美黛，李先念陪同。王海蓉和唐聞生也來了。她們發現毛口齒不清，常流口水，但精神還是很好。我告訴她們，毛已經有了重病。她們說不像啊。唐聞生說：「主席是個怪人，得了這麼一個怪病。」

毛在武漢期間，江青在北京。江仍在大張旗鼓，全力攻擊周恩來。江權勢日大後，自比為武則天。報刊上開始大加吹捧武則天。江青為了見馬可仕夫人，特別製作了「皇帝服」和「太君鞋」。這套打扮難看極了。後來江青自己看了也不像樣，沒有穿。毛有沒有從中阻止，我不得而知。但王海蓉和唐聞生告訴我，這些事她們都同毛說了，毛沒有作聲。我聽了馬上知道，毛不贊同江青的行徑。

注釋

①儘管中國方面努力蒐集美國對肌肉萎縮症的治療資料，沒有外國醫生替毛做過檢查。

84

一九七四年九月，離開武漢到了長沙。

毛要游泳。他決定加強鍛鍊身體。他說，這樣可能會好，用不著檢查，也用不著治；在武漢那次說不出話來，還不是游泳治好的。

這引起我們極大的恐慌，因為喉、咽肌肉麻痺，很容易嗆水。手、腿本來無力，一旦嗆水，控制不住肢體，是很危險的。

毛一貫的性格，決定要辦一件事，非辦不可，誰要阻攔的話，他不但大發脾氣，而且辦得更加堅決。一組的人都深知毛的這個性格。最後汪東興說，勸不得，一勸，準僵。只能準備好救護器具。

毛開始在室內游泳池游泳，醫生們立在水池旁邊準備隨時急救。但毛下水時間不長，因為只要他的頭沒入水中以後，立刻咳嗆不止，臉漲得通紅，由陪游水的警衛攙扶上來。後來毛在長沙又試游了兩次，結果一樣。以後毛沒有再試著鍛鍊了。

鄧小平此時也來長沙看毛。鄧回北京後和政治局報告毛健壯如昔，毛主席游了泳。

這次游泳鍛鍊後，毛活動量更少了，大部分時間都躺在床上。因為躺的時間長，而且只能左側向下側臥，否則就會呼吸困難。左邊骨盆凸出的光皮壓破了，成了褥瘡。每每一處癒合了，另一處又破損。這些褥瘡直到毛去世時，都沒消失。毛開始對安眠藥過敏，全身出了皮疹，搔癢脫屑。我們換了安眠藥，又擦了些外用脫敏藥，皮炎才逐漸消退。

在長沙兩個月期間，毛不肯見醫療組其他醫生，我也只見了他幾次。周恩來生病後，毛對醫生的敵意更加深了。周的膀胱癌八月又有反覆，又做了第二次手術。毛引以為證說：「我說不能開刀嘛，一定要開。現在還不是又開第二次，我看還會有第三次、第四次。不到嗚呼哀哉不止。」又說：「老百姓有病還不是拖，拖拖就好了。拖不好的病，也治不好。」

北京的政治局勢仍緊張萬分。次年一九七五年一月即將召開十屆二中全會和第四屆全國人民代表大會。兩個會中將有新的人事布置。政治局常委將通過鄧小平出任第一副總理、軍委副主席、總參謀長和政治局常委，但江青等人大力反對，他們要爭王洪文出任全國人民代表大會副委員長。離開會揭幕日期越近，兩派鬥爭越激烈。兩派都派了代表來見毛，尋求毛的支持。

王洪文代表江青一幫人到長沙來見毛。這年機要祕書徐業夫因患肺癌離職後，張玉鳳接過了徐所有的工作——收發文件（但因毛兩眼失明，只能由張讀文件給毛聽），安排毛的會面——張此時也想正式成為毛的機要祕書。汪東興不願意發出任命，但王洪文鼎力支持。王、張兩人這時期經常見面。王洪文說張玉鳳在毛的身邊，又伺候毛，又要給毛讀文件，太辛苦了，應另外派人給張玉鳳洗衣服、做飯。毛對王洪文給張安排的人事十分震怒。毛說：「誰要干涉我的內政，就給我滾蛋。」王倉皇跑回北京。

十月二十日，王海蓉和唐聞生來到長沙。她們受周恩來委託，來見毛，主要是談「風慶輪」事件。原來在文化革命以前，經過毛的同意，為了發展遠洋航輪，周恩來提出，在自行製造的基礎上，為運輸需要可適當買些貨輪。「風慶輪」是一九七四年初於上海組裝完成。江青指責買船是「賣國主義」，攻擊周恩來。已回政治局的鄧小平支持周恩來。兩方相持不下，直到毛表態支持周恩來和鄧小平，江青才只好作罷。

最後正式決定四屆人民代表大會，由周、王共同主持籌備工作和人事安排。十二月二十三日，周恩來和王洪文來了，是為兩個大會所做的各項準備，向毛報告，取得毛的決定。那時汪東興已宣布張玉鳳為毛的機要祕書。張對周抱怨：「你看，現在什麼事都要我管。主席的吃、喝、拉、撒、睡，都要我管。你也不管管。」當時弄得周很尷尬。

一九七五年一月，十屆二中全會通過任命鄧小平為中共中央副主席、政治局常委。稍後，第四屆全國人民代表大會同意朱德為委員長，周恩來連任國務院總理，鄧小平出任常務副總理。毛堅持鄧的任命，他需要鄧來協助周處理中央常務工作。周的癌症使鄧的復出政治舞台成為必要之舉。鄧於是主管了中央委員會常務工作。江青一幫人仍未能得逞。

85

毛仍在長沙，未參加北京的會議。汪東興也沒回去。汪覺得北京鬧得這麼凶，這樣的政治局會議他沒有法子參加。

我想回北京。我在長沙起不了作用。我們的人手不足，萬一發生突變，需要搶救，很難進行。北京的醫療組仍需一起研究，制定下一步的治療急救方案。

胡旭東、吳潔和我於一月初回到北京。我們的醫療組又加入解放軍總醫院耳鼻喉科姜泗長主任、北京醫院外科周光裕主任、麻醉科高日新主任，以及北京協和醫院皮膚科袁兆庄醫生四人。稍後，這四位同胡旭東去了長沙。

我留在北京，開始向幾位高級領導做簡報。我先找到葉劍英，希望尋求各領導人的合作。毛不肯接受治療，我們亟需政治局的幫助。另一方面，也該讓政治局了解毛的病情。葉元帥很熱心。我們聊了一會，談到我已負責毛的醫療保健二十一年之久。然後我將外出這半年的情況詳細告訴了他。我們也商量如何說服毛下胃管，用鼻飼，會減少食物吸入肺內，發生肺炎。

葉劍英一直鼓勵我。這段期間我跟汪東興、張耀祠的關係也不好。我將毛的病向汪東興、張耀祠講了很多次，他們一再說不懂。甚至拿了模型、繪圖，說了也是白搭。自從毛發現有了這個不治之症以後，張耀祠更是一副推卸責任，生怕有些事落在他的肩上的樣子。張一再強調，他又不懂醫，他只管警衛。

葉的話使我的精神壓力大為減輕。葉說，依毛的脾氣，恐怕不肯下胃管。葉也提醒我，不要使江青又藉機發動奪權活動。葉記得江在毛一九七二年病重時搞的那場鬧劇。江仍可以再鬥我一次。葉並叫我不要憂心，他答應在江青對我伸出毒掌時，幫我解圍。

我長舒了一口氣，全身好像輕鬆了一些。我回到三〇五醫院，開始籌備工作。

一九七五年一月二十日，我去三〇五醫院的新樓病房探望周恩來。周的病情又惡化了。周去年十二月去長沙前，醫生發現他的大便有潛血，當時為了解決四屆人民代表大會的問題，沒有告訴他。大會在一月十七日結束，中國這列火車又重新向現代化的路上駛去。這時醫生又懷疑他有結腸癌，正準備做結腸鏡檢查。

周面容清癯，臉色蒼白。他不願整天躺在床上。我見到他時，他坐在沙發上，穿著整齊的中山服。我向周解釋，因為他正在檢查和治療，恐怕影響他的休息，所以回北京兩個星期都沒有來。周怪我不早去，他很關心毛的身體情況。

那時毛已離開長沙前往杭州。北京醫療組第一批人已隨毛去杭州。我和其他人員定於明天前往杭州。我不在期間，毛終於同意進行總體檢查。

周也和別的醫生討論過毛的病情。毛的白內障好治療。他問我們，對運動神經元病研究出辦法沒有。周還是難以接受那是不治之症。我告訴他，對這個病實在沒有什麼好辦法，國外也沒有辦法。

周說：「可以請中醫看看。」

我告訴周，毛並不相信中醫。即使看了，熬的湯藥，他也嚥不下去。現在已經不能喝水，一喝就嗆，只能喝像稀漿糊樣的稠湯。

周沉默了一會，然後說：「你見到主席，替我向主席問好。」

第二天，我帶著十二名護士和十名醫生離開——吳潔、兩位神經內科醫生、三位眼科醫生、兩位愛克斯光科醫生、兩位化驗醫生。耳鼻喉科和外科醫生已經在杭州。

毛的總體檢查分四天完成。原來按保健工作保密規定，給「首長」進行檢查治療，各科醫生只能了解和處理本科的疾病，不允許打聽別的科的情況。我的工作便是分析個別報告，再擬出一套治療辦法。這條規定是非常不合理的，因為醫療本來是一個整體，各科之間互相保密，就不可能得到全面的判斷，特別像毛已經不是一個系統、某一個器官有病，各科如仍互不商量，就會顧此失彼，發生醫療上的失誤。經汪東興同意，這次可以各科分別檢查，然後共同討論做出全面的衡量。耳鼻喉科醫生先行檢查，再來是內科、神經內科和眼科的檢查。做了心電圖測試，取了胸部和心臟的愛克斯光片。由心臟的愛克斯光片可以判讀心臟是否有擴大的跡象，如果有，那表示有心力衰竭的危險。

綜合這次檢查的結果，毛患有運動神經元病、兩眼白內障、冠心病、肺心病、兩肺底部有炎症、左肺有三個肺大泡、左臀部褥瘡、血液中的氧氣過低。這時候毛還有低燒，咳嗽很厲害。大家商量這次無論如何要下胃管進行鼻飼，這樣服藥也方便。另外再做白內障手術。

我綜合了大家的意見，給毛寫報告，說明檢查結果、病情分析和治療對策。二十七日寫完，交給了張耀祠。張耀祠給了張玉鳳，讓她向毛報告。因為這時毛已完全失明，一切報告都得由別人讀給他聽。

二十八日凌晨五時半，張耀祠把我叫醒，要我和所有醫療組人員立即趕去和汪東興開會。張玉鳳剛傳達了毛的旨意。我們紛紛趕到四號樓集合後，張耀祠說：「剛才張（玉鳳）祕書叫我去了。說醫生的這些辦法，都不頂用。張祕書已經同毛主席商量好了，要用輸液的辦法治。輸液是很好的補藥，有營養，能治療。現在請你們來商量，立刻就輸。」

文革期間，高級領導黃永勝、邱會作等人流行用輸液（葡萄糖）和輸年輕戰士的血作為補藥。江青聽說年輕力壯男子的血液可增長壽命，便安排了年輕軍人捐血來供她輸血。張玉鳳聽說了這些方法，便建議毛採用。

這些話說得大家面面相覷，沒有一個人表示態度。汪東興於是一個個點名，問他贊成不贊成。汪說，只要都贊成，就好辦。

在汪的這種高壓氣氛下，問到誰，誰也不敢說不贊成。最後問到我。

我忍無可忍，說：「輸液是一種好的治療方法，特別在急救時很重要。但是現在的病，不是輸液能解決的。何況我們的輸液方法，還是用輸液瓶這老辦法，不是密封式的，輸液後發生輸液反應的不少。一旦用一種並非必要的治療方法，引出劇烈的反應，可是醫療上的事故。那時張玉鳳可以說，她不懂醫，提出的方法是由醫生來決定的。我怎麼樣交代得過去？」我絕不讓步。

張耀祠大為光火。他說毛聽了報告很不高興。現在起碼毛同意張玉鳳的辦法。這下要怎麼辦？

我很氣張耀祠和張玉鳳兩人。我說：「醫生提出來的治療方法，不一定會被接受。但是如果除醫生以外，大家都多解釋說明這種方法的重要，那麼就容易接受。昨天我將報告交給你，我說最好同張玉鳳談談，說清楚治療方法。你說不要了，她看報告就可以了。我認為張玉鳳與醫生合作很重要。」

汪東興生氣了。汪說：「那麼就是你一個人不同意了，一個人要聽黨的，聽組織的話。自行其是，要倒楣。」

這件事跟黨和組織都扯不上干係。這是醫學上的具體問題，屬於專門知識，不是張玉鳳、汪東興、張耀祠或黨所能決定的。我強調毛主席早就說過，有病只好聽醫生的。

雙方僵持不下。汪叫我給毛寫個報告，解釋為何只有我一個反對輸液。讓毛自己來做最後決定。當天我寫了一個報告。張耀祠交給了張玉鳳。當晚傳出話來，毛決定不輸液了。

但這下我處境艱危。沒有人高興我的做法。我不能直接見毛，我工作上必須有張耀祠、汪東興和張玉鳳的配合，但他們反而造成毛醫療工作上的困擾，毛的病情只會越加惡化。這次如果不拒絕這種蠻橫不負責任的做法，以後怎麼樣進行工作？而且出了問題，醫療組得負全責。因此醫療組裡的人也憂心忡忡。大家贊成我的主張，但覺得得罪了這三人，以後的工作不好做下去了。

另外還有政治的因素。江青自一九六八年起要將我打成反革命，一直沒有打成。我則終日惶惶，處在刀口上。一九七二年江青又說，在一組有個特務集團。這個事情並沒有完結。如果我在治療上不小心謹慎，出了事可是自投羅網，到那時百口莫辯。

吳潔跟我說：「我們最好退出醫療組，讓他們另外找人。否則真要出大事情了。我真替你擔心。」

吳潔自然是好意，但是我如果不遵守醫療原則，而出了醫療事故，我是醫療組組長，怎能推卸責任呢？毛的病是不治之症，病情逐漸加重，今後的困難多得很。我說：「這也沒有那麼容易。我是組長，想退也退不掉。只要我們按照醫療原則辦事，不會出大問題。」

我後來私下去找了汪東興談，他當時態度已經冷靜下來，也為輸液的事向我解釋。汪說：「討論輸液的事，我不應該參加，應該由醫生們自己討論。這事情做得莽撞了。不過你也太沒有彈性。我想好了，過了春節，只留下胡旭東、耳鼻喉科醫生、外科醫生和麻醉科醫生在這裡。你帶著其他的醫生、護士們先回北京，再詳細討論各科的治療方案。像眼睛的白內障，能治就先治。不過事先要找些年齡和身體都差不多的白內障病人做試驗，給這些人做手術，寫出報告，讓主席知道怎麼做法，他才能下決心治。別的不容易治的病，可以多方面想想，不能說一點辦法都沒有。」

汪說要向中央政治局正式匯報一次。領導中，只有周恩來和葉劍英對毛的病了解得比較清楚。前陣子報紙上還形容毛「紅光滿面，神采奕奕」，中國人民和其他的政治局委員都還以為毛沒有病。汪覺得如果不報告一下，以後出了事，就不好辦了。

江青仍不斷在找汪的麻煩。她對毛的病從不過問，反倒說，由老汪你們負全責。汪說這是不懷好意，明明是一旦毛主席去世，她唯我們是問，然後藉機會打反革命。她可以說，主席的病，她和王洪文兩個人沒有插過手，是周恩來、葉劍英和汪東興在管。是他們的責任。所以這次無論如何要向政治局匯報，要政治局大家負責。

二月八日在回北京的飛機上，汪叫我到他的艙房裡去。他問我是不是生氣了。我說：「我沒有別的意見，主要的意見就是你對張玉鳳過於遷就了。你們都不管她。大家對你們是很有意見的。」

汪聽了很不高興，說：「有些事說不清楚。主席不讓她走，我有什麼辦法。現在主席說話，根本聽不清在說什麼，可是張玉鳳因為一直在身邊，她能聽懂。換了別人，還是聽不懂說些什麼。」

所以張玉鳳能待下來耀武揚威，完全是因為只有她聽得懂毛主席的話。

回到北京以後，吳旭君離開一組。

86

一九七五年二月十五日在人民大會堂，醫療組向中央政治局匯報毛的病情，和這次檢查身體的結果。

在匯報的前一晚，我到三〇五醫院去看望周恩來。我將這次給毛檢查身體的結果，和為了輸液問題發生的曲折告訴了周。因為醫生正在準備給他做結腸鏡檢查，我勸他不要參加匯報會了。

周沉思了一下說：「還是參加的好。這是醫療組第一次向政治局匯報，應該盡可能參加。江青同志他們可能要提出一些問題，你們應該有充分的準備。輸液的事就不要講了，否則事情更加複雜了。」

醫療組到達大會堂的時候，已經是十五日下午兩點多鐘。政治局正在開會。過了一會，汪東興走出來，他問我準備得如何，我說由我先將病情講清楚，由吳潔講心臟和肺臟疾病的診斷與治療，黃克維講運動神經元病，張曉樓講兩眼的白內障治療，李宣德講愛克斯光肺片和心臟片的不正常發現。我們都預備了模型和掛圖來輔助說明。最後我再綜合講講各科的治療步驟。

汪最後叮囑說：「周總理是帶病來的，鄧（小平）副主席是第一次聽到主席的病情。他的耳朵不好，一般說話的聲音，他聽不清楚。你告訴大家，說話聲音要大。」

我們陸續進了會場。周恩來、鄧小平、葉劍英坐在面正中央的位置上，其他的政治局委員圍在兩旁。我們坐在面對他們的椅子上。我們好像面對法官，在受審。

我們已經講過很多遍了，所以這次的匯報並不困難，但是麻煩的仍舊是運動神經元病。有模型和掛圖也不能使絕大部分的政治局委員聽得懂。

江青說：「你們說，這個病很少見。那麼主席怎麼會得上這個怪病？你們有什麼根據證明，主席得的是這種病？」

黃克維為了回答清楚這個問題，解釋了差不多兩個小時。當然，怎麼樣會得上這個病，誰也沒有辦法回答出來。黃只能說，這個病的病因還沒有研究出來，所以不知道為什麼會生這種病。

黃講到了可能發生的危險，是呼吸肌麻痺。好多人又不懂呼吸肌。黃解釋呼吸肌時，無意之中，用排骨肉來說明肋間肌。這引起了姚文元的申斥說：「這對主席太不尊重了。」

姚文元的話講出來以後，黃克維慌了，下面的話結結巴巴說不下去。大家都很緊張，會場上立時沉靜下來。

這時周恩來說：「這次你們給主席做的身體檢查，很仔細，很全面。診斷也確定了下來，我們感謝你們。下一步的治療打算怎麼樣進行呢？」

我說明治療的方法和步驟：在做白內障摘除手術之前，預備先進行一些試驗研究手術。最後又有一波折，當我說到下胃管用鼻飼的重要性時，江青說：「下胃管用鼻飼，我知道這個辦法痛苦得很。你們這不是折磨主席嗎？」

鄧小平說：「劉伯承同志（中共十大元帥之一）就一直用鼻飼。主席同意了嗎？」我說，還沒有同意。

鄧小平說：「主席的事勉強不得，慢慢地勸，同意了，就做。這樣看來，運動神經元病是沒有好的辦法了。你們再多研究能不能有些治標的方法，能夠使這個病進展得慢一些也好，白內障的摘除手術要準備好，各方面的病情都要思考進去，不能只看眼睛，要注意心臟和運動神經元病的問題。你們要盡一切力量想辦法治療，需要什麼藥品和器材，告訴汪東興同志去辦。黨感謝你們。」

周恩來附和著說：「黨感謝你們。」鄧小平又說了一次：「黨感謝你們。」我們便退了出來。其他政治局委員毫無反應，他們保持沉默，以免往後得為毛的事負責。當時聽上去，大家很高興，尤其與江青他們的申斥和指責相對照，大家似乎舒了一口氣。

但是做「首長保健工作」時間久的人，心裡都明白，這種感謝的話，儘管在政治局會議上說出來，卻是沒有絲毫法律上的約束力的，到頭來只是一句沒有意義的空話。

從三月起，江青、張春橋和姚文元發起針對鄧小平和其他長征老幹部的「批經驗主義」運動。此時，姚文元發表了〈論林彪反黨集團的社會基礎〉，認為在現在「主要危險是經驗主義」。姚此篇文章是在抨擊中共黨內的長征老幹部。他們絕大部分是農民出身，文化水準不高，沒有多少馬克思列寧主義理論知識，但政治歷練豐富的老黨員。他們的政治實力雄厚，德高望重。而江青、張春橋、姚文元等人是所謂的黨內知識分子，知識水準較高，但政治歷練不足。一月第四屆全國人民代表大會後，江青等人沒有爭到任何實權職位。因此這個「批經驗主義」運動，其實是在文革期間竄紅的年輕幹部和平反復職的老幹部兩個派系的權力鬥爭。所以江等批經驗主義的目標，仍然是要打倒周恩來、鄧小平等一批老幹部。

當毛知道江青的奪權企圖後，立即出面加以制止。毛在四月作了以下批示：「提法似應提反對修正主義，包括反對經驗主義和教條主義，二者都是修正馬（克思）列（列寧）主義的，不要只提一項，放過另一項。我黨真懂馬列（主義）的不多。有些人自以為懂了，其實不大懂，自以為是，動不動就訓人，這也是不懂馬列（主義）的一種表現。」毛所謂自以為是的教條主義，罵的就是江青一夥人。

毛澤東在五月三日中央政治局會議上又講（毛讓張玉鳳把他的話記下來，然後交給聯絡員唐聞生和王海蓉轉交政治局）：「你們只恨經驗主義，不恨教條主義，二十八個半統治，四年之久，打著共產國際的旗幟，嚇唬中國黨，凡不贊成的就要打。要搞馬列主義，不要搞修正主義；要團結，不要分裂；要光明正大，不要搞陰謀詭計。不要搞『四人幫』。叫你們不要搞了，為什麼照樣搞呀？……我看批經驗主義的人，自己就是經驗主義……」

鄧小平按照毛的意見，主持中央政治局會議，對江青等人進行了幾次批評。江青等四個人都作了書面檢討，算是告一段落。這次鄧小平似乎占了上風。

汪東興這時同我說：「鄧這個人很奇怪，為什麼不趁此機會，窮追猛打，將這四個人扳倒呢？」

我說：「這事沒那麼簡單。王海蓉、唐聞生告訴我，康生叫她們去問清情況，知道了主席對江青四個人的批評，讓王、唐兩個人告訴主席，江青和張春橋在三〇年代都是叛徒，並且有證明人。王、唐覺得這個問題太大，她們到三〇五醫院告訴了周總理。總理說：『這事不能鹵莽。主席至今沒有鬆口要批倒江青四個人。如果將叛徒這事報告他，他不同意，康生同志到時可以不承認說過這些話，空口無憑嘛。』所以真想要把江青扳倒，沒有那麼容易。」

此後鄧小平在各方面進行整頓，並且說毛有三條「指示」，第一、要學習理論，反修（修正主義）防修（修正主義）；第二、要安定團結；第三要把國民經濟搞上去。

江青四人幫仍不死心。江利用毛遠新頻頻向毛傳話。毛遠新多次向毛澤東匯報，提出「我很注意小平同志的講話。我感到一個問題，他很少講文化大革命的成績，很少批判劉少奇的修正主義路線」。汪東興覺得毛容易聽信讒言，在毛遠新不斷灌輸下，漸漸會對鄧小平起疑心。果然不出所料，由九月底開始，毛用他的侄子毛遠新作為他與政治局之間的聯絡員，而中止了王海蓉和唐聞生的聯絡員工作。從那時起，鄧小平又成了攻擊目標，政治局勢旋又緊張。

二月向政治局作了醫療匯報後，眼科又請來中醫研究院廣安門醫院的兩位中西醫結合治療的眼科醫生唐由之和高培質。他們提出應用傳統中醫的針撥白內障的方法。他們認為毛的身體已經很衰弱，承受不了較長時間的手術。針撥的方法只要幾分鐘就可以結束，對毛比較有利。但是西醫眼科的三位醫生認為，針撥的辦法仍然將混濁的水晶體留在眼球內，時間一久，會發生別的毛病。

討論好多次，雙方不能取得一致意見。我一再說明，毛有運動神經元病，心和肺都有明顯的病症。但西醫眼科醫生認為，這些都不影響白內障摘出術的進行。

討論多次以後，決定先進行一些試驗研究手術，將中直招待所的兩個會議室改成兩個病房，找了與毛情況相近的四十名病人。這些病人是由北京市政府找的，都是一些無依無靠，住在鄉下，需要動白內障手術而又沒錢做的老農民。沒有人告訴他們，這是為毛主席做的試驗研究手術。我們將這些老人都接到中直招待所，住進病房。然後分成兩組，一組做白內障摘除術，一組做白內障針撥術。我們把兩組手術時間、手術後的恢復和效果，分別寫成報告，送給毛，由他自己選擇使用哪種方法。

毛此時仍在杭州，負責的醫生是胡旭東。在張玉鳳的指揮下，胡旭東開始給毛輸液。胡生恐發生輸液反應，每次輸液中都加入相當大量的激素。這樣就連續天天靜脈輸入百分之五的葡萄糖液八百至一千毫升。胡恐懼輸液以後發生事故，幾次打電話給我，徵求我和吳潔的意見。我們只能回答，我們不在現場，不了解情況，特別在沒有血液化驗和尿化驗的指標下，很難做出具體建議。

到四月底，毛從杭州回到北京。這時輸液已經是欲罷不能。我建議胡向毛提出做一次血液化驗，根據化驗結果，可以說明輸液應該暫停。吳潔也說，這樣輸法是個大問題，不要老毛病沒有治，又增加了新病。但張玉鳳不同意全停，只好改成隔一天輸液一次。

五月中旬，張玉鳳在《國際參考》上看到中國派到羅馬尼亞，給他們一位領導人看心臟病的兩位醫生，治療效果非常好。毛同意讓這二位醫生參加醫療組工作。當時他們還在羅馬尼亞的布加勒斯特。到五月底才回國。我將他們接到中直招待所。原來是天津醫學院院長朱憲彝和北京醫院內科主任陶桓樂。

他們說，羅馬尼亞的這位領導人，得的是亞急性細菌性心內膜炎（Subacute bacterial endocarditis，是一種心臟內的細菌感染），只要用對了抗生素，治療自然有效，並不是什麼難治的病。我將毛的病情告訴了他們。他們同樣感到很難辦，沒有好的治療方法。

六月十日我同朱、陶二位到游泳池毛的書房內見毛。我們一進去，毛就嘰嘰咕咕說了一大套。張玉鳳不肯翻譯。毛發了脾氣，舉拳跺腳，張玉鳳才說明真相。

原來六月八日張玉鳳出去了。毛要讀文件，等了很久，張才回來。毛生氣了，寫字條說

「張玉鳳，滾。」張回罵毛：「我要不滾，你就是狗。」毛說：「我的脾氣不好。張玉鳳的脾氣更不好，她還罵我。」

這段話朱、陶二位聽完以後，不禁愕然。張玉鳳在旁邊說：「這些話也要同醫生們去講，有什麼意思？」

毛詳細詢問了他們在羅馬尼亞治病的經過。他們盡可能說明病和病不相同，表示毛的病與羅馬尼亞那位領導人的病完全不一樣，他們盡力治。毛要他們加入醫療組，叫我安排。

於是醫療組又增加了兩位醫生。他們說：「你的這個醫療組人才濟濟，已經可以開個醫院了。我們來了，也起不了作用。」

吳潔對我說，來這麼多人，有什麼用處？我說，出名的老專家越多，越好辦，這樣就越不容易將我們打成反革命。再有就是，討論研究病情時，有不同的意見，一定要在醫療組內說明，取得一致，再向「首長們」和親屬們提出，千萬不可將醫生間的不同意見，直接告訴他們，否則他們，尤其像江青、張玉鳳這樣的人，就可以拉一部分醫生，打另一部分醫生，後患無窮，弄不好，真會成了反革命。過去這樣的經驗太多了。吳潔同意我的見解。他又說，做保健工作時間長的人，都懂得這件事的利害關係。他要我應該同幾位接觸「首長」工作少的專家們打招呼。

這時從上海華山醫院調來了神經內科主任徐德隆，參加醫療組工作，主要負責在上海進行運動神經元病的試驗治療。

87

到一九七五年七月底，最後一名治療白內障的病人出去了。這時候傳來毛的決定：用針撥的方法。毛說：「這個方法痛苦少，也安全。」

在游泳池大廳內，用布幔隔成一間手術室。針撥白內障手術就在這裡完成，由唐由之和高培質醫生治療。在整個手術過程，周恩來和鄧小平都在旁守著。

手術前，唐由之向毛說明整個手術的細節。開始時，毛有些緊張，後來也就放鬆了。毛說：「元朝人薩都剌寫過『天低吳楚，眼空無物』。那麼做完手術，我的眼裡就會有物的了。」手術很快，從注射麻藥到針撥完成，一共不過十二分鐘。這次做的是右眼，打算兩個月以後再做左眼。

手術切口恢復很快，十天以後去掉了蓋眼的敷料。剛揭開敷料的時候，毛十分高興，說：「又見天日了。可是看不清楚。」

唐由之醫生向毛解釋，將水晶體撥開了，等於瞳孔裡缺少了一個凸鏡，所以要眼鏡才能看得清。毛同意配眼鏡，但是不肯驗光。這樣只好配了好多副眼鏡試戴。此後，毛又自己看文件了。政局隨之突變。

原本訂於十月中旬要做左眼的針撥白內障手術。但此時江青的「批經驗主義」運動轉為占了上風，又透過毛遠新、張玉鳳不斷向毛說鄧的壞話。汪東興眼見局勢如此，非常擔心。汪同我說：「現在緊張得很。江青他們四個人要扳倒鄧副主席。主席怎麼樣下決心，還不清楚。你們這些醫生可千萬要慎重，不要再在治療上提出什麼新的建議。主席正在一肚子氣，你們可不要撞到刀口上。」

這些話我又不能如實告訴醫療組的醫生們，因為這是「中央內部的核心機密」。我只能同大家說，現在毛很忙，我們先按目前的治療做下去，不急於提出新的建議。

可是醫生們非常認真，特別是眼科醫生，大家紛紛提出進一步的治療方法。

汪東興深恐在醫療問題上，引起毛借題發作。他決定醫療組的醫生們，暫時各回原來所在的醫院，需要時再行集中。只留下內科醫生胡旭東和兩位耳鼻喉科醫生、一名麻醉科醫生和一名外科醫生，住在游泳池附近的工字樓，做日常性的照顧。我仍住在中直招待所，繼續主持如何進行下一步的治療。

到十月底，毛的病情大變，咳嗽、痰、氣喘加重，每晝夜二十四小時排出尿量不足五百毫升。毛不讓我見他，我只能從護士那打聽他的病情。尿量不足可能是由於心、肺功能差，或是腎臟有了問題。這時輸液成了必須，但需要做身體檢查才能確定。

汪東興又迅速召集所有的醫生，決定讓內科陶桓樂醫生住進游泳池旁的工字樓。

情勢十分緊張，胡旭東的壓力特別大。他不想待在醫療組，可是又不能走。夜裡胡旭東吃了安眠藥，菸頭丟在棉被上。棉被、褥子、床單、枕頭慢慢引燃，產生極濃的煙。胡在屋裡，被煙熏，昏厥過去。胡被送去北京醫院，診斷是氣管灼傷。胡在院中待到毛去世。

於是我又搬回中南海工字樓。我向張耀祠提出要讓神經內科的醫生住進來，好密切觀察。但是張耀祠不同意。他說：「張玉鳳說了，這些醫生不頂用。進來也是吃閒飯。她不同意，怎麼好讓他們進來？」

我說：「怎麼能由張玉鳳決定用哪些醫生呢？在這樣重病下，沒有專科醫生參加，一旦發生了問題，怎麼樣向別人解釋呢？我想口說無憑，我寫一個報告給你，你批了不同意他們進來，我自然照辦。」

張耀祠叫我不要寫報告了，他再去同汪東興商量。第二天他告訴我，汪同意讓這三位神經內科醫生全住進工字樓。

毛和張玉鳳開始每天在游泳池的書房裡看臺灣和香港影片。游泳池大廳的北端，也改裝成了一個電影放映室。每次放映，一定叫醫療組的醫生們都去看，不去也不成。因張耀祠說了：「反正大家都看了，不要到時候又揭發，主席重病，我們值班看電影。」有時弄到半夜兩三點鐘才結束。

反鄧小平運動情勢升高。一九七五年八月，清華大學黨委副書記劉冰寫了一封信給毛。信中批評黨委書記遲群和謝靜宜兩人生活墮落，專斷獨行。劉冰將信拿給鄧小平轉，鄧小平則交給了祕書局，祕書局再轉給毛。

毛遠新自然坦護遲群和謝靜宜，說他們兩人切實實踐毛主席的革命路線。毛後來將這封信當成攻擊鄧小平的箭靶。毛覺得劉那封信的動機不純，信中的矛頭是對著他的，而且鄧小平偏袒劉冰。毛說：「清華所涉及的問題，不是獨立的，是當前兩條路線的反映。」

十月，毛與毛遠新多次祕密會談，將毛對鄧小平的批評做成書面批示。這些批示只在高幹之間流傳，其中包含不少對鄧嚴厲的批評。毛認為鄧的領導方式有重大問題。但毛覺得鄧還可以改造，並不想鬥垮鄧。

從此開始「反擊右傾翻案風」運動，在全國點名批判鄧小平。

此時毛的身體更加衰弱，站立起來都很困難。連續吸氧氣時，只要稍有停頓，立刻出現缺氧症狀。吞嚥十分困難，但毛仍然不同意下胃管鼻飼。只能在左側臥位，使糊狀食物流入食管。

為了補充營養，醫生們研究給毛靜脈輸入人體必要的氨基酸（組成蛋白質的基本單位）。於是我們通過外貿部門，從美國和日本買來靜脈輸液用多種氨基酸。

張耀祠又傳來張玉鳳的意見說，醫生只會給病人用藥，自己卻不試試。吳潔、陶桓樂都說，即使在北京醫院，天天治療高級幹部，也從來沒有過這樣苛刻的要求。這是輸入氨基酸，如果做外科手術，難道也要求醫生自己先體驗一下不成。

最後我挺身而出，接受了靜脈輸入氨基酸試驗。因為進口的數量並不很多，所以只給我輸了一次，其他的留給毛用。

88

到十一月底，周恩來已經病入末期了。毛讓我去探望周，向周問好。

我到了三〇五醫院，周的醫生們告訴我，周除了膀胱癌以外，還有結腸癌和肺癌。周的癌病也是很特殊的。這三處癌，都是原發的，並不是一處癌，繼之散播到別處。

我到周的病房，他已經是形神凋疲。我告訴周，是毛叫我來探望，並向周問安。周讓我代他向毛問候，並感謝毛的關心。周又問了我毛的近況，我簡單說明了一下。我沒有將當時毛的情況完全講明。周又問運動神經元病有沒有新的療法，我沒有回答他的這個問題。

周最後說：「我是不行了，你們要好好照顧主席。」

臨別時，周甚至舉手握手的力量都沒有了。這是我見到周的最後一面，是十一月二十九日傍晚七時。

一九七六年一月八日，周恩來在三〇五醫院去世。消息傳來，游泳池內毫無動靜。

醫療組很多醫生，在周生前，都給周看過病，希望到三〇五醫院向周的遺體告別。我將大家的要求告訴了張耀祠。張的回答是，一不允許到醫院去，二不允許戴黑紗。

大家對這個回答十分奇怪，都問我是什麼原因。我回答不出，只能說，張耀祠代表中共中央辦公廳，他這樣布置，恐怕有他的道理。我再去問張，張並不正面回答，只是說，領導上怎麼布置，就怎麼做，不要多問。上面的事，我們並不清楚，問多了還有麻煩。

一組的日子依舊歌舞昇平。游泳池內，每天照舊放映電影。這年的春節，張玉鳳向張耀祠提出，要放些鞭炮熱鬧熱鬧。自從一九四九年以來，中南海內任何人不允許燃放花炮。張玉鳳一句話，就打破了這一禁令。張耀祠去買了不少的花炮，當夜在游泳池的後院及沿中南海的馬路上燃放起來。放鞭炮的事，事前沒有通知警衛局值班室和警衛團。他們以為游泳池出了事，紛紛來探詢情況。游泳池臨近北海大橋，鞭炮引來不少民眾在北海大橋張望。由此又引出了傳言，毛因周恩來死亡，燃放鞭炮以示慶祝。

周恩來去世，鄧小平被批，江青四人幫正在積極展開奪權。現在看來，主管中共中央日常工作的就要輪上王洪文。

但出乎意料之外，一月二十一日和二十八日，毛先後親自提議，並且經過中央政治局通過（實際上，毛的意見，政治局是不敢不同意的），確定華國鋒任國務院代總理，並主持中央日常工作。政治局於二月三日正式發出中央文件。

我和許多人一樣，對結果非常驚訝。但毛這是一棋高招，表示他思路仍很清醒。汪東興覺得毛是在搞調和，既不能用老的，也不能用新的，於是搞出來一個不老不新的三八式幹部華國鋒。汪說，華國鋒這個人，毛選得不錯。這個人比較老練、穩當，也謙虛，不跋扈，容易與人相處。看來，江青這四個人又要攻華了。

「批鄧運動」未有稍減。三月初，毛透過毛遠新在中央發出批判鄧小平的「毛主席重要指示」。我很同情鄧。鄧能力強而聰穎，也許是周、毛死後，唯一能領導中國的人。

三月中旬開始到四月四日，許多人自發地集合到天安門廣場，在人民英雄紀念碑前獻花圈、花籃，張貼傳單，朗誦詩詞，發表演說，悼念周恩來，支持鄧小平，咒罵江青四人幫。這是一九四九年以來，第一次這麼大規模的群眾自發活動。

我很想去廣場一趟，親自參加這歷史性盛會。但汪東興和張耀祠一再告訴我，要轉告醫療組全體千萬不可去天安門廣場。廣場上有成千上萬的便衣警察，跟蹤並暗地拍攝去廣場上的人。去了的人被照下像，就有口難辯了。他們並且關照我，因為我有時要外出接洽辦事，路經天安門時，要將車上的窗帷放下來，免得讓人看到。

三月底的一天傍晚，我趁去北京醫院辦毛的事時，坐了車子在廣場周圍的馬路上繞了一圈。廣場內萬頭攢動，歌聲、演講聲此起彼落。大大小小的花圈和橫幅標語，從紀念碑直排到了長安街。可真是盛況空前。司機對我說，他們交通科已經一再傳達上級命令，不許到廣場，這次能同我來開開眼，是件難得的事。他一再想將車開進廣場裡面去看看，我沒有同意。我告訴他，如果真讓人釘上了梢，我們兩個人可就倒楣了。

後來我才知道，我坐的車子的車牌號碼被便衣警察記下來。因為查出來是警衛局的車子，才沒有往下追究。

四月四日晚上，政治局會議認為天安門前的群眾活動，是有計畫、有組織的反革命性質的反撲。毛遠新將會議討論的情況和決定寫成書面報告交毛澤東，毛圈閱了這份報告。於是從四月四日晚開始，清理花圈、標語，抓反革命。

四月五日，天安門廣場前群眾和民兵、警察、解放軍發生了嚴重衝突。到晚上九點半鐘，出動了一萬名民兵、三千名警察和五個營的警衛部隊，封鎖了天安門廣場，毆打和逮捕集會的群眾。

四月五日這一天，江青都躲在人民大會堂內，用望遠鏡觀看天安門廣場鎮壓群眾的情況。

夜裡十一點多鐘，江青從人民大會堂拿了茅台酒、花生米和豬頭肉，興匆匆地來到游泳池，先去看了毛澤東，然後跑出來同大家說：「我們勝利了。大家乾杯。」還說：「我也要做一個棍子，以後好打人。」

我不曉得她跟毛說了什麼。但這是場自發性的群眾運動。毛也一再說過不以武力對付群眾。我非常厭惡江青的言行和鎮壓事件。

四月六日凌晨，政治局會議認為這次天安門事件是反革命暴亂，決定繼續組織三萬名民兵集中在天安門廣場周圍，另派九個營的部隊在市區內待命。毛遠新將會議情況報告了毛澤東，毛表示同意。

四月七日毛遠新將《人民日報》記者有關天安門事件的「現場報導」，送毛澤東審閱，毛同意發表。毛澤東說：「這次事件發生在，一、首都；二、天安門；三、燒（房子、汽車）打。這三件使事件的性質變成了反革命。」毛提出，據此撤銷鄧的一切職務，保留黨籍，以觀後效。並且提出，任命華國鋒為中共中央第一副主席、國務院總理。政治局根據毛的意見，做出了相應的決議，由中央人民廣播電台向全國廣播。

四月七日晚，汪東興在游泳池大廳召集一組工作人員和醫療組全體開會。汪宣讀了中共中央的兩個決議，其實大家已經在廣播中聽到了。汪又傳達了「批鄧、反擊右傾翻案風」的文件。開完會，大家散去。汪叫張耀祠、我和負責警衛的人留下。他說：「你們可是要把住關，不要隨風倒，該說的說，不該說的不要亂揭發。特別是醫療組的醫生們，由不同的醫院來的，對他們可是不了解。要他們不能亂講。」汪的意思很明白，要大家在這次運動中，不要講出一些對他不利的事。他不知道，當時醫療組的醫生們，為了毛的病正在想方設法，延緩毛的病的進展，哪裡有什麼心思揭發批判，搞「批鄧小平」的運動呢？

一九七五年十月開始以後，毛的身體又有了明顯的惡化，如前所述，每晝夜二十四小時尿量不足五百毫升；經過了多方治療，尿量也不過八百毫升左右。毛不肯做身體檢查，查血更是困難。醫生們無法了解他的病情，最後只能用查尿液的各種化學成分來判斷他身體內部的變化。測定尿液中的各種化學成分，是一件很複雜而細緻的工作。所幸，三〇五醫院已通過外貿渠道，購置了多種生物化學分析鑑定儀器。這樣才算是多少摸索到一些情況。但是卻不能憑這些檢驗結果，作出病情判斷。

89

一九七六年五月十一日，我和陶桓樂正在游泳池值班，醫療組的護士余雅菊衝了進來。毛的心臟發生了大量的早跳，全身出汗，呼吸急促。開始時張玉鳳不讓檢查，我們深恐毛是心肌梗死，堅持檢查。

毛此時仍有意識，但已沒有力氣阻止我們進行檢查。我們立刻做了體檢和心電圖。打電話到工字樓後，其他的醫生隨即趕到游泳池。心電圖顯示心內膜下心肌梗死，心跳不規律。經過搶救，逐漸紓解。毛的護士孟錦雲和李玲詩後來告訴我們，主席和寮國總理凱山會談完後沒多久，就和張玉鳳大吵了一架。

這時華國鋒、王洪文、張春橋全都趕到游泳池。他們詢問完了發作的情況，當時商定，由外交部發文通知中國駐各國大使館，為了使毛得以充分休息，今後不接見來華外賓。

華國鋒對張玉鳳說：「主席年紀大了，有重病，伺候他老人家要有耐心嘛。」張玉鳳嘴裡嘟嘟囔囔，很不耐煩。王洪文湊過來說：「小張，好好伺候主席，我們感謝你。」

華國鋒當時決定，毛如果發生變化，立即通知他，並且提出今後毛的疾病和治療，由華自已和王洪文、張春橋、汪東興負責。醫療組有任何事，向這四個人報告。

張春橋提出，以後一般的中央文件不向毛報告，特殊重大的事情經過中央政治局決定以後，看具體情況向毛請示。華國鋒同意了張春橋的意見，王洪文也表示同意。此後江青四人幫開始握有實權。

心肌梗死雖搶救得宜，但毛情況仍持續惡化。每天的尿量很少，都在五百毫升左右。咽喉麻痺，已經完全不能夠吞嚥食物和液體，只能餵進一點糊狀食物。

經過醫療組的要求，華國鋒、王洪文、張春橋、汪東興四個人在五月十五日傍晚，到工字樓召集醫療組的全體醫生開會。我們一再強調，在目前狀況下，不下胃管，就不可能保證有必要的營養和水分，藥物也吞嚥不下去。照這樣下去，等於沒有治療，斷絕了食物和飲水。

王洪文說，目前不是仍然輸液，補充營養嗎？我們說明，為了不使心、肺的負擔過大，輸液量不能多，這不能滿足身體需要的營養和水分。

張春橋講，毛不同意下胃管，誰也沒有辦法。我們說，現在毛不同意，可是能夠接近毛的人，如張玉鳳，也不同意。需要她明白下胃管的重要，向毛建議。

華國鋒說：「應該讓張玉鳳來參加會，聽聽醫生們的意見。」

但張玉鳳不肯來開會。她說要照顧毛主席，分不開身，而且醫療不是她的事，同她沒有關係。

幾位政治局委員默然不語。最後王洪文說：「我去同她講一講，讓她也向主席提一提下胃管。」

散會以前，華國鋒讓我們將鼻飼的胃管拿給他看。這是剛剛進口的很細的管子，既柔軟，又有韌性。華看了以後，與王、張、汪約好，第二天上午到游泳池大廳，每個人都試一試從鼻孔內將這種管子下到胃裡。這樣，一旦毛問起下這種管子，難受不難受，就可以將親身的感覺告訴毛。我們建議，所有在毛的身邊工作的人，都試一試，就更容易打動毛。

華國鋒同意我們的意見，然後告訴汪東興通知一組的人也都試一試。

他們臨行前，王洪文對我說，珍珠粉是很好的藥，可以給毛用一用。王說，他已經打電話到上海，精選一些好珍珠，做好粉，送來交給我。

我與神經內科的醫生商量好，上海和北京各找一些病人試服珍珠粉，以確定有沒有療效和副作用。就這樣將服用珍珠粉的事拖下來，到毛去世，一直沒有使用。

四人中只有華國鋒試了下胃管，其他三人各有各的藉口。汪東興說他在做十二指腸潰瘍手術時，已經嘗過下胃管的味道，他不試了。接著王洪文和張春橋都說第二天有會議，需要參加，如果來不及趕來，就不用等他們試了。

第二天上午華國鋒來到游泳池，試了下胃管的味道。他說：「並不大難受。管子從鼻孔進去以後，只是過嗓子的時候，稍微有點噁心。主席問的時候，我可以說說。」

華走了以後，醫療組的醫生們和一組的工作人員都試過了。只有張玉鳳不試。她說：「我試有什麼用，我又沒有病。我試了，主席也不一定同意下胃管。」

用鼻飼管的事仍沒有得到毛的同意。除去用手去摸摸他的脈搏以外，毛拒絕其他的檢查項目。

到五月三十日的夜間，毛又全身出大汗，暫時昏厥。在搶救中，外科醫生將鼻飼管從鼻孔送了進去。當時還沒有來得及做心電圖等檢查，毛已清醒過來，他立刻用手拔去鼻飼管。外科醫生阻止他拔的時候，他握拳要打這位醫生，而且要所有的人都出去。

我留下來。因為這次發作的病因不清楚，我同毛講，最好是查一次耳垂血。毛同意了。結果只知道是血糖偏低，沒有其他檢查項目，無法作出確切的判斷。

我又向毛說明，醫生對他的心臟，完全不知道有沒有新的變化，這樣就很難採取對策。最後毛同意了在他的前胸貼上一個電極。應用空軍研究所製造出來的無線電遙測心電儀器，我們在大廳上，可以日夜不停地監視心電圖形變。為此又調來五位心內科專家，一方面輪流值班監護心臟，另一方面做好心臟變化時的搶救工作。

病到這個程度，張玉鳳仍然要毛看電影。我認為應該讓毛保持安靜，看電影很不相宜。何況有些片子內容荒誕刺激，看個電影又把毛從床上搬到沙發上，恐怕心臟承受不了。但是張玉鳳不聽。

江青很不贊成。江覺得現在仍然看電影，對毛不利，電影的光線太強，刺激眼睛，而且映久了，空氣很不好。還是不要看了吧。

汪東興一向和江是唱反調的。汪來到游泳池，找到我，要醫療組的醫生在工字樓開會。大家到齊以後，汪說：「主席有病，沒有任何娛樂，看電影也要受限制嗎？你們可以討論一下，寫個報告，說明你們主張看電影。」

我回答說，醫生們都主張不要看。汪當時十分不高興。這個會又是不歡而散。事後吳潔同我說：「老李，可不能再忤犯汪主任了。我們的工作，沒有他的支持的話，垮台更快。」結果電影仍然照看不誤。

毛在這期間表現很煩躁。在床上躺一會，覺得熱，起來坐到沙發上。坐不久又覺熱，回到床上躺下。江青提出，給毛再做一個床，可以兩個床輪流躺，就不至於熱了。這時毛已經沒有力量自己移動了。於是叫幾個人，又抬又推，從一個床上，換到另一個床上去。我認為這樣做法很危險，容易摔跤，導致骨折。

六月二十六日，毛煩躁不安，一整天換床換來換去。我懷疑他的情況有變化。傍晚，我同陶桓樂醫生告訴張玉鳳，毛的脈搏早跳多，心電監護顯示心肌供血不足加重。我們要張玉鳳少讓毛活動，盡量保持安靜。張玉鳳說：「我看主席同平常差不多，發生不了什麼問題。」我們告訴她，如果不小心，會發生心肌梗死。張扭頭走了，說：「我看沒有這麼嚴重吧。」

到晚間七點鐘，毛已經服過安眠藥，正要睡的時候，換床。剛換沒有多久，毛起身坐到沙發上。坐了大約十幾分鐘，毛又回到床上睡。這時大廳內的心電監護器顯示心肌梗死。

我與陶桓樂衝入臥房搶救。這時華國鋒、王洪文、張春橋、汪東興紛紛趕來。這次心肌梗死的範圍比上次要廣泛。到凌晨四點多鐘，血壓開始穩定，人也逐漸安靜。在搶救時，將鼻飼管安放好了。毛這次沒有將它拔出來。

護士人手不足，從醫院又調來一批，一共有了二十四名護士，分成三班輪換。我將醫生們分成三班，每班三個人。另有兩名醫生輪流做心電圖監護。

華國鋒等四個人決定在游泳池值班。華國鋒和張春橋一同值白天班，即由中午十二時到夜十二時。王洪文和汪東興值夜班，由夜十二時到中午十二時。每天中午及夜十二時，他們交接班時，由我報告十二個小時內的病情和需要解決的問題。

江青從釣魚台搬回了南海春藕齋旁新建的住所。江很少來看毛，也很少詢問毛的病情。

張耀祠對我說，護士們更多接近毛，護理毛的生活，是不是由他和張玉鳳主管，醫生則全由我主管。我說這可以，但是現在正是病危，生活護理和醫療分不開，有關治療必須聽從醫療的決定，張玉鳳不能橫加干涉。張耀祠不說話了。

這時游泳池內有不少藥品和器材。張耀祠同我說，應該由醫生負責保管。我不同意，因為醫生使用藥品、器材，自己再保管，以後出了什麼問題，很難查清責任。應該由護士保管。為了這件事，張耀祠說我不聽組織的安排。所謂「組織」就是指張自己。我說這種安排，不合醫療上的安全責任制。因此爭吵起來。張耀祠說：「不是為了主席，我不受這個氣。」我說：「你可說反了，我正是為了醫療上的安全，不能聽你的這套指揮。」此後，在救治毛的過程中，還發生了幾次類似的爭吵。

90

一九七六年七月十七日，華國鋒決定，醫療組在游泳池大廳內向政治局匯報發生心肌梗死和搶救的情況。此時距毛發生心肌梗死已有三個星期，雖然沒有惡化，但已是無可能恢復。毛肺上的感染沒有控制住，腎臟功能不好，心臟還有發生心肌梗死的可能。

會議中，江青說：「已經有過心肌梗死了，怎麼還會再有呢？你們醫生從來將病情說得嚴重，等以後治不好了，你們沒有責任。主席就是有點氣管炎，肺上一向是好的。也從來沒有過腎臟病。你們說得這麼可怕，是你們自己的思想改造得不好。醫生從來就是資產階級老爺，護士是資產階級小姐。所以主席歷來說，醫生的話最多聽三分之一。」

江青的這些話，使得大家啞口無言。護士們一個個低下頭來。

華國鋒說：「你們很努力，很盡職。我和洪文、春橋、東興同志四個人值班，很了解你們的工作。這三個星期平安過去了。你們再努一把力，從多方面、多種可能發生的情況，研究防治辦法。我們都不懂醫，只能依靠你們。用一切力量將主席救治好，黨中央感謝你們。」

散會以後，大家紛紛小聲議論，像這樣的匯報會能起什麼作用？雖然華國鋒的講話，意思是給大家鼓氣。但是江青的那些話，完全將醫療組當成「反動派」。史達林死時發生的「醫生謀殺案件」的陰影都沉沉地壓在我們心頭上。

在汪東興值夜班時，我將大家的顧慮告訴了他。他說：「現在江青囂張得很，在政治局會上罵這個罵那個。七月裡召開的全國計畫會議，由上海帶頭圍攻華國鋒同志。工作已經難辦得很了。你看趁主席沒有恢復，現在把江青幹掉了，怎麼樣？」

我說：「主席不死，幹江青很難。因為主席的腦子沒有糊塗，現在右眼也看得見東西了。沒有他的同意，怎麼能將江青幹下去呢？只等到主席死了以後，才能解決江青。」

汪說：「主席死了，就不好弄了。」

我說：「那可不見得。」

汪說：「我同國鋒同志講過。他說就怕弄不到江青，江青一跑就糟了。我說，讓她跑到天邊上，我也要把她抓回來。」

講到這裡的時候，王洪文進來了。我向王打了招呼，說了一下毛的情況，就回到毛的書房（這時已改成了病房）。

毛的心臟逐漸在恢復，因為已經有了鼻飼管，所以凡能口服的藥物，都由鼻飼管送入。七月二十八日凌晨三時，我回到工字樓，因為疲勞不堪，躺下就睡著了。突然整個樓猛烈搖動起來，我張目看到北方一片紅光。住在工字樓裡的醫生和護士都紛紛跑到院子裡，在底下叫我下去。這些天來，我實在太累了，正預備再睡下去。這時床邊的電話響了，是汪打來的。他說：「這麼大的地震，你們還不快點來？」我叫了所有的醫療人員，趕往游泳池。

余雅菊、李玲詩、孟錦雲和張玉鳳地震時都陪在毛身邊。地震時，毛的床上下左右顛簸，屋嘎嘎作響，值班的醫生和護士都嚇壞了。外面大廳因為是在游泳池上面蓋上木板，震動得更厲害，有的地方已經翹起來。地震時毛還沒有睡著。他知道是發生了地震。

汪東興和王洪文商量，一定要將毛搬出游泳池。王洪文提出不如搬到官園的新房子去。那是在一九七二年毛大病以後，周恩來替毛蓋的別墅。但毛不喜歡官園，從來沒去住過。

汪便決定搬到二〇二去。我向毛說明，游泳池屋頂不結實，要換個房間。他同意了。自從毛經常換床睡以後，新製的鋁合金架構的床，四腳都有輪子，搬動起來很容易。床很快就推到二〇二的一間很大的房間裡。這比游泳池的書房大得多了。各種治療和檢查的儀器都安放得很妥貼，對治療和檢查更加方便了。

當天傍晚下了大雨，又有一次地震。在二〇二這棟屋內，幾乎沒有任何感覺。

毛的病情逐漸穩定。王洪文開始坐不住了，他說已經給毛進口一台反光式電視機，可以將電視影像投射到一面大銀幕上。又說，從香港進來了幾部影片，等毛好一些以後，給毛放映。此後，幾乎每天晚上要映一至二部影片。有好多次，白天的時候，找張耀祠找不到，後來才知道他同張玉鳳到二〇二去看電視錄像片子。江有時突然跑來，這時電影或電視錄像立刻收場。

我曾經同汪東興談過，毛仍在病危，他們這樣做法，影響大家專心醫治。汪說：「他們看他們的，你們治病，互不相干，有什麼關係？」

但看電影的確嚴重干擾到醫療人員的作業。有次他們把給毛鼻飼用的壓力泵延長線拔走去插影像設備。我當面質問張耀祠。張耀祠說：「治療主要靠你們醫生護士。那些人不懂醫，一天到晚坐在那也不行。我叫他們在裡面裝個電鈴，以後有事按電鈴，就可以了。」

江青也是專門製造麻煩的人物。她每次來看毛，都帶來一些批鄧小平的揭發材料，叫值班醫生寫成核桃大的字，一篇篇交給毛看。我同江講，值班醫生事情多，而且要不斷分析變化，不能分心。江說：「主席很平穩嘛，給他看點材料，精神上有好處。」

我將這事告訴了華國鋒和汪東興，希望他們能出面阻止，但是他們也沒有辦法。

江青知道毛的心臟、肺臟、腎臟和神經系統有病，她一再要我們分批給她檢查身體，確定她沒有這些病。我同她說，醫生值班十分辛苦，很難抽出長時間，再做別的醫療診斷。汪東興同我說：「江青現在是在醫療組裡面給她自己物色醫生和護士。」醫生們最後還是給她檢查了身體，江健康得很。

八月下旬，毛又有了焦躁不安的現象。他只有左側臥，才能呼吸比較通暢，手和腳卻不停地擺動，心電圖監護顯示早跳增加。大家研究後，調整了心臟用藥的藥量。雖然有暫時緩解，但是很不穩定。

九月二日下午五時，出現了新的心肌梗死。床邊愛克斯光照肺像顯示，兩肺感染加重。同時，二十四小時尿量不足三百毫升。大家又全力投入搶救治療。

毛的頭腦仍然很清醒。他幾次問我，有沒有危險。我告訴他，病有些反覆，大家還是有信心治好。話雖然這麼說，這次的心肌梗死，比上次範圍大，而全身的狀況已經臨近衰竭了。

九月五日，華國鋒打電話將江青從大寨催回北京。當晚江來了一下，說太疲勞，就回到春藕齋她的住所，並沒有詢問毛的情況。醫療組的人都感覺很奇怪，為什麼江會這樣對待毛呢？我將這些告訴了汪東興。汪說：「這不奇怪。江青認為阻礙她取得最高權力的人，就是主席。」

九月七日，毛已進入垂危狀態。江青來到二〇二。這時毛剛剛入睡。江不顧醫生勸阻，給毛擦背，活動四肢，擦爽身粉，並向值班護士說，要照這樣護理毛。江然後與每一個醫生和護士握手，連聲說：「你們應當高興。」

當天晚上，江又來，找她送來的文件。因為正在搶救中，這份文件一時沒有找到，江青大發脾氣，說是讓人偷走了。

九月八日凌晨，江青來了，說毛在一個位置上躺得太久了，要給毛翻身。值班的方醫生不同意。江一定要將毛從左側臥翻向右側。結果，毛全臉青紫，呼吸停頓，我們大家趕到現場，經過急救以後，才緩解。華告訴江，不要干涉醫療組的急救工作。

一九七六年九月九日零時十分，心電圖監護示波器上顯出了一條平平的橫線，心臟停止跳動。毛主席去世。

終曲

權力鬥爭立刻拉開序幕。

毛的遺體放在人民大會堂供人瞻仰的期間，我奉命出任毛的遺體保護組副組長。組長是衛生部長劉湘屏。臨時辦公室設在河南廳。汪東興那時也住在人民大會堂，負責警衛工作。我和汪東興遷離中南海後，便不容易感受到政爭的每個脈動。但華國鋒會通告汪政壇的所有動靜，汪隨後也會告訴我。

汪告訴我，自從毛去世以後，江青參加政治局會議，大家對她的態度大變。汪說：「過去江青一到會場，大家都站起來讓坐。會上只要江青一講話，大家立即安靜下來，聽她一個人講，沒有人敢於反駁。現在不同了，江青進入會場，沒有人起來，或打招呼，仍然各自交談，或看文件。江青只好自己找個位子坐下來。她要發言，沒有人聽她的，大家紛紛講話，毫不客氣。這可是同過去大不相同的了。」

我的處境仍很危險。江青知道了我們沒有把握能把遺體保存下來，她和毛遠新雙雙表示他們不管這件事。看來江青要在保存遺體上大作文章。汪東興覺得江青往後想將此事嫁禍於華國鋒。這件事要是搞不好，可會吃不了兜著走。

我是遺體保護組副組長，江青自然也可對我大加攻伐。組長劉湘屏和江青接近，因此思前想後，我仍首當其衝，未來的命運陰霾重重。

追悼會以後，九月二十三日午夜十二時和二十五日下午四時，江青到工字樓來看望醫療組的全體人員。江青說，要組織大家學《毛澤東選集》。她說，抗日戰爭以後，毛的文章主要是她寫的，只不過沒有寫上她的名字。

江青又說：「你們都知道張學良吧。他在臺灣可以上小飯館，看電影，上禮拜堂，但是不許同別人談話。只有一個知心的趙四小姐可以談話。這樣子活著有什麼意思？我有思想準備被流放。可是中央出了修正主義，我有辦法打倒他們。我不告訴你們我的辦法。」

二十五日夜晚，我去看汪東興，告訴了江青的這些話。

汪說：「現在江青這四個人活動得很厲害。上海已經將槍發給了民兵。遲群在清華大學組織民兵師，遲群和毛遠新勾結得很緊。瀋陽軍區有人報告，毛遠新正策劃調裝甲師到北京來。這些就是江青說的，她的辦法。看來他們要動手了。」

我問汪有什麼對策。汪說：「我已經同華（國鋒）主席說，現在不動手不行了。華主席說，動手沒有把握，資望不夠，而且掌握不了軍隊，必須向葉帥講。已經同葉帥商量定了。軍隊由葉帥掌握，我則率領警衛團（即八三四一部隊）到中南海逮捕江青四人。動手時由葉帥向北京衛戍司令吳忠打招呼，警衛師是他指揮的，不要警衛團和警衛師打起來。」姚文元的警衛是從北京警衛師裡調派去的，因此逮捕姚的行動一定得有警衛師的合作。

汪又囑咐我說：「你一切如常，江青叫你幹什麼不要拒絕。這事只有我、華主席和葉帥知道，沒有告訴別的人。你要小心，各方面都穩住。另外，你不要常往我這裡跑，我有事會通知你。」

我也在這決戰的最後關頭膽戰心驚。但汪東興的警衛團控制了整個中南海，這次的宮廷政變捉拿江青四人幫，將如同甕中捉鼈。

醫療組的醫生護士已收拾行囊，準備離開工字樓。許多人紛紛要求希望能同華國鋒、王洪文、張春橋、汪東興拍一張合影，留作這一段工作的紀念。我將大家的提議，打電話告訴了汪東興的祕書。汪告訴我，同意大家的建議，等候通知。

幾天後，我更加緊張。十月四日上午十一點鐘，張玉鳳跑到工字樓來，說江青讓大家快些吃飯，飯後到景山去摘蘋果，並且要帶上《毛澤東選集》，到北海仿膳去學習。

到景山半個多小時後，大家已摘滿了十幾筐的蘋果。江青姍姍來遲，晃了一下，然後叫大家隨她去北海仿膳。

到仿膳以後，江青說：「本來打算九號才找你們，可是怕你們很快要散了。今天叫你們來一起學習《毛澤東選集》。」

江讓大家發言，但沒有人說話。

江青說：「你們知識分子愛面子。昨天我去二七機車車輛廠，工人們爭著發言，到下班的時候，都不走。搞修正主義的人，能辦得到嗎？鄧小平就是吳三桂，出賣國家主權，把原油、白布往外賣。白布染一下，就要賣很多錢。主席病重，雙目失明，鄧小平還迫害主席，送材料給主席看，說主席同史達林的晚年一樣，有意氣主席。現在還有人在跳。跳樑小丑，讓他跳吧。看他還能跳幾天。」

江青的這些話，在我聽來，用意十分明顯。這分明是江青一夥已經準備好，要「逼宮」奪權了。

我們回中南海前，汪東興要大家到中南海紫光閣照相。同時華國鋒來電話通知江青去中南海紫光閣照相，然後開政治局會。

江青接到電話通知後自言自語說：「要開會，怎麼事先不通知，臨時通知？也沒有說討論什麼事情。」

我們由北海趕到紫光閣。一組的全部工作人員和一中隊及服務科值班人員已經都到齊了。

華國鋒、王洪文、張春橋、江青及汪東興到了以後，照了一張合影。在分散的時候，汪東興叫住了我，同我說，夜裡到他那裡去，有事情。

我夜裡十一點多鐘到南樓汪的宿舍。我將白天江青在北海仿膳的講話告訴了他。汪說：「現在江青他們四處串連，分頭活動。他們要動手了。本來想，晚一點再逮捕他們，因為主席去世還不到一個月，恐怕群眾接受不了這個大變動。但是現在不能再晚了。時間越久，越容易走露消息。明天是五號，噢，實際上現在已經是五號了。六號晚上要在玉泉山召開政治局會，會前逮捕江青這四個人，然後再進去通知政治局委員。誰反對就逮捕誰。」汪又囑咐我，讓護士全部回各自的醫院。醫生能回去的，也都回去，只留三、四個就好。六號以前，中南海留下的人越少越好。

我回到工字樓已經是五日凌晨三點鐘了。我準備當天就解散醫療組。沒想到，九點鐘還不到，張玉鳳通知我，江青要醫生和護士們再去景山摘蘋果，然後到北海仿膳學習《毛澤東選集》。大家隨即到景山摘了兩個多小時蘋果。江青來了。她同大家打了招呼，摘了幾個蘋果，然後通知大家到北海仿膳去學習，請大家一起吃飯。

正在學習《毛澤東選集》的時候，汪東興打電話找我。他十分不高興地說：「不是已經告訴你日程的安排了嗎？怎麼還不讓護士們回去？」

我告訴他經過的情況。他說：「好吧。你安排護士們回去，全體醫生到國務院小禮堂會議室，華（國鋒）總理要你們報告主席去世的情況。參加聽匯報的還有我和洪文、春橋同志，江青同志也參加。」

九月二十二日的醫療組政治局匯報沒有完成。我想這次的會議是華國鋒故布疑陣，不使江青等四人起疑心的做法。

江青一進國務院小禮堂會議室就問華國鋒，為什麼不早通知開這個匯報會。華說，上次在人民大會堂開匯報會，沒有開成（見前文，此會被許世友打斷），讓醫生們正式匯報一次，再向政治局報告。

華說：「毛主席去世已經二十六天了。他的發病、搶救和去世情況，還沒有向中央政治局正式報告。現在要大家向我們在主席病中值班的四位政治局委員和江青同志，正式匯報一次。匯報完了以後，你們寫一份詳細的病情經過報告。你們每個人簽上名字，報給我們。我們簽名，再報中央政治局。」

這份書面報告，我們早已經寫好，而且大家都已經簽了字，由我宣讀。

正宣讀一半的時候，江青立起來，向華國鋒說：「國鋒同志，我身體不好。聽病情報告，聽不下去。好在是由你們四位負責值班的。我請假先走了。」

說完以後，江青向門口走去，走時似乎喝醉酒一樣，東倒西歪。我叫了幾聲服務員，沒有人走進來。我只好立起來，扶住了她。

這時我看到汪東興對我直瞪眼，並且輕輕地搖頭。我明白這是他向我打招呼，不要扶江青。汪後來告訴我，華國鋒認為我去扶江青，是向江青討好。我辯稱，只有這樣，江青才不會感覺到要發生什麼事。汪後來同意，那時扶扶江青也好。

江青走後，繼續匯報。沒有提出什麼問題。張玉鳳這時連續催促醫生們去北海仿膳吃飯，因為江青在那裡等。我們都無可奈何，只好散會。

六日上午，我同剩下的幾位醫生正在整理病歷紀錄，張耀祠打來電話，叫我把護士們全找回來，江青要跟大家照相。我感到十分困難，五日已將護士們遣散，臨時找非常不好辦。我問張，這件事汪東興知不知道。張說，汪在睡覺，還沒有報告給他。我讓張自己同衛生部辦公廳交涉。張說他沒有時間，還是要我辦。我通過衛生部辦公廳，找到了這些護士，同江青照過相，又送她們回去。

後來在「揭批四人幫」運動中，這張合影成了護士們與江青有勾結的證據。張耀祠一口否認是他通知照相的。汪東興出面後才算了事。

六日晚上八點鐘，華國鋒叫所有政治局常委和負責《毛澤東選集》第五卷出版的張春橋、姚文元、王洪文和江青在中南海懷仁堂召開中央政治局常委會議。華國鋒告訴江青等四人，要他們在玉泉山向政治局匯報《選集》的提議。

華國鋒和葉劍英早已到了。汪東興不是常委，他躲在隔壁。張春橋先到，他的警衛員和祕書都被留在外面。張進來後就由華國鋒宣布，將張逮捕。王洪文後到，當華宣布逮捕他的時候，他原來要掙扎，但是兩名警衛團的幹部將他按住，他全身鬆懈，已經立不起來了。

當晚十點，姚文元仍未到懷仁堂。由汪派警衛團會同警衛師的人，到姚的家裡，將姚逮捕。

張耀祠帶領一中隊的人到春藕齋，逮捕了江青。江青當時說：「我早就料到了會有這麼一天。」

逮捕行動發生時，我在工字樓的房間裡。那晚中南海一片寂靜，沒有任何騷動跡象。第二天，一位在警衛團的朋友告訴我，逮捕了江青四人幫，還有毛遠新、遲群、謝靜宜等人。四人幫分別監押在五一九工程內一處處小房間內，由八三四一部隊派人看守。四人幫被逮捕後，華國鋒、汪東興和葉劍英前往玉泉山懷仁堂通知所有的政治局委員。沒有人反對。

七日我回到家裡，此時逮捕四人幫的消息仍未公布。長年以來，我終於第一次睡在自己的床上。我告訴嫻，江青這四個人已經被捕了。她驚喜過望，說這下可好了。我說，江青是被捕了，可是政治局還有人說，毛是被害死的（許世友就是一個例子），事情並沒有完。共產黨內部鬥爭不會完結，總會有人拿毛的死亡來作文章，我是不會有好日子過的。

我新近也樹敵不少。張耀祠曾明白告訴我，要不是為了毛，他早就整倒我了。現在毛死了，我完全無依無靠。汪東興雖然將逮捕江青的計畫透露給我，但汪認為我已經沒有什麼用處了。汪現在權力日大，不再需要我了。

我和嫻帶著兩個孩子，到西長安街的鴻賓樓吃了一頓烤鴨，表示慶賀江青這四個人坐了監獄。

一九七七年底「揭批四人幫」的運動又展開了。領導幹部大批前往五七幹校接受再教育。那時我仍是三〇五醫院的院長。張耀祠終於伸出他的魔爪。汪東興和張耀祠二人要我去江西省進賢縣的五七幹校接受勞動改造。那年我五十九歲。我在江西待了一年多，過著農民般的勞動生活。

北京共產黨內部鬥爭不斷。一九七八年十月，鄧小平東山再起，張耀祠和汪東興因文革期間對鄧在中南海內被批鬥袖手旁觀一事而遭到免職①。鄧小平一直沒有搬回中南海。我於一九七九年一月回北京三〇五醫院復職。

但我仍受謠言所困。我與汪東興以前的關係過於密切，許多壓力要我揭發汪的過去。如果汪東興犯了政治罪行，我也有分。

毛在中國歷史上的定位變得莫衷一是。我的過去與毛息息相關。如果毛有任何過錯，我也必須分擔。有些人說，毛的專任醫生對毛的影響太大。反對毛的人說，醫生們在救治工作上做了過多無謂的努力。支持毛的人則指控醫生們沒有盡心治療。

政治鬥爭仍在上演，此期間毛的死因一直傳聞不斷。當初值班的四名政治局委員——華國鋒、汪東興、王洪文和張春橋，兩名被捕，兩名去職。在中共中央內，沒有人能證明醫療組的工作無誤。一九七九年十二月我寫信給鄧小平，要求解除三〇五醫院院長的職位。我在醫院裡無法發揮所長，抑鬱不樂。最後我在中華醫學會掛名副會長。

由於鄧小平的「開放」政策，我有多次機會出國訪問。一九八八年夏天，我請求准許前往美國探親，看看我兩個兒子。趙紫陽是當時的共產黨總書記，中國那時正值最開放的時期。我獲准離境。

我是為了嫻來美國的。我們共度的苦難歲月終於使她倒了下來。一九八八年二月，嫻發現患有慢性腎功能衰竭。中國的醫療對她幫助極小，嫻病勢日趨嚴重。八月中旬，我與嫻帶著孫女到了美國的芝加哥，和兩個兒子、兩個兒媳團聚。我們希望美國的先進醫術能治好嫻的病。嫻住院治療，經過多方搶救，終於因為腎功能衰竭，一九八九年一月十二日去世。

嫻臨終前說服我寫這本書。在醫院中，嫻陷入最後幾天的昏迷之前，一再叮囑我，為了我們的後代，一定要將這二十二年的親身經歷筆之於書。我為此書付出的代價是我一生的年華和愛妻的生命。

一九九〇年，中央警衛局寫信來表示要沒收我的房子。我堅持不同意。一九九二年，他們還是將房子收回。我分別給前國家主席楊尚昆、中央警衛局局長楊德中、衛生部部長陳敏章及總書記江澤民寫信申訴，但都石沉大海。

我將一生獻給毛和中國，但我現在成了真正的無產者。我用哀痛的心情完成數十萬言的著作。我寫這本書，是為了紀念與我患難與共的愛妻嫻，也將它獻給所有珍惜自由的讀者。我要此書成為在毛澤東的極權統治下，平民百姓生靈塗炭，以及善良知識分子，為了求生存，不得不扭曲良知、犧牲理想的歷史紀錄，申訴給公眾。

注釋

①汪東興直到一九八〇年二月才被正式免職，被迫辭去黨副主席及政治局常委職位。

人物簡介（依羅馬拼音字首排列）

薄一波（一九〇八—二〇〇七）
山西定襄人。一九二五年加入中國共產黨。一九四九年至五三年任財政部長；一九五四年至五六年間任國家建設委員會副主任；一九五六至六六年間任國家經濟委員會主任及國務院副總理。文革期間遭到迫害，一九七八年後任中央顧問委員會常務副主任等職。

陳伯達（一九〇四—一九八九）
福建惠安人。一九二七年進入莫斯科中山大學就讀。曾任毛澤東政治祕書之一，兼《紅旗》雜誌總編輯；文革期間全力竄升，一九六九至七〇年間出任中央政治局常委；一九七〇年後下台。

陳錫聯（一九一五—一九九九）
湖北洪安人。一九三〇年加入中國共產黨。一九五〇至五九年間任人民解放軍炮兵司令員；一九五九至七三年間任瀋陽軍區司令員；一九七一至七三年間任遼寧省委第一書記。一九七四年出任北京軍區司令員。陳與毛遠新及四人幫皆關係密切，因此陳於一九八〇年請求中全會批准其辭職。

陳毅（一九〇一—一九七二）
四川樂至人。一九二三年於法國加入中國共產黨。中國十大元帥之一。一九四九年至五八年間任上海市市長；一九五四年任國務院副總理；一九五八年任外交部長。文革期間遭到迫害。一九七二年死於癌症。

陳雲（一九〇五—一九九五）
江蘇青浦人。一九二五年加入中國共產黨。一九四九年至七二年間任副總理；一九五六年出任中央委員會副主席及成為中國共產黨七位高級領導人之一。一九五〇年代末期因他對大躍進不熱衷的支持而漸轉勢微。一九七八年重任中共中央副主席，成為影響力深遠的國家領導人。

陳再道（一九〇八—一九九三）
湖北麻城人。一九二七年加入中國共產黨游擊隊。一九五四至六七年間任武漢軍區司令員。文革期間遭到批判。

鄧拓（一九一二—一九六六）
福建福州人。一九五一年任北京市宣傳部部長；一九五〇至五八年任《人民日報》社社長及總編輯。一九六六年被控「反黨」，遭到批判，自殺身亡。

鄧小平（一九〇四—一九九七）
四川廣安人。一九二〇年赴法國勤工儉學，一九二四年加入中國共產黨、一九五二年任政務院副總理，一九五六年任共產黨總書記、中共中央委員和政治局委員。文革期間遭到批判，一九七三年平反。一九七六年又遭批判。一九七八年後成為中國最高領導。

鄧子恢（一八九六—一九七二）

福建龍陽人。一九二〇年代為閩西根據地的領導人。一九五三年任中共中央委員會農村工作部部長。一九五四年被任命為副總理，但一九五五年夏被毛批評為「右傾保守分子」，之後農村工作部解散。

傅連暲（又名Nelson Fu，一八九四—一九六八）

福建長汀人。曾受洗為基督徒，並在一所基督教醫學院接受醫學訓練，以「基督徒醫生」聞名。一九三〇年代初於江西蘇維埃政權負責毛及其他黨領導的醫療，一九三四年間參加長征。一九五二年任衛生部副部長，負責高級領導之醫療保健。一九五〇年代末期被迫退休。一九六八年於文革期間遭到迫害致死。

高崗（一九〇五—一九五四）

陝西橫山人。中國共產黨西北根據地創建人之一。一九四五至五四年間任中共中央東北局書記，一九四九至五四年間任中央人民政府副主席。一九五四年被指控和饒漱石聯合進行分裂黨的活動，遭到批判，自殺身亡。

郭沫若（一八九二—一九七八）

四川樂山人。一九二七年加入中國共產黨。曾接受醫學訓練，成為知名的學者和作家。一九四五年重慶談判時與毛友好。一九四九至五四年間任副總理；一九四九至一九六六年任全國文學藝術聯合會主席；一九四九至七八年任中國科學院院長。

馬海德（一九一〇—一九八八）

黎巴嫩裔美籍人士，日內瓦醫學院畢業。一九三三年至中國行醫，一九三六年至延安。一九五〇年加入中國共產黨，並成為中國公民。逝於北京。

賀子珍（原名賀志貞，一九〇九—一九八四）

江西永新人。一九二六年加入中國共產黨。一九二八年在江西與毛澤東結婚，產下六位子女，李敏為唯一倖存者。一九三四至三五年間參加長征。一九三七年離開延安前往莫斯科接受醫療，一九四七年八月返國。賀從未與毛正式離婚，一九四九年起在上海療養。

胡喬木（一九一二—一九九二）

江蘇鹽城人。一九三五年加入中國共產黨。就讀清華大學。一九五四年起為毛澤東政治祕書之一。一九五〇至六六年任中央宣傳部副部長兼《毛澤東選集》編輯。一九六一年後因健康不佳而未活躍於政壇上，毛去世後成為黨內主要理論家。

華國鋒（一九二一—二〇〇八）

山西交城人。一九四〇年加入中國共產黨。後成為毛澤東出生地韶山所在的湖南湘潭地委書記。一九五五年華與毛首度會面。一九七〇年任湖南省委第一書記。一九七三年被任命為政治局委員。一九七六年任總理及中國共產黨第一副主席，毛並欽定其為接班人。毛逝世後，於全面聲討逮捕四人幫中，成為黨主席和軍事委員主席。一九八一年被撤去三項重要職位，僅為中共中央委員。

黃敬（原名俞啟威，一九一一—一九五八）
浙江紹興人。一九三二年加入中國共產黨。一九三〇年代早期與江青未經正式結婚而同居。一九五〇年代早期任天津市委第一書記，後來成為第一機械工業部部長及國家科學技術委員會主席。一九五八年遭毛澤東批判，於同年去世。

蔣南翔（一九一〇—一九八八）
浙江紹興人。就讀於清華大學，一九三三年加入中國共產黨。一九四九年被任命為新民主青年團（後改名為共產黨青年團）副書記，後來成為清華大學校長。一九六〇年任教育部副部長，一九六五年任高等教育部部長。一九六六年文革期間遭到批判。

江青（又名李進孩、李雲鶴、藍蘋，一九一三—一九九一）
山東諸城人。一九三〇年代初期黃敬未經正式結婚的妻子。一九三〇年代中期上海女演員。一九三六年與劇作家唐納正式結婚。一九三七年八月前往延安，一九三八年十一月成為毛澤東第四任妻子。廣泛認為中國共產黨政治局在江青不得以毛澤東夫人公開露面及不得參與政治的條件下同意這個婚姻。與毛生育一女，李訥。文化大革命期間江權力勢如中天。毛去世後，旋以四人幫領導人罪名被逮捕，判處死刑，緩刑兩年執行。一九八三年減判為無期徒刑。一九九一年自殺身亡。

康生（一八九八—一九七五）

山東膠南人。一九一八年認識江青。一九二五年加入中國共產黨。一九四五年於延安整風期間任中央學習委員會主任。一九五〇年進北京醫院住院，據說其診斷為精神分裂症。一九五八年大躍進期間重新活躍於政治舞台。一九六六年成為中央文革小組顧問及政治局委員。文革期間由其一手主導清洗許多高層中國共產黨黨員。死於膀胱癌。

柯慶施（一九〇〇—一九六五）

安徽燕湖人。一九二二年在蘇聯學習。一九五二至五五年間任江蘇省省委書記；一九五〇至五二年間任南京市市委書記；一九五五年任上海市委書記。柯與毛澤東關係密切，並於一九五八年出任政治局委員，一九六五年成為副總理。一九六五年死於急性胰腺炎。

李敏（一九三六—）

生於延安。毛澤東與賀子珍唯一倖存的女兒。一九四〇年赴蘇聯與賀團聚，直到一九四七年返國。一九四九年後定居於毛澤東中南海內住地。北京師範大學畢業。一九五九年與孔令華結婚，次年即育一子。一九七九年出任全國政協委員。

李訥（一九四〇—）

生於延安。毛澤東與江青唯一的女兒。一九五九至六五年於北京大學歷史系就讀。一九七〇年代初期結婚，育有一子，但不久離婚。一九七四至七五年間任北京市平谷縣縣委書記，後任北京市委副書記。江青因四人幫之罪名遭逮捕後，被撤職且生活清苦。後被安排在中央辦公廳祕書局工作。一九八五年與劉少奇舊任衛士王景清結婚。

李先念（一九〇九—一九九二）
湖北紅安人。一九二七年加入中國共產黨。一九五四年至八〇年間任國務院副總理；一九五四至七五年間任財政部部長；一九八三至八八年間任中華人民共和國主席。

李銀橋（一九二七—二〇〇九）
河北安平人。一九三八年加入共產黨。原為周恩來的衛士，一九四七年轉為毛澤東服務。一九四八年與韓桂馨結婚。一九五二年任毛澤東副衛士長，一九五六年任衛士長。後下放農村一年，一九六二年轉赴天津工作。後為人民大會堂管理局副局長。

李雲露（？—一九八八）
江青同父異母的姊姊。與王克明結婚。扶養江青成人。一九四八年起與江青團聚，後遷入毛澤東中南海內住地，負責照顧李訥。一九六六年文革初期與其子遷居清華大學。

林彪（一九〇七—一九七一）
湖北黃岡人。一九二五年加入中國共產黨。中國十大元帥之一。一九五九年取代彭德懷為國防部部長。一九六九年被定為毛澤東的接班人。一九七一年九月政變陰謀奪取毛權力失敗後，乘機外逃蘇聯，於外蒙古途中墜毀，機上無人倖存。

林克（一九二五—）
燕京大學畢業。一九五〇年初至一九六三年為毛澤東政治祕書之一，田家英為其上司。

劉少奇（一八九八—一九六九）
湖南寧鄉人。一九二一年於莫斯科東方大學加入中國共產黨，在此學習一年。一九三〇年代後期從事地下工作。一九四二年提倡黨內學習「毛澤東思想」。從一九四三至一九六六文化大革命期間成為中國共產黨內僅次於毛澤東的二號人物。文革期間遭到迫害，一九六九年在未接受醫療的情況下，慘死於獄中。一九八〇年官方決議為他恢復名譽。

陸定一（一九〇六—一九九六）
江蘇無錫人。一九二五年加入中國共產黨。一九五四至六六年任中共中央委員會宣傳部部長；一九五九至六六年任國務院副總理；一九六五至六六年任文化部部長。文革期間遭迫害。

羅道讓（一九一五—一九六九）
泰國華僑，於抗日戰爭（一九三七—四五）初期前往延安。一九四九年後任中央辦公廳行政處副處長，一九五六年任警衛局代局長。一九六一年被汪東興下放農村，一九六二年任廣東省湛江地委書記。文革期間遭迫害致死。

羅瑞卿（一九〇六—一九七八）
四川南充人。一九二九年加入中國共產黨。一九四九年任公安部部長，主持毛澤東的警衛安全工作。一九五九年任人民解放軍總參謀長。文革前一九六五年遭到批判。一九七五年得以平反。在西德手術後逝世。

毛岸青（一九二三—二〇〇七）

楊開慧所生之毛澤東次子。一九三〇年代遭上海租界巡捕殘酷毆打。一九五〇年代初期診斷得精神分裂症。一九六二年與毛岸英遺孀之妹張少華結婚。一九七〇年兩人共育一子（毛新宇）。

毛岸英（一九二二—一九五〇）

楊開慧所生之毛澤東長子。楊死後被送往上海，淪落為街頭流浪兒。一九三六年尋獲，旋即前往蘇聯就讀。朝鮮戰爭時為中國志願軍總司令彭德懷的俄語翻譯員。一九五〇年十一月遭美軍轟炸而喪生。

毛遠新（一九四一—）

一九四三年於新疆遭處死的毛澤東二弟毛澤民之子。一九五〇年毛遠新母親改嫁，由毛澤東扶養，毛遠新於是遷進毛澤東的中南海內住地。哈爾濱軍事工程學院畢業。一九七三年任遼寧省省委書記，一九七四年任瀋陽軍區政治委員。一九七五年任毛澤東與政治局之間的聯絡員。與四人幫同時被捕，判處十七年徒刑。

毛澤民（一八九六—一九四三）

湖南湘潭地區韶山縣人。毛澤東之二弟。一九二二年加入中國共產黨。曾與新疆省長盛世才合作，後於一九四三年遭盛逮捕處死。

彭德懷（一八九八—一九七四）

湖南湘潭人。一九二八年加入中國共產黨。中國十大元帥之一。一九五四至六五年間任國務院副總理；一九五四至五九年間任國防部部長。一九五九年因批評毛澤東的大躍進而被批判。一九六六年遭禁，一九七四年死於獄中。

彭真（一九〇二—一九九七）

山西曲沃人。一九二三年加入中國共產黨。一九四九年任北京市委第一書記；一九四五至六六年間任政治局委員。與劉少奇關係密切。於一九六六年文革開始第一位被清洗的政治局委員。毛死後成為主要領導人之一。

饒漱石（一九〇三—一九七五）

江西臨川人。一九二〇年代中期加入中國共產黨。一九四九年至五二年間任華東局第一書記；一九五二年任中共中央組織部部長。一九五四年被控和高崗聯合進行分裂黨的活動，即遭清洗。死於獄中。

任弼時（一九〇四—一九五〇）

湖南湘陰人。一九二二年加入中國共產黨。一九二一至二四年間於莫斯科東方大學學習；一九四五至五〇年間任中共中央書記處書記，為中共第五大領導。與陳琮英結婚。一九五〇年死於腦溢血。

宋慶齡（一八九三—一九八一）

生於上海。蔣介石夫人宋美齡之姊。一九一四年與孫中山結婚。支持中國共產黨，並於一九四九年任中華人民共和國副主席。

唐聞生（一九四三—）
生於紐約布魯克林，其父曾創辦中文報。後回歸中國，在文革前就讀於中國外國語學院。毛澤東英語翻譯，後成為毛澤東與政治局的聯絡員。

陶鑄（一九〇八—一九六九）
湖南祁陽人。一九二六年加入中國共產黨。一九五三年任廣東省委第一書記；一九六一年任中南局第一書記；一九六五年任國務院副總理。一九六六年升至黨內第四號領導，但數月後即遭批判。一九六七年一月起至一九六九年十月期間遭到關押，因癌症病逝，一九七八年恢復名譽。

田家英（一九二二—一九六六）
自學成材，一九四〇年代末期起任毛澤東政治祕書。文革初始即遭懷疑，一九六六年五月自殺身亡。

汪東興（一九一六—二〇一五）
江西弋陽人。一九二〇年代中期加入中國共產黨游擊隊。一九四七年任毛澤東警衛。一九四九年任中央辦公廳警衛處處長，公安部副部長，毛澤東衛士長，及負責所有高級領導的警衛工作。一九六六年任中央辦公廳主任。一九七六年於毛逝世後協助逮捕四人幫。一九八〇年被撤去全部職位。

王光美（一九二一—二〇〇六）
生於北京。北京輔仁大學（由天主教教會所辦）畢業。一九四六年任中國共產黨英語翻譯，後往延安。一九四八年與劉少奇結婚。文革期間遭到監禁，文革後成為中國社會科學院副院長。

王海蓉（一九三八—二〇一七）
毛澤東的孫姪女，外國語學院畢業。一九七〇年代為毛澤東與政治局的聯絡員。

王鶴濱（一九二四—二〇一八）
河北人。一九三八年加入共產黨。一九四九年八月至一九五三年九月期間任毛澤東專任醫生。

王洪文（一九三五—一九九二）
吉林長春人。一九六六年任上海紡織十七廠保衛科幹事。文化大革命期間迅速竄紅。一九七三年八月出任中共中央委員會副主席。一九七六年因身為四人幫成員而遭逮捕，判處無期徒刑。一九九二年死於肝病。

王明（一九〇四—一九七四）
安徽六安人。一九二五年加入中國共產黨。莫斯科中山大學畢業。一九三〇年返回中國。在蘇聯支持下，成為中國共產黨主要人物及王明二十八個半布爾什維克派之領導人。與毛澤東針鋒相對；其在黨中職位隨毛之重要性漸增而遞減。一九五六年至蘇聯就醫，直到一九七四年病逝。

王任重（一九一七—一九九二）

河北景縣人。一九三三年於江西蘇維埃政府地區加入中國共產黨。一九五四年任武漢市委第一書記；一九五四至六六年間任湖北省委第一書記；一九六三至六七年間任武漢軍區第一政治委員。文革初期成為重要人物，後被批判。一九七六年毛去世後重登政治舞台。

吳旭君（一九三三—）

幼失怙恃。一九四九年前於國民黨國防醫學院接受護士訓練。護士學校畢業後調往北京，任中南海門診部護士長。一九六〇年由汪東興任命為毛澤東之護士長。一九七四年離開一組。

伍雲甫（一九〇四—一九六九）

湖南耒陽人。一九二六年加入中國共產黨。一九四九年後於楊尚昆的中央辦公廳行政處任處長，後任衛生部副部長。一九六九年遭迫害致死。

謝富治（一九〇九—一九七二）

湖北紅安人。一九三一年加入中國共產黨。一九五五至五九年間任雲南省委第一書記；一九五九年繼羅瑞卿後出任公安部部長。一九六九年後任政治局委員，一九六二至七二年間任副總理。逝世於一九七二年。一九八〇年中共中央開除其黨籍，確認其為文革期間之積極參與者。

許世友（一九〇六—一九八五）

河南新縣人。習武之少林寺僧侶，一九二七年加入中國共產黨。一九五四至七四年間任南京軍區司令員；一九七四至八〇年間任廣州軍區司令員。一九七三年被任命為政治局委員。一九八五年去世。

徐濤（一九二七—）

生於北京。一九四九年北京醫學院畢業。一九五三至五四年間任毛澤東私人醫生，後任江青私人醫生。其妻吳旭君為毛澤東之護士長。

楊開慧（一九〇一—一九三〇）

湖南長沙人。一九二〇年冬季與毛澤東結婚，育有三子：毛岸英、毛岸青、毛岸龍（一九三〇年代中期死於上海）。一九三〇年十一月因拒絕揭發毛澤東而被捕處死。

楊尚昆（一九〇七—一九九八）

四川潼南人。一九二六年加入中國共產黨。赴蘇聯入莫斯科中山大學就讀，成為「二十八個半布爾什維克派」中一員。一九四八至六五年間任中央辦公廳主任。一九六五年遭批判。文革後任中共中央軍事委員會常務副主席及中華人民共和國主席。

姚文元（一九三一—二〇〇五）

浙江諸暨人。曾任上海盧灣區團工委。中央文革小組成員。一九六九年任政治局委員，主持意識形態。為四人幫成員而被逮捕，判處有期徒刑二十年。

葉劍英（一八九七—一九八六）

廣東梅縣人。一九二四年加入中國共產黨。中國十大元帥之一。一九五〇至五四年間任廣州市委書記，一九六六年任政治局委員；一九七三年起任中央政治局常委。領導逮捕四人幫行動。逝於一九八六年。

葉群（一九二〇—一九七一）

於延安時期加入中國共產黨。林彪的第二任妻子。曾任軍委文革組成員。一九六九年任政治局委員。一九七一年偕同林彪潛逃蘇聯途中墜機身亡。

葉子龍（一九一六—二〇〇三）

生於湖南。一九三〇年加入共產黨，一九三六年起任毛澤東機要祕書，直到一九六一年末失勢為止。文革期間曾遭逮捕。一九七九年任北京市副市長。

張春橋（一九一七—二〇〇五）

山東巨野人。一九三八年加入中國共產黨。一九五一年任上海市《解放日報》總編輯；一九六三年任上海市宣傳部部長；一九六七年任上海市委書記。一九六六年任中央文革小組副組長；一九六九年任政治局常委。一九七五年任人民解放軍總政治部主任。一九七六年因身為四人幫成員而遭逮捕，判處死刑，緩刑兩年執行。一九八三年將原判依法減為無期徒刑。

張玉鳳（一九四五—）

黑龍江牡丹江市人。一九六〇年為毛澤東專列列車服務員，後成為毛的生活隨員。一九七四年底正式出任為毛澤東的機要祕書，直到毛去世為止。

張耀祠（一九一五—二〇一〇）

江西弋陽人。曾參與長征。汪東興的同鄉；任中央警衛團團長。負責共產黨中央武裝警備。

周恩來（一八九八—一九七六）

江蘇淮安人。一九二〇年代初期赴法勤工儉學，一九二二年加入中國共產黨。一九四九至七六年任政府總理；一九五六年至七六年間任政治局常務委員。

朱德（一八八六—一九七六）

四川儀隴人。一九二二年於德國加入中國共產黨。一九三〇年代任中國工農紅軍總司令。中國十大元帥之一。一九四九至五九年間任中央人民政府副主席，後任全國人民代表大會委員長。一九五六至七六年間任政治局常務委員。

年表

一九四九年

一月共產黨接收北京。李志綏受傅連暲之邀於六月返回北京，開始在香山勞動大學門診部服務。中華人民共和國於十月一日建立。毛前往莫斯科。

一九五〇年

毛澤東與中央辦公廳遷入中南海。李志綏調入中南海門診部。新政府實施土地改革並加入朝鮮戰爭（韓戰）。

一九五二年

反貪汙、反浪費、反官僚主義的「三反運動」展開。李志綏為毛澤東次子毛岸青治療，初遇江青。李醫生獲選為模範工作者，並加入共產黨。

一九五三年

朝鮮戰爭結束。中國開始實施農業生產合作化。

一九五四年

汪東興任命李醫生為毛澤東的專任保健醫生。中南海內進行肅清反革命運動，許多醫生被撤職。

一九五五年

李志綏會見毛澤東，受邀隨毛於五一節上天安門城樓觀禮。李醫生為毛澤東做第一次總體檢查。鄧子恢下令解散許多大型合作社，毛澤東非常不滿意。毛著手撰寫《中國農村的社會主義高潮》。

一九五六年

赫魯雪夫於二月提出〈反史達林報告〉，毛澤東對赫魯雪夫及支持赫氏的中國領導至感震怒。毛澤東於珠江、湘江和長江游泳，並發動「百花齊放」運動，號召知識分子於八中全會後對黨諫言。江青前往莫斯科，李醫生離開毛的一組，進修神經學科。

一九五七年

江青自莫斯科返國，毛澤東召回李醫生。反右派鬥爭於六月展開。李醫生隨毛澤東前往莫斯科。

一九五八年

中南海繼續黨內整風運動，爆發「黑旗事件」。毛澤東發動「大躍進」。赫魯雪夫於七、八月祕密訪問中國。人民公社成立，後院煉鋼風潮掀起，毛下令發動「金門炮戰」。

一九五九年

中國因全面缺糧而引發饑荒。毛澤東的專列和招待所被祕密裝上竊聽設備，彭德懷致毛一封批評大躍進的長信而遭批判。林彪繼彭之後出任為國防部部長。李醫生因潰瘍住院。毛辭去國家主席職位。

一九六〇年

饑荒蔓延。汪東興返回一組。

一九六二年

劉少奇抨擊饑荒之起因為人災。人民公社重新改組。黨內支持毛澤東的聲浪銳減。林彪開始毛的造神運動。毛以社會主義下仍存在著階級問題來反擊反對勢力。江青首次公開露面。社會主義教育四清運動展開。

一九六三年

江青抨擊藝術及文化界的資本主義影響。農村社會主義教育運動仍在進行。

一九六四年

收錄毛澤東語錄的「小紅書」第一版發行，林彪大力鼓倡毛澤東崇拜。毛下令撤銷保健局，李醫生遷離中南海。

一九六五年

鄧小平召開全國工作會議，研究消除農村幹部腐敗的問題，但毛澤東強調農村問題是社會主義和資本主義的矛盾。李醫生記錄毛對醫學界的批評和號召「赤腳醫生」的六二六指示。毛派遣李醫生和汪東興前往江西農村參加社會主義教育運動。楊尚昆被撤中央辦公廳廳長職位，汪東興繼任。

一九六六年

李醫生回一組工作。文壇點名批評仍在進行，數位北京黨委遭到整肅。江青與林彪聯合。文化大革命小組成立。毛澤東游完長江，返回北京，發動文化大革命運動，在天安門廣場八次接見百萬紅衛兵。清洗連連，全國逐漸陷入一片混亂。

一九六七年

文化大革命使得中國境內許多地方爆發武鬥。毛澤東派遣汪東興及中央警衛團進駐北京的六廠二校。李醫生與江青和毛的關係惡化。國家主席劉少奇、黨總書記鄧小平、中宣部部長陶鑄於中南海內遭到批鬥。

一九六八年

江青指控李醫生欲下毒加害她。毛澤東對造反學生發出不滿，並號召工、農、軍接管工廠和學校。劉少奇開除黨籍。

一九六九年

中共九屆一中全會於四月召開，會中扭轉「八大」制定的諸多路線。毛澤東被尊為最高領袖，毛澤東思想成為全國領導意識形態。林彪則成為毛的欽定接班人和「最親密戰友」。東北中蘇邊界爆發珍寶島衝突事件。中國動員預備作戰。毛初次談及與美展開談判，並對林彪大表不滿。

一九七〇年

李醫生六月被流放至黑龍江。八月至九月間舉行中共九屆二中全會，林彪在會中意欲謀得劉少奇之後的國家主席職位。毛澤東反對恢復國家主席。李醫生於十一月返回中南海。毛患肺炎，但認為是林彪之計謀。毛於十二月會晤愛德加·斯諾，並表示願意邀請尼克森或任何其他高級美國官員來北京會談。

一九七一年

毛澤東對林彪之猜忌日增。季辛吉於七月祕密訪問北京。毛於八、九月期間巡行全國，會見軍區司令員，以聚集反林勢力。毛於九月十二日返回北京。林彪、葉群與林立果搭機潛逃至蘇聯。飛機於外蒙古墜毀，機上人員全數罹難。毛健康逐漸惡化。

一九七二年

毛澤東於一月一度危急，拒絕醫學治療，私下指定周恩來為其接班人。二月一日終於展開救治。尼克森於二月二十一日抵達，並與毛澤東長談。雙方於上海簽訂中美上海聯合公報。周恩來與康生經診斷皆患有癌症。毛開始安排被批判的黨官員復職。

一九七三年

鄧小平返回北京。江青與其黨羽攻擊周恩來。毛開始言語不清晰。

一九七四年

江青繼續批林批孔批周運動。毛澤東批評江青，並希望兩人不要見面。毛的健康仍逐漸惡化。七月診斷出毛患了運動神經元病。鄧小平被正式任命為黨副主席和副總理。

一九七五年

毛澤東的健康持續惡化，但許多人拒絕相信毛的病況。醫療組治療橫遭干擾。政治局正式得知毛的病情。周恩來的健康也逐漸衰退。

一九七六年

周恩來於一月八日逝世。大批群眾於四月聚集天安門廣場示威。鄧小平再度下台，華國鋒繼周之後走馬上任。毛澤東於五月和六月出現心肌梗死。朱德於七月逝世。七月二十七至二十八日北京發生大地震。毛死於九月九日。許世友指控江青及毛的醫療小組毒殺毛澤東。江青四人幫於十月六日遭到逮捕。

一九七七年

李醫生往江西接受勞動改造。

一九七八年

鄧小平第三度復出。汪東興被整肅。

一九七九年

李醫生返回北京，他與汪東興之密切關係使他受到懷疑。

一九八〇年

李醫生出任中華醫學會副會長。

一九八八年

李醫生與其愛妻慎嫻抵達美國。

一九八九年

吳慎嫻女士於一月去世。作者於三月開始撰寫本書。

一九九四年

本書中文版與英文版於十月同步問世。隨後法、日、韓、德、挪威等語言版本相繼出版。

一九九五年

作者於二月十三日逝世。

歷史與現場 305

毛澤東私人醫生回憶錄

作　　者—李志綏
英文翻譯—戴鴻超
英文版編助—石文安（Anne F. Thurston）
中文翻譯—李志綏
中文版助編—廖書珊
校　　對—馬文穎
主　　編—王育涵
資深編輯—張擎
責任企畫—林進韋
封面設計—陳文德
內文排版—極翔企業有限公司

總 編 輯—胡金倫
董 事 長—趙政岷
出 版 者—時報文化出版企業股份有限公司
一〇八〇一九台北市萬華區和平西路三段二四〇號七樓
發行專線—（〇二）二三〇六六八四二
讀者服務專線—〇八〇〇二三一七〇五・（〇二）二三〇四七一〇三
讀者服務傳真—（〇二）二三〇二七八四四
郵撥—一九三四四七二四時報文化出版公司
信箱—一〇八九九臺北華江橋郵局第九十九信箱

時報悅讀網—www.readingtimes.com.tw
人文科學線臉書—http://www.facebook.com/humanities.science/
法律顧問—理律法律事務所　陳長文律師、李念祖律師
印　　刷—勁達印刷有限公司
三版一刷—二〇二一年十一月十二日
三版二刷—二〇二三年六月十四日
定　　價—新台幣六〇〇元

時報文化出版公司成立於一九七五年，並於一九九九年股票上櫃公開發行，
於二〇〇八年脫離中時集團非屬旺中，
以「尊重智慧與創意的文化事業」為信念。

毛澤東私人醫生回憶錄 / 李志綏著；戴鴻超英譯. -- 三版. -- 臺北市
：時報文化出版企業股份有限公司, 2021.11
面；　公分. --（歷史與現場；305）
ISBN 978-957-13-9353-7（平裝）

1.毛澤東　2.傳記

782.887　　110013614

ISBN 978-957-13-9353-7
Printed in Taiwan